D1728020

Robert Hesselbach
Diaphasische Variation und syntaktische Komplexität

Beihefte zur Zeitschrift für romanische Philologie

Herausgegeben von
Claudia Polzin-Haumann und Wolfgang Schweickard

Band 433

Robert Hesselbach

Diaphasische Variation und syntaktische Komplexität

Eine empirische Studie
zu funktionalen Stilen des Spanischen
mit einem Ausblick auf das Französische

DE GRUYTER

Vorgelegt als:

Diaphasische Variation im Spanischen mit einem Ausblick auf
das Französische – eine empirische Studie zur syntaktischen Komplexität
funktionaler Stile

Inaugural-Dissertation zur Erlangung der Doktorwürde der Philosophischen Fakultät der Julius-Maximilians-Universität Würzburg von Robert Hesselbach aus Würzburg 2017.

Erstgutachterin: Prof. Dr. Waltraud Weidenbusch
Zweitgutachter: Prof. Dr. Johannes Kabatek

Tag des Kolloquiums: 1. September 2017

ISBN 978-3-11-058882-8
e-ISBN [PDF] 978-3-11-059229-0
e-ISBN [EPUB] 978-3-11-058979-5
ISSN 0084-5396

Library of Congress Control Number: 2019938406

Bibliografische Information der Deutschen Nationalbibliothek
Die Deutsche Nationalbibliothek verzeichnet diese Publikation in der Deutschen Nationalbibliografie; detaillierte bibliografische Daten sind im Internet über http://dnb.dnb.de abrufbar.

© 2019 Walter de Gruyter GmbH, Berlin/Boston
Satz: Meta Systems Publishing & Printservices GmbH, Wustermark
Druck und Bindung: CPI books GmbH, Leck

www.degruyter.com

Danksagung

Die hier vorliegende Monographie stellt die überarbeitete Fassung meiner Dissertation dar, die ich im Frühjahr 2017 an der Philosophischen Fakultät der Julius-Maximilians-Universität Würzburg eingereicht und anschließend verteidigt habe. Das Thema der Studie geht zurück auf zahlreiche und intensive Diskussionen mit meinem Lehrer und Betreuer Prof. Dr. Reinhard Kiesler, dessen Leidenschaft für die Syntax (der romanischen Umgangssprachen) und die Varietätenlinguistik in höchstem Maße ansteckend war. Mit seinem frühen und plötzlichen Tod im Herbst 2015 habe ich nicht nur den Betreuer meiner Arbeit verloren, sondern vielmehr einen verlässlichen Freund, dessen wissenschaftliche Neugier und Systematik sowie dessen persönliche Fürsorge mir immer Vorbild bleiben werden. ¡Muchísimas gracias por todo, Reinhard!

Die Fertigstellung dieser Arbeit wäre sodann ohne die Bereitschaft von Frau Prof. Dr. Waltraud Weidenbusch sowie Herrn Prof. Dr. Johannes Kabatek (Zürich) nicht denkbar gewesen. Beiden möchte ich für ihre Hilfe, ihre Ratschläge und sehr wertvollen Hinweise meinen Dank und höchste Anerkennung aussprechen, da es keineswegs selbstverständlich ist, ein solches Projekt in einer so fortgeschrittenen Phase zu übernehmen. Frau Prof. Dr. Claudia Polzin-Haumann und Herrn Prof. Dr. Dres. h.c. Wolfgang Schweickard danke ich für die Aufnahme der Arbeit in die Serie der *Beihefte zur Zeitschrift für romanische Philologie*. Ebenso möchte ich Frau Dr. Christine Henschel und Frau Gabrielle Cornefert von De Gruyter meinen Dank für die sehr umsichtige Redaktion des Manuskripts aussprechen.

Sehr herzlich bedanken möchte ich mich weiterhin bei Herrn Prof. Dr. Wilhelm Pötters, dessen Seminare meine Begeisterung für die Linguistik geweckt haben und der sich bereit erklärt hatte, als weiterer Prüfer in der mündlichen Prüfung zu fungieren. Auch dem ehemaligen Münchner Lehrstuhlinhaber für Romanische Philologie (Sprachwissenschaft), Prof. Dr. Wulf Oesterreicher, bin ich für wertvolle Hilfe und sein Interesse an der Arbeit überaus dankbar. Für hilfreiche Anregungen in Bezug auf die quantitativen Aspekte der Untersuchung bin ich Herrn Prof. Dr. Reinhard Köhler (Trier) sowie seinem Team, und im Besonderen Herrn Dr. Sven Naumann, zu großem Dank verpflichtet. Ihm und Herrn Dr. Steffen Pielström vom Lehrstuhl für Computerphilologie der Universität Würzburg verdanke ich überaus hilfreiche Informationen zur Anwendung des Statistikprogramms *R*. Weiterhin danken möchte ich den Mitgliedern der Forschungsgruppe Val.es.co an der Universität Valencia in Spanien, insbesondere Prof. Dr. Antonio Briz Gómez, Prof. Dr. Salvador Pons Bordería sowie Dr. Marta Albelda Marco, die mir während meines Forschungsaufenthaltes in Valencia mit Rat

https://doi.org/10.1515/9783110592290-202

und Tat zur Seite standen und mir ihre umfangreiche Datenbank zum umgangssprachlichen Spanisch zur Verfügung gestellt haben.

Ein ganz besonderer Dank geht an all meine Kolleginnen und Kollegen am Neuphilologischen Institut/Romanistik der Universität Würzburg, die während der Promotionsphase für eine überaus angenehme und kollegiale Arbeitsatmosphäre gesorgt haben. Ohne Euch, Stefanie, Sandra, Martine, Silvia, Julien, Julius, Paola, Franziska, Ester, Laura, Katrin, Gabriella, Valerie, Antonio und Kurt, wäre es um einiges trister gewesen. Vielen Dank! Ebenso konnte ich mich immer auf meine Freunde Christian, Peter und Monika, Ana, Andreas, Christoph, Steffen, Nina, Verena sowie Patricia, der ich auch besonders für ihre wertvollen Korrekturhinweise danke, verlassen!

Meinen Eltern Ingrid und Robert kann ich nicht oft genug für ihre Unterstützung in all den Jahren danken, genauso wie meinen Geschwistern Wilhelm, Peter, Bernd, Eva und Martin sowie meinen Schwägerinnen Marie-France, Beatrice (mit Tim, Nick und Finn), Susanne (mit Sophie und Simon) und Giny bzw. meinem Schwager Franz-Josef (mit Marie-Theresia und Elisabeth Maria). Für persönliche Unterstützung möchte ich abschließend noch Anna sehr herzlich danken, die nicht ganz unschuldig daran ist, dass es diese Arbeit gibt.

Würzburg, im März 2019

Meinen lieben Eltern
Ingrid und Robert
in großer Dankbarkeit
und
höchster Anerkennung

*Daneben hörte ich, man solle reden wie
man schreibt, und schreiben wie man
spricht; da mir Reden und Schreiben
ein für allemal zweierlei Dinge
schienen, von denen jedes wohl seine
eigenen Rechte behaupten könne.*

Johann Wolfgang von Goethe
(*Aus meinem Leben: Dichtung und Wahrheit*;
zweiter Teil, sechstes Buch)

Inhalt

Siglen- und Abkürzungsverzeichnis

Allgemeine Abkürzungen

Abb.	Abbildung
AcI	*accusativus cum infinitivo* 'Akkusativ mit Infinitiv'
Adv	Adverb
AdvP	Adverbphrase
Bsp.	Beispiel
bspw.	beispielsweise
bzw.	beziehungsweise
cf.	*confer* 'vergleiche'
Det	Determinant
df	*degrees of freedom* '(statistische) Freiheitsgrade'
d. h.	das heißt
dO	direktes Objekt
dt.	deutsch
engl.	englisch
et al.	*et alii* 'und andere'
etc.	*et cetera* 'usw.'
Fn	Fußnote
fr.	französisch
ggfs.	gegebenenfalls
H	Hypothese
H_0	statistische Nullhypothese
HS	Hauptsatz
HS_{NOM}	Nominaler Hauptsatz
HePa	Einfache Heterogene Parataxe
HoPa	Einfache Homogene Parataxe
ibid.	*ibidem* 'ebenda'
it.	italienisch
Kap.	Kapitel
Konj./Conj.	Konjunktion
MAX	Maximalwert
m. E.	meines Erachtens
MED	Mittelwert
MIN	Minimalwert
MuHeHy	Multiple Heterogene Hypotaxe
MuHoHy	Multiple Homogene Hypotaxe
MuHePa	Multiple Heterogene Parataxe
MuHoPa	Multiple Homogene Parataxe
N	Nomen
NP	Nominalphrase
NS	Nebensatz
NS_{INF}	Infiniter Nebensatz
p	*probability-value* '(statistischer) Wahrscheinlichkeitswert'
Pl.	Plural

https://doi.org/10.1515/9783110592290-206

Präd.	Prädikat
Ps.	Person
S	Satz
s.	siehe
Sg.	Singular
Subj.	Subjekt
sic	*sic* 'tatsächlich so'
sog.	sogenannt
sp.	spanisch
s. v.	*sub voce* 'unter dem Stichwort'
Tab.	Tabelle
u. a.	unter anderem
u. U.	unter Umständen
V	Verb
v. a.	vor allem
vs.	*versus* 'gegenüber; im Gegensatz zu'
Vf.	Verfasser
VP	Verbalphrase
z. B.	zum Beispiel
zit. nach	zitiert nach
(CIE16, 9)	Angabe der Stelle eines Beispiels aus einem Korpus, in diesem Fall CIE-Korpus, 16. Text, 9. Satz

Annotationsweise des Val.Es.Co-Korpus (cf. Briz/Grupo Val.Es.Co 2002, 29–31)

:	Cambio de voz.
A:	Intervención de un interlocutor identificado como A.
?:	Interlocutor no reconocido.
§	Sucesión inmediata, sin pausa apreciable, entre dos emisiones de distintos interlocutores.
=	Mantenimiento del turno de un participante en un solapamiento.
[	Lugar donde se inicia un solapamiento o superposición.
]	Final del habla simultánea.
–	Reinicios y autointerrupciones sin pausa.
/	Pausa corta, inferior al medio segundo.
//	Pausa entre medio segundo y un segundo.
///	Pausa de un segundo o más.
(5")	Silencio (lapso o intervalo) de 5 segundos; se indica el nº de segundos en las pausas de más de un segundo, cuando sea especialmente significativo.
↑	Entonación ascendente.
↓	Entonación descendente.
→	Entonación mantenida o suspendida.
Cou	Los nombres proprios, apodos, siglas y marcas, excepto las convertidas en «palabras-marca» de uso general, aparecen con la letra inicial en mayúscula.
PESADO	Pronunciación marcada o enfática (dos o más letras mayúsculas).

pe sa do	Pronunciación silabeada.
(( ))	Fragmento indescifrable.
((siempre))	Transcripción dudosa.
((…))	Interrupciones de la grabación o de la transcripción.
(en)tonces	Reconstrucción de una unidad léxica que se ha pronunciado incompleta, cuando pueda pertubar la comprensión.
pa'l	Fenómenos de fonética sintáctica entre palabras, especialmente marcados.
°( )°	Fragmento pronunciado con una intensidad baja o próxima al susurro.
h	Aspiración de «s» implosiva.
(RISAS,	Aparecen al margen de los enunciados. En el caso de las risas,
TOSES,	si son simultáneas a lo dicho, se transcribe el enunciado y en nota al pie
GRITOS …)	se indica «entre risas».
aa	Alargamientos vocálicos.
nn	Alargamientos consonánticos.
¡! ¡?	Interrogaciones exclamativas.
¿ ?	Interrogaciones. También para los apéndices del tipo «¿no?, ¿eh?, ¿sabes?»
¡ !	Exclamaciones.
és que	Fragmento de conversación en valenciano. Se acompaña de una nota
se pareix	donde se traduce su contenido al castellano.
a mosatros:	
Letra cursiva:	Reproducción e imitación de emisiones. Estilo directo, característico de los denominados relatos conversacionales.
Notas a pie de página:	Anotaciones pragmáticas que ofrecen información sobre las circunstancias de la enunciación. Rasgos complentarios del canal verbal. Añaden informaciones necesarias para la correcta interpretación de determinadas palabras (la correspondencia extranjera de la palabra transcrita en el texto de acuerdo con la pronunciación real, siglas, marcas, etc.), enunciados o secuencias del texto (p. e., los irónicos), de algunas onomatopeyas; del comienzo de las escisiones conversacionales, etc.

Abbildungsverzeichnis

https://doi.org/10.1515/9783110592290-207

Tabellenverzeichnis

https://doi.org/10.1515/9783110592290-208

1 Einleitung

1.1 Ausgangspunkt und Untersuchungsgegenstand

Von Michelle Obama, der Frau des ehemaligen US-Präsidenten Barack Obama, heißt es, dass sie ihren Mann, einen gelernten Juristen, im ersten Präsidentschaftswahlkampf 2008 auf dessen sprachliche Äußerungen bei Kundgebungen und in Interviews aufmerksam gemacht habe. Für sie seien die Sätze ihres Mannes zu komplex und verklausuliert gewesen, so dass sie ihm geraten habe, einfachere Sätze zu bilden, damit ihn auch die Mehrzahl der Menschen verstünde, die seiner vom juristischen Diskurs geprägten Satzbauweise nicht folgen können. Das Resultat dieser Beratung zeigte sich schlussendlich in Obamas erfolgreichem Wahlspruch engl. *Yes, we can*, der in hispanophonen Kulturen bzw. Ländern ein äquivalentes sp. *Sí, se puede* hervorgerufen hat. Unabhängig vom Wahrheitsgehalt dieser Geschichte macht sie doch eines deutlich: Ein und derselbe Sprecher kann sich in unterschiedlichen Kommunikationssituationen verschiedenster sprachlicher Mittel, die ihm zur Verfügung stehen, bedienen, um seinen kommunikativen Beitrag erfolgreich zu gestalten. Dies betrifft alle Ebenen des sprachlichen Systems: Betrachtet man das Spanische, so lautet die europäische Standardaussprache von sp. *he fumado* [e fu.'ma.ðo], während die Elision des intervokalischen /d/, also [e fu.'mao], ein typisches Merkmal für das informelle gesprochene Spanisch darstellt. Auf lexikalischer Ebene kann man den gehäuften Gebrauch von sog. *passe-partout*-Wörtern (Koch/Oesterreicher 2011, 108–114) wie sp. *cosa*, *hacer* etc. oder bestimmte informell markierte Wortkontraktionen wie sp. *finde* oder *porfa* (statt sp. *fin de semana* und *por favor*) beobachten. Im Bereich der Grammatik ist entsprechend die Frage zu stellen, ob die Sprecher einer Sprache in unterschiedlichen Kommunikationssituationen eine einfachere oder komplexere Syntax wählen. Dabei gilt es zu hinterfragen, ob die oftmals postulierte Gleichung «informelle Kommunikationssituation = einfacher Satzbau» bzw. «formelle Kommunikationssituation = komplexer Satzbau» einer kritischen Prüfung überhaupt standhält.

In seinem Aufsatz «Schreiben in der Hypotaxe – Sprechen in der Parataxe? Kritische Bemerkungen zu einem Gemeinplatz» geht der Freiburger Germanist Peter Auer bereits im Titel auf eben jene in Forschung und Lehre immer noch weit verbreitete Position ein, dass medial Schriftliches im Vergleich zu medial Gesprochenem eine andere Art von Satzkomplexität aufweist. Demnach bevorzuge die schriftlich realisierte Sprachproduktion eher hypotaktische Konstruktionen, während medial Mündliches – «Gesprochene Sprache»[1] bei Auer – eher

---

1 Cf. zum Begriff der «Gesprochenen Sprache» und seiner Abgrenzung zur «Umgangssprache» Kiesler (1995).

https://doi.org/10.1515/9783110592290-001

zur Parataxe neige. Dagegen wurden bereits des Öfteren Bedenken angeführt (cf. Kap. 2), und auch Auer kommt zu dem Schluss, dass Gesprochenes durchaus zwar hypotaktische Konstruktionen verwendet, diese allerdings auf bestimmte Nebensatzarten beschränkt sind:

> «Mündliche Sprache ist zwar in einem gewissen Sinn linear, d. h. sie entwickelt sich inkrementell in der Zeit. Dies stellt Sprecher und Hörer vor gewisse Aufgaben und manchmal auch Schwierigkeiten, die in der Zweidimensionalität des Schreibens oder Lesens nicht auftauchen würden. Andererseits sind die häufigsten Nebensatztypen, nämlich *wenn-* und *dass*-Sätze, in der gesprochenen Sprache nicht seltener als in der geschriebenen; eher gilt das Umgekehrte. Eine genauere Betrachtung dieser Strukturen (die hier nur für die Komplementsätze angedeutet wurde) zeigt, dass die Eigenschaften der Projektionsverhältnisse entscheidend sind, die mit den abhängigen Teilsätzen einhergehen. Hypotaxe ist also nicht als solche problematisch für die Prozessierung von Syntagmen, sondern nur dann, wenn diese Projektionen aufbauen, deren sprecher- und/oder hörerseitige Prozessierung schwierig ist» (2002, 137).

Auch wenn es auf den ersten Blick so scheint, als ob hier nur die mediale Dichotomie «geschrieben/gesprochen» von Belang sei, so zeigt sich doch, dass die Sprecher einer Sprache – in Auers Fall des Deutschen – in informellen Kommunikationssituationen nicht auf komplexe syntaktische Strukturen verzichten können. Gerade die in der Romanistik bekannt gewordene und essentielle Unterscheidung zwischen der medialen Realisierung und der konzeptionellen Mündlichkeit/Schriftlichkeit von sprachlichen Äußerungen (cf. Söll 1974 bzw. 1985; Koch/Oesterreicher 1985 bzw. 1990) liefert die notwendige Voraussetzung, um sich der zur Frage stehenden Problemstellung adäquat zu nähern. Mit Coseriu (1980 bzw. 1988a) kann angenommen werden, dass Sprache synchron nicht aufgrund des phonischen oder graphischen Kodes bzw. des Mediums[2] variiert, sondern zunächst aufgrund diatopischer, diastratischer sowie diaphasischer Bedingungen sprachlicher Variation. Der in der Italianistik entstandene Begriff der «Diamesik» (cf. Mioni 1983) lässt in Anlehnung an die Flydal'sche (1951) bzw. Coseriu'sche (1980 bzw. 1988a) Varietätendimensionen vermuten, dass es sich ebenfalls um eine eigenständige Dimension handelt,[3] allerdings

---

2 Zur Abgrenzung des Begriffs des «Mediums», wie er bei Koch/Oesterreicher und innerhalb der Medienlinguistik gebraucht wird, cf. Dürscheid (2016, 360–367).

3 Hierzu argumentiert Kabatek, dass «es [ihm] nicht nötig erscheint, den traditionellen Begrifflichkeiten zur Beschreibung sprachlicher Varietäten weitere hinzuzufügen und es sogar dem wissenschaftlichen Grundprinzip widersprechen würde, das uns empfiehlt, die Beschreibungsebene niemals komplexer als die Objektebene zu gestalten. Alle sprachlichen Fakten, die entweder als Fakten einer ‹diamesischen› Varietät oder einer Varietät von Nähe und Distanz angesehen werden, sind entweder universell und damit nicht der ‹Grammatik› einer [sic] bestimmten Varietät zugehörig (etwa Anakoluthe, Korrekturen, *hesitation phenomena* usw.) oder sie sind eben als Elemente der Diaphasik, d. h. stilistische Elemente, einzuordnen. Wenn wir

kann festgehalten werden, dass der mediale Kode nachgeschaltet bzw. übergeordnet erscheint, da man Dialekte (diatopische Varietäten einer historischen Einzelsprache), Soziolekte (diastratische Varietäten einer historischen Einzelsprache) und Stile (diaphasische Varietäten einer historischen Einzelsprache) sowohl schreiben als auch sprechen kann.[4]

Greift man Auers Formulierung auf, so ist die Frage nach dem Zusammenhang von syntaktischer Komplexität bzw. dem Verhältnis von para- zu hypotaktischen Konstruktionen nicht in Bezug auf die angesprochene mediale Dichotomie zu stellen, sondern vielmehr gilt es sich zu fragen, welche Wechselwirkungen zwischen dem Komplexitätsgrad von syntaktischen Strukturen und der jeweiligen Kommunikationssituation bzw. der sprachlichen Konzeption eines Sprechers bestehen. Jedem Sprecher einer Sprache stehen ganz unterschiedliche sprachliche Mittel zur Verfügung, um außersprachliche Sachverhalte zu verbalisieren und seine Kommunikation erfolgreich zu gestalten. Die folgenden französischen Beispiele aus Forner (2006, 1907) – zeigen dies anschaulich:[5]

(1) fr. Je ne suis pas venu parce que j'étais très fatigué.

(2) fr. J'étais claqueé, j'suis pas v'nu.

(3) fr. Mon absence d'hier a résulté d'un excès de fatigue.

Während Beispiel (1) stilistisch neutral formuliert ist und damit maximal beweglich in allen Stilebenen vorkommen kann,[6] sind (2) und (3) stilistisch deutlich

---

nun in einer Sprache wie dem Französischen Frankreichs Elemente wie das *passé simple* finden, die praktisch nicht in der Mündlichkeit vorkommen, so heißt dies, dass sie einer diaphasischen Varietät angehören, die üblicherweise vor allem geschrieben wird [!]» (2003, 204).

4 Cf. hierzu de Saussure: «Langue et écriture sont deux systèmes de signes distincts; l'unique raison d'être du second est de représenter le premier» (2013, 96). Cf. zum Deutschen auch Steger, der festhält, dass er «mit zunehmender Entschiedenheit [...] die Ansicht aus dem Studium deutscher gesprochener und geschriebener Texte abgeleitet [hat], dass gesprochene und geschriebene Sprache sich systematisch nicht unterscheiden» (1987, 35). Abschließend kommt er zu folgendem Schluss: «Als Fazit bleibt für mich deshalb: Eigene Sprachvarietäten: ‹gesprochene Sprache› vs. ‹geschriebene Sprache› gibt es nicht, wenn man als Kriterium, wie bei den anderen Varietäten den langue-Begriff benutzt und nach jeweils eigenen, nicht im anderen Medium zulässigen Strukturmitteln und Relationen fragt» (Steger 1987, 57).

5 Dass diese Perspektivierung als übereinzelsprachlich zu betrachten ist, macht Forner anhand der Übersetzung ins Spanische bzw. ins Deutsche deutlich, vgl. den Neutralstil sp. *No he venido porqué [sic] estaba muy cansado* vs. den Fachstil sp. *Mi ausencia resultó de un exceso de cansancio* bzw. dt. *Ich bin nicht gekommen, weil ich sehr müde war* vs. dt. *Meine Abwesenheit ergab sich aus meiner Übermüdung* (cf. 2006, 1914).

6 Cf. hierzu Hesselbach (2013, 47–49).

markiert. Im Falle von (2) handelt es sich um einen typisch informellen Satz, wohingegen (3) nur in sehr formellen Kontexten verwendet wird und bei Forner dem Fachstil zugeordnet wird. Die eingeschränkte Austauschbarkeit dieser sprachlichen Ausdrücke in Bezug auf andere Stilebenen stellt ein besonderes Charakteristikum dieser Äußerungen da. Die stilistische Markierung führt dazu, dass man durch den Gebrauch von Beispiel (3) in informellen Kommunikations-situationen genauso einen Stileffekt evozieren würde, wie im Falle der informellen Äußerung aus Beispiel (2) in formellen Kontexten. So würde eine Äußerung wie in (2) in einer sehr formellen Situation von den Kommunikationspartnern genauso als unpassend empfunden werden wie der Satz in (3) im informellen Gespräch. Anhand dieser Beispiele können interessante syntaktische Eigen-schaften dieser stilistisch markierten Sätze erkannt werden. Während der neu-trale Satz in (1) aus einem Hauptsatz (fr. *Je ne suis pas venu*) und einem abhängi-gen kausalen Nebensatz (fr. *parce que j'étais très fatigué*) besteht, findet man eine asyndetisch-parataktische Konstruktion in Beispiel (2), in der zwei Haupt-sätze ohne verbindende Konjunktion aneinandergereiht werden.[7] Im Falle von (3) handelt es sich zwar um eine semantische Verdichtung der Information in Form einer Nominalisierung (fr. *mon absence*), nichtsdestotrotz stellt diese Konstruktion im Vergleich zu den komplexen Strukturen in (1) und (2) syntak-tisch nur einen einfachen Satz dar, da sie lediglich ein verbales Prädikat auf-weist (fr. *a résulté*),[8] gleichwohl sie nach Raibles Theorie der Junktion (1992) eher dem Pol der Integration näher stünde. Daran lässt sich exemplarisch zei-gen, dass reflektierte Sprachproduktion nicht automatisch mit komplexen syn-taktischen Strukturen einhergeht. Nimmt man an, dass komplexe Sätze mindes-tens zwei Prädikatsausdrücke aufweisen (cf. Bußmann 2002, s. v. *Satz*), so lässt sich in diesem Fall die stilistisch neutrale hypotaktische Konstruktion in (1) so-wie die als informell gekennzeichnete Parataxe in (2) als komplexe Struktur be-schreiben, während das stilistisch formell markierte Beispiel (3) ganz eindeutig einen einfachen Satz darstellt.

Auch wenn die vorliegende Arbeit zunächst das Spanische ins Zentrum der Analyse stellt, so wird durch die Beispiele (1)–(3) deutlich, dass die Fragestel-lung mitnichten nur für das Spanische relevant ist. Vielmehr lassen sich dabei übereinzelsprachliche Anknüpfungspunkte finden, worauf auch Forner ver-weist, wenn er feststellt, dass «der strukturelle Abstand zwischen den ‹Stilen› größer sein [kann] als der zwischen den Sprachen» (2006, 1914).

---

7 Zu den Möglichkeiten der Verknüpfung von Sätzen bzw. bestimmten Sachverhaltsdarstellun-gen und ihrer Positionierung cf. v. a. die Theorie der Junktion von Raible (1992).
8 Cf. hierzu auch Gärtner: «Äußerungen, die Nominalisierungen enthalten, sind trotz ihrer komplexen semantischen Struktur syntaktisch einfache Sätze» (1991, 247).

1.2 Zielsetzung

Das Ziel dieser Arbeit ist es, für das moderne europäische Spanisch drei unterschiedliche Stile in Bezug auf die Syntax bzw. die syntaktische Komplexität darzustellen und systematisch zu vergleichen. Dies geschieht auf Grundlage eines selbst zusammengestellten, stilistisch heterogenen Referenzkorpus mit einem Umfang von 9.000 Sätzen. Hierbei wird der Fokus auf die Produktionsseite sprachlicher Äußerungen in konkreten Kommunikationssituationen gelegt, um so den tatsächlichen Gebrauch der Syntax für das Spanische beschreiben und darstellen zu können.[9] Darüber hinaus sollen auf empirischer Basis diejenigen Techniken des Sprechens und Schreibens auch in übereinzelsprachlicher Perspektive durch einen Vergleich mit dem Französischen dargestellt und modelliert werden, auf die Bossong verweist, wenn er schreibt, dass

«[e]s einerseits völlig klar [ist], daß die Regelmechanismen, welche die Erzeugung hypotaktischer Gefüge bestimmen, auf Grund ihrer unbegrenzten Rekursivität im Prinzip die Bildung unendlich komplexer Sätze ermöglichen; dies ist ein Universale, das für alle Sprachen unabhängig von ihrem jeweiligen kulturellen Entwicklungsstand gilt. Jedoch andererseits ist es unbestreitbar, daß die einzelnen Sprachen die generative Kraft dieser Regelmechanismen in sehr unterschiedlichem Maße nützen und daß diese Unterschiedlichkeit vielfach in direkter Beziehung zu den Zwecken steht, für die eine Sprache zu einem gegebenen historischen Zeitpunkt normalerweise verwendet wird» (1979b, 182).

Die Forschungsfragen, die dabei im Mittelpunkt stehen, sind die Folgenden: Welche Unterschiede und Gemeinsamkeiten lassen sich für verschiedene funktionale Stile (a) in Hinblick auf ihre syntaktischen Strukturen, (b) für das Verhältnis von einfachen und komplexen Sätzen sowie im Bereich der komplexen Sätze (c) für das Verhältnis von Para- zu Hypotaxe feststellen und (d) durch welche Art von komplexen Strukturen lassen sich die einzelnen stilistischen Varietäten kennzeichnen bzw. von anderen Stilen unterscheiden? Eine solche vergleichende Untersuchung zur syntaktischen Komplexität unterschiedlicher Stile muss sich neben der reinen Beschreibung und Darstellung der Ergebnisse der einzelnen Subkorpora aber auch um ein Instrumentarium bemühen, das es erlaubt, diese Resultate vergleichend in Beziehung zu setzen, um so valide Aussagen treffen zu können. Hieraus resultiert eine weitere Forschungsfrage: (e) Kann «syntaktische Komplexität» stilunabhängig quantitativ gefasst werden

---

9 Interessant gestalten sich in diesem Zusammenhang auf Rezeptionsseite die Wechselwirkungen zwischen dem Grad an syntaktischer Komplexität und dem Verständnis bzw. der Decodierung sprachlicher Informationen. Dies stellt einen weiteren, lohnenswerten Ansatz im Bereich der Komplexitätsforschung zur Syntax dar.

und eine solche numerische Beschreibung somit als Vergleichsgrundlage für eine empirische Analyse dienen? Auf Basis der Ergebnisse einer ausführlichen qualitativen wie quantitativen Auswertung rückt eine weitere, letzte Forschungsfrage in den Vordergrund, der ich mich mithilfe eines Vergleichskorpus zum Französischen annähern möchte, nämlich ob sich (f) Unterschiede in Bezug auf die syntaktische Komplexität nur einzelsprachlich im Hinblick auf die stilistische Variation manifestieren oder diese Merkmale äquivalent in anderen Sprachen auftreten. Im Folgenden wird nun der Aufbau der hier vorgelegten Arbeit näher beschrieben, bevor in Kap. 2 der Forschungsstand zur syntaktischen Komplexität ausführlich dargestellt wird.

1.3 Aufbau der Arbeit

Die vorliegende Arbeit gliedert sich in sechs Kapitel (bzw. sieben bei Berücksichtigung des Literaturverzeichnisses). Nach dem Forschungsbericht im nächsten Kapitel liefert Kap. 3 die theoretischen Grundlagen für die Untersuchung. Dabei wird der Untersuchungsgegenstand zunächst näher beschrieben sowie näher auf die Probleme der syntaktischen Beschreibung des Spanischen eingegangen. Weiterhin wird hierbei erörtert, inwiefern traditionelle syntaktische Analyseverfahren auf die Syntax informeller Stile des Spanischen angewandt werden können und welche Probleme dabei auftreten. Darüber hinaus werden die inhaltlichen wie terminologischen Schwierigkeiten in Bezug auf den Begriff der «syntaktischen Komplexität» behandelt. Den Abschluss des Kapitels bilden schließlich die Arbeitshypothesen, die im Rahmen dieser Forschungsarbeit überprüft werden sollen. Kap. 4 widmet sich dem empirischen Kern der Untersuchung und stellt zunächst das Gesamtkorpus sowie die einzelnen Subkorpora dar. Im Anschluss wird die gewählte Methode näher erläutert und die Ergebnisse werden zunächst für die einzelnen Teilkorpora präsentiert. Abschließend werden die Untersuchungsergebnisse vergleichend zusammengefasst sowie die in Kap. 3 aufgestellten Hypothesen überprüft. Zum besseren Verständnis der quantitativen Beschaffenheit hilft hierbei die Visualisierung der Daten in einem Vektormodell. Kap. 5 ordnet die hier vorgestellten Resultate im Rahmen einer Diskussion in den Forschungskontext ein. Darüber hinaus wird ein Vergleich mit dem Französischen gezogen, um die für das Spanische gewonnenen Erkenntnisse auch übereinzelsprachlich zumindest ansatzweise vergleichen zu können. Im anschließenden Schlusskapitel soll ein Ausblick auf mögliche Anwendungsfelder gegeben werden.

An dieser Stelle soll noch ein Hinweis zu den Quellen der angegebenen sprachlichen Beispiele erfolgen. Bei Belegen aus anderen Werken werden diese entsprechend zitiert angeführt. Bei Anführung von Beispielen aus den dieser Arbeit zugrunde liegenden (Teil)Korpora werden nach dem Beispiel in Klammern das Sigel für das Korpus, die Nummer des jeweiligen Textes sowie die Nummer des Satzes, der aus diesem Text entnommen wurde, angegeben. Dies wird bei der Zusammenstellung des Referenzkorpus bzw. der Erläuterung der Methode in den Teilkapiteln 4.1 bzw. 4.2 genauer beschrieben und erläutert. Grundsätzlich wird durchängig so verfahren, dass Beispiele für mehr als nur eine stilistische Varietät dargestellt werden. Damit soll verdeutlicht werden, dass sich die Beschreibung syntaktischer Komplexitätsgrade nicht nur auf hochsprachliche, sondern gerade auch auf diaphasisch niedrig markierte Stilebenen beziehen kann. Beispiele zu informellen Varietäten des Spanischen, die dem Val.Es.Co-Korpus entnommen sind, werden genau so wiedergegeben, wie sie im Korpus der Forschungsgruppe Val.Es.Co (*Valencia Español Coloquial*) an der Universität Valencia annotiert bzw. angegeben sind. Hinweise zur Annotationsweise des Val.Es.Co-Projekts finden sich im Sigel- und Abkürzungsverzeichnis.

An dieser Stelle sollen noch vier abschließende Kommentare gegeben werden: Bei allen sprachlichen Beispielen werden die finiten Verben als ein Komplexitätsmerkmal durchgängig kursiv gesetzt. Darauf wird nur verzichtet, wenn andere thematisierte sprachliche Merkmale hervorgehoben werden sollen. Bei typographischen Hervohebungen in Quellen, die direkt zitiert werden, wird diese Hervorhebung durch Kursivierung kenntlich gemacht und somit aus dem Original übernommen. Die dritte Bemerkung bezieht sich auf die Darstellungsweise syntaktisch komplexer Strukturen: Während kürzere Sätze linear abgebildet werden, werden bei längeren Sätzen, die syntaktische Einbettung aufweisen, diese Einbettungsgrade durch Einrücken des jeweiligen Teilsatzes deutlich gemacht. Diese kolometrische Herangehensweise soll dazu dienen, syntaktische Hierarchiebeziehungen, wie sie in dieser Arbeit von Interesse sind, schnell und anschaulich zu illustrieren. Der letzte Hinweis nimmt Bezug auf die Darstellung der Ergebnisse (cf. Kap. 4.3). Aufgrund der Tatsache, dass die dreidimensionale Perspektive in der gedruckten Fassung der Arbeit nur unzureichend abgebildet werden kann, wurden die entsprechenden *R plots* in eine Webseite integriert, auf der die Ergebnisse in ihrer Dreidimensionalität noch besser nachvollziehbar sind: http://www.rpubs.com/RobertHesselbach/450624.

2 Forschungsbericht

An dieser Stelle wird ein Überblick über die (varietätenlinguistische) Forschung zur syntaktischen Komplexität im Allgemeinen sowie zum Spanischen und teilweise auch zum Französischen im Besonderen gegeben. Das Teilkapitel 2.1 thematisiert zunächst allgemein, welche Forschungen in der Syntax aus varietätenlinguistischer Perspektive vorliegen. Kap. 2.2 konkretisiert die Fragestellung auf das Spanische und zeigt, welche Aussagen bisher in Bezug auf die syntaktische Komplexität bestehen. Das abschließende Kap. 2.3 widmet sich den numerischen Beschreibungsmöglichkeiten syntaktischer Komplexität, die bei der Betrachtung von romanischen und nicht-romanischen Sprachen in der Forschung zum Einsatz kamen.

Generell ist festzustellen, dass sich Untersuchungen zur Syntax häufig ausschließlich auf einen Stil, etwa auf informell markierte Varietäten oder auf einen bestimmten Autorenstil, beschränken. Bis zum heutigen Tage liegen daher keine umfassenden, stilübergreifenden Forschungen in Bezug auf die Komplexität syntaktischer Konstruktionen vor. Dabei bieten gerade die diaphasischen Varietäten einer historischen Einzelsprache nicht nur ein großes Potential für Forschungen im Bereich der Phonetik und Phonologie oder der Lexikologie, sondern gerade auch für Untersuchungen unter syntaktischen Gesichtspunkten. Die Wichtigkeit von Forschungen zur Diaphasik unterstreicht Gadet, wenn sie für das Französische in diesem Zusammenhang schreibt: «Whilst there is a steady decline in the differences between regional and social ‹accents›, the main area of diversification in French is at present situational speech style» (2008, 1789). Auf den ersten Blick sind es vor allem die lexikalischen Varianten, die diaphasische Varietäten markieren, worauf Hansen für das Französische verweist: «Pourtant, [...] le niveau lexical est probablement le niveau linguistique dont les locuteurs français se servent le plus pour indiquer des contrastes de formalité, de ton, et de type d'interaction. Autrement dit, le niveau lexical serait au centre de la variation diaphasique» (2004, 107). Die Autorin schlägt eine Ausweitung der Untersuchungsebene für die Phonetik und die Syntax vor, konzentriert sich bei letzterer allerdings auf die für das gesprochene Französisch typische Ellision der Negationspartikel *ne*. Im Rahmen der hier vorliegenden Arbeit wird dagegen der Versuch unternommen, die Eigenschaften der diaphasischen Varietäten des Spanischen und Französischen auf Satzebene genauer zu analysieren.

Gerade in der angelsächsischen bzw. angloamerikanischen Forschung wurden bereits zu einem frühen Zeitpunkt korpusbasierte Arbeiten zu stilistischen Varietäten des Englischen v. a. von Biber vorgelegt (cf. 1986; 1988; 1993; 1995 u. a.), teilweise auch zum Spanischen (Biber et al. 2006; Biber/Tracy-Ventura

https://doi.org/10.1515/9783110592290-002

2007). Biber wendet bei seinen Untersuchungen ein quantitatives Verfahren an, welches er *multi-dimensional approach* (*MD*)[10] nennt. In Bezug auf die medialen Realisierungsformen «mündlich» vs. «schriftlich» verweist Biber darauf, dass sowohl innerhalb schriftlicher wie mündlicher Register bedeutende Variation vorherrsche.[11] Die Problematik der Annahme einer sogenannten «diamesischen» Varietät, also der sprachlichen Diversifizierung aufgrund der medialen Realisierung von Sprache (cf. Mioni 1983), wird an späterer Stelle ebenso diskutiert wie die Unterscheidung von «Stil» und dem Begriff des «Registers», wie er bei Biber bzw. generell in der angelsächsischen Literatur gebräuchlich ist. Inhaltlich interessant ist darüber hinaus, dass Biber als Grundlage für die sprachliche Beschreibung, die der *Longman Grammar of Spoken and Written English* zugrunde liegt, vier Texttypen annimmt, nämlich *conversation, fiction, news reportage* und *academic writing* (cf. Biber et al. 1999), die *grosso modo* der klassischen Funktionalstilistik[12] entsprechen, wie sie 1975 von Riesel beschrieben wurde und die in ihren Grundannahmen Ausgangspunkt der theoretischen Ausrichtung der hier vorliegenden Studie war.

Zunächst wird in einer allgemein varietätenlinguistischen Perspektive darauf eingegangen, welche Forschungspositionen zur syntaktischen Komplexität in Bezug auf die romanischen Sprachen vorliegen. Im Anschluss wird dies anhand des Spanischen konkretisiert. Da im Rahmen dieser Arbeit auch ein numerisches Modell zur Beschreibung von Satzkomplexität vorgeschlagen wird, werden am Ende dieses Kapitels bisherige Versuche, syntaktisch komplexe Strukturen quantitativ zu fassen, dargestellt.

---

10 «The MD approach was developed to analyse the linguistic co-occurrence patterns associated with register variation in empiricial/quantitative terms» (Biber/Tracy-Ventura 2007, 57); zur Methode cf. Biber (2009, 825–826).

11 «Most previous studies had been based on the assumption that speech and writing could be approached as a simple dichotomy; so, for example, a comparison of conversations and student essays was sometimes interpreted as representing general differences between speech and writing. In contrast, MD analysis is based on the assumption that all registers have distinctive linguistic characteristics (associated with their defining situational characteristics). Thus, the 1988 MD study of speech and writing set out to describe the relations among the full range of spoken registers and the full range of written registers – and to then compare speech and writing within the context of a comprehensive analysis of register variation» (Biber 2009, 834).

12 Die in der Theorie der Funktionalstilistik beschriebenen Stile sind der Stil der öffentlichen Rede, der Stil der Wissenschaft, der Stil der Presse und Publizistik, der Stil der Alltagsrede sowie der Stil der schönen Literatur.

2.1 Zu varietätenlinguistischen und syntaktischen Untersuchungen (in den romanischen Sprachen)

Für eine stilvergleichende Betrachtung in Bezug auf die Syntax lohnt es sich, zunächst einen Blick auf das Varietätengefüge des Lateinischen zu werfen. Auch hier treten in der Forschung zum einfachen und komplexen Satz bzw. zum Verhältnis von Para- zu Hypotaxe unterschiedliche Positionen zu Tage. So schreibt beispielsweise Tagliavini:

> «Das klassische Latein bevorzugt ganz entschieden die hypotaktische Konstruktionsart, d. h. die Konstruktion mit einer Reihe abhängiger und untergeordneter Sätze, wogegen die romanischen Sprachen mehr zur Parataxe neigen. Aber auch hier zeichnete sich der familiäre Sprachstil schon in klassischer Zeit durch häufigen Gebrauch parataktischer Konstruktionen aus. So verwendet Plautus die Parataxe mehr als Terenz, Cicero gebraucht sie in seinen Briefen häufiger als in den philosophischen Schriften und Reden. Das heißt jedoch nicht, daß die Hypotaxe oder Subordination vollkommen aus den romanischen Sprachen, insbesondere den Schriftsprachen, verschwunden sei» (1998, 192).

Gegen den hier vertretenen Standpunkt, dass die formellen Varietäten des Lateinischen eher zur Hypotaxe und die informellen zur Parataxe neigten, erheben bereits einige Autoren Widerspruch. Gegen diese einseitige Sichtweise gibt bereits Väänänen in seiner Einführung zum Vulgärlateinischen zu bedenken:

> «D'une façon générale, le parler primitif et celui de tous les jours préfèrent les phrases non liées entre elles, tandis que la langue soignée et littéraire cherche à assembler en périodes complexes les énoncés qui ont entre eux quelque rapport de dépendance. La prose latine classique a développé dans une mesure remarquable le système de subordination, alors que la langue familière et populaire, sans ignorer la syntaxe de subordination, en fait un usage relativement réduit et peu varié, notamment en ce qui concerne les propositions complétives et circonstancielles; [...]. Néanmoins, dans la langue littéraire même, certains tours primitifs asyndètes subsistent, telles les phrases de fait voulu asyndétique de type *volo facias* ‹je veux que tu le fasses› (littéralement ‹fais-le, je le veux›), *cave cadas* ‹prends garde de tomber›» (2012, 158).

In ähnlicher Weise äußert sich Herman, der für das gesprochene Latein annimmt, dass hypotaktische Konstruktionen deutlich häufiger auftreten: «En consecuencia, afirmar, como hacen algunos manuales, que el latín vulgar tuvo tendencia a relegar a un segundo plano la subordinación como procedimiento sintáctico, es falso: al contrario, la subordinación pervive siempre como un procedimiento muy utilizado y vivo» (1997, 108).

Diese Meinung vertritt auch Kiesler in seiner *Einführung in die Problematik des Vulgärlateins*, wenn er schreibt, dass «die Auffassung, die umgangssprachliche Parataxe und hochsprachliche Hypotaxe quasi als Gegensatz darstellt, mit allem Nachdruck zurückzuweisen [ist], da auch die Umgangssprache die Hypotaxe kennt und da davon auszugehen ist, dass die Hypotaxe auch in der Umgangssprache wesentlich häufiger auftritt, als die Parataxe [...]» (2018, 87).

Für die romanischen Sprachen lässt sich feststellen, dass es eine Reihe von Veröffentlichungen gibt, in denen die Fragestellung thematisiert, aber bei weitem nicht zufriedenstellend beantwortet wird. Auch hier zeigen sich deutliche Unterschiede in der Auffassung der einzelnen Forscher. Koch/Oesterreicher, die zwar zu bedenken geben, dass «jedoch nicht der Eindruck entstehen [darf], dass das Nähesprechen kaum Hypotaxe kennt» (2011, 101), unterstreichen die angebliche Affinität bestimmter Diskurstypen in Bezug auf die syntaktische Ausgestaltung der sprachlichen Äußerung:

> «Der eher *aggregative* Charakter der Parataxe kommt demgegenüber der Spontaneität und den geringen Planungsmöglichkeiten des Nähesprechens entgegen. Insofern ist es nicht verwunderlich, dass in Nähediskursen mitunter extreme Häufungen der Parataxe auftreten. [...] Die Beispiele zeigen, dass die extrem gehäufte Parataxe ein generell nähesprachliches Phänomen darstellt, das nicht nur bei niedrigerem, sondern auch bei höherem Bildungsgrad und Sozialstatus vorkommt» (Koch/Oesterreicher 2011, 99; 101).

> «Was nun die Hypotaxe betrifft, so kommt sie zweifellos den Erfordernissen und Möglichkeiten des Distanzsprechens besonders entgegen. Die ausgeprägte Situations- und Handlungsentbindung muss hier kompensiert werden durch die Integration pragmatischer Informationen in den Diskurs. Für diese Überführung von Situations- und Handlungsaspekten in den sprachlich-kommunikativen Kontext stellt die Hypotaxe ein ausgezeichnetes Mittel dar, das bei ausreichender Reflektiertheit und Planungszeit in – im Prinzip – beliebig komplexer Weise eingesetzt werden kann» (Koch/Oesterreicher 2011, 101).

Wenngleich die Autoren das gehäufte Auftreten der Parataxe hier in Bezug zur niedrig markierten Diaphasik («Nähesprache») setzen,[13] so haben sie m. E.

---

13 Cf. hierzu auch Chomsky: «It is well-known, that language is in many ways ‹poorly designed› for communicative efficiency: apart from such ubiquitous phenomena as ambiguity, garden paths, etc., the core property of language – recursive embedding – leads to exponential memory growth and therefore has to be avoided in language use, giving it something of the character of paratactic constructions» (2005, 3; zit. nach: Mensching 2008, 11). Gegen diese Sichtweisen wurden beispielsweise für das Französische von Blanche-Benveniste Bedenken angeführt: «Un préjugé bien connu a fait croire que la grammaire de la langue parlée serait peu complexe, et qu'elle aurait peu de subordinations. Elle tendrait à juxtaposer des énoncés, en les mettant tous sur le même plan, selon le procédé de la parataxe, alors que la langue écrite utiliserait beaucoup plus les procédés hiérarchiques d'hypotaxe, avec des subordinations nettement marquées. Il s'avère que c'est une vue très réductrice sur le parlé et l'écrit. Certaines situations de parole spontanées, conversations à bâtons rompus, entrevues, courts récits chronologiques, ont certes des énoncés courts juxtaposés les uns aux autres [...]. D'autres favorisent au contraire les constructions à nombreuses subordinations, surtout lorsqu'il s'agit de fournir des explications ou justifications. [...] Il n'est pas sûr que l'agilité à bâtir

Recht, wenn sie andeuten, dass syntaktische Komplexität – ganz im Gegensatz zur Aussprache und zum Wortschatz – unabhängig vom Bildungsgrad der jeweiligen Kommunikationsteilnehmer auftritt. Anders formuliert bedeutet dies: Das Verhältnis von einfachen zu komplexen Sätzen und von para- zu hypotaktischen Konstruktionen im Bereich der komplexen Sätze wird – für die informell markierten Varietäten – bei allen Sprechern einer Sprachgemeinschaft ähnlich ausfallen. Für das Spanische ist trotz einiger methodologischer Bedenken[14] v. a. die Arbeit von Cortés Rodríguez (1986, 182) zu nennen, in der er zeigen konnte, dass «auch in der Alltagssprache aller soziokulturellen Schichten die Unterordnung wesentlich häufiger ist als die Nebenordnung» (zit. nach: Kiesler 2013b, 265). Möglicherweise verfügen gebildetere Sprecher im Bereich formell markierter Varietäten über ein größeres Spektrum an syntaktischen Konstruktionsmöglichkeiten wie etwa die für die romanischen Sprachen so typischen Gerundiv- und Partizipialkonstruktionen bzw. machen häufiger Gebrauch von diesen; Arbeiten, die den Einfluss des Bildungsgrades auf bestimmte Typen syntaktischer Komplexitätserscheinungen unter varietätenlinguistischer, insbesondere diaphasischer Perspektive untersuchen, stellen daher – gerade für die Romanistik – ein großes Forschungsdesideratum dar.

Eine Reihe weiterer Forscher vertritt in Bezug auf das Spanische für informelle Sprachstile die Position Koch/Oesterreichers zugunsten einer Präferenz einer Präferenz parataktischer Konstruktionen im Bereich der komplexen Sätze. So schreibt bereits Beinhauer: «Y es que, en el lenguaje coloquial, el orden paratáctico prevalece con mucho sobre el hipotáctico» (1973, 349).[15] Beinhauers

---

des subordonnées soit aussi bien maîtrisée par écrit. C'est en tenant compte d'exemples similaires, observés en anglais parlé, que M. Halliday en venait à conclure que la langue parlée se caractériserait plutôt par la complexité de sa syntaxe. C'est donc tout l'inverse du préjugé courant [!]» (2010b, 58–71). Ähnlich äußert sich Narbona Jiménez, der für die Umgangssprache des Spanischen festhält: «Seguir sosteniendo que estamos ante una modalidad de uso que se caracteriza por la carencia de trabazón y de articulación sintáctica y calificarla, por tal razón, de pobre es como afirmar que el acueducto de Segovia no está bien construido porque a las piedras que forman sus arcos les falta la argamasa que las una» (2015e, 328).

14 Hier steht vor allem die Problematik der Gewinnung authentischen Sprachmaterials im Raum. Durch standardisierte Fragebögen sowie das Wissen der Probanden um die Aufzeichnung der Gespräche gestaltet es sich als schwierig bis unmöglich, Umgangssprache adäquat aufzuzeichnen und zu beschreiben (zur Methodik der Korpuserstellung bei Cortés Rodríguez, cf. Cortés Rodríguez 1986, 18–27). Hierzu sind ausgefeiltere Techniken und Versuchsanordnungen vonnöten, worauf u. a. Koch/Oesterreicher (2011, 32–33) und Oesterreicher (2010) hinweisen, und die seit geraumer Zeit für das Spanische von der Forschungsgruppe Val.Es.Co an der Universität von Valencia umgesetzt werden.

15 Zum Französichen, cf. Andersen: «le langage parlé est caracterisé par la parataxe alors que l'écrit préfère l'hypotaxe [...] il n'en est pas moins vrai cependant que certains types de propositions subordonées sont fréquentes» (2004, 196).

Aussagen beruhen allerdings auf einzelnen, persönlichen Beobachtungen; eine Auswertung größerer Datenmengen war zu dieser Zeit aufgrund der noch nicht entwickelten technischen Möglichkeiten nicht gegeben.[16] Ähnlich argumentiert Herrero Moreno, die für das Spanische festhält:

> «En un primer acercamiento a la lengua coloquial llama enseguida la atención el constante predominio de la yuxtaposición – en primer lugar – y coordinación sobre la subordinación. [...] Así pues, la comunicación se constituye sobre una serie de enunciados independientes, organizados o relacionados paratácticamente, esto es, se utiliza la coordinación y yuxtaposición en casos en los que en la lengua estándar se optaría por la subordinación» (1988a, 193–194).

Hier wird explizit der Gegensatz zum Ausdruck gebracht, dass im Bereich informell markierter Varietäten in den Fällen parataktisch konstruiert wird, in denen formelle Stile die Hypotaxe bevorzugen. Hierzu seien zwei Beispiele angeführt, wobei (4) die asyndetisch konstruierte Version von (5) darstellt, welches bei Berschin et al. unter den Kausalsätzen angeführt wird. Beispiel (4) stellt demnach eine parataktische Verknüpfung zweier Hauptsätze (HS) dar, während sich (5) als Hypotaxe aus Haupt- und Nebensatz (NS) beschreiben lässt:

(4) María no viene; no tiene tiempo.
     HS_1 HS_2

(5) María no viene
     HS
          porque no tiene tiempo.[17]   (2012, 281)
          NS

In diesem Fall werden zwei Sachverhaltsdarstellungen, nämlich die Tatsache, dass María keine Zeit hat, sowie die daraus folgende Konsequenz, dass sie nicht kommen kann, kausal miteinander verknüpft bzw. jungiert (cf. Raible 1992). Dass die asyndetisch verbundene Parataxe in (4) nun als typisch nähesprachliches[18] Verfahren bei der Junktion mehrerer Sachverhaltsdarstellungen gelten

---

16 Die erste deutsche Ausgabe Beinhauers erschien 1930, die zweite 1958.
17 Das Abhängigkeitsverhältnis des syndetisch verknüpften Nebensatzes (*porque no tiene tiempo*) vom übergeordneten Hauptsatz (*María no viene*) wird hier und im Folgenden durch das Einrücken der jeweiligen Nebensätze deutlich gemacht.
18 Zum Begriff der «Nähe-» und «Distanzsprache» cf. Koch/Oesterreicher (1985; 1990 bzw. 2011).

kann, steht außer Frage (cf. Koch/Oesterreicher 2011, 101);[19] Asyndese kann aber ebenfalls hochsprachlich markiert sein, beispielsweise bei Kompletivsätzen.[20] Ebenso bedeutet dies jedoch nicht, dass Beispiel (5), welches die beiden Sachverhalte hypotaktisch miteinander verbindet, *ausschließlich* auf die Distanzsprache beschränkt ist. Intuitiv könnte (5) selbstverständlich auch in informellen Kontexten geäußert werden, ohne dabei als stilistisch formell markiert zu gelten. Obrist, der die Zuschreibung hypotaktischer Konstruktionen zur Distanzsprache ebenfalls kritisch sieht, stellt in diesem Zusammenhang fest, dass es schwierig zu bestimmen sei, warum bestimmte Konstruktionen «im Kontext einer spontanen Unterhaltung unnatürlicher wirken als die Originalbeispiele, [...] sicherlich aber ist die Tendenz der mündlichen Sprache, zur Verminderung des Verarbeitungsaufwands nur eine neue Information pro syntaktischer Periode einzuführen, ein wichtiger Faktor» (2012, 338). Die Verwendung des Wortes *Tendenz* zeigt überdies, dass in der Forschung bisher weitgehend Uneinigkeit über den Ausprägungsgrad syntaktischer Komplexität im Bereich der Umgangssprache[21] herrscht. Weiterhin zeigt sich daran besonders, dass es eben ein dringendes Forschungsdesiderat darstellt, die Gebrauchshäufigkeit syntaktischer Konstruktionen zu ermitteln und unter stilistischen Gesichtspunkten zu interpretieren.

In der Romanistik basieren wichtige Forschungen zur Komplexität vor allem auf den von Raible (1992) beschriebenen Techniken der Junktion, die streng genommen allerdings keine syntaktische Beschreibungskategorie darstellen, da es um die Verknüpfung von Sachverhaltsdarstellungen geht. In vielen Fällen werden diese jedoch durch einzelne (Teil)Sätze dargestellt und können durch Verbindungen ebendieser zu einem Ganzen abgebildet werden, also etwa die

---

19 Ein Kennzeichen dieser Art der aggregativen Junktion ist ebenfalls, dass man auf dieser Ebene der Verknüpfungen von Sachverhaltsdarstellungen noch über die Freiheit der Position verfügt, d. h. man könnte ohne Veränderung des Sinnes ebenso formulieren *No tiene tiempo; María no viene.*

20 Cf. hierzu Kiesler: «Bezüglich des Spanischen besteht weitgehende Einigkeit darüber, daß die Ellipse der kompletiven Konjunktion als hochsprachlich markiert (= stilistisch gehoben) zu beschreiben ist» (2013b, 283). Als Beispiele hierfür werden bei Kiesler angeführt: *Le ruego __ me conteste cuanto antes* sowie *Ya le estaba diciendo antes aquí que me extrañaba __ este año no se diesen ustedes una vuelta* (ibid.).

21 Ich verwende an dieser Stelle und im Folgenden den Begriff «Umgangssprache» und beziehe mich damit auf «das ‹diaphasisch teils unmarkierte (neutrale), teils niedrig markierte (*familiäre* = informelle), diatopisch und diastratisch variable Register einer historischen Sprache›» (Kiesler 2013b, 22). Zur Diskussion der Definition von «Umgangssprache» cf. Kap. 3.1.3. Der von Obrist benutzte Begriff der «mündlichen Sprache» intendiert wohl die gleiche Bedeutung, rekurriert dabei aber eher auf den medialen Kode von Sprache (*code phonique* vs. *code graphique*; cf. Söll 1985, 17–29).

Unterscheidung von aggregativen Techniken der Junktion wie in dt. *Peter ist krank. Er geht nicht in die Schule.* bis hin zu integrativeren Verfahren wie dt. *Peter geht nicht in die Schule, weil er krank ist.* oder *Aufgrund seiner Krankheit geht Peter nicht in die Schule.* (cf. Raible 1992, 14–23). Wichtige Untersuchungen für die romanischen Sprachen, die Raibles Dimension der Junktion als Grundlage der Beschreibung anwenden, finden sich z. B. bei Koch (1995),[22] Kabatek et al. (2010) sowie für die romanisch basierten Kreolsprachen bei Lämmle (2014).

Kabatek et al. legen in einer Untersuchung zu den Satzverknüpfungstechniken im Altspanischen sowie im Rätoromanischen Raibles Dimension der Junktion zugrunde und können zeigen, dass sich für das Spanische diachron[23] feststellen lässt, dass es (i) zu einer Verschiebung zu integrativeren Techniken der Junktion[24] kommt und (ii) unterschiedliche Ergebnisse innerhalb gleicher Genres auftreten können (cf. 2010, 257). Wie gerade gesehen, stellt die Art der Verknüpfung an sich noch kein zuverlässiges Kriterium für die Zuschreibung zu einer Textsorte dar. Die Autoren zeigen aber quantitativ, dass die Häufigkeit des Auftretens einzelner Junktionstechniken einen verlässlichen Gradmesser für die Zugehörigkeit zu einzelnen Texttraditionen darstellt:

> «The question we have discussed in this paper is to what extent textual traditions, in the sense of discurse tradition theory, have to do with patterns of clause-linking elements. The initial hypothesis, that clause-linkage might be a strong indicator of different textual traditions, was supported by the traditional view on textual elaboration and by our previous studies where a strong correlation between the two was found in some Old Spanish texts. We therefore argued that not only different clause-linkage techniques, but also their relative frequencies, are symptomatic of different textual traditions, and this is so not only in the context of genres but also in the context of sub-tradition(s) within a single genre» (Kabatek et al. 2010, 267–268).

Lämmle konnte in ihrer Untersuchung zeigen, dass Satzverknüpfungstechniken als Gradmesser für den Ausbau einer Kreolsprache gelten können. Für das Papiamentu könne man demnach festhalten, dass es «keineswegs als ‹niedergeschriebene Mündlichkeit› betrachtet werden darf. [...] [Es] lässt sich [...] eine

---

22 Aufgrund seiner quantitativen Implikationen wird die Studie von Koch (1995) hier zwar erwähnt, aber genauer in Kap. 2.3 besprochen.

23 Die bei Kabatek et al. (2010) analysierten Texte für das Spanische decken einen Zeitraum von ca. 1200 bis 1499 ab und lassen sich unterschiedlichen Gattungen zuordnen. So gehört etwa das Heldenepos *El Cantar de Mio Cid* genauso zu den untersuchten Texten wie bspw. die wissenschaftliche Abhandlung *Libro de los judizios de las estrellas.* Zur Korpuszusammenstellung cf. Kabatek et al. (2010, 256).

24 Die integrativeren Techniken in Raibles Schema beginnen bei den unterordnenden Satzkonstruktionen durch finite oder infinite Nebensatzstrukturen und setzen sich bei der Nominalisierung als noch integrativerer Möglichkeit der Verknüpfung zweier Sachverhalte fort.

klare Korrelation zwischen den Verwendungen der Satzverknüpfungen in verschiedenen Textsorten und der konzeptionellen Mündlichkeit/Schriftlichkeit feststellen» (2014, 182).

Betrachtet man die verschiedenen Arbeiten Kieslers zu dem Thema, so lässt sich konstatieren, dass im Laufe der Zeit ein Umdenken in Bezug auf die Fragestellung stattgefunden hat. So kann man in seiner Dissertation zum Portugiesischen noch lesen: «Die Umgangssprache zeigt eine starke Vorliebe für die (asyndetische) Parataxe, das heisst sie neigt mehr zur Koordination als zur Subordination» (1989, 47). Während er diese Auffassung für das Vulgärlateinische bereits revidiert hat (s. o.), wird in seinen vergleichenden Untersuchungen zur Syntax der Umgangssprache für das Französische, Italienische und Spanische festgestellt:

> «Zusammenfassend können wir sagen, daß zwar die Nebenordnung in der Umgangssprache keinesfalls über die Unterordnung dominiert, daß sich aber andererseits doch öfter umgangssprachliche Parataxe in solchen Fällen findet, in denen die Hochsprache eher Hypotaxe verwendet. Das heißt, daß hier [...] – die Wahrheit, nämlich der tatsächliche, alltägliche Sprachgebrauch – in der Mitte liegt. Es steht im übrigen außer Zweifel, daß der ganze Bereich von Para- und Hypotaxe in der Umgangssprache einmal systematisch aufgearbeitet werden müßte [...]» (2013b, 270).

Die hier vorliegende Untersuchung erfüllt in dieser Hinsicht nicht nur die Forderung einer systematischen Aufarbeitung für die Umgangssprache, sondern bietet für verschiedene Stile des modernen Spanischen einen Vergleich der Syntax sowohl in Bezug auf das Verhältnis von Para- und Hypotaxe als auch auf andere Merkmale syntaktischer Komplexität (cf. Kap. 3.3 und 4.2).

Es lässt sich feststellen, dass in jüngerer Zeit vermehrt Publikationen erschienen sind, die sich mit der Syntax der romanischen Sprachen und insbesondere des Spanischen bzw. den Fragestellungen in Bezug auf die syntaktische Komplexität sowohl auf theoretischer als auch empirischer Ebene auseinandersetzen. Zu nennen sind hier bspw. die Arbeiten von Gaudino-Fallegger (2010), Kiesler (2013a; 2013b) sowie Hesselbach (2014).[25] In ihrer Studie zu hypotaktischen Konstrukten im gesprochenen Spanisch verfolgt Gaudino-Fallegger einen generativen Ansatz zur Beschreibung von finiten Hypotaxen. Dabei wird der Fokus v. a. auf die Konjunktionen sp. *aunque, como, para que* und *porque* bzw. deren Frequenzprofile gelegt (cf. 2010, 1). Auf Grundlage einer eigenen Korpusanalyse kommt sie zu folgendem Schluss:

---

25 Cf. darüber hinaus zur Syntax des umgangssprachlichen Spanisch Narbona Jiménez (2015a).

«Angesichts der ermittelten Frequenzprofile stellt sich heraus, dass die Behauptung, hypotaktische Strukturen würden bevorzugt in schriftlich konzipierten Texten Verwendung finden, ohne zusätzliche Präzisierung nicht stimmt. Richtig ist, dass hypotaktische Konstrukte sowohl in schriftlichen als auch in mündlich konzipierten Diskursen vorzufinden sind. Verschieden ist in erster Linie allein die Formenvielfalt und die Beanspruchung des jede einzelne Form prägenden Verknüpfungsspektrums» (Gaudino-Fallegger 2010, 216).

Die Autorin gibt zu bedenken, dass weitere Forschungsarbeiten mit unterschiedlichen Perspektivierungen vonnöten sind: «Wünschenswert sind jedoch auch weitere, wenn möglich auf konzeptionell einfacheren Syntaxansätzen basierende Systematisierungen» (Gaudino-Fallegger 2010, 479).

Eine erste stilvergleichende Untersuchung zur syntaktischen Komplexität in den romanischen Sprachen findet sich bei Kiesler (2013a), der anhand eines Korpus zum Französischen nachweisen kann, dass sich zum einen mehr komplexe als einfache Sätze finden lassen: 398 syntaktisch einfachen Konstruktionen stehen 602 bzw. 599 komplexe Sätze gegenüber (cf. Kiesler 2013a, 612). Dies entspricht Tesnières bekanntem Axiom, wonach man in der Sprache mehr komplexe als einfache Sätze finden kann: «Aussi les phrases complexes sont-elles beaucoup plus nombreuses que les phrases simples» (1969, 101).[26] Interessant sind darüber hinaus die Zahlen zum Verhältnis von para- zu hypotaktischen Konstruktionen in Kieslers Korpus. Hier dominiert die Hypotaxe (318 Fälle ≈ 53 %) die Parataxe (281 Fälle ≈ 47 %) und bestätigt für ein stilistisch heterogenes Korpus in etwa die Zahlen zur Umgangssprache des Spanischen aus Hesselbach (2014), der ein Verhältnis von 59 % (Hypotaxe) zu 41 % (Parataxe) beschreibt. Gleichwohl muss man festhalten, dass es selbstverständlich auch in Kieslers Korpus Texte gibt, in denen sich häufiger parataktische Satzkonstruktionen finden lassen. Für die hier vorgelegte Studie ist Kieslers Arbeit deswegen so wichtig, weil sie die komplexen Satzstrukturen nicht nur in Para- und Hypotaxe aufteilt, sondern diese komplexen Strukturen sehr differenziert weiter unterteilt in (multiple) homogene bzw. heterogene Strukturen. Damit steht eine Typologie zur Verfügung, die es für die vorliegende Studie ermöglicht, komplexe Strukturen sehr viel detaillierter zu analysieren, als dies bisher möglich war (cf. hierzu v. a. Kap. 3 und 4.2). Zur Erklärung sei angefügt, dass die Anzahl der Teilsätze hier auch für homogene Parataxen berücksichtigt wird, d. h. es wird die Summe der Hauptsätze bestimmt. Für die heterogenen Parataxen, d. h. solche, die auch hypotaktische Nebensatzkonstruktionen aufweisen, sowie die gesamten hypo-

---

26 Tesnière versteht unter den komplexen Sätzen hier allerdings Konstruktionen, die mindestens eine Junktion oder Translation aufweisen: «Inversement, nous conviendrons d'appeler phrase complexe toute phrase où interviennent à un titre quelconque les phénomènes de jonction ou de translation» (1969, 101).

	phrases paratax. homogènes à ... sous-phrases				phrases parataxiques heterogène à ... sous-phrases							
Texte	2	3	4	5	2	3	4	5	6	7	Σ	↓
MJF	13	7	4	2	11	14	1	4	2	1		59
fleur	19	3	2		11	6	1	1	1			44
NIC	7	1			13	10	5	1	1			38
Cours	4	3	3		15	7	1		1			34
DAR	5			1	16	4	3					29
Acc	12	1			10	1	1					25
Esch	7	1	1	1	6	3		1				20
WAL	6	1			11	1	1					20
ALG	5	1			1							7
Prov	5											5
Σ	83	18	10	4	94	46	13	7	5	1		
				115						166		281

Abb. 1: Verteilung parataktischer Konstruktionen (aus: Kiesler 2013a, 616).

taktischen Sätze spiegelt die Anzahl der Nebensätze pro Hauptsatz das wider, was Koch (1995) bereits als *complexité quantitative* beschrieben hat (cf. hierzu Kap. 2.3). Abbildung 1 zeigt die Verteilung der unterschiedlichen parataktischen Konstruktionen in Kieslers Korpus (Abb. 1).[27]

Es wird deutlich, dass im Bereich der koordinierenden Konstruktionen die heterogenen Satzstrukturen (166) die homogenen (115) überwiegen und dass sowohl im Bereich der homogenen wie heterogenen Parataxen die Konstruktionsarten mit zwei Teil- bzw. Hauptsätzen (83 bzw. 94) ganz eindeutig die größte Teilmenge darstellen. Abbildung 2 zeigt dagegen nun das Auftreten unterschiedlicher hypotaktischer Strukturen im Korpus.

---

27 Der von Kiesler verwendete Begriff «sous-phrase» ist der Grammatik von Grevisse/Goosse ([14]2008, §213 b 2°) entnommen und bezeichnet Teilsätze. Auf Ebene der Parataxe handelt es sich dabei sowohl um Haupt- als auch Nebensätze, im Bereich der Hypotaxe ausschließlich um untergeordnete Nebensätze. Bei den analysierten Texten handelt es sich um: MJF (*Mémoires d'une jeune fille*; Beauvoir 1995, 9–17), NIC (*Le petit Nicolas* 1960; Sempé/Goscinny 1992, 5–18), ALG (*Astérix légionnaire* 1967; Goscinny/Uderzo 1989, 5–11), esch (*conversation spontanée, enregistré env. 1970*; Eschmann 1984, 36–39), Cours (*cours magistral, université française 1979*; Ludwig 1988, 155–166), Prov (*Proverbes français*; 1979, 8–21), acc (*récit spontané, enregistré 1992*; Blanche-Benveniste et al. 2002, 127–130), WAL (*écrit de vulgarisation scientifique 1994*; Walter 1994, 11–27), fleur (*récit spontané, enregistré 1997*; Blanche-Benveniste et al. 2002, 80–84) sowie DAR (*écrit scientifique spécialisé 2007*; Dardel 2007, 329–339).

	phrases hypot. simples			phrases hypotaxiques multiples										
	adj.	circ.	comp.	homogènes à ... prop.			hétérogènes à ... propositions						Σ	↓
Texte				3	4	5	3	4	5	6	7	8	Σ	↓
WAL	18	1	6	10		2	14	4	3	1			59	
NIC	5	5	13	7		2	4	4	5			1	46	
Cours	7	3	10	7	2		11	4	1				45	
DAR	9	5	5	5	4		5	6	5		1		45	
Acc	2	6	14	3	1		8	2					36	
Prov	7	12	14										33	
fleur	4	5	3	1	1		3	2	1				20	
ALG	3	3	7										13	
MJF	5	2	2				1	1					11	
Esch	3	1	4				1		1				10	
Σ	63	43	78	33	8	4	47	23	16	1	1	1		
			184									134	318	

Abb. 2: Verteilung hypotaktischer Konstruktionen (aus: Kiesler 2013a, 621).

Zwei Sachverhalte können hier festgehalten werden:[28] Erstens lassen sich für das analysierte Korpus zum Französischen mehr einfache (184) als multiple Hypotaxen (134) feststellen; zweitens ist es auch hier auffällig, dass sich ebenso eine größere Anzahl an heterogenen Satzstrukturen nachweisen lässt. Von den insgesamt 134 multiplen Konstruktionen finden sich 45 homogene Hypotaxen, denen fast doppelt so viele, nämlich 89 multiple heterogene Hypotaxen gegenüberstehen.[29] Auch wenn das Referenzkorpus in diesem Fall eine beachtliche Größe besitzt, so wäre zu überlegen, ob man für die einzelnen stilistisch heterogenen Texte möglicherweise mehr als 100 Sätze pro Text hätte auswählen können, um die statistische Aussagekraft entsprechend zu erhöhen. Ähnliche Arbeiten für das Spanische liegen noch nicht vor.

---

28 Interessant ist in diesem Fall auch die Verteilung der einzelnen Nebensatzarten, auf die im Rahmen dieser Untersuchung nicht näher eingegangen wird. In dem angegebenen Referenzkorpus finden sich am häufigsten Kompletivsätze, dann die Attributsätze (hier unter dem Ausdruck *phrase adjetivale* bzw. *adj.* subsummiert) und zuletzt die Adverbialsätze.

29 Man beachte hier, dass das Kriterium der Homogenität bzw. Heterogenität unterschiedlich angewandt wird: Bei parataktischen Rahmenkonstruktionen handelt es sich um eine heterogene Parataxe, sobald ein untergeordneter Nebensatz Teil der gesamten Satzstruktur ist. Bei hypotaktischen Rahmenkonstruktionen ist das Kriterium der Homogenität erst dann erfüllt, wenn alle auftretenden Nebensätze der gleichen «Satzart» angehören.

Hesselbach (2014) konnte anhand der Analyse eines umfangreichen Korpus für das Spanische zeigen, dass im Bereich der niederen Diaphasik zwei Sachverhalte festgestellt werden können: Zum einen findet man in der spanischen Umgangssprache deutlich mehr einfache als komplexe Sätze, zum anderen dominiert im Bereich der komplexen Konstruktionen die Hypotaxe deutlich die Parataxe. Die vier von Hesselbach untersuchten Teilkorpora weisen dabei alle ähnliche Werte auf: So treten einfache Sätze in den jeweiligen Korpora mit etwa 66 % auf, während man komplexe Strukturen nur in etwa einem Drittel der beobachteten Fälle konstatieren kann. Im Bereich der komplexen Sätze dominiert die Hypotaxe in allen Korpora mit jeweils ca. 60 %, wohingegen parataktische Strukturen nur mit ca. vierzigprozentiger Wahrscheinlichkeit auftreten. Nach der Betrachtung der angeführten Forschungsergegbnisse wird im Folgenden genauer auf die syntaktische Komplexität im Allgemeinen sowie für das Spanische im Besonderen eingegangen.

2.2 Zur syntaktischen Komplexität (im Spanischen)

Komplexe Sätze werden traditionell als syntaktische Konstruktionen mit zwei finiten Verben bzw. zwei Prädikatsausdrücken definiert. So findet sich bei Bußmann die folgende Definition des komplexen Satzes: «komplexe S[ätze] [verfügen] über Satzgefüge oder Satzverbindungen mit mindestens zwei finiten Verben» (2002, s. v. *Satz*). Ein ähnlicher Ansatz findet sich bei Lewandowski: «Zusammengesetzter → Satz, → Satzgefüge; [...] ein → Satz, der in seinem → Baumgraphen ein oder mehrere, gegenüber dem Ausgangssymbol ›S‹ tiefer liegende Satzsymbole enthält» (1979, s. v. *komplexer Satz*).[30] So handelt es sich in den Beispielen (6) und (7) jeweils um einen einfachen und in Beispiel (8) um einen komplexen Satz, welcher aus den beiden einfachen Hauptsätzen *Ganaron mucho.* und *Hoy están arruinados.* zusammengesetzt ist, d. h. in diesem Fall handelt es sich um eine einfache, syndetisch verknüpfte parataktische Konstruktion:

(6) *Ganaron* mucho.
    HS

(7) Hoy *están* arruinados.
    HS

---

30 Mit Verweis auf die generative Transformationsgrammatik fasst Lewandowski komplexe Sätze als syntaktische Konstruktionen mit einem weiteren eingebetteten Satz auf. Dabei werden koordinierende Satzkonstruktionen aus mehreren Hauptsätzen nicht berücksichtigt.

(8) *Ganaron* mucho, (Alarcos Llorach 1994, 313)
 HS$_1$
 pero
 Konj.
 hoy *están* arruinados.
 HS$_2$

Die Anzahl der finiten Verben ist in vielen Handbüchern und Grammatiken das einzig relevante Kriterium für die Unterscheidung von einfachen und komplexen Sätzen (cf. Bußmann 2002, s. v. *Satz*). Zu der inhaltlichen Problematik gesellt sich darüber hinaus noch eine terminologische. Unter diesem Gesichtspunkt erscheint die Satzdefinition komplexer Strukturen in der spanischen Tradition interessant, wonach komplexe Sätze in *oraciones compuestas*, also parataktische Verknüpfungen von Hauptsätzen, und *oraciones complejas*, also hypotaktische Haupt- und Nebensatzkonstruktionen, unterteilt werden. Während in der deutschsprachigen Grammatikographie Satzreihen und Satzgefüge normalerweise unter dem Begriff «komplexer Satz» zusammengefasst werden,[31] wird in der spanischsprachigen Praxis hierbei oftmals unterschieden (cf. Eguren Gutiérrez/Fernández Soriano 2006, s. vv. *oración compleja/compuesta*).

Betrachtet man aktuelle Grammatiken zum Spanischen, so zeigt sich, dass das Feld der Syntax bzw. der syntaktischen Komplexität in Bezug auf den einfachen, erweiterten und komplexen Satz nur oberflächlich angegangen wird. Viele der Werke beruhen auf der Beschreibung der einzelnen Wortklassen und der Kombination zu Wortgruppen. In der Grammatik von Vera Morales (2008) findet sich beispielsweise überhaupt kein Kapitel zur Syntax, komplexere syntaktische Strukturen wie Bsp. (9) und (10) werden ansatzweise in den Kapiteln zu den infiniten Verbformen (9) bzw. den Konjunktionen (10) beschrieben.

(9) *Duele* ver una casa destruida. (Vera Morales 2008, 276)
 HS

(10) Me *miró*
 HS$_1$
 y
 Konj.
 se *echó* a reír. (Vera Morales 2008, 583)
 HS$_2$

---

31 Bei Becker findet sich allerdings eine Definition des komplexen Satzes, die offensichtlich nebenordnende Konstruktionen nicht miteinbezieht: «Sätze können zudem komplex sein, d. h. wiederum aus untergeordneten (bzw. subordinierten) Sätzen zusammengesetzt sein, die ihrerseits bestimmte Satzfunktionen des übergeordneten Hauptsatzes realisieren [...]» (2013, 98).

In der neuen Grammatik der Real Academia Española (2009), die im Folgenden als NGLE abgekürzt wird, wird die Syntax in den Kap. 41–47 v. a. in Bezug auf die kompletiven, relativen und adverbialen Nebensätze komplexer Strukturen beschrieben. Bei de Bruyne (2002) findet sich ebenso wenig eine Darstellung der komplexen Sätze wie in der älteren Grammatik von Bello (1988).

Alarcos Llorach (1994) hingegen widmet der Syntax in der *Gramática de la lengua española* einen Großteil der Darstellung und beschreibt sehr ausführlich die unterschiedlichen komplexen Satztypen. Er unterscheidet ebenso zwischen *oraciones compuestas* (Kap. XXVII.) und *oraciones complejas* (Kap. XXVIII.– XXXIV.) und geht in der Beschreibung der komplexen Sätze v. a. auf die unterschiedlichen adverbialen Nebensatzarten ein.

Antas García (2007) unterscheidet bei seiner Einteilung der *oraciones compuestas* zwischen *oraciones coordinadas y yuxtapuestas*, also den koordinierenden Konstruktionen mit syndetischer (11) oder asyndetischer[32] (12) Junktion, und den *oraciones subordinadas*, d. h. Satzstrukturen mit mindestens einem abhängigen Nebensatz (13).

(11) Nosotros nos *quedamos* en casa y ellos se *fueron*
al cine. (Antes García 2007, 218)

(12) Juan *canta*, Pedro *ríe*, Luis *llora*. (Antes García 2007, 220)

(13) Luis *ha* aprobado
porque *ha* estudiado. (Antes García 2007, 219)

Was bei Antas García im Vergleich zu den bisher erwähnten Grammatikbeschreibungen nur kurz gestreift wird, ist die Tatsache, dass komplexe Satzstrukturen keinesfalls immer in prototypischen Ausprägungen erscheinen, wie sie in vielen Grammatiken dargestellt werden. So kann man im Übungsteil seines Arbeitsbuches (Kap. 18.3.5. *Oraciones con varias coordinadas y/o subordinadas a la vez*) Analysen für komplexe Sätze finden, die nicht den gängigen homogenen Prototypen von Para- und Hypotaxe entsprechen, sondern sich durch das Auftreten verschiedener Konstruktionsmuster kennzeichnen lassen, wie Beispiel (14) und dessen graphische Darstellung (Abb. 3) nach Antas García zeigt:

---

32 Antas García argumentiert, dass auch asyndetische Junktionen vom Typ *Tenía miedo. No fue* (cf. Antas García 2007, 220) subordinierende Konstruktionen darstellen. Hierzu muss gesagt werden, dass die Semantik der sprachlichen Äußerungen hier zwar ein Abhängigkeitsverhältnis impliziert, welches gerade in umgangssprachlichen Kommunikationssituationen, für die die Asyndese ein typisches Beispiel ist, vom Rezipienten in diesem Fall als Kausalzusammenhang aufgelöst werden kann. Auf syntaktischer Ebene handelt es sich nichtsdestotrotz um die einfache Aneinanderreihung zweier Hauptsätze, wie sie bei Raible unter dem Typ I beschrieben wird.

(14)   Andrés me *preguntó*

           por qué [yo] *cogí* el cuadro,

   pero

   no *supe*

         qué contestarle.   (Antes García 2007, 263)

Andrés me preguntó por qué [yo] cogí el cuadro, pero [yo] no supe qué contestarle.

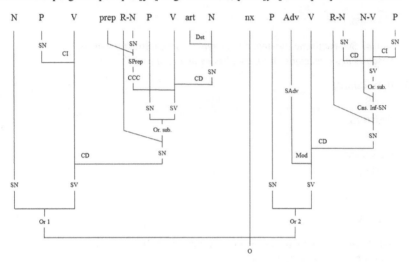

Abb. 3: Darstellung der syntaktischen Struktur von Bsp. (14) im Baumgraphen
(aus: Antas García 2007, 263).

Obgleich die Stemma-Darstellung bei Antas García auf den ersten Blick einigermaßen unübersichtlich wirkt, zeigt sie deutlich auf, dass die Rahmenkonstruktion aus zwei Sätzen besteht (Or 1 für *oración* 1 sowie Or 2 für *oración* 2), die
selbst weitere syntaktisch eingebettete Sätze (Or. sub. für *oración subordinada*)
aufweisen. Während in den üblichen Grammatikdarstellungen das idealtypische Auftreten der Para- bzw. Hypotaxe beschrieben wird, werden komplexere
syntaktische Strukturen hier offensichtlich differenzierter wiedergegeben. Zum
besseren Verständnis sei an dieser Stelle eine einfache Darstellung der Satzverknüpfungen der verschiedenen Haupt- (HS) und Nebensätze (NS) als Baumdiagramm für die Beispiele (11) bis (13) gegeben:[33]

---

33 Bei der Analyse der Beispiele wird an dieser Stelle von der Graphie, wie sie bei Antas
García (2007) zu finden ist, als Grundlage ausgegangen. Somit ist auch Beispiel (12) als komplexer Satz aus drei eigenständigen Hauptsätzen anzusehen. In der Terminologie Kieslers
(2013b) handelt es sich dabei um eine Multiple Homogene Parataxe (cf. Kap. 3.3.2).

(11) Nosotros nos *quedamos* en casa
    HS₁

y

Konj.

ellos se *fueron* al cine
    HS₂

Abb. 4: Schematische Darstellung der syntaktischen Struktur von sp.
Nosotros nos quedamos en casa y ellos se fueron al cine.[34]

(12) Juan *canta*,
    HS₁
Pedro *ríe*,
    HS₂
Luis *llora*.
    HS₃

Abb. 5: Schematische Darstellung der syntaktischen Struktur von sp.
Juan canta, Pedro ríe, Luis llora.

(13) Luis *ha* aprobado
    HS₁

            porque *ha* estudiado
            Konj.   NS₁₋₁[35]

Abb. 6: Schematische Darstellung der syntaktischen Struktur von sp.
Luis ha aprobado porque ha estudiado.

---

34 Alle in dieser Arbeit angeführten Stemmata wurden mithilfe der folgenden Webseite erstellt: http://ironcreek.net/phpsyntaxtree/?. Dabei konnten die jeweiligen Ziffern allerdings
nicht tiefer gestellt werden.
35 NS₁₋₁ steht an dieser Stelle für einen einzigen Nebensatz, der vom ersten Hauptsatz abhängig ist. Besteht eine Konstruktion aus Hauptsatz und mehreren Nebensätzen, so werden diese
in Bezug auf diesen Hauptsatz entsprechend nummeriert, also NS₁₋₁, NS₁₋₂, NS₁₋₃ etc.

Die Beispiele (11) bis (13) können bereits als komplexe Sätze bezeichnet werden, da sie jeweils mindestens zwei finite Verben aufweisen. So lässt sich in (11) eine Satzreihung zweier syntaktisch gleichwertiger Hauptsätze (mit den finiten Verben *quedamos* und *fueron*) konstatieren, in (12) eine asyndetische Satzreihung dreier gleichwertiger Hauptsätze (mit den finiten Verben *canta*, *ríe* und *llora*) und in (13) ein Satzgefüge aus einem Hauptsatz und einem von diesem abhängigen Nebensatz (mit dem zweimalig vorkommenden finiten Verb *ha*).

Während die gerade angeführten Beispiele zwar als komplexe Sätze analysiert werden können, zeigt (14), dass ein relativ kurzer Satz, der je nach Zählung entweder 14 oder 15 Wörter aufweist,[36] einen hohen Grad an Komplexität besitzen kann, da hier sowohl koordinierende wie subordinierende syntaktische Verfahren innerhalb eines Satzes auftreten. Darüber hinaus wird deutlich, dass Nebensätze nicht immer finit sein müssen. So weist der erste vom zweiten Hauptsatz abhängige Nebensatz (= NS_{2-1}) in diesem Fall eine Infinitivkonstruktion (*contestarle*) auf:

(14) Andrés me *preguntó*
        HS_1
                        por qué   [yo] *cogí* el cuadro,
                        Konj. NS_{1-1}
        pero
        Konj.
        no *supe*
        HS_2
                        qué   contestarle.
                        Konj. NS_{2-1INF}[37]

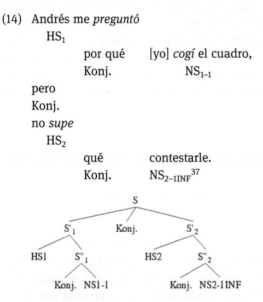

Abb. 7: Schematische Darstellung der syntaktischen Struktur von sp.
Andrés me preguntó por qué [yo] cogí el cuadro, pero no supe qué contestarle.

---

36 Der Unterschied ergibt sich daraus, welche Definition von *Wort* man heranzieht und ob man *contestarle* als ein (graphisches) Wort betrachtet, oder ob man Verb und Klitikon als zwei Wörter zählt.

37 NS_{2-1INF} bedeutet, dass es sich um den ersten, und zwar infiniten Nebensatz handelt, der vom zweiten Hauptsatz der Gesamtkonstruktion abhängig ist.

Beispiel (14) kann demnach als eine parataktische Rahmenkonstruktion aus zwei Hauptsätzen beschrieben werden, in der jeder Hauptsatz jeweils einen abhängigen Nebensatz aufweist, nämlich NS_{1-1} (*por qué [yo] cogí el cuadro*) bzw. NS_{2-1INF} (*qué contestarle*). Wie wir bereits gesehen haben, gehen die traditionellen Grammatiken auf solche Fälle nicht ein, da davon ausgegangen werden kann, dass man mithilfe der beschriebenen einfachen Sätze bzw. der komplexen Strukturen der Para- und Hypotaxe aufgrund von «Rekursivität» entsprechend komplexere Konstruktionen bilden kann.

«Rekursivität», also der «aus der Mathematik übernommene Begriff, der in der [...] Generativen Syntax die formale Eigenschaft von Grammatiken bezeichnet, mit einem endlichen Inventar von Elementen und einer endlichen Menge von Regeln eine unendliche Menge von Sätzen zu erzeugen» (Bußmann 2002, s. v.), ist im Übrigen auch das zentrale Merkmal, das Givón syntaktisch komplexen Konstruktionen zuweist. Während «Komplexität» bisher als Unterscheidungskriterium für die Zuordnung «einfacher und komplexer Satz» dargestellt und somit auch parataktische Strukturen als den komplexen Sätzen zugehörig bezeichnet wurden, beschreibt Givón Komplexität als ein Ausmaß hierarchischer Organisation von Sätzen. Damit hebt er die Einbettung als syntaktisches Verfahren in den Mittelpunkt seiner Betrachtung von komplexen syntaktischen Konstruktionen (cf. 2009a, 3–18). Im Folgenden wird dargestellt, welche verschiedenen Arten zur numerischen Bestimmung von syntaktischer Komplexität in der Forschung vorliegen.

2.3 Zur quantitativen Beschreibung syntaktischer Komplexität

Während es im vorherigen Teilkapitel um die *Art* komplexer Satzkonstruktionen ging, d. h. eine qualitative Zuschreibung syntaktischer Komplexität, soll nun ein Blick auf bisherige Versuche geworfen werden, syntaktische Komplexität quantitativ zu fassen. Es geht nun um den *Umfang* der jeweiligen Satzkonstruktion. Für einen ersten Überblick hierzu empfiehlt sich Szmrecsányi (2004), der zum einen die Satzlänge, zum anderen aber auch die Anzahl der phrasalen Knoten als Maß für syntaktische Komplexität beschreibt: «Presupposing some notion of formal complexity, counting the number of nodes dominated is conceptually certainly the most direct and intuitively the most appropriate way to assess syntactic complexity» (Szmrecsányi 2004, 1033). Vorgeschlagen wird schlussendlich eine eigene Formel (cf. Szmrecsányi 2004, 1035), die es ermöglichen soll, einen sog. *Index of Syntactic Complexity* (*ISC*) zu beschreiben. Dabei spielten für eine gegebene sprachliche Einheit *u* sowohl die Anzahl *n* der unterordnenden Konjunktionen (*SUB*), als auch die Anzahl der *WH*-Pronomina (für das Englische) eine deutlich wichtigere Rolle als etwa die Anzahl der Verbformen

(*VF*)[38] oder der Nominalphrasen (*NP*) innerhalb einer gegebenen syntaktischen Konstruktion. Demnach lasse sich für die Syntax ein Komplexitätsmaß anhand der folgenden Formel berechnen:

$$ISC(u) = 2 \times n(u, SUB) + 2 \times n(u, WH) + n(u, VF) + n(u, NP)$$

Man kann recht schnell feststellen, dass diese Art der Berechnung von syntaktischer Komplexität im Ansatz zwar durchaus interessant erscheint. Allerdings bestehen hier größere theoretische Bedenken an der Vorgehensweise. Zwei Kritikpunkte sollen hier angeführt werden: Zuerst ist die Frage zu stellen, warum die Anzahl der unterordnenden Konjunktionen bzw. *WH*-Pronomina genau mit dem Faktor 2 und nicht etwa mit 4, 10 oder anderen Größen multipliziert wird. Die Wahl des Multiplikationsfaktors erscheint nicht gut begründet und einigermaßen willkürlich. Außerdem müsste dringend hinterfragt werden, was genau bzw. auf welcher Skala gemessen werden soll? Ist der aus dem bei Szmrecsányi angegebenem Beispiel berechnete Wert mit 21 nun stark komplex oder nicht? Ohne die Angabe einer entsprechenden Richtskala kann man über die erhaltenen Ergebnisse keine validen Aussagen treffen. Deswegen weist der Autor zu Recht darauf hin: «I would, then, like to suggest the following formula – which, admittedly, is somewhat tentative and ad-hoc [!] – to establish (ISC)» (Szmrecsányi 2004, 1034).

Ähnlich wie in vielen anderen Darstellungen gilt für Sowinski (1999, 90–92) die Satzlänge als eines der zentralen Merkmale für syntaktische Komplexität. Er unterscheidet demnach zwischen kurzen Sätzen, Sätzen mittlerer Länge sowie langen Sätzen. Erstere weisen ihm zufolge drei bis fünf Satzglieder auf, während sich Sätze mittlerer Länge durch vier bis sieben Satzglieder bzw. 10–20 Wörter kennzeichnen lassen. Lange Sätze übersteigen dann die Grenze von sieben Satzgliedern bzw. 20 Wörtern. Besonders aufschlussreich bei Sowinski gestaltet sich die Korrelation zwischen bestimmten Texttypen und der Länge von Sätzen: So ließen sich kurze Sätze eher in Dramen, bestimmten Erzählweisen oder im Boulevardjournalismus und in der Werbung finden. Mittellange Sätze kämen demnach in Kommentaren, bestimmten Pressetexten oder der Fachliteratur vor. Bei den langen Sätzen wird bereits festgehalten, dass diese auch als erweiterte einfache Sätze vorkommen können (cf. ibid.). Dies bedeutet, dass Satzkomplexität nicht zwingend mit dem Ausmaß der Länge von Sätzen einhergehen muss, sondern dass die Satzlänge eines von mehreren Kriterien für die Bestimmung von Syntaxkomplexität darstellt. Der Autor betont schließlich, dass es «für die Stilanalyse [...] jedoch ratsam [ist], die verschiedenen Möglich-

---

38 Hierbei wird kein Unterschied zwischen finiten und infiniten Verbformen gemacht.

keiten des ‹Periodenbaus›, der Struktur komplexer Satzgefüge an Beispielen zu studieren, um die individualstilistischen und funktionalstilistischen Realisierungen in ihrem Gefüge und in ihrer Leistung und Wirkung zu erfassen» (Sowinski 1999, 93). Diesem Postulat entsprechend werden in der vorliegenden Arbeit die unterschiedlichen stilistischen Ausprägungen in Bezug auf die Syntax des Spanischen anhand eines hinreichend großen Korpus untersucht und dargestellt.

Einen ähnlichen Ansatz wie bei Sowinski findet man bei Hoffmann (1998), der die Komplexität von Sätzen als Kriterium zur Unterscheidung von Textsorten heranziehen möchte. Er unterscheidet sich insofern von anderen Arten der Berechnung, als er über die Satzgrenze hinausgeht. So beschreibt der Autor die Komplexität von Sätzen wie folgt:

> «Sowohl für einfache erweiterte Sätze als auch für Satzgefüge lassen sich Komplexitäts-quotienten errechnen, indem die Zahl der sekundären Satzglieder bzw. der Nebensätze durch die Zahl der Sätze dividiert wird, z. B. 723 : 400 = 1,8075, aber 516 : 400 = 1,2900. Diese Werte eignen sich u. a. als Vergleichsgrößen für den Komplexitätsgrad von Fach-textsorten, d. h. als quantitatives Textsortenmerkmal. Hier ergeben sich tatsächlich signifikante Unterschiede, so etwa zwischen wissenschaftlichen Monographien oder Zeitschriftenaufsätzen einerseits und Referaten (abstracts) oder Bedienungsanleitungen andererseits» (Hoffmann 1998, 417–418).

Ebenso wie bei Szmrecsányi gilt es allerdings zu kritisieren, dass auch hier keine Messskala zu Grunde gelegt wird. Zwei Werte mit 1,8075 und 1,2900 unterscheiden sich deutlich auf einem Intervall mit den Grenzwerten 1 und 2, gleichwohl tun sie dies erheblich geringer, wenn die Extremwerte etwa bei 1 und 10 liegen. Dies bedeutet, dass hier ein bestimmtes Verhältnis der Anzahl von Haupt- zu Nebensätzen in einem gegebenen Text näher beschrieben werden soll, allerdings ist nicht eindeutig, auf welcher Vergleichsgrundlage dies geschehen soll. Dadurch lassen sich schlussendlich keine weiteren Erkenntnisse über die Unterschiede von Textsorten in Bezug auf die Komplexität der Syntax gewinnen. Altmann verweist in diesem Zusammenhang auf die vorschnelle und theoretisch unzureichend hergeleitete Erstellung von Quotienten bzw. mathematischen Indizes, die Auskunft über bestimmte sprachliche Gegebenheiten geben sollen: «Die üblichste ‹Sünde› in der Linguistik ist die Bildung von irgendwelchen Quotienten ohne Rücksicht auf die linguistischen und mathematischen Aspekte des gegebenen Indexes [...]. Daher beschreibt der Index keine Eigenschaft sondern einen Gleichgewichtszustand des Textes» (1978, 91–92).[39]

---

[39] Gemeint ist hier der Busemannsche Aktionsquotient ($Q = \frac{V}{A}$), bei dem Texte aufgrund der Anzahl der Verben (V) oder der Adjektive (A) als «aktiv» oder «deskriptiv» charakterisiert werden sollen.

Innerhalb der romanistischen Forschung zur Komplexität von Satzkonstruktionen und deren numerischer Beschreibung hat Koch Mitte der 1990er Jahre einen Vorschlag anhand des Französischen unterbreitet. Zunächst stellt Koch fest, dass auch die nähesprachliche Kommunikation nicht frei von subordinierenden Konstruktionen sei: «La conversation, on s'en doutait, est pleine de parataxes (et je n'en parlerai plus), mais comme le montre la fig. 1, elle est aussi pleine de subordonnées à verbe conjugué (type IV) et d'infinitifs subordonnés (type IV*). [...] Cet *‹enchaînement conversationnel›* de certaines subordonnées à droite me paraît être un procédé typique de la conversation spontanée» (1995, 26).

Anhand der Daten aus einem recht kleinen Korpus zum Französischen, nämlich jeweils einem Text, der sich aufgrund der Merkmale der konzeptionellen Mündlichkeit bzw. Schriftlichkeit charakterisieren lässt, zeigt Koch ein Verhältnis auf, das er «quantitative Komplexität» nennt und welches durch die Anzahl der Nebensätze bzw. Nominalisierungen pro Hauptsatz gekennzeichnet ist:

> «On peut compter le nombre de subordonnées/de nominalisations par principale. C'est ce que j'appelle la *complexité quantitative*. Elle est, p.ex., de 1:1 dans la phrase [3], de 1:4 dans la phrase [5] etc. Dans le corpus DÎNER, nous n'avons qu'un seul exemple de la complexité quantitative 1:4; c'est le passage [11], passage assez particulier, comme nous l'avons dit, par sa structure dialogique et surtout par les éléments de citation qu'il englobe [...]. A part de cela, la complexité quantitative ne dépasse jamais 1:3 (cf. [20], [21]).
>
> Dans le corpus COURS, 1:4 est tout à fait normal, (cf. [5], [12], [17], et même 1:5 n'est pas exceptionnel (cf. [6], [28]), mais la complexité quantitative ne dépasse jamais ce dernier chiffre, qui ne doit pas être très loin du seuil critique pour la scripturalité conceptionnelle à réalisation phonique» (Koch 1995, 35).

Kochs Herangehensweise hat den Nachteil, dass er bei seiner Betrachtung von nur einem Hauptsatz ausgeht. Diese Methode funktioniert bei multiplen Hypotaxen, wie man in Bsp. (15) und (16) sehen kann:

(15) Usted *sabe* bien
      HS$_1$

          que   yo *soy* hijo de trabajadores,
          Konj.   NS$_{1-1}$
          y
          Konj.
          que   mi madre *tuvo* que criar a 12 hijos con mucho trabajo
                     y sufrimiento, la pobre.   (POL6, 2)
          Konj.   NS$_{1-2}$

(16) *Supongamos* también
HS_1

 que los redactores de una entrada *pueden* obtener todos los
 ejemplos
Konj. NS_{1-1}
 que les *interesan*
Konj. NS_{1-2}
 en cada caso de forma equivalente a
 NS_{1-1}
 como lo *harían* mediante la consulta directa de los
 textos
 a cargo de una persona experta. (CIE1, 48)
Konj. NS_{1-3}

Beispiel (15) weist zwei koordinierte Nebensätze auf, die beide vom übergeordneten Hauptsatz abhängen, so dass man mit Koch ein Verhältnis für quantitative Komplexität von 1:2 annehmen kann. Der Satz in (16) kann entsprechend
mit einem Verhältnis von 1:3 beschrieben werden. Dabei kann man die Schwierigkeiten erkennen, die auftreten, sobald man eine komplexere Matrixstruktur
analysiert. Die beiden parataktischen Rahmenkonstruktionen in (17) und (18)
zeigen dies exemplarisch:

(17) Pues bien, señorías, esas *son* nuestras preocupaciones
 HS_1
y
Konj.
por eso *hemos* presentado esta enmienda,
 HS_2
pero
Konj.
en las conversaciones
 HS_3

 que *hemos* tenido con el Grupo Parlamentario Socialista,
 Konj. NS_{3-1}
la portavoz del grupo parlamentario en la Comisión de Sanidad,
Política Social e Igualdad nos *ha* comunicado
 HS_3

 que este tema se *va* a solucionar a lo largo de este periodo
 de sesiones. (PAR 8, 46)
 Konj. NS_{3-2}

(18) En segundo lugar, respecto a los delitos de violencia doméstica
cometidos con habitualidad, se les *dota* de una mejor sistemática,
HS_1
se *amplía* el círculo de sus posi bles [sic] víctimas,
HS_2
se *impone*, en todo caso, la privación del derecho a la tenencia y porte
de armas
HS_3
y
Konj.
se *abre* la posibilidad
HS_4
de que el juez o tribunal sentenciador *acuerde* la privación de la
patria potestad, tutela, curatela, guarda o acogimiento.
(LEG10, 25)
Konj. NS_{4-1}

In beiden Fällen handelt es sich um heterogene Parataxen, die ihrerseits untergeordnete Nebensätze beinhalten. In Beispiel (17) findet man drei Hauptsätze,
von denen der dritte zwei abhängige Nebensätze aufweist. Beispiel (18) enthält
vier Hauptsätze sowie einen Nebensatz. Sowohl in (17) als auch in (18) steht
man nun vor der Schwierigkeit, Kochs Methode der quantitativen Komplexität
anzuwenden. Würde man die einzelnen Auftretenshäufigkeiten addieren, so er-
gäbe es für (17) nur für HS_3 ein Verhältnis von $1:2$ und für (18) ein Maß von
$4:1$. Trotz eines interessanten Ansatzes zur Beschreibung von syntaktischer
Komplexität zeigen die Beispiele, dass das Vorgehen noch nicht vollständig aus-
gereift ist, da es sich nur auf einen Teil der Gesamtkonstruktion stützt. Hervorzuheben sind demnach zwei Dinge: Im Vergleich zu Ansätzen, die bspw. nur
die Satzlänge als Komplexitätsmaß heranziehen, legt Koch – meiner Auffassung
nach zu Recht – großes Gewicht auf unterordnende Satzkonstruktionen.[40] Da-

---

[40] Unbeantwortet bleibt in diesem Zusammenhang die Frage nach der Wertigkeit der Unterordnung. Betrachtet man beispielsweise einen Hauptsatz (a), der auf der ersten Stufe der Einbettungstiefe zwei koordinierte Nebensätze enthält, so verhält sich dieser trotz eines gleichen
Verhältnisses von $1:2$ anders als ein Hauptsatz (b) mit zwei voneinander abhängigen Nebensätzen. Die Darstellungen (a) und (b) stellen diesen Sachverhalt schematisch vereinfacht dar,
wobei «–» eine koordinierende und « ∟» eine subordinierende Junktionsweise darstellen.

(a)   HS
∟ NS–NS

(b)   HS
∟ NS
∟ NS

rüber hinaus muss man festhalten, dass er mit seiner Untersuchung einen ersten Richtwert vorgibt: Die Daten seines Korpus zeigen, dass ein Hauptsatz nicht mehr als fünf von diesem Trägersatz abhängige Nebensätze aufweisen kann.

Die verschiedenen Forschungsausrichtungen haben gezeigt, dass sich viele Ansätze zur Beschreibung von syntaktischer Komplexität auf Einzelaspekte des Themas beschränken (wie beispielsweise die Satzlänge, die Komplexitätstypen, Art der subordinierenden Konjunktionen etc.), bzw. Komplexität in ihrem Ausmaß nicht adäquat beschreiben können. Dies mag der Tatsache geschuldet sein, dass der Untersuchungsgegenstand selbst nicht präzise definiert ist und deshalb Uneinigkeit in der Forschung darüber herrscht, wie man syntaktisch komplexe Strukturen auf Satzebene – und ihre Auswirkungen auf Produzenten- und Rezipientenseite – fassen soll bzw. kann. Darüber hinaus werden oftmals nur einzelne Stile für die Analyse herangezogen, wie etwa Einzeluntersuchungen zur Umgangssprache, zur Entwicklung der Pressesprache, zu Autorenstilen etc., so dass eine gesamtheitliche Schau des Phänomens der syntaktischen Komplexität in Bezug auf verschiedene Stile des Spanischen (und anderer Sprachen) bisher nicht erfolgt ist. Dies ist der Ausgangspunkt für die vorliegende Studie, die zunächst eine theoretische Thematisierung dieser Problematik bietet und schließlich einen Vorschlag präsentiert, der mehrere – quantitative wie qualitative – Merkmale bei der Beschreibung von syntaktischer Komplexität berücksichtigt und für stilvergleichende Untersuchungen historischer Einzelsprachen handhabbar macht, wie im Folgenden gezeigt werden soll.

3 Theoretischer Teil

In diesem Kapitel werden die theoretischen Grundlagen vorgestellt und diskutiert, die den Rahmen für die empirische Analyse der Untersuchung bilden und deren Ergebnisse in Kap. 4 beschrieben werden. Kap. 3.1 rückt mit den Beschreibungsansätzen der Diaphasik den Untersuchungsgegenstand dieser Studie, nämlich die stilistischen Varietäten des modernen europäischen Spanischen, näher in den Mittelpunkt. Nach einer genaueren Betrachtung des Stilbegriffs wird in der Folge näher auf die Beziehung des Begriffs zu den Konzepten «Diskurstradition» und «Text» eingegangen. Als weitere Voraussetzung für das Verständnis von komplexen Satzstrukturen werden in Kap. 3.2 Probleme der Beschreibung von syntaktischen Konstruktionen in Bezug auf einfache (und erweiterte) sowie komplexe Sätze diskutiert. Dabei wird ebenfalls näher auf das Spannungsfeld zwischen diaphasischer Variation und syntaktischer Beschreibung eingegangen. Im darauffolgenden Abschnitt (Kap. 3.3) wird hervorgehoben, welche Faktoren bei der Bestimmung von syntaktischer Komplexität innerhalb dieser Studie von Bedeutung sind. Die für diese Arbeit zentralen Hypothesen werden abschließend in Kap. 3.4 präsentiert und auf ihren Wahrheitsgehalt in Kap. 4 überprüft.

3.1 Untersuchungsgegenstand

Gegenstand der hier vorgestellten Untersuchung ist das moderne, europäische Spanisch sowie in Ausblicken das europäische Französisch. Wenn man in diesem Zusammenhang von *dem* Spanischen (oder *dem* Französischen) spricht, so kann man unter dieser Bezeichnung zunächst ein einheitliches, d. h. homogenes Sprachsystem vermuten. Gleichwohl ist es aber so, dass damit ein Überbegriff für ganz unterschiedliche Realisierungsweisen dieser Sprache gemeint ist,[41] da jeder Sprecher die Vielzahl an sprachlichen Varianten, die ihm die Sprache bietet, ganz unterschiedlich ausnutzen kann. Diesen *«polysystemische[n] Charakter von Sprache»* beschreibt Forner wie folgt:

---

41 Cf. hierzu Coseriu: «Sie [die historische Sprache; Anm. d. Vf.] wird nicht als solche und nicht unmittelbar im Sprechen realisiert, sondern einzig und allein durch jeweils eine ihrer im diatopischen, diastratischen und diaphasischen Sinn bestimmten Normen. Niemand kann (gleichzeitig) die *ganze* italienische oder die *ganze* englische Sprache sprechen, das Englische bzw. das Italienische ‹ohne Adjektive› (z. B. ein Italienisch, das weder toskanisch noch römisch noch mailändisch usw. klingt, weder umgangssprachlich noch gehoben usw., weder familiär noch feierlich usw., oder aber ein Italienisch, das gleichzeitig toskanisch *und* sizilianisch, umgangssprachlich *und* gehoben, familiär *und* feierlich, usw. wäre)» (1988b: 284).

https://doi.org/10.1515/9783110592290-003

«Der Sprecher hat – grundsätzlich, wenn auch in der Regel beeinflußt durch pragmatische Faktoren – die ‹Wahl› zwischen verschiedenen Stilebenen. Diese Entscheidung des
Sprechers bezieht sich nicht auf ein einzelnes Wort, auf ein einzelnes grammatisches Phänomen, sondern auf ein *Bündel* von lexikalischen und/oder grammatischen Einheiten,
auf ein Subsystem. Zwar dringen neue Elemente [...] ein; aber sie integrieren sich in die
Subsysteme, sie erzeugen nicht etwa eine chaotische Zersplitterung [...] ‹in alle Richtungen›» (1998, 447).

Wenn Forner am Beispiel des Französischen zu dem Schluss kommt, dass «es
[...] mehr als *nur* zwei französische Sprachen [gibt]» (Forner 1998, 464), dann
gilt es sich zu fragen, (i) wie viele dieser Subsysteme man in der Sprache finden
kann und (ii) wie man diese für empirisch ausgerichtete Forschungen operationalisierbar machen kann. Dies ist für die Beschreibung des Untersuchungsge-
genstandes dieser Arbeit von zentralem Interesse, weswegen zunächst auf die
Modelle zur Beschreibung von sprachlichen Varietäten näher eingegangen werden soll.

3.1.1 Modelle der varietätenlinguistischen Beschreibung

Spricht man von sprachlichen Varietäten einer historischen Einzelsprache, wie
etwa dem Französischen oder Spanischen, so handelt es sich um verschiedene
Realisierungsmöglichkeiten, wie außersprachliche Sachverhalte durch die Sprecher einer Sprachgemeinschaft versprachlicht werden können (cf. hierzu zum
Spanischen u. a. Becker 2013, 274–277; Kabatek/Pusch 2011, 221–240; allgemein:
Sinner 2014). Wichtig dabei ist, dass diese Abweichungen von einer sprachlichen Referenzform als solche wahrgenommen werden.[42] Mit Flydal (1951) kann
man zunächst diatopische und diastratische Varietäten von Sprache unterscheiden.[43] Die Diatopik beschreibt sprachliche Gegebenheiten, die sich aufgrund
geographischer Unterschiede im Raum manifestieren; für das Spanische wären
dies beispielsweise die Varietäten in Andalusien, auf den Kanaren, aber auch
die einzelnen unterschiedlichen Ausprägungen in Lateinamerika, wie etwa das
Río-de-la-Plata-Spanische.

---

42 Cf. bspw. Kramer in Bezug auf die stilistische Variation: «Um Umgangssprache von einer
diaphasisch markierten formellen Sprachform abgrenzen zu können, muss es die ja erst einmal
geben [...]» (2008, 129). Ähnlich äußert sich Kabatek: «[V]or einer strukturellen Analyse muss
eine homogene Varietät isoliert werden. Das heißt, dass in dem dreidimensionalen Gebäude
der historischen Sprache eine syntopische, synstratische und symphasische Varietät vor der
Untersuchung isoliert werden muss» (2003, 197).
43 Flydal selbst spricht noch nicht von *Varietäten*, sondern von einer «perspective diatopi-
que» (1951, 248).

Kennzeichen der Diastratik ist die sprachliche Variation in Abhängigkeit der Zugehörigkeit zu einer soziokulturellen Schicht bzw. Gruppe. Darunter fallen sowohl konventionalisierte Gruppensprachen, wie etwa die Sprache von Physikern, Ingenieuren, Literaturwissenschaftlern oder anderen Berufsgruppen, aber auch sprachliche Varietäten, die sich aufgrund des Zusammengehörigkeitsgefühls einer Gruppe manifestieren. Die Faktoren können hier mannigfaltig sein: Alter, Geschlecht, präferierter Musikstil etc. Als Beispiel seien hier für die Jugendsprache typische Wortbildungen wie etwa sp. *cara-crater* [sic] 'Person mit vielen Pickeln' oder sp. *cubalitro* 'ein Liter eines alkoholischen Getränks' genannt (cf. Zimmermann 2012, 231).

Der Begriff der «diaphasischen Variation» geht schließlich auf Coseriu zurück, der Flydals Einteilung und Terminologie übernimmt und zunächst um die «diaphatischen Varietäten» (cf. 1980, 111–112 bzw. 1988a, 17) erweitert. Er bezeichnet damit «Unterschiede zwischen den Typen der Ausdrucksmodalität, je nachdem welche Umstände beim Sprechen herrschen (Sprecher, Hörer, Situation oder Gelegenheit zum Sprechen und Zusammenhang, in dem gesprochen wird)» (Coseriu 1988a, 25). Es geht also um den vorherrschenden Formalitätsgrad der kontextuellen Situation und den Einfluss, den dieser auf die Produktion von Sprache ausübt. Dabei kommt es nicht auf den medialen Kode an, da man – gerade in computervermittelter Kommunikation – natürlich auch konzeptionell Mündliches schreiben kann, man denke etwa an SMS-, Messenger- oder Chat-Kommunikation. Wenn jemand in einem persönlichen Brief oder einer elektronischen Nachricht informell markierte sprachliche Mittel wählt, dann geschieht dies, weil der- oder diejenige den Adressaten gut kennt und mit ihm kommunikativ kooperiert. Auf der anderen Seite kann mündlich realisierte Sprache sehr formell gekennzeichnet sein, wenn es die situativen Umstände verlangen, wie etwa bei einer Trauerrede oder einem festlichen Vortrag. Dies wird bei den Definitionen sichtbar, die Koch/Oesterreicher für die Diaphasik liefern. Die Autoren definieren die diaphasischen Varietäten als die «so genannte[n] Sprachstile, die mit bestimmten Bewertungen in Sprechsituationen korrespondieren (z. B. im Französischen: *français littéraire*, *familier* etc.; im Italienischen: *italiano letterario*, *familiare* etc.; im Spanischen: *español literario*, *coloquial* etc.)» (2011, 15).[44] In einer früheren Beschreibung der Diaphasik werden diese Varietäten als die «sog. Sprachstile, die bestimmten Sprechsituationen angemessen sind» (1990, 13) bestimmt. Dies bedeutet, dass ein Sprecher einer Sprache immer abwägen muss, inwieweit seine sprachliche Äußerung, die er schriftlich oder mündlich formulieren kann, der jeweiligen Kommunikations-

---

44 Zur Problematik der Bezeichnungen von Stilebenen cf. Hesselbach (2013).

KONZEPTION

		gesprochen	geschrieben
MEDIUM	graphischer Kode	fr. *faut pas le dire* it. *lui non ce l'aveva* sp. *¡decirme la verdad!*	fr. *il ne faut pas le dire* it. *egli non l'aveva* sp. *¡decidme la verdad!*
	phonischer Kode	fr. [fopɑl'diːʀ] it. ['luinontʃela'veːva] sp. [de'θirmelaβer'ða]	fr. [ilnəfopalə'diːʀ] it. [eʎʎinonla'veːva] sp. [de'θiðmelaβer'ðað]

Abb. 8: Konzeptionelle und mediale Mündlichkeit und Schriftlichkeit (nach: Koch/ Oesterreicher 2011, 3).

situation angemessen ist bzw. für ihn funktional ist. Dazu stehen ihm im Bereich der Aussprache, des Wortschatzes und der Grammatik ganz unterschiedliche Möglichkeiten zur Verfügung. Obige Abbildung aus Koch/Oesterreicher stellt in Anlehnung an Söll 1974 bzw. 1985 den Zusammenhang zwischen medialem Kode und der Konzeption von Sprache graphisch sehr übersichtlich dar.

Während Sprache medial entweder graphisch oder phonisch realisiert werden kann,[45] besteht auf der horizontalen Achse eine Mehr-oder-Weniger-Beziehung an konzeptioneller Mündlichkeit bzw. Schriftlichkeit. Die Autoren argumentieren, dass es sprachliche Ausdrücke gibt, die nur im Gesprochenen auftreten,[46] wie etwa im Französischen die Verneinung mit der einteiligen Negationspartikel *pas* anstatt der grammatikalisch korrekten zweiteiligen Verneinungsform *ne ... pas*, also fr. *je dors pas* anstatt *je ne dors pas*, oder die Verwendung des Infinitivs anstatt des Imperativs im Spanischen, wie das Bsp. aus der Abbildung zeigt: sp. *¡decirme la verdad!* (dt. 'die Wahrheit sagen!') anstatt *¡decidme la verdad!* (dt. 'sagt mir die Wahrheit!'). Gegen diese Sichtweise sind bereits in der Vergangenheit Bedenken ins Feld geführt worden, so schreibt u. a. Kiesler:

---

45 Diese Entweder/Oder-Beziehung wird im Schaubild durch die durchgezogene Linie repräsentiert.

46 Cf. hierzu die sog. «diamesische Variation», wie sie von Mioni postuliert wird: «[...] differenze del m e z z o via via usato per comunicare (per le quali si potrebbe usare il neologismo di ‹dimensione d i a m e s i c a›)» (1983, 508).

«Wenn Koch/Oesterreicher (1990, 14) etwa in Hinblick auf den segmentierten Satz (*je ne l'ai pas lu, le livre*) sagen, es handele sich dabei um eine Erscheinung, die durch die ‹Kommunikationsbedingungen der Nähe motiviert› sei, so stimme ich ihnen darin vollkommen bei; die Meinung allerdings, daß es ‹völlig verfehlt› sei, ‹eine der drei erwähnten diasystematischen Markierungen anzusetzen› (Koch/Oesterreicher, ibid.), kann ich nicht teilen. Ich würde diese Satztypen vielmehr gerade wegen ihrer Motivierung durch die ‹Kommunikationsbedingungen der Nähe› als diaphasisch markiert beschreiben» (1995, 386).

Er gibt weiterhin zu bedenken, dass das, «[w]as Koch/Oesterreicher als konzeptionelle Unterscheidung ‹gesprochen/geschrieben› bezeichnen, sich meines Erachtens adäquater als diaphasischer Unterschied beschreiben [läßt]: eine Äußerung wird nicht als ‹gesprochen› oder ‹geschrieben› konzipiert, sondern als ‹informell› oder ‹formell›» (Kiesler 1995, 395).[47] Ein ähnlicher Einwand wird von Radtke formuliert, der die Ursache für solche sprachlichen Phänomene in der Diaphasik und nicht in der Diamesik begründet sieht:

«1.) Wie oben ausgeführt [...], handelt es sich bei der Gegenüberstellung *gesprochen* vs. *geschrieben* nicht um eine Varietätendimension, sondern um eine universal-essentielle Mediumsdifferenzierung. Varietät und Medium werden hier unzulässigerweise miteinander vermengt.

2.) Die Annahme einer von Koch/Oesterreicher postulierten Nähe- und Distanzsprache stellt keine eigene, autonome Dimension dar, sondern ist eine genuin diaphasische Dimension. Hier werden zwei diaphasische Ebenen bemüht. Es wäre völlig ausreichend, wenn man für *gesprochen* vs. *geschrieben* die Diaphasik höher hierarchisiert als die Diatopik oder die Diastratik.

3.) Die Korrelation *Nähe/gesprochen* vs. *Distanz/geschrieben* liegt insofern neben der Sache, da Gesprochenes auch distanzhaft sein kann. Die Differenzierung zwischen gesprochen und geschrieben ist also weniger eine Frage des Abstands im Raum als vielmehr eine der medialen Umsetzung von Sprache im Sinne von *Unmittelbarkeit/gesprochen* vs. *Mittelbarkeit/geschrieben*» (Radtke 2008, 99).

Für die vorliegende Studie haben diese Feststellungen zur Konsequenz, dass Sprachdaten analysiert werden, die sich nicht aufgrund ihrer medialen sondern der sprachlich-konzeptionellen Struktur unterscheiden. In diesem Zusammen-

---

47 Auf die Tatsache, dass auch in medial mündlich realisierter Sprache unterschiedliche Stilebenen zum Vorschein kommen können, verweist Kabatek bereits Mitte der 1990er Jahre anhand einer Untersuchung zur Aussprache der Taxifahrer in Madrid und Mexiko-Stadt, wenn er festhält: «Los criterios de elección de uno u otro estilo pueden ser los siguientes: a) la intención de hablar de manera formal, porque este estilo se considera socialmente más elevado o con más prestigio, intención de hablar con más claridad, p.ej. cuando se habla con extranjeros, intención de diferenciarse, etc. b) la intención de hablar en un estilo informal, relajado, familiar, libre, oral, que tiende a reducir la distancia entre los hablantes etc.» (1994, 13).

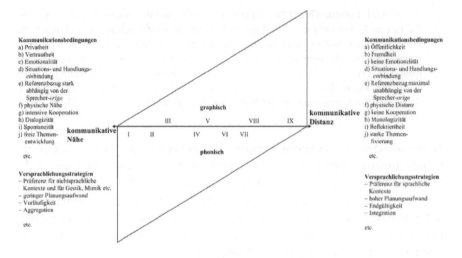

Kommunikationsbedingungen
a) Privatheit
b) Vertrautheit
c) Emotionalität
d) Situations- und Handlungseinbindung
e) Referenzbezug stark
   abhängig von der
   Sprecher-*origo*
f) physische Nähe
g) intensive Kooperation
h) Dialogizität
i) Spontaneität
j) freie Themen-
   entwicklung
etc.

Versprachlichungsstrategien
– Präferenz für nichtsprachliche
   Kontexte und für Gestik, Mimik etc.
– geringer Planungsaufwand
– Vorläufigkeit
– Aggregation
etc.

graphisch
phonisch

kommunikative Nähe

kommunikative Distanz

III   V   VIII   IX
I   II   IV   VI   VII

Kommunikationsbedingungen
a) Öffentlichkeit
b) Fremdheit
c) keine Emotionalität
d) Situations- und Handlungseinbindung
e) Referenzbezug maximal
   unabhängig von der
   Sprecher-*origo*
f) physische Distanz
g) keine Kooperation
h) Monologizität
i) Reflektiertheit
j) starke Themen-
   fixierung
etc.

Versprachlichungsstrategien
– Präferenz für sprachliche
   Kontexte
– hoher Planungsaufwand
– Endgültigkeit
– Integration
etc.

Abb. 9: Nähe/Distanz-Kontinuum nach Koch/Oesterreicher (2011, 13).

hang ist es für eine vergleichende Untersuchung zur diaphasischen Variation (des Spanischen) eine der wichtigen Voraussetzungen, diese operationalisierbar zu machen, das heißt, entsprechende Unterscheidungskriterien bzw. Abgrenzungsmerkmale festzulegen.[48] Diesbezüglich lohnt es sich, das gerade in der Romanistik so prominent gewordene Nähe/Distanz-Kontinuum von Koch/Oesterreicher ([1]1990, 12; [2]2011, 13; sp. Übersetzung: 2007, 34) näher zu betrachten.[49] Abbildung 9 zeigt die schematische Darstellung dieses Kontinuums.

Betrachtet man die unterschiedlichen Auflagen des Werks von Koch/Oesterreicher, so zeigt sich, dass in der ersten Darstellung des Nähe/Distanz-Kontinuums (1990) keine römischen Ziffern (I–IX) enthalten waren, wie sie in Abb. 9 zu sehen sind. Dort war nur vom «Nähe/Distanz-Kontinuum und d[en] konzeptionell-medialen Affinitäten» (1990, 12) die Rede. Dies implizierte, dass konzeptionelle Nähesprache eher zum mündlichen und konzeptionell Distanzsprachliches eher zum schriftlichen Ausdruck neige. Diese Opposition führte wie gesehen zu einiger Kritik, so dass mit der spanischen Ausgabe (2007) das Kontinuum nun zum ersten Mal um «algunas formas comunicativas» (Koch/Oester-

---

48 Auf die Notwendigkeit der Operationalisierbarkeit des von Koch/Oesterreicher etablierten Nähe/Distanz-Kontinuums verweisen Ágel/Hennig in ihrem Vorwort (2010, 1–22).
49 Trotz des offensichtlich dichotomischen Charakters der medialen Realisierung ‹geschrieben/gesprochen› verweist Mioni bereits auf die Kontinuum-Eigenschaften dieser Dimension von Sprache: «Queste ultime non consistono in una pura e semplice opposizione polare tra scritto e orale, ma in un continuum di gradini intermedi [...]» (1983, 508–509).

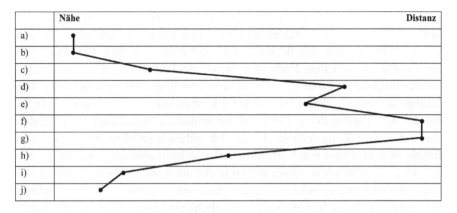

Abb. 10: Konzeptionelles Relief des Privatbriefs nach Koch/Oesterreicher (2011, 8).

reicher 2007, 34) erweitert wurde, die sich über ein bestimmtes konzeptionelles Relief definieren. Oesterreicher spricht zu einem späteren Zeitpunkt dann wieder von «prototypischen Kommunikationsformen» (2012, 138). Das beschriebene Relief setzt sich dabei aus den einzelnen Ausprägungen der bei Koch/Oesterreicher genannten Kommunikationsbedingungen zusammen (cf. Abb. 9). So handelt es sich bei a) um die Kommunikationsbedingung «Grad der Öffentlichkeit», bei b) um den «Grad der Vertrautheit der Partner», bei c) um den «Grad der emotionalen Beteiligung» etc. (cf. hierzu auch Koch/Oesterreicher 2011, 7). Als Beispiel für ein solches Relief sei hier der Privatbrief angeführt, dessen Profil nach Koch/Oesterreicher wie in Abb. 10 aussähe.

Solche Beschreibungen unterschiedlicher Kommunikationsformen aufgrund der vorherrschenden Kommunikationsbedingungen stellen eine wichtige Voraussetzung für Untersuchungen stilistischer Varietäten dar.[50] Die Kombination der einzelnen Parameterwerte zu einem konzeptionellen Gesamtabbild lässt sich nach Koch/Oesterreicher u. a. für die Markierung bestimmter historisch etablierter Kommunikationsformen, den sog. «Diskurstraditionen» heran-

---

50 Dürscheid verweist in diesem Zusammenhang auf die notwendige Differenzierung bzw. Abgrenzung des Begriffs «Kommunikationsform», der eben gerade nicht in einem medienlinguistischen Sinne verstanden werden soll: «Halten wir also fest: Die von Koch/Oesterreicher verwendeten Termini ‹Medium› und ‹Kommunikationsform› legen eine Verbindung zur Medienlinguistik nahe, doch trifft dies nur bei oberflächlicher Betrachtung zu. Schaut man sich die Terminologie genauer an, dann stellt man fest, dass diese Bezeichnungen – von den beiden Autoren unbeabsichtigt – zwar in Richtung Medienlinguistik weisen, dass es aber falsch wäre, hier eine Parallele zu ziehen» (2016, 365).

ziehen.[51] Was bei diesen Darstellungen dennoch unklar bleibt, ist das Maß der Skala, mit denen die verschiedenen Zwischenstufen graduell unterschieden werden.[52] Richtet man den Blick nochmals auf Abb. 10, so lässt das Modell unbeantwortet, in welchem Maße sich bspw. die Ausprägung der Kommunikationsbedingungen e) und d), oder auch c) und i) genauer unterscheidet. Das Einzige, was man in dieser Darstellung erkennen kann, ist das relative Verhältnis der Ausprägung der einzelnen Kommunikationsbedingungen zueinander. Dies ist für die Einzelfallbetrachtung der unterschiedlichen konzeptionellen Reliefs zwar durchaus von Nutzen, es verkompliziert aber aufgrund der fehlenden Vergleichsbasis bzw. -skala stilvergleichende Ansätze. Die Autoren verweisen in dem Zusammenhang nur darauf, dass «alle konzeptionellen Möglichkeiten zwischen ‹Mündlichkeit› und ‹Schriftlichkeit› lokalisierbar [sind]» (Koch/ Oesterreicher 2011,10).

Ein weiterer wichtiger Gesichtspunkt ist in diesem Zusammenhang die Gewichtung bzw. die Hierarchisierung der einzelnen Kommunikationsbedingungen. Aufgrund der Darstellung des Schemas kann man den Eindruck gewinnen, dass alle Bedingungen in einem mehr oder weniger großen Maße erfüllt sein müssen. Wahrscheinlich ist es aber eher so, dass Faktoren wie «Vertrautheit/ Fremdheit» und «Spontaneität/Reflektiertheit» eine wichtigere Rolle im kommunikativ-sprachlichen Austausch spielen, als etwa «physische Nähe/Distanz» und «Handlungseinbindung bzw. -entbindung». Diese Hierarchisierung ist m. E. an das sprachlich-situative Bewusstsein von Mitgliedern einer Sprachgemeinschaft gekoppelt, d. h. dass ein Sprecher vor seiner Äußerung bzw. der Anwendung von Versprachlichungsstrategien diese Bedingungen bewusst wahrnimmt und seine Sprache danach ausrichtet. Ein Beispiel dafür ist die bei Muttersprachlern des Deutschen vorherrschende Unsicherheit, ab wann man unbekannte oder beruflich höher gestellte Personen mit *Sie* oder *Du* ansprechen darf. Daneben können sich auch Parameter an Formalität innerhalb derselben Kommunikationssituation verschieben. In einem informellen Gespräch unter Freunden, das man normalerweise der Nähesprache zuordnen könnte, kann die Erwähnung eines Trauerfalls im persönlichen Umfeld für einen Anstieg des Formalitätsgrades sorgen, was sich sprachlich bspw. zum Ausdruck des Mitge-

---

51 Als Beispiel für eine solche Diskurstradition nennen Koch/Oesterreicher das Vorstellungsgespräch, in dem die Parameter «physische Nähe» bzw. «face-to-face-Kommunikation» wie bei einem privaten Gespräch maximal erfüllt sein können; dennoch unterscheidet sich diese Kommunikationsform dann entsprechend aufgrund anderer Parameterwerte, wie etwa bei den Kommunikationsbedingungen «Privatheit», «Themenfixierung», «Dialogizität» etc.
52 Zur Kritik an den Kommunikationsbedingungen bei Koch/Oesterreicher cf. Ágel/Hennig (2010, 4–5; v. a. Fn 8).

fühls bzw. der Trauer in Form von Routineformeln, wie etwa sp. *mi más sincero pésame* 'mein aufrichtiges Beileid', niederschlägt. Kommunikationsbedingungen sind daher auch immer in einem gewissen Maße dynamisch zu fassen.

Auf der individuellen Ebene des Diskurses ist es schließlich immer ein Sprecher bzw. Schreiber, der unter dem Eindruck dieser kontextuellen Umstände seine sprachlichen Mittel den kommunikativen Zielsetzungen entsprechend wählt. Diese funktionale Ausrichtung von Sprache wurde bereits in der sog. «Funktionalstilistik» beschrieben. Der Begriff «Funktionalstil» geht dabei in seinen Ansätzen auf den russischen Formalismus zurück. Mitte der 30er Jahre des letzten Jahrhunderts griff der Linguistenkreis der Prager Schule dieses Konzept auf. Mathesius, Travniček und Havránek verstanden Sprache nicht als homogenes System, sondern gingen davon aus, dass jede sprachliche Äußerung[53] instrumentellen Charakter aufweist, d. h. für ihren Produzenten funktional ist.[54] Wichtig dabei ist der Bezug auf die funktionsgerechte Verwendungsweise von Sprache und die damit verbundene unterschiedliche sprachliche Ausgestaltung kommunikativer Bedürfnisse. Die Theorie des Funktionalstils nimmt also an, «dass sich natürl[iche] Spr[achen] in eine begrenzte Zahl von F[unktionalstilen] unterteilen lassen, dass das System einer Spr[ache] keine uniforme, homogene Struktur aufweist, sondern dass sie sich nach dem Umfang des Sprachgebrauchs und den Redezielen untergliedern läßt» (Glück 2010, s. v. *Funktionalstil*). Riesel betont zu Recht, dass der Terminus «Funktionalstilistik» ein weitläufiges Forschungsgebiet offenlegt: «[E]s unterstreicht, daß sämtliche Sphären des Gesellschaftsverkehrs erfaßt werden, in denen die Sprache funktioniert» (1975, 36). Man findet in der Forschung zur Stilistik unterschiedliche Klassifikationen von Funktionalstilen, so etwa vier bei den Prager Linguisten (Direktivstil, Erkenntnisstil, Konversationsstil, Künstlerischer Stil), bis hin zu den acht Stilen bei Eroms (2008, 115).[55] Das bekannteste Modell findet sich in Riesel (1975), welches fünf Funktionalstile unterscheidet: Stil der öffentlichen Rede, Stil der Wissenschaft, Stil der Presse und Publizistik, Stil der Alltagsrede und Stil der schönen Literatur. All diese Einteilungen basieren allerdings auf der problematischen Tatsache, dass die benannten Funktionalstile selbst nur prototypischen

---

53 Die Äußerungen können sowohl mündlich als auch schriftlich konzipiert und realisiert werden, cf. hierzu Koch/Oesterreicher (2011, 3–4).

54 «Denn es ist bekannt, daß jeder Sprecher sein Sprachverhalten, konkreter seine Ausdrucksweise, je nach Hörer(kreis), Thema, Situation usw., kurz den Bedingungen der ‹Redekonstellation› unterschiedlich regelt» (Sanders 1977, 102).

55 Dabei handelt es sich um die Alltagssprache, die Wissenschaftssprache, die öffentliche Kommunikation, die Sprache der Medien, die Sprache der Unterweisung, die literarische Sprache, die sakrale Sprache sowie die Werbungssprache.

Charakter besitzen können, da sie sich in verschiedene, höchst heterogene Substile einteilen lassen.[56] Für die hier vorliegende Studie wird die Auffassung einer funktionalen Ausrichtung von Sprache seitens des Sprachproduzenten, wie sie von Riesel prototypisch im Rahmen der Funktionalstilistik beschrieben wurden, übernommen und anhand von ausgewählten Stilen des Spanischen operationalisiert und für eine empirische Analyse handhabbar gemacht (cf. hierzu v. a. Kap. 4). Hierzu übernehme ich leicht abgewandelt den vom ursprünglichen «Funktionalstil» abgeleiteten Begriff «funktionaler Stil», um deutlich zu machen, dass ich zwar der konzeptionellen Ausrichtung der Theorie zustimme, im Rahmen dieser Untersuchung aber nicht die klassischen fünf Funktionalstile für die Analyse berücksichtige. In diesem Sinne folge ich Riesel, die zu Recht betont, dass die mediale Realisierung von Sprache unabhängig von der funktionalen Konzeption zu sehen ist, und die unter «Funktionalstil» Folgendes versteht: «das qualitativ wie quantitativ geregelte Verwendungssystem der Sprache in einem konkreten Bereich des Gesellschaftsverkehrs zu bestimmten Mitteilungszwecken, auf schriftlichem und mündlichem Wege, wobei diese Verwendungsweise nach bestimmten Normen kodifiziert ist [...]» (1975, 36–37).

Beim Sprechen oder Schreiben wählt demnach jeder Sprachproduzent bestimmte nähesprachliche, neutrale oder distanzsprachliche Mittel, die es ihm erlauben, seinen Diskurs kommunikativ erfolgreich zu gestalten. In diesem Zusammenhang sei auf die Modelle von Kiesler (1995, 394) und Hesselbach (2013, 48) verwiesen,[57] die beide eine dreigliedrige Aufteilung vorschlagen, die auch im Rahmen dieser Arbeit als ausreichend erscheint. Demnach gibt es stilistisch neutrale Elemente, die in allen kommunikativen Kontexten funktionieren können. Kennzeichen neutraler sprachlicher Mittel ist die Möglichkeit, auch in andere Stilbereiche eindringen zu können, ohne einen Stileffekt zu evozieren. So kann das Verb sp. *morir* sowohl in sehr formellen Situationen (etwa bei einer Trauerrede) als auch in informellen Kommunikationskontexten verwendet werden, ohne dass es den beteiligten Kommunikationspartnern besonders auffiele. Diese sprachlichen Elemente sind aufgrund ihrer neutralen Markierung stilistisch maximal beweglich (cf. Hesselbach 2013, 48). Dringen dagegen eher distanzsprachliche, d. h. formelle sprachliche Einheiten in den Bereich der niederen Diaphasik ein, so würde dies als unnatürlich bzw. als beabsichtigter

---

56 Literarische und journalistische Texte können beispielsweise je nach Autor und Textsorte (bspw. Nachricht, Essay, Bericht, Interview etc.) sprachlich ganz unterschiedlich ausgestaltet sein, da sie keinem oder nur einem geringen «Systemzwang» unterliegen, wie etwa wissenschaftliche oder amtliche Publikationen, die aufgrund ihres sehr formellen Charakters bestimmten sprachlichen Formulierungsanforderungen unterliegen können.

57 Zum Italienischen cf. Berruto (1993, 72).

Stileffekt wahrgenommen werden. In einer informell-lockeren Unterhaltung zwischen einander bekannten Kommunikationspartnern würde der Ausdruck sp. *fallecer* 'verscheiden' genauso einen Stileffekt hervorrufen wie in formellen Situationen die stilistisch niedriger stehenden Entsprechungen, wie z. B. sp. *palmarla* 'abkratzen'. Die Muttersprachler einer Sprache wissen aufgrund der gegebenen Kommunikationsbedingungen sehr genau, in welchen Situationen sie welche sprachlichen Mittel wählen dürfen bzw. müssen, damit sie ihre Kommunikation erfolgreich gestalten können.[58]

Ein interessanter Aspekt bei der Betrachtung stilistisch markierter Elemente ist die Frage, ob sich die Zugehörigkeit zu bestimmten Stilebenen in allen Bereichen des sprachlichen Systems manifestieren kann. Üblicherweise sind es zunächst die lexikalischen und phraseologisch-idiomatischen Ausdrücke, die man mit Bezeichnungen wie «gehoben», «literarisch», «umgangssprachlich» etc. versehen kann. Dies kann für phonetisch-phonologische, morphologische oder syntaktische Merkmale nur bedingt gelingen. So könnte man sagen, dass beispielsweise die Linksversetzung des direkten Objekts *esa rehabilitación de mi finca* sowie seine pronominale Wiederaufnahme im Beispiel (19) und die Linksversetzung des direkten Objektes *Batman* in (20), oder aber auch die Elision des intervokalischen [d] in Beispiel (19), also *han aplazao* statt *han aplazado*, typisch nähesprachliche Phänomene im Spanischen sind.[59]

(19) esa rehabilitación de mi finca↑l'*han* aplaza[d]o↓no *tienen* dinero/
      °(*han* dicho)°/// (COL14, 69)

(20) *Batman* tía/ *Batman* es que no lo *PUEDO* YO VER ¿eh?// (COL21, 96)

Man kann diese Konstruktionen zwar als umgangssprachlich bzw. diaphasisch niedrig markiert bezeichnen, allerdings besteht nicht die Möglichkeit, die varietätenbezogenen Eigenschaften differenzierter zu betrachten und zu behaupten, dass es sich etwa um einen «vulgären» Stil handeln würde. Auf diese Zuordnungsproblematik wird im folgenden Kapitel näher eingegangen. Zunächst steht dabei die genauere terminologische Definition des Begriffs «Stil» und seine Abgrenzung von dem des «Registers» im Mittelpunkt.

---

58 Für den Fremdsprachenunterricht spielen gerade die stilistischen Unterschiede bei der Erlangung interkultureller kommunikativer Kompetenzen eine entscheidende Rolle. Ohne ein detailliertes Wissen über den Stilwert einzelner sprachlicher Äußerungen kann Kommunikation zwischen Partnern unterschiedlicher Kultur- und Sprachkreise rezeptiv wie produktiv nur zu einem gewissen Prozentsatz gelingen.

59 Cf. zur Dislokation mit Wiederauf- bzw. Vorwegnahme v. a. Kiesler (2013b, Kap. 3.2; zur Dislokation des direkten Objekts: Kap. 3.2.2).

3.1.2 Zum Begriff des «Stils»

Schon zu frühen Zeitpunkten der Beschäftigung mit menschlicher Sprache war man sich des unterschiedlichen Stilwerts sprachlicher Äußerungen bewusst. So wurde bereits in der Antike auf eine dreistufige Skala in Bezug auf den Stil verwiesen, die Einzug in die antike Rhetorik gehalten hat. Demnach kann man unterscheiden zwischen dem *genus subtile*, dem *genus mixtum* sowie dem *genus sublime*.[60] Sprachlicher Stil ist somit immer Ausdruck bewussten sprachlichen Handelns eines Individuums, welches dieser Sprachgemeinschaft angehört. Je nach Kommunikationssituation entscheidet sich der Sprachproduzent für eine andere Realisierungsform seiner Aussage. Diese stilistische Variation kann sich auf der Ebene der Aussprache, des Wortschatzes oder der Grammatik bzw. der Syntax manifestieren.

Heutzutage wird der Begriff «Stil» in ganz unterschiedlichen Kontexten verwendet, etwa in der Mode, der Architektur, im Rahmen des gesellschaftlichen Benehmens etc.[61] Aus diesem Grund habe ich bereits an anderer Stelle eine sehr weite Stildefinition vorgeschlagen, die man nicht nur auf Sprache anwenden kann: «‹Stil› lässt sich demnach als die situationsbedingte, individuell oder kollektiv getroffene Auswahl aus einem zur Verfügung stehenden (sprachlichen) System definieren» (Hesselbach 2013, 39). Es lassen sich drei Kriterien herausarbeiten, die für die Stilistik als *conditio sine qua non* gelten können: die Situationsbezogenheit, die Möglichkeit zur Auswahl bestimmter gegebener Elemente sowie die Disponibilität dieser Elemente innerhalb eines (sprachlichen) Systems.

Spricht man mit Coseriu von den diaphasischen Varietäten einer historischen Einzelsprache, so bezeichnet er diese als «Stile» (1981, 25).[62] Allerdings wird der Begriff häufig mit «literarischem Stil» gleichgesetzt, so dass ein gewisser exklusiver Bezug zur Distanzsprachlichkeit gegeben scheint. Daher gibt Gadet für das Französische zu bedenken: «Spécialement dans la tradition françai-

---

60 Interessant bei dieser sehr alten Einteilung von Stil ist, dass bereits dem Gedanken des «gemischten Stils», dem *genus mixtum*, Rechnung getragen wird. Offensichtlich bestand schon das Bewusstsein, dass das *genus mixtum* sowohl Elemente aus dem stilistisch höheren wie niedrigeren Register beinhaltet.

61 Auf diese Bedutungsvielschichtigkeit geht Sayce in seinem Artikel ein: «So wird ‹Stil› für den Kunsthistoriker nicht das gleiche bedeuten wie für den Literaturwissenschaftler, obwohl es genügend Berührungspunkte zwischen der Literatur und den anderen Künsten gibt und etwa ‹Stil› in der Literatur bis zu einem gewissen Grade auf ‹Stil› in der Malerei z. B. übertragen werden kann. Die Hauptschwierigkeit, die Hauptquelle der Verwirrung liegt in der linguistischen [!] Verwendung des Begriffs, wo er Bedeutungen haben kann, die mit den literaturwissenschaftlichen nur scheinbar übereinstimmen, sich aber im Grunde fundamental davon unterscheiden» (1977, 298).

62 Cf. ebenso Koch/Oesterreicher (2011, 15).

se, où il est parasité par son sens littéraire beaucoup plus répandu, le terme *style* apparaît maladroit: il connote la littérature, avec le risque de renvoyer au seul écrit et à l'exceptionnel (le beau style), c'est un terme vague, et il constitue une façon peu subtile de poser le problème du sens, en supposant un invariant sémantique» (2004, 2). Den Bezug zur literarischen Ausdrucksmodalität und die entsprechende Abgrenzung stellt Berruto her und geht dabei auch auf den Begriff des «Registers» ein. Zur Unterscheidung von «Stil» und «Register» schreibt er dementsprechend: «Any language variety depending on the activity and topic dealt with in a communicative situation is a ‹register›. [...] In order to avoid confusion or overlapping with the meaning of ‹style› as a literary and rhetorical term, other sociolinguists call *registers* what have been called *styles* above, i.e., different ways of speaking according to the degree of formality of a given situation and the relationship with the addressee» (2010, 234–235).

Es scheint, dass im tatsächlichen wissenschaftlichen Sprachgebrauch eine heterogene Verwendung des Begriffs besteht, so dass man «Stil» mit «Autorenstil» bzw. «literarischem Stil» gleichsetzt und daher den Begriff «Register» für die diaphasischen Varietäten einer Sprache bevorzugt.[63] Auf die heterogene Verwendungsweise der Begriffe verweist Sinner, wenn er schreibt:

> «Im Hinblick auf die Ausdrücke *Register* und *Stil* gibt es eine breite Palette von Ansichten und Definitionen, die in recht unterschiedlichen, z. T. sprachenspezifischen Traditionen verankert bzw. begründet sind; eine ausführliche oder gar erschöpfende Auseinandersetzung mit der Vielschichtigkeit der Begrifflichkeiten kann daher hier nicht geleistet werden» (2014, 141).

Diese von Sinner angesprochene «breite Palette von Ansichten und Definitionen» (ibid.) wird ansatzweise deutlich, wenn man die folgende Tabelle betrachtet, in der die Begriffe «Register» und «Stil» samt den jeweiligen Definitionen aus ausgewählten (linguistischen) Wörterbüchern gegenübergestellt werden (Tab. 1).

Anhand der Tabelle lässt sich Folgendes deutlich machen: In den deutschsprachigen Werken weisen die Beschreibungen der beiden Begriffe eine große Ähnlichkeit auf. «Register» wird dabei noch eher mit den situationsbedingsbedingten Ausdrucksmodalitäten in Verbindung gebracht (cf. v. a. Lewandowski 1979), während «Stil» v. a. bei Bußmann (2002) in Verbindung mit dem schriftlichen Ausdruck gebracht wird. In spanischsprachigen (Terminologie-)Wörterbüchern findet sich zunächst eine synonyme Verwendung der Begriffe bei Eguren

---

63 Cf. Biber: «For many years, researchers have studied the language used in different situations: the description of *registers*. *Register* is used here as a cover term for any language variety defined by its situational characteristics, including the speaker's purpose, the relationship between speaker and hearer, and the production circumstances» (2009, 823).

Tab. 1: Definitionen für «Register» und «Stil».

	«Register»	«Stil»
Bußmann 2002, s. v.	Funktionsspezifische, d. h. für einen bestimmten Kommunikationsbereich [...] charakteristische Sprech- oder Schreibweise, z. B. die eines Pfarrers bei der Predigt, der Eltern gegenüber dem Kind, der Angestellten gegenüber Vorgesetzten.	Charakteristischer Sprachgebrauch. Das Wort wurde im 15. Jh. entlehnt, bürgerte sich im Deutschen aber erst im 18. Jh. ein, anfangs für die individuelle, als Ausdruck der Person geltende Schreibweise eines Autors [...], dann als neutraler Begriff für die ‹Art und Weise, wie man schreibt› [...].
Lewandowski [3]1979, s. v.	Charakteristische grammatisch-syntaktische und lexikalische Muster, die durch Sprachereignisse in ähnlichen Situationen geprägt werden; eine der Situation angemessene Sprache [...]. Geschlossene Gebrauchstypen, die bestimmten Situationstypen fest zugeordnet sind; situativ und inhaltlich bestimmte Operationsfelder der Rede.	Die Art und Weise des Schreibens, die Art des mündlichen und schriftlichen Ausdrucks, eine distinkte Sprachvariante, ein sprachliches Subsystem mit eigentümlicher Lexik und Phraseologie; das Gesamt von mehr oder weniger auffälligen Eigenheiten des sprachlichen Ausdrucks. Bei Riesel die historisch veränderliche, funktional und expressiv bedingte Verwendungsweise der Sprache auf einem bestimmten Gebiet menschlicher Tätigkeit [...].
Stammerjohann 1975, s. v.	Varietät des Stilrepertoires	s. v. *Stilrepertoire* [kein Eintrag für «Stil»!]: Terminus der kommunikativen Kompetenz, der sich auf den Umfang der Kontextstile von Sprechern bezieht. Danach wird der Sprachgebrauch je nach den außersprachlichen Einflüssen auf die Sprechsituation (formal, halbformal, informal) durch die unterschiedliche Verwendung von Varianten verschiedener sprachlicher Ebenen kontextspezifisch differenziert.
Eguren Gutiérrez/ Fernández Soriano 2006, s. v. *registro/ estilo*	Variedad lingüística asociada a una determinada situación comunicativa. Existe una amplia gama de registros: el registro formal o académico, el registro coloquial o familiar, etc.	1. Véase Registro.

Tab. 1 (fortgesetzt)

	«Register»	**«Stil»**
DUE, s. v. *registro/estilo*	Cada uno de los niveles del lenguaje: ‹Registro coloquial›.	Modo personal de escribir que caracteriza a un escritor. Manera de hablar o de escribir característica de los distintos géneros literarios o de los distintos usos del idioma: ‹Estilo epistolar [narrativo, oratorio, familiar]›. Cada manera de hablar o escribir calificable de cualquier modo.
DLE, s. v. *registro/estilo*	23. Modo de expresarse que se adopta en función de las circunstancias.	3. Manera de escribir o de hablar peculiar de un escritor o de un orador. *El estilo de Cervantes*.
DLM, s. v. *registro/estilo*	En SOCIOLINGÜÍSTICA el término ‹registro› se utiliza, en un sentido amplio, frecuentemente no diferenciado [!] del que se asocia a ESTILO, para designar una variedad lingüística situacional, una selección, de entre las opciones que ofrece en todos niveles una lengua, relacionada con el estatus de los hablantes, su relación, el tema sobre el que se habla, el grado de la formalidad. No obstante, en el sentido del término procedente de lingüística británica, ‹registro›, aun aludiendo a la variación situacional, resulta un concepto más complejo que el de ‹estilo› (asociado fundamentalmente al mayor o menor grado de atención o formalidad);	El término ‹estilo› se utiliza en SOCIOLINGÜÍSTICA con un sentido amplio para referir a la selección que efectúan los hablantes entre las varias opciones disponibles en los diversos niveles de la lengua en función del estatus o del papel de los participantes en el acto comunicativo, del tema y de otros elementos diversificadores de la interacción lingüística. Con este sentido suele utilizarle como sinónimo [!] de REGISTRO. Así, por ejemplo se habla indistintamente de ‹estilo› informal o de registro informal. No obstante, definido de un modo más preciso, el ‹estilo› se perfila, frente un concepto de registro más complejo, como término alusivo a las variedades lingüísticas integradas por variantes [...] que se asocian a la ‹formalidad›, entendida como una dimensión gradual relacionada con el mayor o menor grado de autocontrol o de atención que el hablante presta a la emisión de su discurso (Labov, 1971).

Gutiérrez/Fernández Soriano (2006). In DUE und DLE gestaltet sich die Differenzierung dann eindeutig: Hier wird der Begriff «Stil» als Kriterium für schriftliche bzw. literarische Texte herangezogen, während «Register» sich eher auf die situationsbedingten sprachlichen Ausdrucksformen bezieht und damit das meint, was Coseriu (1980 bzw. 1988a) bzw. Koch/Oesterreicher (1990) als Stile bezeichnen. Im DLM wird wieder darauf verwiesen, dass beide Termini häufig synonym verwendet werden (können), wobei sich «Stil» stärker auf den Formalitätsgrad der kontextuellen Situation bezieht.

Bei Gadet findet sich für das Französische eine Beschreibung des «Stils», die nicht auf literarische Implikationen abhebt, sondern den situationsabhängigen Gebrauch von Sprache unterstreicht:

> «Le *style* constitue une façon de désigner le fait que, dans toutes les langues, pour autant que l'on sache, un locuteur ne parle pas constamment de la même façon. ‹Toutes les langues› signifie en l'occurrence: que la langue soit standardisée ou non, de culture ou non, et quelles que soient les fonctions dans lesquelles elle est solicitée. La capacité de diversification stylistique constituerait alors une propriété des langues en usage, et le style serait un phénomène définitoire des langues et de leur dynamique» (2004, 1).

Hierbei wird nochmals deutlich, dass sich stilistische Varietäten aufgrund der situationellen Umstände der Sprech- und Schreibkonstellation manifestieren. Aus funktionalstilistischer Perspektive ist für die jeweilige stilistische Prägung das kommunikative Ziel entscheidend, das ein Sprecher/Schreiber einer Sprache mit seinen sprachlichen Äußerungen verfolgt (cf. Riesel 1975). Dies ist der Grund, warum innerhalb meiner Untersuchung trotz der polysemen Interpretationsmöglichkeit von «Stil» weiterhin an dem Begriff im Sinne Coserius festgehalten und dieser mit dem attributiven Adjektiv *funktional* näher beschrieben wird. Für den Bereich der Syntax ist die diaphasische Variation deswegen von Interesse, weil jeder Sprachproduzent entscheiden muss, wie viel an syntaktischer Komplexität er seinem Gegenüber in einer bestimmten Kommunikationssituation «zumuten» kann, um noch verstanden zu werden.

Die stilistischen «Etikettierungen», mit denen man traditionellerweise lexikalische und phraseologische Einheiten in Wörterbüchern versieht,[64] sind im

---

64 Die Frage nach der Anzahl der Stilebenen für verschiedene Sprachen wird ganz unterschiedlich bewertet: Allein ein Blick in die Wörterbücher genügt, um zu verstehen, wie uneinheitlich bzw. willkürlich die Zuordnung bestimmter sprachlicher Ausdrücke zu einer Stilebene ausfällt. Für das Spanische lassen sich ganz unterschiedliche Einteilungen konstatieren. Im Wörterbuch von María Moliner, dem *Diccionario de Uso del Español* (*DUE*), werden mit dem *español literario*, dem *español culto*, dem *español formal*, dem *español informal* und dem *español vulgar* beispielsweise fünf verschiedene Stile unterschieden (1998, XXVII). Koch/Oesterreicher nennen für das Spanische dagegen folgende Stilebenen: *español esmerado, literario, formal, descuidado, familiar, informal, habitual, coloquial, vulgar* (2011, 250). Sie verweisen ebenfalls auf die Schwierigkei-

Bereich der Syntax nicht unbedingt hilfreich. Bestimmte syntaktische Konstruktionen, wie etwa die romanischen Gerundiv- und Partizipialkonstruktionen können zwar als stilistisch gehoben angesehen werden, wie die Beispiele (21) und (22) zeigen. Danach ist eine weitergehende Differenzierung schlechthin nicht möglich.

(21)   A fin de facilitar el conocimiento de estos recursos,

$$NS_{1-1INF}$$

y

Konj.

atendiendo al número de asuntos existentes,

$$NS_{1-2INF}$$

deberán especializarse una o varias de sus secciones de conformidad con lo previsto en el artículo 98 de la presente Ley Orgánica. (LEG12, 64)

$$HS_1$$

(22)   *Examinado* este punto del orden del día,

$$NS_{1-1INF}$$

pasamos al punto VI.   (PAR16, 49)

$$HS_1$$

Die hier angeführten Beispiele machen noch Weiteres deutlich: Während Beispiel (21) aus einem distanzsprachlichen Korpus zu den spanischen Gesetzestexten (LEG) entnommen wurde und eine Form wie sp. *atendiendo* hierfür nicht unüblich ist, zeigt Beispiel (22), aus dem Korpus der Parlamentsreden (PAR), dass Partizipialformen wie sp. *examinado* nicht ausschließlich in extrem distanzsprachlichen Diskursen auftreten müssen. Solche Konstruktionen, die im Parlamentsdiskurs formelhaft verwendet werden, lassen sich demnach als hochsprachlich markieren, eine weitere Zuordnung in Kategorien wie «literarisch», «poetisch», «feierlich» etc. lässt sich schließlich nicht ohne Weiteres begründen. Kiesler hält in diesem Zusammenhang fest, dass syntaktische Konstruktionen «andere Markierungen wie ‹volksprachlich (pop)› und ‹vulgär› [...] durch entsprechende lexikalische Füllungen [erhalten] – es gibt zwar eine ‹volkssprachliche› Syntax, aber keine ‹vulgäre›» (2013b, 233). In Anbetracht dieser Tatsache erscheint es sinnvoll, die entsprechenden Beziehungen zwischen

---

ten, die mit der stilistischen Etikettierung sprachlicher Ausdrücke verbunden sind: «Ungenaue und widersprüchliche Markierungsvorschläge in Grammatiken und Wörterbüchern verhindern teilweise die eindeutige Zuordnung der Phänomene zu einer der beiden Varietätendimensionen und verunmöglichen häufig auch innerhalb einer Varietätendimension eine abgestufte Kennzeichnung» (ibid.).

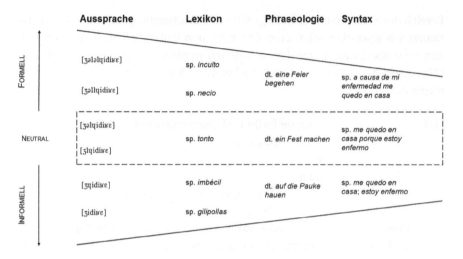

	Aussprache	Lexikon	Phraseologie	Syntax
FORMELL	[ʒələlɥidiʁe] [ʒəllɥidiʁe]	sp. *inculto* sp. *necio*	dt. *eine Feier begehen*	sp. *a causa de mi enfermedad me quedo en casa*
NEUTRAL	[ʒəlɥidiʁe] [ʒlɥidiʁe]	sp. *tonto*	dt. *ein Fest machen*	sp. *me quedo en casa porque estoy enfermo*
INFORMELL	[ʒɥidiʁe] [ʒidiʁe]	sp. *imbécil* sp. *gilipollas*	dt. *auf die Pauke hauen*	sp. *me quedo en casa; estoy enfermo*

Abb. 11: Stilistische Markierungen und die Ebenen des sprachlichen Systems (eigene Darstellung).

den stilistischen Markierungen und den verschiedenen Ebenen des sprachlichen Systems zu visualisieren. Abbildung 11 gibt einen Überblick über die Möglichkeit der stilistischen Markierung in Bezug auf die einzelnen Ebenen des sprachlichen Systems.

Mithilfe der beiden durchgezogenen Linien wird angedeutet, dass die Möglichkeiten der stilistischen Markierungen mit Zunahme der sprachlichen Elemente einer Äußerung abnehmen, d. h. auf Ebene der Aussprache existiert die größte Bandbreite an Varianten, im Bereich der Syntax die geringste etc.[65] So können für den Satz fr. *je le lui dirais* mindestens sechs unterschiedliche Aussprachevarianten angenommen werden, von sehr informell [ʒidiʁe] bis hin zu sehr formell [ʒələlɥidiʁe].[66] Die gestrichelte Linie, die die neutralen Elemente einfasst, zeigt, dass die sprachlichen Elemente grundsätzlich nicht zwingend in diesem Stilbereich vorkommen müssen, d. h. sie verfügen über eine gewisse Beweglichkeit. Dringen Elemente aus dem informellen Bereich in den formellen und *vice versa*, so entstehen Stileffekte. Dies ist unabhängig von der Zugehörigkeit der Elemente zu den Teilbereichen der Sprache und funktioniert sowohl

---

65 Dies lässt sich durch die Robustheit der sprachlichen Teilsysteme in Bezug auf Sprachwandelphänomene erklären. Während es mannigfache Aussprachevarianten geben kann und sich auch in der Lexik Variation leichter durchsetzen kann, sind polylexikalische Einheiten auf syntagmatischer Ebene nur sehr schwer durch Wandel zu beeinflussen.

66 Diesen Hinweis verdanke ich Frau Dr. Martine Guille vom Neuphilologischen Institut/Romanistik der Universität Würzburg.

auf phonetischer, lexikalischer, phraseologischer wie syntaktischer Ebene. So würde der Satz sp. *a causa de mi enfermedad me quedo en casa* (dt. 'aufgrund meiner Erkrankung bleibe ich zuhause')[67] in einer umgangssprachlichen Kommunikationssituation genauso als für die Situation unpassend wahrgenommen werden, wie die Aussprache [ʒidiʁɛ] (für fr. *je le lui dirai*) in sehr formellen Kontexten. Die Beispiele zum Deutschen, Französischen und Spanischen sollen in der Darstellung ebenfalls andeuten, dass es sich hierbei um übereinzelsprachliche Phänomene handelt, d. h. dass die Verwendung stilistisch markierter Elemente auch in anderen Sprachen besondere Stileffekte hervorruft.

3.1.3 Stil, Diskurstradition und Text

Eine Studie, die die stilistischen Varietäten einer Sprache analysieren möchte, muss zunächst klären, welche materielle Grundlage sie für eine solche Analyse heranzieht. Daher soll zunächst auf theoretischer Ebene eine genauere Abgrenzung erfolgen, bevor in Kap. 4 die konkrete Zusammenstellung der einzelnen Subkorpora zu dem der Arbeit zugrundeliegenden Gesamtkorpus näher beschrieben wird.

Möchte man die gegenseitige Beziehung der Begriffe «Stil», «Diskurstradition» und «Text» stärker fokussieren, so lohnt es sich, zunächst das Drei-Ebenen-Modell Coserius und dessen Weiterentwicklung bei Koch in den Blick zu nehmen. Die drei Ebenen des Sprachlichen, die Coseriu in seinem Innsbrucker Vortrag beschreibt, sind die universelle, die historische sowie die individuelle:

«Die Unterscheidung, die wir hier brauchen, ist diejenige von *Sprechen* im allgemeinen, *Einzelsprache* und *Text*. In der Tat ist die Sprache (*langage*) eine allgemein menschliche Tätigkeit, die jeweils nach gewissen historischen Traditionen von Sprachgemeinschaften und jeweils individuell (in einer bestimmten ‹Situation›) erfolgt. Daraus ergibt sich eben unsere Unterscheidung. Die Sprache als allgemein menschliche Tätigkeit ist nämlich das *Sprechen*. Die historischen Traditionen des Sprechens, die jeweils für historisch gewordene Sprachgemeinschaften gelten, sind die *Einzelsprachen* (historische Sprachen, Mundarten usw.). Ein Sprechakt oder eine Reihe von zusammenhängenden Sprechakten von einem Individuum in einer bestimmten Situation ist ein *Text* (gesprochen oder geschrieben)» (1973, 6).

---

67 Nach Raibles Dimension der Junktion (1992) besitzt der Satz aufgrund der Nominalisierung einen stärkeren Grad an Integration als die Konstruktion mit abhängigen Nebensatz (sp. *me quedo en casa porque estoy enfermo*), die wiederum eine integrativere Junktionstechnik aufweist als die asyndetische Koordination der beiden Sachverhaltsdarstellungen (sp. *me quedo en casa; estoy enfermo*).

Während die Fähigkeit zu Sprechen eine universale Eigenschaft des Menschen ist, wird mit dem Begriff der «Einzelsprachen» auf die überindividuelle, historische Ebene verwiesen, also etwa die spanische Sprache, die französische Sprache, die englische Sprache etc. Betrachtet man nun die individuelle Ebene, so spricht Coserius von Texten. Dabei ist es unerheblich, ob diese medial mündlich oder schriftlich realisiert werden. Wichtig in diesem Zusammenhang ist, dass der individuelle Diskurs «in einer bestimmten Situation» (ibid.) realisiert wird. Dies bedeutet nichts anderes, als dass er stilistisch markiert ist. Insofern ist jeder Text, sei es ein wissenschaftlicher Artikel oder ein Redebeitrag in einer Diskussion, das sprachliche Resultat des Formalitätgrades der vorherrschenden Kommunikationssituation. Coseriu geht darauf näher bei der Abgrenzung der Einzelsprachen zu Texten ein:

> «Und was den Text betrifft, so werden zwar Einzelsprachen in Texten realisiert, aber ein Text braucht keineswegs einer einzigen Einzelsprache zu entsprechen; mehrsprachige Texte sind durchaus üblich. Außerdem sind Texte situationell [!] bedingt, was für die Einzelsprachen nicht gilt [...]. So können auch nur Texte ‹wahr› oder ‹falsch›, bestimmten Situationen ‹angemessen› bzw. ‹unangemessen› sein, nicht aber die Einzelsprachen: in einzelsprachlicher Hinsicht kann ein Text nur ‹korrekt› bzw. ‹unkorrekt› (d. h. der jeweiligen Tradition entsprechend bzw. nicht entsprechend) sein» (Coseriu 1973, 6–7).

Es ist das Verdienst Peter Kochs, dieses Modell Coserius um eine historische Ebene zu erweitern und den Begriff der «Diskurstraditionen» an dieser Stelle einzuführen.[68] Dabei handelt es sich um «bestimmte Stile, Gattungen, Textsorten, Diskursuniversien, Sprechakte usw., die jeweils Klassen von Diskursen zusammenfassen» und bei denen es sich «durch und durch [um] historisch geprägtes Wissen handelt» (Koch 1987, 31).

---

[68] Kabatek zeigt in diesem Zusammenhang auf, dass diese historische Ebene bereits bei Coseriu enthalten war; allerdings waren die nicht-publizierten Texte Koch nicht bekannt. Kabatek spricht diesbezüglich von einer «anachronistischen Antwort» Coserius auf Koch: «Sin embargo, encontramos algo como una ‹respuesta anacrónica› a Koch en un texto inédito de Coseriu (y por lo tanto desconocido para Koch) de los años 1950, *El problema de la corrección idiomática*, donde Coseriu trata, entre otras cuestiones, precisamente la de la tradicionalidad textual. Coseriu habla en ese manuscrito exhaustivo de la ‹historicidad expresiva›, es decir, de la historicidad del nivel individual, al lado de una ‹universalidad expresiva›. El nivel individual tendría, pues, su propia historicidad y su propia universalidad, así como el nivel histórico tendría también su propia universalidad. [...] Me he permitido esta presentación tan larga de citas del trabajo inédito de Coseriu por dos razones: en primer lugar, porque en ellas se ve que Coseriu para nada ignoraba el lado tradicional de los textos, todo lo contrario: esbozó claramente las dimensiones de la tradicionalidad textual; al mismo tiempo, se confirma la concepción coserianamente ‹ortodoxa› que defendemos en diversos lugares en los textos de este libro cuando distinguimos dos tipos de historicidad y cuando localizamos las tradiciones discursivas en el nivel individual de la *historicidad de los textos*» (2018, 16; 18).

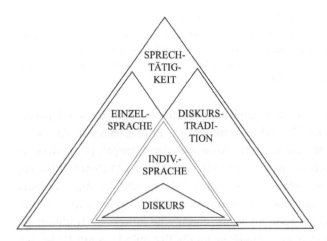

Abb. 12: Erweitertes Modell der Ebenen des Sprachlichen durch Koch (1987, 36).

In dem Schema von Koch, welches in Abb. 12 dargestellt ist, wird angezeigt, dass die stärker umrandeten Figuren die drei Ebenen Coserius repräsentieren, während Koch präzisierend von «fünf Bereichen des Sprachlichen» (ibid.) spricht, nämlich der Sprechtätigkeit, der Einzelsprache, der Diskurstradition, der Individualsprache sowie dem Diskurs. Für das Verständnis des Konzepts der Diskurstraditionen ist es notwendig, dass diese nach Koch «nicht einzelsprachlich und nicht einmal in erster Linie überhaupt sprachlich begründet [sind]. Sie stehen vielmehr in enger Verflechtung mit gesellschaftlichen, wirtschaftlichen, rechtlichen, religiösen, literarischen und anderen Traditionen» (Koch 1987, 32). Diskurstraditionen können also in bestimmten Situationen auf den individuellen Diskurs eines Sprechers einwirken und diesen – mehr oder weniger – gestalten. Im Übrigen können diese Diskurse bzw. Texte ganz im Sinne Coserius schriftlich oder mündlich realisert sein und es können sich in diesen auch mehrere Diskurstraditionen abbilden, worauf Kabatek verweist:

«Bei einer auf die Sprechtätigkeit blickenden Sicht geht es bezüglich der Diskurstraditionen um das Mehr, das der Sprecher im Rückgriff auf die Tradition zur Verfügung hat. Bei einer bestimmten kommunikativen Handlung sind nicht nur die Dimensionen Sprache (als System und Norm) und die ‹pragmatische Einbettung› der Handlung zu betrachten, sondern eben auch die Tradition. Ich begegne einem Menschen auf dem Weg zum Büro am Morgen und ich sage *Guten Tag*, nicht nur, weil dies meiner kommunikativen Absicht, der Pragmatik des Grußes und meiner Kenntnis des deutschen Sprachsystems entspricht, sondern weil man so sagt, weil dies traditionell ist; und ich sage *buenos días* oder *bom dia* und nicht *día bueno* oder *dia bom* sogar unter Umständen gegen meine Kenntnis des spanischen oder portugiesischen Sprachsystems, aber eben weil man so sagt, weil das die Tradition so will, mit all den damit verbundenen Effekten – bis hin zu dem Effekt der Präsenz des Textes auch ohne seine Äußerung und der damit verbundenen Verletzung von Höflichkeitsnormen: das *Nicht-Guten-Tag-Sagen* ist bedeutungsvoll, weil es im Gegensatz zur Erwartung und zur gesellschaftlichen Norm steht. Ein solches Mehr der Tradition finden wir in allen Texten, von der Formel über das Alltagsgespräch bis zum Roman, und es manifestiert sich in konkreten sprachlichen Elementen, in Inhaltsbezügen oder in formalen Texteigenschaften» (2015, 56).

Um dies noch stärker zu veranschaulichen, möchte ich hierzu zwei Beispiele bringen, wovon eines bei Kabatek angeführt wird: Er argumentiert, dass es ja gerade nicht möglich sei, einem Text «einen globalen Stempel, [...] [aufzudrücken] und ihn in eine bestimmte Schublade [zu] stecken» (Kabatek 2015, 54). Vielmehr können Texte mehreren Traditionen folgen, was der Autor anhand eines Beispiels zur altspanischen Literatur, nämlich dem *Conde Lucanor*, veranschaulicht. Dieser Text sei eben nicht nur durch eine juristische Tradition geprägt; vielmehr ließen sich auch Anklänge an die Exempla-Literatur finden (cf. Kabatek 2015, 54–55). Dass Diskurstraditionen nicht nur auf literarische Texte, sondern auch auf mündliche Gespräche Einfluss haben können, wie es im obigen Zitat bereits angedeutet wurde, lässt sich an folgendem Beispiel zeigen: Führen mehrere befreundete Personen ein umgangssprachliches Gespräch, so wird dies normalerweise in einem lockeren bzw. informellen Stil geführt. Wird in dieser Unterhaltung z. B. jedoch erwähnt, dass ein naher Verwandter oder Freund gestorben ist, so werden diejenigen diskurstraditionellen Äußerungen hervorgebracht, die in dieser Gesellschaft für den Ausdruck des Trauerns bzw. der Trauerbekundung historisch gewachsen sind: So kann man z. B. im Deutschen sprachlich *sein aufrichtiges Beileid ausdrücken* oder im Spanischen *dar el más sincero pésame* formulieren etc.

Obwohl das Konzept der Diskurstraditionen dabei helfen kann, bestimmte sprachliche Merkmale zu erklären, soll in dieser Arbeit die stilistische Markierung von – mündlichen wie schriftlichen – Texten als theoretische Grundlage dienen. Dabei stehen zwei Überlegungen im Mittelpunkt: Zum einen widersprechen sich die beiden Konzepte nicht zwingend, denn es ist so, dass Diskurstraditionen einem Sprecher dabei helfen, in einer bestimmten Situation eine angemessene sprachlich-kommunikative Handlung zu vollziehen. Damit sind Diskurstraditionen immer stilistisch markiert, aber nicht jede sprachliche Äußerung muss traditionell geprägt sein. Insofern besitzt der Begriff des «(funktionalen) Stils» eine breitere Anwendungsmöglichkeit für empirische Untersuchungen, da in ihm auch Diskurstraditionelles ausgedrückt werden kann. Der zweite Grund, warum an der theoretischen Ausrichtung in Bezug auf funktionale Stile festgehalten wird, ist, dass es offensichtlich einen Zusammenhang zwischen bestimmten Varietäten und Diskurstraditionen zu geben scheint, wie dies Weidenbusch anhand der diaphasischen Variation deutlich macht:

«Es können Affinitäten zwischen Varietäten und Diskurstraditionen bestehen, so wird für ein Bittschreiben die Varietät bürokratische Sprache gewählt und ein informelles Gespräch wird in einer informellen Varietät abgehalten. Ein Bittschreiben in informeller Varietät würde sicherlich als unangemessen empfunden. Dies zeigt, dass Diskursregeln Zuordnungen zwischen Diskurstraditionen und Varietäten enthalten müssen, wobei die Wahl einer Varietät mit der Anknüpfung an bestimmte Gattungstraditionen zusammenhängt [...]» (2002, 28).

Hierbei wird nochmals deutlich, dass die Begriffe «Diskurstradition» und «Stil» eng miteinander verwoben sind bzw. man sie nur schwer trennen kann. Entscheidend jedoch ist, dass auch verschiedene Texte sich des gleichen Stils bedienen können, d. h. dass ein wissenschaftlicher Aufsatz oder ein an ein Amt gerichteter Brief in einem formellen Stil gehalten sind. Dass die Sprecher einer Sprache über die Kenntnis verschiedener Stile verfügen, unterstreicht Coseriu, wenn er schreibt, dass die Sprachstile «bei einem individuellen Sprecher vorkommen [können], in dem Sinne, daß jedes Individuum mehrere Stile kennen kann (was meistens der Fall ist)» (1988a, 26; Fn 18). Insofern orientiert sich die Ausrichtung dieser Studie bei der Beschreibung stilistischer bzw. diaphasischer Varietäten an der Idee der konzeptionellen Reliefs Koch/Oesterreichers (2011); darüber hinaus werden die analysierten Stile in dieser Arbeit in Anlehnung an die klassische Funktionalstilistik der 1970er Jahre als «funktionale Stile» bezeichnet, um deutlich zu machen, dass jede sprachliche Handlung eines Sprechers unter den Bedingungen der vorherrschenden Kommunikationssituation einen bestimmten kommunikativen Zweck erfüllen soll. Auf die Übertragung dieser theoretischen Ausrichtung auf eine empirische Studie wird an späterer Stelle bei der Darstellung der ausgewählten Korpora in Kap. 4.1 näher eingegangen. Im Folgenden wird nun zunächst dargestellt, welche Probleme sich bei der syntaktischen Beschreibung des Spanischen ergeben können und welche Konsequenzen dies für eine stilübergreifende Untersuchung nach sich zieht.

3.2 Probleme der syntaktischen Beschreibung des Spanischen

In diesem Teilkapitel werden die Probleme behandelt, die bei der Beschreibung der Syntax des Spanischen in Bezug auf Fragestellungen der Komplexität auftreten (können). Nach einigen allgemeinen Bemerkungen zum Satzbegriff werde ich zunächst die einfachen und erweiterten Sätze näher betrachten. Im Anschluss daran stelle ich die Eigenschaften des komplexen Satzes dar. Abschließend wird diskutiert, inwiefern sich die prototypische Beschreibung des Satzes auf die Syntax nähesprachlicher Diskurse anwenden lässt.

3.2.1 Allgemeine Bemerkungen: zum Satzbegriff

Versucht man sich dem Begriff «Satz» zu nähern, wird man schnell feststellen, dass es – wie so oft in der Linguistik – keine präzise und allgemein gültige Definition gibt. Müller gibt an, dass es zu Beginn der 1930er Jahre bereits über 200 Definitionen für den Satz gab (1985, 1). In der traditionellen Grammatik bzw. Logik werden Sätze als Kombination von Subjekt und einem Prädikatsausdruck beschrieben: «Las *oraciones* son unidades mínimas de predicación, es decir, segmentos que ponen en relación un sujeto con un predicado» (NGLE, §1.13a). Die Beispiele (23) und (24) veranschaulichen dies:

(23) Los pájaros *volaban* bajo.   (NGLE, §1.13a)
     Subj.   Präd.

(24) Los pájaros *sobrevuelan* el campo.   (NGLE, §1.13j)
     Subj.   Präd.

So besteht der erweiterte Satz in (23) aus einem Subjekt *Los pájaros* und dem Prädikat (im engeren Sinne) *volaban* sowie dem Adverb *bajo*; es handelt sich hierbei also nur um eine finite Vebform.[69] Beispiel (24), ein einfacher Satz,[70] setzt sich ebenfalls aus dem Subjekt *Los pájaros* und dem Prädikat (im weiteren Sinne) *sobrevuelan el campo* zusammen. In diesem Fall stellt der Prädikatsausdruck aufgrund der Verbvalenz von sp. *sobrevolar* ein Verbalsyntagma aus dem finiten Verb *sobrevuelan* und der als direktes Objekt fungierenden Nominalphrase *el campo* dar. Die schematische Abbildung beider Konstruktionen ließe sich wie folgt in einem Baumgraphen darstellen:

(23) [S [NP [Det Los] [N pájaros]] [VP [V volaban] [AdvP [Adv bajo]]]]

Abb. 13: Schematische Darstellung sp. *Los pájaros volaban bajo.*

---

69 Es handelt sich in diesem Falle um einen erweiterten Satz, da neben dem Subjekt (*Los pájaros*) und dem Prädikat (*volaban*) aufgrund der Verbvalenz von *volar* keine weiteren Angaben grammatikalisch notwendig sind.

70 Im Gegensatz zu Bsp. (23) verlangt die Verbvalenz von *sobrevolar* hier ein direktes Objekt, damit der Satz grammatikalisch ist.

(24) [S [NP [Det Los] [N pájaros]] [VP [V sobrevuelan] [NP [Det los] [N campos]]]]

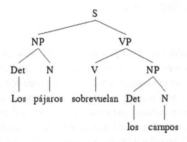

Abb. 14: Schematische Darstellung sp. *Los pájaros sobrevuelan los campos.*

Konsultiert man linguistische Wörterbücher und weitere einschlägige Literatur, lässt sich schnell eine ungenaue Beschreibung bzw. Definition des «Satzes» konstatieren. Bei Bußmann wird z. B. geschrieben, dass der Satz eine «nach sprachspezifischen Regeln aus kleineren Einheiten konstruierte Redeeinheit [ist], die hinsichtlich Inhalt, gramm[atischer] Struktur und Intonation relativ vollständig und unabhängig ist» (2002, s. v. *Satz*).[71] Eine ähnliche Definition findet sich bei Lewandowski: «Grammatisch, intonatorisch und inhaltlich nach den Regularitäten der jeweiligen Sprache gestaltete Einheit als Mittel zu Ausdruck, Darstellung und Appell, zur Kommunikation von Vorstellungen oder Gedanken über Sachverhalte, über Beziehungen der Sprecher zu diesen Sachverhalten und Beziehungen von Sprecher und Hörer zueinander; die Realisierung der Prädikation» (1979, s. v. *Satz*). Das bei Bußmann und Lewandowski angesprochene Kriterium der intonatorischen Einheit stellt eine wichtige Voraussetzung für die Beschreibung des Satzes in umgangssprachlichen bzw. gesprochenen Varietäten der Einzelsprachen dar. Gerade bei einer stilvergleichenden Untersuchung zur Syntax, die auch medial Gesprochenes als Untersuchungsmaterial enthält, ist dies dringend notwendig, um die ansonsten problematische Zuweisung der Satzkategorie gewährleisten zu können.[72]

In den Handbüchern bzw. Grammatiken zum Spanischen wird der Satz (sp. *oración*) ebenfalls unterschiedlich weit gefasst. Neben der NGLE (cf. §1.13a)

---

71 Damit steht diese Definition in der Tradition Bloomfields, der den Satz als oberste grammatische Einheit wie folgt definiert: «each sentence is an independent linguistic form, not included by virtue of any grammatical construction in any larger linguistic form» (1933, 170; zit. nach: Trabant 1981, 8).

72 Cf. hierzu Bußmann: «In diesen beiden Definitionen wird S[atz] als theorieabhängige Einheit der Langue aufgefasst im Unterschied zu S. als Parole-bezogener aktueller Äußerung, wobei insbesondere in mündlicher Rede die Identifizierung von S.-Grenzen oft sehr problematisch ist» (2002, s. v. *Satz*).

rücken z. B. Alcina Franch,[73] Gili Gaya[74] sowie Alarcos Llorach[75] ganz deutlich das finite Verb ins Zentrum der Definition. Dagegen wurde u. a. bereits von Lope Blanch Einspruch erhoben:

> «Para Gili Gaya, el elemento gramatical constitutivo de la proposición es el verbo en forma personal (§12). Creo que este criterio reduce en exceso, y en forma un tanto caprichosa, los límites de la oración. [...] Por principio, no me parece debido que el gramático establezca *a priori* la forma gramatical a que deban acomodarse las expresiones para que puedan ser tenidas por oraciones verdaderas; considero que su tarea consiste en deducir, por medio del análisis objetivo, cuál es la forma gramatical que poseen en común todas las expresiones que consideramos oración. Y no cabe duda de que muchos sintagmas de carácter oracional carecen enteramente de verbo o presentan una forma verbal no conjugada» (1962, 416).

Trabant verweist diesbezüglich wiederum auf Bloomfield: «Der Satz (sentence) [sic] wird nämlich deswegen von Bloomfield hervorgehoben, weil er die sprachliche Form ist, die als abgeschlossene Äußerung (*utterance*) – also als Text – auftreten kann. So ist z. B. nicht nur die Äußerung *Poor John ran away* ein Satz, sondern auch *Poor John!* oder *John!*, eben weil sie die abgeschlossene Äußerungen – Texte – ausmachen können» (1981, 8). Interessant ist in diesem Zusammenhang die Haltung der *Real Academia Española*, die den Satz in ihrem *Esbozo de una nueva gramática de la lengua española* als Sinneinheit sieht: «la oración es la unidad más pequeña de sentido completo en sí misma en que se divide el habla real» (RAE, §3.1.2). Die unterschiedlichen Definitionen hängen demnach von der Perspektive der jeweiligen Forschungsfrage ab.[76] So können Sätze semantisch als Ausdruck eines Gedankens, graphematisch als sprachliche Einheit zwischen einem Großbuchstaben und einem Punkt, phonologisch als Intonationseinheit und pragmatisch als Sprechakt verstanden werden.[77] In die-

---

73 «La oración se distingue de la frase por la presencia de un verbo en forma personal – *jugaban* y *se reunieron* – *no acudió* –: un solo verbo en la oración unimembre y dos en la oración bimembre. La oración más breve consta de una sola palabra que obligatoriamente ha de ser un verbo en forma personal (*Llueve*)» (1992, 160).
74 «El núcleo de la unidad sintáctica es, para nosotros, un verbo en forma personal» (2000, 22); zum Einfluss der Satzdefinition Gili Gayas cf. auch Martínez Oronich (2007).
75 «Frente a otro tipo de enunciados, las oraciones contienen una palabra, el verbo, en que se hace patente la relación predicativa, y por ello, este puede por sí solo constituir oración» (1994, 313).
76 Eine gute Übersicht zur Entwicklung des Satzbegriffs bzw. der -konzeption in der spanischen Grammatikographie des 20. Jahrhunderts liefert Timm (2010, 221–330).
77 Zur Unterscheidung von sp. *oración* und *acto* cf. Briz: «La oración es solo una representación sintáctica y lógico-semántica de carácter abstracto, es decir, un esquema sintagmático, una estructura proposicional. Y es acto porque existe un emisor que dice algo en un contexto

sem Sinne muss eine vergleichende Darstellung der Syntax unterschiedlicher Stile den Satzbegriff möglicherweise dynamischer fassen, d. h. auf mehr als einem Definitionskriterium beruhend. Die Herangehensweise in Bezug auf die Satzanalysen der Texte innerhalb des Korpus, welches dieser Arbeit zugrunde liegt, wird an späterer Stelle präzisiert (cf. Kap. 4.2).

Im Folgenden wird nun näher auf die Unterscheidung zwischen einfachen bzw. erweiterten und komplexen Sätzen eingegangen.[78] Dies liefert die notwendige theoretische Grundlage, um sich anschließend dem Begriff der «syntaktischen Komplexität» zu nähern bzw. diesen genauer zu bestimmen.

3.2.2 Einfache und erweiterte Sätze

Einfache Sätze können als syntaktische Konstruktionen bezeichnet werden, die aus einem Subjekt und einem Prädikat bestehen, und in sich selbst keinen weiteren koordinierten Haupt- oder abhängigen Nebensatz aufweisen: «Las oraciones simples establecen una relación predicativa, es decir, ponen en conexión un sujeto con un predicado, siempre que no contengan otras oraciones que ocupen alguno de sus argumentos o modifiquen a alguno de sus componentes [...]» (NGLE, §1.131).[79] Die Beispiele (25) bis (28) präsentieren syntaktische Strukturen im Spanischen, die als einfache Sätze analysiert werden können.

(25) El perro *huyó*.   (RAE, §3.4.1)

(26) Los árboles *florecen*.[80]   (Gili Gaya 2000, 21)

(27) Mi hermano *es* médico.   (Berschin et al. 2012, 260)

(28) El profesor *abre* un libro.   (Mensching 2012, 264)

---

con una determinada intención, a alguien, que ha de entender e interpretar (lo dicho se entiende; el decir se interpreta)» (2011, 138).

78 Kiesler nennt neben dem Komplexitätsgrad vier weitere Kriterien zur Einteilung der Satzarten, nämlich (i) die Funktion, (ii) den Prädikatsausdruck, (iii) den assertorischen Status sowie (iv) die Diathese (cf. 2015, 61).

79 Cf. auch Alcina Franch: «La oración simple [es] caracterizada por a) tener un núcleo ordenador constituido por un solo verbo en forma personal, b) tener sus elementos constituidos solamente por unidades léxicas (una palabra o un grupo de palabras), y c) poder constituir un enunciado unimembre» (1992, 162).

80 Im Spanischen sind aufgrund der *pro-drop*-Eigenschaften der Sprache auch Sätze grammatikalisch korrekt, die nur aus einem Wort, in diesem Fall der finiten Verbform, bestehen, z. B. *Baila. Canta. Bebe.* etc.

Nach Kotschi handelt es sich bei solchen syntaktischen Strukturen um einfache
Sätze, da sie neben einem Prädikatsausdruck nur «aus von diesem geforderten,
grammatisch notwendigen Satzgliedern, d. h. Prädikatskomplementen oder Aktanten bestehen und in denen diese Prädikatskomplemente wiederum nur in
ihrer Standardform erscheinen» (2008, 257). Für die angeführten Sätze heißt
dies, dass in (25) *el perro* die Subjektergänzung zum Prädikat *huyó* darstellt. Im
Beispiel (26) fungiert *los árboles* als Subjektaktant zum Verb *florecer*, während
in (27) neben dem Subjekt *mi hermano* noch die für das Verb *ser* valenznotwendige Position des Subjektprädikativs durch die Nominalphrase *médico* besetzt
wird. Das Beispiel (28) zeigt einen Fall, in dem vom Verb *abrir* neben dem Subjekt (*el profesor*) auch die Stelle des direkten Objekts (*un libro*) besetzt werden
muss. Unter den bei Kotschi erwähnten Standardformen der ergänzenden Prädikatskomplemente werden in diesem Zusammenhang diejenigen verstanden, die
sich dadurch auszeichnen, dass beispielsweise die Nominalgruppen in Subjekt-
und Objektfunktion keine weiteren Attribute bzw. Koordinationen aufweisen.
Einfache Sätze lassen sich in allen untersuchten Teilkorpora finden, wie die
Beispiele (29) bis (33) zeigen:

(29) ¿*DECÍA* USTED ALGO↑?   (COL20, 60)

(30) Lo *están* exigiendo las comunidades autónomas.   (PAR4, 34)

(31) *Ahorramos* 20 millones.   (POL23, 36)

(32) Los Guardias Civiles no *podrán* ejercer el derecho de sindicación.
                                                                (LEG8, 91)

(33) Los *hay* más familiares.   (CIE3, 31)

In den bisher betrachteten Fällen war es so, dass der Prädikatsausdruck immer
verbal gewesen ist. Neben den verbalen gibt es allerdings noch nominale (34),
adjektivische (35) und adverbiale (36) Prädikate, wie in den folgenden Beispielen beobachtet werden kann:

(34) De las atribuciones de los poderes del Estado   (LEG7, 47)

(35) ¡qué gilipollas!§   (COL4, 79)

(36) ¡Más deprisa!   (NGLE, §1.13g)

Im Sinne Bloomfields könnte man die angegebenen Beispiele als Sätze klassifizieren (cf. Trabant 1981, 8). Traditionellerweise würde man in den Beispielen
(34) bis (36) jedoch nicht von Sätzen im engeren Sinne sprechen, da sie über

kein finites Verb als Träger des Prädikatsausdrucks verfügen. Aus diesem Grund tauchen solche Strukturen innerhalb der vierstufigen Komplexitätsskala Kotschis (2008, 257–259) nicht auf. Wir werden später sehen, dass diese Konstruktionen stilübergreifend sehr frequent sein können. Kotschi unterscheidet dagegen zunächst den einfachen (37), dann den erweiterten[81] (38), den zusammengesetzten[82] (39) sowie den komprimierten Satz (40), wie die folgenden französischsprachigen Beispiele des Autors (ibid.) zeigen:

(37) La lame *use* le fourreau.

(38) Décidément, le diable me *guettait*.[83]

(39) Que vous *soyez* venu me *réjouit* beaucoup.

(40) La police *exige* la libération de tous les otages.

Obwohl Beispiel (40) im Vergleich zu (39) nur ein finites Verb enthält, sei es nach Kotschi doch komplexer, da die NP *la libération de tous les otages* «ebenfalls ganze Satzaussagen [beinhaltet]: Das aus einem Verb (oder einem Adjektiv) ‹abgeleitete› Nomen behält seinen Prädikatscharakter, und die NP kann deshalb Aktanten (und sogar Zirkumstanten) umfassen: so ist *de tous les otages* [...] Aktant von *libération*» (Kotschi 2008, 259).[84]

Sowohl für das Französische als auch das Spanische kann man aber einfache syntaktische Strukturen annehmen, die jedoch kein finites Verb enthalten, wie die Bsp. (34) bis (36) zeigen. Terminologisch bliebe dann zu klären, ob man solche Strukturen «Satz» nennt oder nicht. In der Literatur werden diese üblicherweise als «Nominalsätze»[85] bezeichnet. Kiesler zeigt, dass es im Bereich der

---

81 «Erweiterte Sätze sind Sätze, die wenigstens ein grammatisch nicht notwendiges Satzglied (Zirkumstant oder Modales Satzadverbial [...]) enthalten [...], oder Sätze mit wenigstens einem Satzglied, dessen Aufbau nicht auf eine bloße Grundform beschränkt ist [...]» (2008, 257).

82 Neben den abhängigen Nebensätzen mit finitem Verb zählen hierzu ebenfalls infinite Nebensatzkonstruktionen.

83 Kotschi zählt zu den erweiterten Sätzen auch Konstruktionen vom Typ fr. *Un sot trouve toujours un plus sot qui l'admire* (dt. 'Ein Narr findet immer einen noch größeren Narren, der ihn bewundert'). Aufgrund der hier vorhandenen hierarchischen Unterordnung des Relativsatzes müsste man m. E. diesen Typ eher als komplexen, denn als erweiterten Satz auffassen.

84 In Raible (1992) werden die Nominalisierungen bei der Junktion von Sachverhaltsdarstellungen ebenfalls als komplexer, d. h. integrativer (in Raibles Terminologie) angesehen im Vergleich zu der sub- oder koordinierenden Verknüpfung zweier eigenständiger Teilsätze.

85 «Ausschließlich aus Nomen (Substantiven) bestehender Satztyp. N[ominalsatz] ist ein Spezialfall von Ellipse, vgl. ‹Der Traum ein Leben› (Grillparzer)» (Bußmann 2002, s. v. *Nominalsatz*).

Tab. 2: Acht Arten des einfachen Satzes (aus: Kiesler 2015, 61).

	Verbalsatz	Nominalsatz
A	sp. El pan es bueno. fr. Le pain est bon. 'Das Brot ist gut.'	Bueno, el pan. Bon, le pain. 'Gut, das Brot.'
F	sp. ¿Prefieres té o café? fr. Préfères-tu du thé ou du café? 'Möchtest du lieber Tee oder Kaffee?'	¿Té o café? Du thé ou du café? 'Tee oder Kaffee?'
I	sp. Tráigame un café, por favor. fr. Apportez-moi un café, s'il vous plaît. 'Bringen Sie mir bitte einen Kaffee!'	¡Un café, por favor! Un café, s'il vous plaît! 'Einen Kaffee, bitte!'
E	sp. ¡Qué vista más magnífica! fr. Quelle vue magnifique! 'Welch herrliche Aussicht!'	¡Magnífico! Magnifique! 'Herrlich!'

einfachen Sätze für jeden Verbalsatz in der Funktion eines Aussage-, Frage-, Aufforderungs- und Ausrufesatzes entsprechende Nominalsätze gibt, so dass man acht Arten des einfachen Satzes annehmen kann. Dies illustriert Tabelle 2 für das Französische und Spanische.[86]

Für eine Untersuchung zur syntaktischen Komplexität ist es notwendig, solche Konstruktionen – gerade im Stilvergleich – mit zu berücksichtigen, da sie möglicherweise ein Indikator der stilistischen Markierung von Texten sein können. In jüngerer Zeit hat Mensching für das Spanische bereits auf die Möglichkeit hingewiesen, solche Strukturen auch als «Satz» zu definieren:[87] «Ein zusätzliches Kriterium betrifft die prosodische Ebene, auf der Sätze in obigem Sinne eine bestimmte, je nach Satzart divergierende Kontur aufweisen [...] bzw. in der Regel durch eine sogenannten [sic] Finalkontur ausgezeichnet sind [...] Derartige weite Satzdefinitionen haben den Vorteil, dass sie auch verblose Äußerungen wie *¡Qué bonito!, No.* oder *¿Un poquito más de café?* als Sätze gelten lassen» (2012, 263).

---

86 A steht hierbei für den Aussagesatz, F für den Fragesatz, I (= Imperativ) für den Aufforderungssatz sowie E für den Ausrufe- bzw. Exlamativsatz.

87 Cf. hierzu auch Berschin et al.: «Kommunikativ wird der Satz als abgeschlossene Äußerung zwischen Pausen definiert. Diese Definition erfüllen auch Strukturen ohne grammatische Satzbasis: *Muy bien* 'Sehr gut', *Un café, por favor* 'Einen Kaffee, bitte', *Diez mil pesetas* 10.000 'Peseten', usw. Man kann solche Äußerungen als Kurzform (Ellipse) interpretieren und einem grammatischen Vollsatz zuordnen: (*La cosa me parece*) *muy bien*; (*Quiero*) *un café, por favor*; (*Los zapatos valen*) *diez mil pesetas*» (2012, 259).

Im Vergleich zu Kotschi geht Mensching allerdings nicht näher auf unterschied-liche Komplexitätsgrade von Satzkonstruktionen ein, sondern behandelt bei der Beschreibung die traditionelle Unterscheidung von komplexen Sätzen nur kurz. Er differenziert zwischen (a)syndetischen Satzreihen, d. h. parataktischen Rei-hungen einzelner Hauptsätze mit Junktion oder ohne Konjunktion, sowie dem hierarchisch geordneten Satzgefüge. Dabei hängt mindestens ein Nebensatz von dem übergeordneten Hauptsatz ab.

In der spanischsprachigen Literatur werden ebenfalls keine weiterführen-den Angaben gemacht. Alcina Franch (1992, 160) unterscheidet zunächst zwi-schen *oración*, d. h. satzwertigen Konstruktionen mit einem finiten Verb (41) bzw. zweien in (42), und *frase*, d. h. syntaktische Strukturen, die kein verbales Prädikat aufweisen, wie dies in (43) und (44) der Fall ist. Die folgenden Beispie-le werden dafür von Alcina Franch (ibid.) angegeben:

(41) Cuatro amigos *jugaban* al ajedrez.
      HS_1

(42) Se *reunieron* los amigos
      HS_1
      pero
      Konj.
      Pedro no *acudió*.
      HS_2

(43) ¡Qué desengaño!
      HS_{NOM}

(44) Perros, no.
      HS_{NOM}

Die NGLE verweist darauf, dass solche verblosen Konstruktionen wie in (43) und (44) als äquivalent zu satzwertigen Strukturen gelten können, die ein fini-tes Verb als Prädikatsausdruck enthalten:

> «Las expresiones *¡De acuerdo!* o *¡Trato hecho!* pueden constituir enunciados similares al que permite la forma oracional *Acepto.* También la oración *¡Quiera Dios!* expresa un con-tenido casi equivalente al de *¡Ojalá!.* Son asimismos enunciados otros muchos grupos sintácticos exclamativos, sean nominales (*¡Mi cartera!*), adjetivales (*¡Muy bueno!*), adver-biales (*¡Más deprisa!*), preposicionales (*¡Más a la izquierda!*) o de otro tipo» (§1.13g).

Im Rahmen der hier vorgelegten Untersuchungen werden solche verblosen Ausdrücke als einfache Sätze ohne finites Verb («Einfach oV») gewertet (cf.

Kap. 4.2).[88] Durch Abgrenzung vom «Einfachen Satz» wird dadurch deutlich, (i) inwieweit solche Konstruktionen im tatsächlichen Sprachgebrauch auftreten und (ii) ob sich Unterschiede im Auftreten im Hinblick auf die stilistische Markierung der Texte feststellen lassen.

An dieser Stelle soll kurz auf den sog. «erweiterten Satz» eingegangen werden, der aber – so viel sei bereits hier angemerkt – bei der hier vorgestellten Untersuchung von syntaktischer Komplexität unter den einfachen Satzkonstruktionen subsumiert wird. Erweiterte Sätze zeichnen sich dadurch aus, dass sie «durch Adverbiale und/oder Attribute ergänzt [werden]» (Bußmann 2002, s. v. *Satz*). Folgende Beispiele, bei denen die fakultativen Satzelemente kursiviert dargestellt sind, sollen dies deutlich machen:

(45) *Afortunadamente*, la justicia, *aunque con lentitud*,
     funciona. (Atayan 2012, 287)

(46) *En California*, el dólar, *independientemente de la deuda*
     de California, es igual que en Nueva York. (POL8, 42)

(47) La IC había realizado su séptimo congreso *entre el 25 de julio*
     y el 20 de agosto de 1935 en Moscú. (CIE15, 3)

(48) *Al fondo del salón semioscuro* un violinista *melenudo y lleno de literatura*
     toca *apasionadamente* las czardas *de Monti*. (Berschin et al. 2012, 256)

Betrachtet man die Beispiele (45) bis (48), so lässt sich feststellen, dass nach Wegfall aller fakultativen Elemente die entsprechenden einfachen Sätze (45') *la justicia funciona*, (46') *el dólar es igual que en Nueva York*, (47') *La IC había realizado su séptimo congreso* sowie (48') *un violonista toca las czardas* alle valenznotwenigen Informationen enthalten. Neben der Bezeichnung als «Einfacher Satz» findet man für diese Konstruktionen, welche nur auf valenznotwendige Informationen beschränkt sind, in der Literatur ebenfalls den Begriff des «Kernsatz» oder «Nuklearsatz» (Bußmann 2002, s. v. *Kernsatz*). Die folgende Tabelle 3 zeigt die Zusammenhänge der Attribution noch genauer auf, wobei hier kritisch angemerkt sein soll, dass das, was hier als Kern unter I bezeichnet wird, nämlich sp. *Al fondo un violonista toca las czardas* zwar einen inhaltlich wie strukturell reduzierten Satz darstellt, aber keinen Kernsatz im Sinne der gerade gesehenen Definition bei Bußmann, da das Adverbiale *al fondo* als fakultatives Element des Satzes keinen Teil des syntaktischen Kerns bildet.

---

88 Zur Unterscheidung von *frase* und *oración* cf. die Definiton von *frase* im *Esbozo*: «En sentido gramatical llamamos *frase* a cualquier [!] grupo de palabras conexo y dotado de sentido. Según esta definición, las oraciones son *frases*, pero no viceversa» (RAE, §3.1.5).

Tab. 3: Darstellung eines erweiterten Satzes unter Angabe von Adverbialen und Attributen (aus: Berschin et al. 2012, 256).

	I KERN	II ATTRIBUT 1. Ordnung	III ATTRIBUT 2. Ordnung
A Adverbial	*Al fondo*	*del salón*	*semioscuro*
B Subjekt	*un violonista*	*melenudo y lleno*	*de literatura*
C Prädikat	*toca*	*apasionadamente*	
D (direktes) Objekt	*las czardas*	*de Monti*	

Gleichwohl die genauere systematische Beschreibung der erweiterten Sätze für die romanischen Sprachen ein Forschungsdesideratum darstellt, wird anhand des Beispiels (48) zweierlei deutlich: Zum einen rechtfertigt die grundlegende syntaktische Struktur des Satzes die Vorgehensweise, solche Konstruktionen innerhalb der hier vorliegenden Untersuchung den einfachen Sätzen zuzuordnen. Zum anderen sieht man aber auch, dass einfache bzw. erweiterte Satzstrukturen in Bezug auf die Annahme von primären und sekundären Attributen bzw. Adverbialen eine relativ deutliche Komplexität annehmen können. Hierbei böten Studien zur stilistischen Variation und der Ausprägung von Attributen und/ oder Adverbialen ein weiteres, lohnenswertes Forschungsfeld.

Neben den einfachen Konstruktionen unterscheidet Alcina Franch im Bereich der komplexen Sätze weiterhin koordinierende Satzstrukturen (*coordinación*) sowie Satzgefüge (*oración compleja*).[89] Die weitere Behandlung von Satztypen ergibt bei ihm also folgendes Komplexitätsschema, bei dem mit der einfachsten Konstruktionsart begonnen und mit der komplexesten geendet wird: *frase – oración simple – coordinación – oración compleja*.

An dieser Stelle sei nochmals angemerkt, dass einfache Sätze in Bezug auf ihre Konstruktion durchaus Kennzeichen aufweisen können, die ihnen eine gewisse Komplexität in Bezug auf die Syntax verleihen. Es wird an späterer Stelle genau zu klären sein, ob die Begriffe «komplexer Satz» und «syntaktische Komplexität» auf den gleichen Sachverhalt referieren bzw. sie synonym verwendet werden können. Zunächst soll auf Ausprägungen komplexer syntaktischer

---

89 Im Vergleich zur deutschen Terminologie, wonach der komplexe Satz sowohl Para- als auch Hypotaxen umfasst, bezeichnet der Begriff «oración compleja» im Sinne Alcina Franchs nur unterordnende Satzkonstruktionen. In der spanischsprachigen Grammatikographie ist es üblich, deshalb zwischen *oraciones compuestas*, d.h. parataktischen, bzw. *oraciones complejas*, d.h. hypotaktischen Konstruktionen zu unterscheiden.

Strukturen eingegangen werden, wie beispielsweise die Satzlänge auf der einen und das sog. «komplexe Prädikat» auf der anderen Seite. Betrachtet man die Satzlänge, fällt auf, dass einfache Sätze durchaus sehr lang werden können. Im Übrigen können komplexe Sätze ebenfalls sehr kurz sein (cf. Kap. 3.2.3). Vier Beispiele aus dem analysierten Korpus zeigen einfache Sätze, die im ersten Fall (49) 24, im zweiten Beispiel (50) 39, in (51) 65 und in Beispiel (52) sogar 79 graphische Wörter aufweisen:

(49) *Llegamos* al estallido de la crisis con superávit presupuestario de más
de dos puntos y una deuda pública por debajo del 37 % del PIB.   (POL8, 15)
HS

(50) Señor ministro, en infraestructuras en Galicia *hay* un antes y un después,
un atraso histórico con políticos gallegos del PP en el Gobierno
y un gran avance con gobiernos socialistas y en concreto con usted,
como ministro de Fomento.   (PAR15, 2)
HS

(51) *Aludiremos* solo de pasada a figuras como la prosografía (descripción
del físico de las personas), la etopeya (descripción de las personas por
su carácter y costumbres), la cronografía (descripción de tiempos),
la topografía (descripción de lugares), la pragmatografía (descripción de
objetos, sucesos o acciones), la hipotiposis (descripción de cosas
abstractas mediante lo concreto y perceptible), etc.   (CIE9, 32)
HS

(52) Por otra parte, el sistema de Seguridad Social *ha* venido asumiendo
algunos elementos de atención, tanto en la asistencia a personas mayores
como en situaciones vinculadas a la discapacidad: gran invalidez,
complementos de ayuda a tercera persona en la pensión no contributiva
de invalidez y de la prestación familiar por hijo a cargo con discapacidad,
asimismo, las prestaciones de servicios sociales en materia de reeducación
y rehabilitación a personas con discapacidad y de asistencia
a las personas mayores.   (LEG2, 25)
HS

Die Beispiele zeigen, dass es sowohl auf Seiten des Sprachproduzenten wie -rezipienten eines enormen Aufwandes bedarf, solch komplexe Strukturen zu prozessieren bzw. unter perzeptiven Geischtspunkten diese aufzunehmen und zu verarbeiten. In Bezug auf die Terminologie ist die Bezeichnung «einfacher Satz» daher zunächst irreführend und es wird die Notwendigkeit deutlich, syntaktische Konstruktionen qualitativ wie quantitativ näher zu beschreiben.

Der zweite Aspekt in Bezug auf Komplexität im Bereich des einfachen bzw. erweiterten Satzes ist mit der Frage nach dem sog. «komplexen Prädikat» verbunden, was Alcina Franch im Spanischen als *núcleo verbal complejo* bezeichnet (1992, 162). Es geht hier demnach um den Umfang des verbalen Prädikatsausdrucks. Der Autor schreibt hierzu:

> «El núcleo verbal de la oración se denomina *complejo* cuando aparece asociado a unidades de muy variada naturaleza que inciden en el significado del verbo al que dan un sentido particular y distinto. Una característica organización de estos núcleos verbales complejos la constituye la denominada *perífrasis verbal*, bipredicación que consta de un verbo en forma personal seguido de un infinitivo o gerundio, cuando se cumple que el verbo en forma personal tiene el carácter de auxiliar para identificar el sujeto y fijar el tiempo de la expresión y el verbo, en forma no personal, aporta el significado de la predicación que el verbo auxiliar matiza y, en algunos casos comenta» (ibid.).

Beispiele für Verbalperiphrasen als komplexe Prädikate[90] sind demnach die bei Alcina Franch (ibid.) angegebenen Sätze (53) und (54). Die Beispiele (55) und (56) zeigen ebenfalls solche komplexen Verbalstrukturen und sind dem Referenzkorpus der hier vorliegenden Studie entnommen:

(53) Los muchachos *se pusieron a cantar.*
 HS

(54) A. *lleva hablando* toda la tarde.
 HS

(55) ¡Y aquí estoy yo
 HS_1
 y
 Konj.
 aquí *seguiré estando*! (POL6, 33)
 HS_2

(56) tía↓puees↑¿qué te *iba a decir*?/// (COL11, 51)
 HS

Alle vier Beispiele weisen komplexe Prädikate auf. (53), (54) und (56) können jedoch als einfache Sätze analysiert werden, während Bsp. (55) aufgrund zweier verbaler Prädikatsausdrücke (*y aquí estoy yo* und *aquí seguiré estando*) als kom-

---

90 Diese Prädikatsausdrücke drücken auf syntagmatischer Ebene zu einem gewissen Grad Komplexität aus. Es bleibt zu diskutieren, inwieweit sie unter dem Begriff der «syntaktischen Komplexität» subsumiert werden können. Diese Diskussion wird in Kap. 3.3 geführt.

plexer Satz betrachtet wird. Wie man anhand der Beispiele gesehen hat, kann sich Komplexität ganz unterschiedlich manifestieren. Dies trifft auch für qualitativ als einfache Sätze zu beschreibende Sätze zu, wie (49) bis (52) zeigen. Die Betrachtung komplexer Merkmale innerhalb syntaktisch einfacher Konstruktionen zeigt, dass eine solche Analyse auch immer vom Untersuchungsinteresse des jeweiligen Betrachters abhängt. So können sich bereits auf Ebene von Wortgruppen bzw. Phrasen syntaktisch komplexe Strukturen ergeben, deren detaillierte Beschreibung in den Einzelsprachen ebenfalls ein Desideratum darstellt. Das Ziel der hier vorliegenden Studie stellt dagegen die Beschreibung komplexer syntaktischer Strukturen auf Satzebene dar.

Unter diesem Gesichtspunkt möchte ich an Stammerjohanns Definition anknüpfen, wobei es sich bei syntaktischer Komplexität um die Erweiterung des Umfangs von Kernsätzen handelt (cf. 1975, s. v. *syntaktische Komplexität*). In der Folge werden nun bestimmte Arten von Satzkomplexität betrachtet: Dabei stehen quantitative wie qualitative Merkmale im Zentrum des Interesses. Dies dient als theoretische Grundlage, um sich in Kap. 3.3 dem Begriff der «syntaktischen Komplexität» terminologisch wie inhaltlich zu nähern und ihn so für empirische Untersuchungen handhabbar zu machen. Zunächst soll aber im nächsten Kapitel auf den komplexen Satz und seine Erscheinungsformen näher eingegangen werden, wie sie bisher in den entsprechenden Handbüchern und Grammatiken dargestellt werden.

3.2.3 Komplexe Sätze

Spricht man von «syntaktischer Komplexität», wird darunter meistens eine Form des sog. «komplexen Satzes» verstanden. Dieser komplexe Satz unterscheidet sich vom einfachen dadurch, dass er mindestens zwei finite Verben bzw. zwei Prädikatsausdrücke aufweist (cf. Bußmann 2002, s. v. *Satz*; zum Sp.: Alarcos Llorach 1994, 313; Alcina Franch 1992, 169; Eguren Gutiérrez/Fernández Soriano 2006, s. vv. *oración compuesta/compleja*; zum Fr.: Grevisse/Goosse 2008, §1109).[91] Traditionellerweise findet sich bei der Beschreibung von komplexen Sätzen in Grammatiken und Lehrwerken die Unterscheidung zwischen koordinierten Hauptsätzen, also parataktischen Konstruktionen, und Strukturen mit subordinierten Nebensätzen, also einer hypotaktischen Verknüpfung von Haupt- und Nebensatz. In der NGLE wird bei komplexen Sätzen zunächst nur unterschieden zwischen *coordinación* und *subordinación* (cf. NGLE, §1.13l und §1.13m). Alarcos Llorach unterscheidet bei koordinierten Satzverknüpfun-

---

91 Cf. ebenso Givón: «A complex clause must contain *multiple lexical predicates*» (2009b, 82).

gen zwischen asyndetisch verbundenen Konstruktionen (sp. *yuxtaposición*) und denen, bei denen die Junktion über eine Konjunktion hergestellt wird (sp. *coordinación*); im Bereich der Subordination spricht er von *oraciones complejas* (cf. 1994, 313–325). Dahingegen werden im *Esbozo* der Real Academia Española unter den *oraciones compuestas* sowohl *oraciones yuxtapuestas, coordinadas* als auch *subordinadas* angeführt (cf. RAE, §3.17.5). Für die komplexen Sätze wird in dieser Arbeit zwischen parataktischen und hypotaktischen Konstruktionen unterschieden. In den folgenden Beispielen (57) und (58) finden sich parataktische Satzverbindungen, während man in (59) und (60) unterordnende Satzgefüge konstatieren kann:

(57) 1. Las prescripciones sobre formación y experiencia profesional para
la impartición de los certificados de profesionalidad *son* las recogidas
en el apartado IV de cada certificado de profesionalidad
HS_1
y
Konj.
se *deben* cumplir tanto en la modalidad presencial como en la de
teleformación. (LEG4, 44)
HS_2

(58) o lo *escuchas* tú↑
HS_1
o
Konj.
lo *escucho* yo↓§ (COL20, 53)
HS_2

(59) Lo *hemos* conseguido
HS_1
     recortando el gasto superfluo
     NS_{1-1INF}
     porque   el presupuesto de educación sí *ha* bajado, con
                eficiencia y productividad. (POL19, 48)
     Konj. NS_{1-2}

(60)   Porque   suya *es* la técnica de establecer nombres,
     Konj. NS_{1-1}
el legislador *es* el forjador de las denominaciones. (CIE14, 53)
HS_1

In Bezug auf die Verknüpfung von Haupt- bzw. Teilsätzen kann man unterscheiden zwischen Verbindungen mit Konjunktion, d. h. syndetischer Satzjunktion, bzw. asyndetischen Konstruktionen, d. h. der Zusammenschluss der beiden Einheiten erfolgt hier ohne Konjunktion. Dies ist insofern von Wichtigkeit, als man in Untersuchungen zur Umgangssprache genauere Abgrenzungskriterien zur Unterscheidung von Satztypen benötigt. So ist es etwa nicht ohne weiteres möglich, zwischen einer asyndetischen Satzreihe aus zwei Hauptsätzen oder zwei einfachen Sätzen zu unterscheiden.[92] Hierbei spielt die Angabe des Intonationsverlaufs eine entscheidende Rolle, wie bereits in Beispiel (58) deutlich wurde und wie es von Givón gefordert wird: «A clause, whether simple or complex, must fall under a *single intonation contour*» (2009b, 82).[93] Gleichwohl der letzte Hauptsatz eine einleitende koordinierende Konjunktion aufweist, wird in (61) ebenfalls erst durch die steigende (in der Val.Es.Co-Annotation: ↑) und fallende Intonation (entsprechend: ↓) deutlich, dass es sich um eine mehrfache Reihung von Hauptsätzen, d. h. eine multiple Parataxe, handelt.

(61) no *trabaja///*
     HS$_1$
    pero
    Konj.
    yo nunca *he* entrado a mi casa [antes de las nueve=] [...][94]
    =de la noche↑
     HS$_2$
    y
    Konj.
    la *he* visto senta[da↓]   (COL3, 64)
     HS$_3$

Neben der Problematik der genauen Bestimmung von komplexen Sätzen in konzeptionell mündlicher Sprache gibt es weiterhin eine Reihe von terminologischen Problemen in Bezug auf den komplexen Satz. Diese beziehen sich auf

---

92 Cf. hierzu: «Los factores principales para expresar la unidad de la oración compuesta son la entonación y las palabras de enlace [...]. Así ocurre, por ejemplo, que una oración compuesta carezca de nexos gramaticales de enlace [...], y en este caso la unidad oracional queda confiada al juego de la entonación y las pausas» (RAE, §3.17.1).
93 Wunderli verweist in Bezug auf die gesprochene Sprache darauf, dass «keine Sprache bekannt ist, in der die Intonation nicht satzrelevant wäre» (1979, 333; zit. nach: Müller 1985, 74). Cf. dazu ebenfalls Blanche-Benveniste (2010b, 83) sowie Berschin et al.: «Zwei oder mehr aufeinanderfolgende und formal unverbundene Sätze können einen komplexen Satz bilden; im gesprochenen Spanisch wird der Zusammenhang der Teilsätze durch die Intonation hergestellt» (2012, 277).
94 Die Auslassung zeigt hier an, dass es zum selben Zeitpunkt noch einen anderen Sprecher gab, der einen Redebeitrag im Rahmen der Unterhaltung lieferte.

den Status von (a) infiniten Nebensatzkonstruktionen, (b) der Koordination von finiten Verben bzw. Partizipien sowie (c) der Auslassung von Hilfsverben. Darüber hinaus bestehen (d) heterogene Konstruktionen, die bisher in grammatikalischen Beschreibungen des komplexen Satzes nicht behandelt worden sind, sowie (e) komplexe Nominalsätze und (f) AcI-Konstruktionen, die näher beschrieben werden. An späterer Stelle wird gezeigt werden, dass diese problematischen Fragestellungen zumindest für eine Darstellung der quantitativen Verhältnisse syntaktischer Strukturen nicht entscheidend sind, sondern sich eher auf qualitative Zuschreibungskriterien beziehen. Darauf wird bei der Beschreibung der quantitativen Auswertung bzw. der visuellen Darstellung näher eingegangen (cf. Kap. 4.2 & 4.3).

(a) Infinite Nebensatzkonstruktionen

Zunächst soll bei der Diskussion der Analyse des komplexen Satzes auf Konstruktionen eingegangen werden, bei denen man einen infiniten Nebensatz annehmen kann. Dies können im Spanischen einfache infinite Strukturen, satzfinal in (62) und satzinitial in (63), oder nebensatzwertige Gerundivkonstruktionen (64 & 65) sowie Partizipialstrukturen (66 & 67) sein:

(62) Deberías darle un regalo para Falbala,
HS_1

para darle la bienvenida ...   (Kiesler 2015, 67)
NS_{1-1INF}

(63)   *Para formular* las preguntas,
NS_{1-1INF}
tiene la palabra el señor Peralta Viñes.   (PAR13, 2)
HS_1

(64)   *Mirando por la ventana,*
NS_{1-1INF}
Pedro percibió dos policias.   (Kiesler 2015, 68)[95]
HS_1

(65) Encontraron a la muchacha
HS_1

charlando con su novio.   (Alcina Franch 1992, 167)
NS_{1-1INF}

---

[95] Das Beispiel ist die sp. Übersetzung für den französischen Satz *Regardant par la fenêtre, Pierre aperçut deux policiers* (Kotschi 2008, 258).

(66)   *Pasadas las pruebas*
                           NS_{1-1INF}
     ingresarás.   (Berschin et al. 2012, 282)
     HS_1

(67)   *Terminado el punto correspondiente del orden del día a*
                           preguntas,
                           NS_{1-1INF}
     pasamos a tratar las interpelaciones dirigidas al Gobierno.   (PAR27, 1)
     HS_1

Interessant ist in diesem Zusammenhang die Frage nach der Subjektidentität, da dies für einige Forscher das entscheidende Kriterium dafür ist, ob es sich in solchen Fällen um einen komplexen Satz, der einen untergeordneten infiniten Nebensatz aufweist, oder um einen einfachen Satz handelt.[96] Während die infiniten Nebensatzkonstruktionen in (62), (63), (64) und (66) das gleiche Subjekt in Haupt- und Nebensatz aufweisen, wird in (65) das direkte Objekt des Hauptsatzes (*la muchacha*) zum Subjekt des infiniten Nebensatzes. In (67) zeigen sich ebenfalls unterschiedliche Subjekte in Haupt- und Nebensatz. Bsp. (68) verdeutlicht, dass solche Konstruktionen durchaus im nähesprachlichen Spanisch vorkommen können:

(68) [me acuerdo
      HS1
                     que]   se fue a Cuba
                     Konj. NS_{1-1}
                            estando yo en la escuela//   (COL17, 9)
                            NS_{1-2INF}

Hierbei kann man erkennen, dass das Subjekt des abhängigen ersten Nebensatzes (*se fue a Cuba*) unterschiedlich zum Subjekt des infiniten zweiten Nebensatzes ist (*estando yo en la escuela*). Dies wird darüber hinaus noch durch die Setzung des Personalpronomens *yo* verstärkt. Solche Fragestellungen beziehen sich rein qualitativ auf die Satzart, da (68) für alle quantitativen Merkmale problemlos abbildbar ist (cf. Kap. 3.3.2 & 4.2).

Neben der Referenzidentität des gleichen Subjekts stellt v. a. die nicht vorhandene grammatikalische Autonomie der infiniten Konstruktionen ein wichti-

---

96 Zur Diskussion cf. Kiesler (2015, 68).

ges Merkmal dar.[97] Dies bedeutet, dass die Strukturen in (62) *para darle la bienvenida*, (63) *para formular las preguntas*, (64) *mirando por la ventana*, (65) *charlando con su novio*, (66) *pasadas las pruebas*, (67) *terminado el punto correspondiente del orden del día a preguntas* sowie (68) *estando yo en la escuela* infinite Prädikatsausdrücke darstellen, die grammatikalisch allerdings keinen autonomen, vollständigen Satz bilden. Für eine qualitative Betrachtung syntaktischer Komplexität fasse ich die Beispiele (62) bis (67) als komplexe Sätze auf, die jeweils einen infiniten Nebensatz enthalten. Beispiel (68) stellt einen komplexen Satz mit zwei Nebensätzen dar, von denen einer finit (NS_{1-1}) und der andere infinit (NS_{1-2INF}) ist. Neben infiniten Nebensatzkonstruktionen ruft auch die Koordination von Phrasen Probleme bei der Definition von komplexen Sätzen hervor, worauf im Folgenden näher eingegangen wird.

(b) Phrasale Koordination

Für die Zuordnung bestimmter Konstruktionen zum komplexen Satz gestaltet sich die Koordination von Wortgruppen als problematisches Verfahren.[98] So können beispielsweise Nominalphrasen, wie in (69) und (70), oder Verbalsyntagmen, wie in den Beispielen (71) und (72) = (55), additiv koordiniert werden:

(69) *Ella y tú* os habíais quedado solos.   (NGLE, §33.7c)
      HS

(70) *Niños, jóvenes y viejos* se divertían mucho.   (Gili Gaya 2000, 276)
      HS

(71) A todos los
      HS_{1NOM}

              que   la presente *vieren*
              Konj. NS_{NOM1-1}

                           y
                           Konj.

                           entendieren.   (LEG2, 2)
                           NS_{NOM1-2}

---

97 Cf. Bußmann: «Im Unterschied zum strukturell selbstständigen Hauptsatz [...] formal untergeordneter Teilsatz, d. h. N[ebensätze] sind hinsichtlich Wortstellung, Tempus- und Moduswahl sowie Illokution abhängig vom übergeordneten Hauptsatz» (2002, s. v. *Nebensatz*). Cf. weiterhin: «Se llaman oraciones subordinadas las que dependen de alguna otra categoría a la que complementan o modifican. Estas oraciones desempeñan alguna función dentro del grupo sintáctico que constituyen junto con la categoría sobre la que inciden» (NGLE, §1.13l).

98 Die RAE unterscheidet dabei zwischen Koordination von Elementen der gleichen grammatischen Kategorie (*coordinación homocategorial*), wie z. B. der Nebenordnung zweier Präposi-

(72) ¡Y aquí *estoy* yo
     HS$_1$
   y
   Konj.
   aquí *seguiré estando*!   (POL6, 33)
     HS$_2$

Einen Sonderfall der koordinierten Verbalphrase sind diejenigen Konstruktionen, bei denen das finite Verb aufgrund der Nebenordnung der Verbalausdrücke ausgelassen werden kann.[99] Dies zeigen die Beispiele (73) und (74):

(73) ¿Qué le *hizo* ver la luz de Díez y ___ abandonar el error?   (POL26, 44)
     HS

(74) *Tengo* que vestirme y ___ que salir corriendo.   (NGLE, §28.5r)
     HS

Die beschriebenen Fälle erweisen sich deswegen als Problem, weil durch die Koordination zwei bzw. mehrere unterschiedliche Subjekte in Bezug auf die Satzfunktion der Nominalphrase ausgedrückt werden können (69 & 70). Im Bereich der koordinierten Verbalphrase werden zwei verschiedene Prädikatsausdrücke realisiert, wie die Beispiele (71) und (72), zeigen. In (73) und (74) wird der finite Verbalausdruck nur einmal ausgedrückt. Bei einer formal kompletten Realisierung müssten die Beispiele demnach wie folgt aussehen:

(69') Ella *había quedado* sola
     HS$_1$
   y
   Konj.
   tú *habías quedado* solo.
     HS$_2$

---

onen wie in *Los encontramos sobre y bajo el suelo* (NGLE, §31.4d), und Koordination von sprachlichen Einheiten, die unterschiedlichen grammatischen Kategorien angehören (*coordinación heterocategorial*), wie z.B. die Kombination von Adjektiven und Präpositionalphrasen, wie in *ausente, y con la mirada perdida* (NGLE, §31.4t). Zur Problematik der Koordination, cf. generell NGLE (§31.4).

99 Zu elliptischen Konstruktionen im Spanischen cf. v.a. Brucart (1999, 2787–2863); allgemein zur Ellipse als Merkmal romanischer Umgangssprachen cf. Kiesler (2013b, 38–62).

(70') Niños *se divertían* mucho,
      HS_1
jóvenes *se divertían* mucho
      HS_2
y
Konj.
viejos *se divertían* mucho.
      HS_3

(71') A todos los
     HS_{1NOM}
          que   la presente *vieren*
          Konj. NS_{NOM1-1}
                    y
                    Konj.
  [a todos los
     HS_{2NOM}
          que   la presente] *entendieren.*
          Konj. NS_{NOM2-1}

(72') ¡Y aquí *estoy* yo
      HS_1
y
Konj.
aquí *seguiré estando* [yo]!
      HS_2

(73') ¿Qué le *hizo* ver la luz de Díez
      HS_1
y
Konj.
[qué le *hizo*] abandonar el error?
      HS_2

(74') *Tengo* que vestirme
      HS_1
y
Konj.
[*tengo*] que salir corriendo.
      HS_2

Darüber hinaus verhalten sich die Beispiele deswegen problematisch, weil sie sich einer traditionellen Definition komplexer Sätze entziehen: Sie weisen nämlich nicht alle zwei Subjekte bzw. zwei finite Verbformen auf (cf. Bußmann 2002, s. v. *Satz*), auch wenn man dies bei entsprechender Umformulierung der Beispiele annehmen könnte, wie die Konstruktionen (69') bis (74') zeigen. Ebenso werden den dargestellten Prädikatsausdrücken keine unterschiedlichen Subjekte zugeschrieben, wie dies in den vergleichbaren Beispielen (75) und (76) der Fall ist:

(75) *Está* aquí
　　　 HS$_1$

　　　 y
　　　 Konj.
　　　 estamos de acuerdo.　　　　　　　　　　　　　　　　　　　(PAR23, 28)
　　　 HS$_2$

(76) me *baño* en la playa↑/
　　　 HS$_1$

　　　 y
　　　 Konj.
　　　 me *pican* las piernas/　　　　　　　　　　　　　　　　　　(COL13, 3)
　　　 HS$_2$

Da ich innerhalb dieser Untersuchung die Konstruktionen untersuche, die von den Sprechern konkret auf *parole*-Ebene geäußert werden, gehe ich nur in den Fällen von einer Parataxe aus, in denen zwei finite Prädikatsausdrücke vorliegen. Dies bedeutet, dass Fälle vom Typ (69) *Ella y tú os habíais quedado solos* qualitativ als einfache Sätze analysiert bzw. bewertet werden. Eine ausführlichere Beschreibung der Zählweise bei der Analyse des Referenzkorpus findet sich in Kap. 4.2.

Neben den infiniten Konstruktionen und der Koordination von Satzgliedern sind vor allem heterogene Satzkonstruktionen wichtig für die Beschreibung der Art der Komplexität syntaktischer Strukturen. Im Anschluss wird dieser Sachverhalt kurz thematisiert, bevor er in Kap. 3.3.2 genauer erläutert wird.

(c) Heterogene syntaktische Konstruktionen

In vielen Grammatiken finden sich bei den Darstellungen des komplexen Satzes häufig idealtypische Beispiele für Satzreihungen oder Satzgefüge, d. h. eine Parataxe besteht aus zwei entweder syndetisch oder asyndetisch koordinierten Hauptsätzen. Dies ist der Fall in (77) und (78). Hypotaktische Strukturen werden als Verknüpfung von einem Hauptsatz mit einem abhängigen Nebensatz präsentiert, wie die Beispiele (79) und (80) zeigen:

(77) José *estaba* enfermo,
$\quad$ HS$_1$
$\quad$ pero
$\quad$ Konj.
$\quad$ no *perdía* su buen humor. $\hfill$ (NGLE, §1.13m)
$\quad$ HS$_2$

(78) *Ven* a verme,
$\quad$ HS$_1$
$\quad$ *tengo* que hablar contigo. $\hfill$ (Berschin et al. 2012, 277)
$\quad$ HS$_2$

(79) Ella *dijo*
$\quad$ HS$_1$
$\qquad$ que $\quad$ no *estaba* de acuerdo. $\hfill$ (NGLE, §1.13l)
$\qquad$ Konj. $\quad$ NS$_{1-1}$

(80) *He* visto a la señora
$\quad$ HS$_1$
$\qquad$ que $\quad$ me *presentaste*. $\hfill$ (Berschin et al. 2012, 279)
$\qquad$ Konj. $\quad$ NS$_{1-1}$

Während die Beschreibungen der Grammatiken für ein Verständnis sprachlicher Korrektheit sorgen, nutzen Sprecher einer Sprache die rekursiven Techniken der Satzverbindung zu ganz unterschiedlichen Satzkonstruktionen. Kiesler (2013a) spricht in diesem Zusammenhang von (multiplen) heterogenen Konstruktionen im Bereich der komplexen Sätze.[100] Er macht dabei deutlich, dass heterogene Parataxen grundsätzlich eine Matrixstruktur aus zwei oder mehreren Hauptsätzen aufweisen, die allerdings selbst unterordnende Nebensätze beinhalten. Beispiel (81) zeigt eine solche Konstruktion mit der Struktur [S [HS$_1$] – [HS$_2$] – Konj. – [HS$_3$ [Konj. – NS$_{3-1}$]]], während in (82) die parataktische Rahmenkonstruktion einen Relativsatz innerhalb des ersten Hauptsatzes aufweist. Der Satz

---

100 Auf die Problematik solcher heterogenen Strukturen hat zu einem früheren Zeitpunkt bereits Narbona Jiménez aufmerksam gemacht: «Por lo demás, la propia clasificación de las oraciones complejas basadas en las nociones de *parataxis* e *hipotaxis* plantea, en el seno de los modelos estructurales que la adoptan, no pocos problemas, en los que aquí no puedo entrar. Sólo diré que aceptar que las construcciones *paratácticas* a menudo equivalen a las *hipotácticas* (o se emplean por o en su lugar), supone, en realidad, invalidar la concepción jerarquizada que atribuye a estas últimas una superior complejidad sintáctica y un mayor grado de elaboración» (2015c, 129).

in (82) ließe sich strukturell in einer Klammerdarstellung wie folgt darstellen:
[S [HS$_1$ [NS$_{1-1}$] HS$_1$] – [HS$_2$] – Konj. – [HS$_3$]].[101]

(81) Eso *es* verdad,
         HS$_1$
     yo lo *reconozco*
         HS$_2$
     y
     Konj.
     sé
         HS$_3$
                 que   *es* duro.   (POL10, 48)
                 Konj.   NS$_{3-1}$

(82) Los textos
         HS$_1$
                 que   *empeoran* la normativa respecto a CI
                 Konj.   NS$_{1-1}$
     son M, J,
         HS$_1$
     no lo *empeora* AL2
         HS$_2$
     y
     Konj.
     lo *mejoran* un poco AL3 y CL.   (CIE10, 84)
         HS$_3$

An dieser Stelle sei noch erwähnt, dass die unterordnenden Nebensätze (i) vor und nach jedem Hauptsatz auftreten können, sie (ii) selbst auch wieder abhängige Nebensätze beinhalten können und (iii) die Nebensätze in allen Positionen adverbial und kompletiv sein können und nur als Attributsatz immer postmodifizierend stehen, wie etwa NS$_{1-1}$ im Beispiel (82). Theoretisch sind also auch Konstruktionen, die die folgende oder eine ähnliche Struktur besitzen, möglich: [S [HS$_1$ [NS$_{1-1}$]] – [[NS$_{2-1}$] HS$_2$] – [HS$_3$ [NS$_{3-1}$]] – ...] etc.

---

101 Angemerkt sei an dieser Stelle, dass bei der hier verwendeten indizierten Klammerdarstellung ein Nebensatz, der hauptsatzfinal auftritt, wie beispielsweise NS$_{3-1}$ in Bsp. (81), in der Struktur vereinfacht als [HS [NS]] angezeigt wird, während ein Nebensatz, der als Attribut ein nominales Element innerhalb eines Hauptsatzes postmodifiziert, dementsprechend innerhalb dieses Hauptsatzes dargestellt wird. Solche Konstruktionen werden analog durch das Schema [HS [NS] HS] wiedergegeben.

Neben solchen multiplen parataktischen Konstruktionen, die durch Nebensätze erweitert werden, kann es bei anderen komplexen Sätzen ebenfalls zur Koordination von untergeordneten Nebensätzen ein und desselben Hauptsatzes kommen. Dies wird in (d) nun näher betrachtet, da solche Strukturen innerhalb dieser Arbeit nicht als heterogene, sondern als homogene Satzkonstruktionen aufgefasst werden.

(d) Koordinierte Subordination

Als «koordinierte Subordination» wird an dieser Stelle derjenige Konstruktionstyp verstanden, bei dem ein vom Hauptsatz abhängiger Nebensatz mit mindestens einem weiteren von diesem Hauptsatz abhängigen Nebensatz auf gleicher Einbettungstiefe koordiniert jungiert wird.[102] In der NGLE, in der solche Strukturen als *oraciones subordinadas como segmentos coordinados* bezeichnet werden (§31.5), wird für einen solchen Konstruktionstyp das folgende einfache Beispiel gegeben:

(83) *Quiero*
HS_1

que *vengas*
Konj. NS_{1-1}
y
Konj.
que *saludes* a mis padres. (NGLE, §31.4p)
Konj. NS_{1-2}

Sowohl im Spanischen als auch im Deutschen wäre es bei einer solchen nebenordnenden Konstruktion möglich, die sich wiederholende koordinierende Konjunktion nicht zu realisieren, also sp. *Quiero que vengas y (que) saludes a mis padres* 'Ich möchte, dass du kommst und (dass du) meine Eltern grüßt'.[103] In den Beispielen zeigt die Bezeichnung NS_{1-1} an, dass es sich um den ersten einer Reihe von koordinierten Nebensätzen handelt, die von ein und demselben Hauptsatz (HS_1) abhängig sind. Analog werden die jeweiligen weiteren Nebensätze als NS_{1-2}, NS_{1-3}, NS_{1-n} bezeichnet, wobei *n* für den letzten abhängigen Nebensatz dieser koordinierten Subordination steht. So kann in (84) ein relativ kurzer Satz konstatiert werden, in dem NS_{1-1} (*les preocupa a ellos*) und NS_{1-2}

---

102 Cf. dazu v. a. NGLE (§31.5).
103 Im Deutschen müsste bei einer Nichtrealisierung der Konjunktion dann auch das Personalpronomen nicht realisiert werden.

(*nos debería preocupar a nosotros*) als koordinierte Nebensätze auf derselben Ebene der Einbettungstiefe beschrieben werden können und beide jeweils vom übergeordneten Hauptsatz (HS_1; *es un tema*) abhängen. Dies bedeutet, dass man den Satz strukturell auf folgende Art und Weise darstellen kann: [S [HS_1 [NS_{1-1} – Konj. – NS_{1-2}]]]. Auffallend bei diesem Beispiel ist, dass der Sprecher elliptisch auf die grammatikalisch mögliche Wiederholung der unterordnenden Konjunktion *que* verzichtet (*Es un tema que les preocupa a ellos y [que] nos debería preocupar a nosotros*).

Im Beispiel (85) wird dagegen bei der Junktion von NS_{1-3}, NS_{1-4} und NS_{1-5} die unterordnende Konjunktion *que* bewusst wiederholt gesetzt, um stilistisch den hier vorliegenden Parallelismus (*que se inició [...] y que se generalizó [...] y que pudo [...]*) hervorzuheben.[104] Der Satz besitzt eine deutlich größere Satzlänge als (84) und insgesamt fünf vom Matrixsatz abhängige Nebensätze, wobei es sich bei NS_{INF1-1} um einen infiniten Nebensatz und bei NS_{1-2} bis NS_{1-5} um finite Relativsätze handelt, von denen NS_{1-3}, NS_{1-4} sowie NS_{1-5} koordiniert angeordnet werden. Hierbei wird ebenso deutlich, dass es gerade in Bezug auf Komplexitätsgrade einen Unterschied macht, ob es sich um fünf gleichwertige Nebensätze handelt, die sich auf syntaktisch-hierachischer Ebene auf derselben Einbettungsstufe befinden, oder ob es sich um einen Nebensatz fünften Grades handelt. Für den ersten Fall müsste man durchgehend die erste Einbettungsebene annehmen, für den zweiten Fall die fünfte. Strukturell könnte man Beispiel (85) also wie folgt abbilden: [S [HS_1 [NS_{1-1INF}] HS_1 [NS_{1-2}] HS_1 [Konj. – NS_{1-3} – Konj. – NS_{1-4} – Konj. – NS_{1-5}]]].

(84) *Es* un tema
     HS_1

        que   les *preocupa* a ellos
        Konj. NS_{1-1}
        y   nos *debería* preocupar a nosotros.   (POL5, 25)
        Konj. NS_{1-2}

(85) Así pues, la posición de Navarro Tomás
     HS_1

        al considerar como sáficos los versos con acento en 4ª y 6ª sílabas
        NS_{1-1INF}

---

104 Vergleicht man die Beispiele (84) und (85) unter stilistischen Gesichtspunkten, so ist (85) als Ausschnitt aus einem wissenschaftlichen Fachartikel extrem distanzsprachlich markiert, während (84) als Beispiel aus einem Politikerinterview zwar verschriftlicht vorliegt, aber wegen seines konzeptionellen Reliefs (cf. Koch/Oesterreicher 2011, 8–9; Oesterreicher 2012, 138–139) eher in der Mitte des Nähe-/Distanz-Kontinuums anzusiedeln wäre.

no sólo se *apoya* en la apreciación rítmica subjetiva
HS_1

| que | *distingue* esos versos de los endecasílabos comunes, |
| Konj. | NS_{1-2} |

sino también en el origen latino de ese verso silabo-acentual
HS_1

que	se *inició* germinalmente en las Odas de Horacio,
Konj.	NS_{1-3}
y	
Konj.	
que	se *generalizó* con Séneca, Boecio y otros seguidores medievales,
Konj.	NS_{1-4}
y	
Konj.	
que	*pudo* servir de modelo para los endecasílabos italianos y, más tarde, para los de Garcilaso de la Vega. (CIE12, 56)
Konj.	NS_{1-5}

Während die Beispiele (84) und (85) mit dem Hauptsatz beginnen, zeigen die folgenden Fälle, dass die Koordination mehrerer Nebensätze – asyndetisch wie syndetisch – auch satzinitial erfolgen kann. In (86) und (87) besteht dabei wiederum die Möglichkeit, die nebensatzeinleitende Konjunktion bei Wiederaufnahme innerhalb einer koordinierenden Konstruktion wegzulassen.[105] Die Struktur für den Gesamtsatz in (86) lautet demnach: [S [[NS_{1-1} – Konj. – NS_{1-2}] HS_1]]; für das Beispiel (87), welches einem Politikerinterview aus dem POL-Korpus entnommen ist, kann man entsprechend die folgende Konstruktion annehmen: [S [[NS_{1-1} – Konj. – NS_{1-2}] HS_1 [NS_{1-3}]]].

(86)	Aunque	me lo *prometas*
	Konj.	NS_{1-1}
	y	
	Konj.	
	(aunque)	me lo *jures*,
	Konj.	NS_{1-2}
ya no te *creo*.		(NGLE, §30.5o)
HS_1		

---

105 In der NGLE wird darauf verwiesen, dass dies bei *aunque* v. a. der Fall ist, sobald eine semantische Nähe zwischen diesen Sachverhaltsdarstellungen besteht: «La coordinación de los términos oracionales de la conjunción *aunque* es más frecuente cuando existe algún víncu-

(87)   Si   el proceso de paz *avanza*
            Konj. NS_{1-1}
            y
            Konj.
            [si]   Rajoy *gobierna,*
            Konj. NS_{1-2}
      el PP *deberá* afrontar decisiones sobre los presos o la izquierda abertzale
        HS_1
            que   *pueden* ser muy difíciles para su base sociológica
                     y electoral.   (POL17, 47)
            Konj. NS_{1-3}

Ruft man sich an der dieser Stelle nochmals Kochs Beschreibung der sog. *complexité quantitative* (1995, 35; cf. Kap. 2.3) ins Gedächtnis, zeigt sich, dass diese für Konstruktionen, die aus einem Hauptsatz und mehreren Nebensätzen bestehen, wie etwa in (83) bis (87), ein Komplexitätsmerkmal darstellt. Gleichwohl wird diese Merkmalsausprägung ebenfalls durch die Satzlänge ausgedrückt: Je mehr Nebensätze ein Satz aufweist, desto länger ist er auch.[106] Für einen Grad an syntaktischer Komplexität kann man also entweder die Satzlänge (bspw. in graphischen Wörtern), oder die Anzahl der einzelnen Nebensätze heranziehen. Nachdem Kochs Vorschlag der Komplexität auf den Gesamtumfang eines Hauptsatzes und dessen abhängige Nebensätze fokussiert, entscheide ich mich für das Kriterium der Satzlänge, wie sie an späterer Stelle noch genauer definiert wird (cf. Kap. 3.3.2), da diese auch Konstruktionen berücksichtigen kann, die aus mehreren Hauptsätzen und entsprechend vielen abhängigen Teil- oder Nebensätzen bestehen können. Daneben kann über dieses Merkmal auch die Komplexität von einfachen Sätzen bestimmt werden.

    In Bezug auf quantitative Merkmale, wie z. B. die Satzlänge, erscheinen diese Sätze nicht weiter problematisch. Bei einer qualitativen Herangehensweise stellen diese Konstruktionen allerdings eine Herausforderung dar, insbesondere für eine Untersuchung, die für verschiedene stilistische Varietäten des Spanischen u. a. das Verhältnis von Para- zu Hypotaxe ermitteln möchte. So kann man für die Beispiele (83) bis (87) zwar eine nebenordnende Konstruktionsart erkennen, jedoch gilt es anzumerken, dass in diesen Fällen ein weiterer vom

---

lo semántico entre ellos. Resulta, pues, más natural decir *Aunque haga viento y llueva* que *Aunque no haya comida y llueva* (frente a *Aunque no haya comida y aunque llueva*)» (§31.5o).
106 Satzlänge kann entsprechend unterschiedlich definiert werden, nämlich nach der Anzahl der Silben, der Morphe, der (graphischen) Wörter, aber eben auch der Anzahl der Teilsätze (engl. *clauses*), cf. Best (2005, 300).

übergeordneten Hauptsatz abhängiger Nebensatz koordiniert wird, so dass man vor allem von einem Abhängigkeitsverhältnis des subordinierten Nebensatzes zum Hauptsatz ausgehen muss. Trotz der jeweiligen koordinierenden Konjunktionen können diese Nebensätze nicht autonom für sich stehen, sondern beziehen sich immer auf den übergeordneten Satz. Im Sinne der Typologie Kieslers (2013a) handelt es sich demnach – sollten keine weiteren unterschiedlichen Nebensatztypen eine Rolle spielen – um Multiple Homogene Hypotaxen bzw. sie werden im Folgenden als solche analysiert, da alle Nebensätze durch die Koordination bedingt der gleichen Satzart angehören. Dies ist der Fall in (84), wo man als Nebensatzart nur Relativsätze vorfindet, sowie in Beispiel (86), in dem man zwei nebengeordnete adverbiale Nebensätze feststellen kann. In (85) und (87) finden sich neben den koordinierten untergeordneten Nebensätzen der gleichen Art noch weitere unterschiedlichen Konstruktionstyps.

Während die problematische Analyse und Beschreibung solcher Satzstrukturen aufgrund von Besonderheiten auf Ebene der Nebensätze bedingt wird, soll nun gezeigt werden, dass Schwierigkeiten ebenso auftreten können, wenn der Hauptsatz bestimmter Konstruktionen betroffen ist. Dies ist nämlich dann der Fall, wenn ein Hauptsatz zwar einen abhängigen Nebensatz mit finitem Prädikatsausdruck aufweist, allerdings selbst kein verbales Prädikat enthält und somit als Nominalsatz angesehen werden kann. Dieser Sonderfall, der an dieser Stelle als «komplexer Nominalsatz» bezeichnet wird, wird im Folgenden näher betrachtet.

(e) Komplexe Nominalsätze

Neben Konstruktionen, die ihre Satzwertigkeit im engeren Sinne aufgrund der Prädikatsrealisierung durch ein finites Verb erhalten, gibt es, wie bereits gesehen, syntaktische Konstruktionen, die kein finites Verb aufweisen und als Nominalsätze bezeichnet werden. Darauf verweist Kiesler, wenn er schreibt, dass «nach der Form des Prädikatsausdrucks Verbalsätze (mit finitem Verb als Prädikat) und Nominalsätze (mit nominalen Prädikat) unterschieden [werden]; in Nominal-sätzen [sic] wird das Prädikat nicht durch ein finites Verb, sondern durch eine andere Wortform ausgedrückt [...]» (2015, 61).[107] Einen besonderen Fall im Bereich komplexer syntaktischer Strukturen stellen diejenigen Konstruktionen dar, die zwar abhängige Nebensätze aufweisen, deren Matrix- bzw. Hauptsatz jedoch kein finites verbales Element enthält und somit einen Nominalsatz darstellt. Diese Satzstrukturen sind keine komplexen Sätze im engeren Sinne, d. h. sie verfügen nicht über mindestens zwei finite Verben. Auf der ande-

---

107 Cf. hierzu auch Tab. 2.

ren Seite weisen sie jedoch abhängige Nebensätze auf, wie die Beispiele (88) bis (91) zeigen, weswegen sie an dieser Stelle als «komplexe Nominalsätze» bezeichnet werden sollen. In (88) bis (91) wird der Prädikatsausdruck des abhängigen Nebensatzes (NS_{1-1}) jeweils als finites Verb wiedergegeben.

(88) uno [sic] famoso
$\quad$ HS_{1NOM}

$\qquad$ que $\quad$ *se mató* en coche $\hfill$ (COL23, 84)
$\qquad$ Konj. $\quad$ NS_{1-1}

(89) Pregunta dirigida al señor ministro de Educación
$\quad$ HS_{1NOM}

$\qquad$ que $\quad$ *formula* el diputado señor González Rodríguez. (PAR15, 25)
$\qquad$ Konj. $\quad$ NS_{1-1}

(90) De otro millón
$\quad$ HS_{1NOM}

$\qquad$ que $\quad$ *puede* irse a grupos de izquierda y otro más hacia
$\qquad\qquad\quad$ la derecha. $\hfill$ (POL19, 39)
$\qquad$ Konj. $\quad$ NS_{1-1}

(91) h) La promoción de las condiciones precisas
$\quad$ HS_{1NOM}

$\qquad$ para que $\quad$ las personas en situación de dependencia
$\qquad\qquad\qquad\quad$ *puedan* llevar una vida con el mayor grado de
$\qquad\qquad\qquad\quad$ autonomía posible. $\hfill$ (LEG2, 87)
$\qquad$ Konj. $\qquad\;\;$ NS_{1-1}

Bei der Mehrzahl der Fälle dieser Konstruktionsart handelt es sich um Relativsätze, die das nominale Element des Nominalsatzes näher bestimmen. So wird in (88) *famoso* postmodifizierend durch *que se mató en coche* und in (89) die nominale Wortgruppe *Pregunta dirigida al señor ministro de Educación* durch den Relativsatz *que formula el diputado señor González Rodríguez* attribuiert. Im Gegensatz zu Beispiel (90), in dem das nominale Element *millón* wiederum postmodifziert wird durch *que puede irse a grupos de izquierda y otro más hacia la derecha*, lässt sich in dem Satz (91) aus dem Teilkorpus der spanischen Gesetzestexte ein adverbialer Nebensatz (*para que las personas en situación de dependencia puedan llevar una vida con el mayor grado de autonomía posible*) beobachten, der wiederum im Anschluß an den nominalen Hauptsatz steht. Das folgende Beispiel aus einer spanischen Parlamentsrede zeigt jedoch auch, dass solche Strukturen mit satzinitialem adverbialem Nebensatz auftreten können, gleichwohl diese Konstruktionen in deutlich geringerem Maße auftreten: in die-

sem Fall steht der konditionale Nebensatz (*si no le sabe mal*) vor dem Nominal-
ausdruck *Alfred Bosch*:

(92)   Si   no le *sabe* mal,
            Konj.   NS$_{1-1}$
     Alfred Bosch.   (PAR29, 4)
     HS$_{1NOM}$

Dass solche Konstruktionen ebenfalls mit infiniten Nebensatzstrukturen auftreten können, zeigt u. a. das Beispiel (93), welches dem LEG-Korpus mit spanischen Gesetztestexten entnommen wurde. Im Sinne der *quantitativen Komplexität* Kochs (1995, 35) würde man in diesem Falle zwei Nebensätze mit infiniten
Verbformen, nämlich *atendiendo* und *garantizar*, annehmen können, die von
einem nominalen Hauptsatz abhängen.

(93) e) La valoración de las necesidades de las personas,
         HS$_{1NOM}$
                    atendiendo a criterios de equidad
                    NS$_{1-1INF}$
                       para *garantizar* la igualdad real.   (LEG2, 84)
                    NS$_{1-2INF}$

(94) 5. Acceso sin demora a los equipos y las ayudas necesarias
         HS$_{1NOM}$
                    para *facilitar* la recuperación y promoción de la independencia;
                    NS$_{1-1INF}$ (CIE6, 81)

In Beispiel (94), welches einer wissenschaftlichen Publikation entnommen wurde, handelt es sich wiederum um einen nominalen Hauptsatz, der einen abhängigen Nebensatz mit einem infiniten Verbalausdruck (*facilitar*) aufweist. Für zukünftige Forschungen gilt es zu klären, ob solche Konstruktionen auf bestimmte
distanzsprachlich markierte Textsorten, wie etwa wissenschaftliche Artikel, Ver-
ordnungen oder Gesetzestexte, beschränkt sind oder ob ein vermehrtes Auftreten solcher Strukturen auf ebendiese distanzsprachlich markierten Textsorten
hinweisen kann.

Als letzter besonderer Fall werden im Folgenden noch die sogenannten AcI-
Konstruktionen besprochen, die in Bezug auf ihre Frequenz im Korpus, und
damit vermutlich auch im aktuellen Gebrauch spanischer Muttersprachler, nur
geringfügig auftreten. Nichtsdestotrotz sollen sie der Vollständigkeit wegen erwähnt werden, da sie Merkmale aufweisen, die für die qualitative Beschreibung
von syntaktischen Komplexitätsgraden nicht eindeutig zuzuordnen sind.

(f) AcI-Konstruktionen

Eine weitere problematische, da ebenfalls mit dem Infinitiv verknüpfte Konstruktionsart stellen syntaktische *accusativus cum infinitivo* (AcI)-Strukturen dar. Hierbei werden in der Regel zwei Aktionen ausgedrückt, wobei die eine Handlung durch ein finites Verb der Wahrnehmung (sp. *oír, escuchar, sentir, ver* etc.), die andere durch eine infinite Verbform wiedergegeben wird. Dabei «[wird] nach verbreiteter Auffassung aber der Infinitiv bzw. die Infinitivkonstruktion als Objektprädikativ verstanden» (Kiesler 2015, 155), wie die folgenden Beispiele zeigen:

(95) He *visto* a tu mujer *salir* del café.   (Kiesler 2015, 156)
      HS

(96) Durante meses *oí hablar* de un tren especial
      HS_1
               que   cruzaría Francia
               Konj. NS_{1-1}

               y
               Konj.
               llegaría hasta Bilbao.   (NGLE, §26.9m)
               NS_{1-2}

In beiden Fällen kann man ein finites Verb in der 1. Ps. Sg. beobachten, welche über die finite Verbendung das Subjekt und die Prädikatshandlung des Subjekts ausdrückt. *A tu mujer* in (95) ist direktes Objekt zum Verb *ver*, fungiert aber ebenso als «semantisches Subjekt des untergeordneten Infinitivs» (Kiesler 2015, 155). Aus der Valenz des Verbs *oír* im Bsp. (96) ergibt sich, dass dort ebenfalls ein direktes Objekt gefordert ist (*oír algo/a alguien*). In diesem Fall verhält es sich aber so, dass das direkte Objekt, welches als Subjekt des folgenden Infinitivsatzes betrachtet wird, ausgelassen werden kann, da implizit verstanden wird, dass eine andere Person die zweite Aktion ausführt, in diesem Fall also spricht.[108] Die Infinitivkonstruktion *hablar de un tren especial que cruzaría Francia y llegaría hasta Bilbao* wäre insofern das Objektprädikativ etwa zu einem hier ausgelassenen *a la gente*, wie es in Bsp. (96') dargestellt wird:

---

[108] Dies führt im Übrigen dazu, dass der kürzeste komplexe Satz, der im Spanischen möglich ist, nur aus zwei Wörtern bestehen kann, wie der Satztyp sp. *oigo cantar* 'ich höre jemanden singen' zeigt.

(96') Durante meses *oí* [a la gente] *hablar* de un tren especial
HS_1

    que   cruzaría Francia
    Konj. NS_{1-1}

    y
    Konj.
    llegaría hasta Bilbao.
       NS_{1-2}

Der Grund, warum solche Strukturen teilweise als komplexe Sätze angesehen werden, liegt in der angenommenen Tiefenstruktur dieser Konstruktionen. In Beispiel (95) ließen sich demnach innerhalb dieses Satztyps zwei Prädikatsausdrücke mit jeweils eigenständigem Subjekt darstellen, was – wie bereits gesehen – als Merkmal komplexer Sätze angenommen werden kann, nämlich (i) *He visto a tu mujer* und (ii) *tu mujer ha salido del café.* Für (96) könnte man zunächst (i) *Durante meses oí* und schließlich (ii) *la gente habló de un tren especial que cruzaría Francia y llegaría hasta Bilbao* als Träger des Prädikats beschreiben.

Im Rahmen der hier vorliegenden Untersuchung analysiere ich solche AcI-Konstruktionen qualitativ als einfache Sätze, da sie, wie in den Fällen (95) und (96) gesehen, nur über ein finites Verb verfügen.[109] Konstruktionen, die wie analog in (97) und (98) zwei finite Verbalausdrücke aufweisen, werden dementsprechend als komplexe Sätze gewertet:

(97) *He* visto a tu mujer
      HS_1
  y
  Konj.
  tu mujer *ha salido* del café.
      HS_2

(98) Durante meses *oí* a la gente
      HS_1
  y
  Konj.

---

109 Dies bezieht sich auf die beiden Hauptsätze in (95) und (96). Letzteres Beispiel enthält in den abhängigen Nebensätzen finite Verbformen (*cruzaría* und *llegaría*), die an dieser Stelle jedoch nicht Gegenstand der Diskussion sind.

la gente *habló* de un tren especial
HS$_2$

    que   cruzaría Francia
    Konj.   NS$_{2-1}$

    y
    Konj.
    llegaría hasta Bilbao.
        NS$_{2-2}$

Angemerkt sei, dass es für beide Betrachtungsweisen hinreichend gute Argumente gibt. Gleichwohl muss man hinzufügen, dass die Frequenz solcher Konstruktionen vergleichsweise sehr gering ausfällt, so dass die Entscheidung zugunsten der Klassifikation als einfacher Satz keine weitreichenden Folgen hat.

Nachdem nun aufgezeigt wurde, welche Schwierigkeiten mit der traditionellen Bezeichnung «komplexer Satz» einhergehen können, soll in Kap. 3.3 näher auf den Begriff der «syntaktische Komplexität» eingegangen und dieser für empirische Forschungen handhabbar gemacht werden. Dabei werden unterschiedliche Faktoren berücksichtigt, die sowohl in qualitativer als auch quantitativer Hinsicht auf die Komplexität syntaktischer Strukturen einwirken und im Rahmen dieser Studie zur Bestimmung syntaktischer Komplexitätsgrade herangezogen werden. Zuvor wird noch diskutiert werden, wie die bisher gesehenen Eigenschaften des einfachen und komplexen Satzes für die Beschreibung einer umgangssprachlich markierten Syntax des Spanischen herangezogen werden können.

3.2.4 Diaphasische Variation und Syntax

Nachdem im vorherigen Teilkapitel der einfache, der erweiterte und der komplexe Satz aus einer prototypischen Perspektive behandelt wurden, verdienen die syntaktischen Eigenschaften der Umgangssprache des Spanischen hier besondere Erwähnung. Von allen Teilkorpora, die dieser stilvergleichenden Untersuchung zugrunde liegen, stellt das Korpus mit den umgangssprachlichen Konversationen nämlich dasjenige dar, welches zwar auch verschriftlicht vorliegt, in dem aber die Sprachaufnahmen unter den Bedingungen kommunikativer Nähe (im Sinne Koch/Oesterreichers 1990 bzw. 2011; cf. Kap. 3.1.1) vollzogen wurden. Sie unterscheiden sich dementsprechend von anderen medial mündlich produzierten Daten, wie etwa den Parlamentsreden oder Politikerinterviews, die ebenfalls verschriftlicht vorliegen.

Es ist daher wichtig, den Begriff der «Umgangssprache» nochmals genauer zu beschreiben und ihn v. a. von dem der «Gesprochenen Sprache» abzugrenzen, um sich dann im Anschluss den syntaktischen Auffälligkeiten zu widmen. Zuerst wird eine Definition von Kröll angeführt, für den die Umgangssprache «weiter nichts [ist] als diejenige Sprachform, welche die Menschen im Umgang miteinander verwenden» (1968, 3). Hierbei wird demnach u. a. auf die Kommunikationsbedingungen der «Dialogizität», der «physischen Nähe» sowie der «(kommunikativen) Kooperation» referiert (cf. Koch/Oesterreicher 2011, 7), deren starke Ausprägung kommunikative Nähe kennzeichnet. In der deutschsprachigen Hispanistik gab es bereits zu einem sehr frühen Zeitpunkt Untersuchungen zur spanischen Umgangssprache, etwa bei Beinhauer (1930) oder bei Braue (1931), und so ist es dann auch die Definition Beinhauers, welche in der Folge starken Einfluss gefunden hat.[110] Er schreibt: «Unter Umgangssprache verstehe ich die natürliche, spontane Rede der Konversation, im Gegensatz zu der bewusst geformten, also mehr verstandsbetonten des Kanzelredners oder der Kunstsprache der Literaten» (1958, 7). Hierbei wird deutlich, dass Umgangssprache durch ein hohes Maß an Spontaneität charakterisiert werden kann. Dies impliziert gleichzeitig die starke Ausprägung einer weiteren Kommunikationsbedingung der Nähe, nämlich der freien Themenentfaltung im Gegensatz zur stärkeren Themenfixierung im Bereich der Distanzsprache.

Im Gegensatz zu den bisher gesehenen Beschreibungen von Umgangssprache ist noch zu berücksichtigen, dass diese informelle Sprachvarietät also gerade nicht nur von sozial niedrigstehenden oder bildungsfernen Schichten verwendet wird, wie es möglicherweise im Allgemeinen angenommen wird. Sie ist vielmehr «gemeinsamer Besitz aller Mitglieder einer Sprachgemeinschaft und folglich diastratisch und diatopisch variabel» (Kiesler 1995, 395).[111] Es verhält sich demnach so, dass bestimmte stilistische Markierungen durch besondere phonetische, lexikalische oder phraseologische Merkmale ausgelöst werden. So gilt beispielsweise der Ceceo, also die Dephonologisierung von /θ/ (*caza*) und /s/ (*casa*) zugunsten der Aussprachevariante [θ], außerhalb von Ceceo-Gebieten als besonders markiert in dem Sinne, dass er «die mit ihm assoziierten Stigmata des ‹Ländlichen› und ‹Ungebildeten› bis heute nicht vollständig loswerden [konnte]» (Dufter 2012, 174). Ebenso können, wie bereits in Kap. 3.1.2 gesehen, lexikalische wie phraseologische Elemente diasystematisch markiert sein, also

---

110 So wird jeweils in den einzelnen Arbeiten von Briz (1998a, 26; 1998b, 37), Herrero Morreno (1990), Holtus/Radtke (1984) sowie Kiesler (1989, 43) darauf Bezug genommen.
111 Cf. dazu auch Briz: «El español coloquial es un registro, un nivel de habla, un uso determinado por la situación, por las circunstancias de la comunicación. [...] No es uniforme, ya que varía según las dialectales y sociolectales de los usuarios: cf. español coloquial de Sevilla/ de Valencia; de un individuo de nivel de lengua bajo/alto; joven (de 20 años)/anciano (de 80 años)» (1998a, 29).

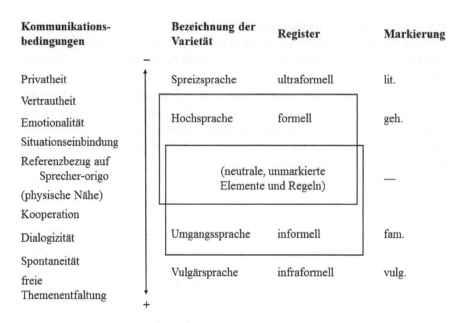

Abb. 15: Varietäten und Kommunikationsbedingungen (aus: Kiesler 1995, 394).

etwa die Unterscheidung von sp. *fallecer* 'verscheiden' (formell) – *morir* 'sterben' (neutral) – *estirar la pata*[112] 'den Löffel abgeben' (informell).

Eine solche stilistische Dreiteilung lässt sich bei Kiesler finden, der als Einteilung eine Unterscheidung von «Hochsprache – neutrale Elemente – Umgangssprache» vornimmt und dessen Definition, wie bereits vorher erwähnt wurde, übernommen wird, wonach die Umgangssprache «das ‹diaphasisch teils unmarkierte (neutrale), teils niedrig markierte (*familiäre* = informelle), diatopisch und diastratisch variable Register einer historischen Einzelsprache [ist]›» (2013b, 22). Die Abbildung 15, die aus Kiesler (1995) übernommen wurde, stellt diesen Zusammenhang visualisiert dar und berücksichtigt dabei die Kommunikationsbedingungen, wie sie bei Koch/Oesterreicher 1990 (2007; 2011; cf. Abb. 9) beschrieben wurden.

Für den Bereich der Syntax ist die Umgangssprache ein ganz besonders interessanter Untersuchungsgegenstand, da es eine ganze Reihe von syntaktischen Varianten gibt, die von einem präskriptiv-normativen Standpunkt aus

---

112 Entscheidend für die informelle Markierung des Ausdrucks ist, dass weder das Nomen sp. *pata* 'Pfote, Tatze' noch das Verb sp. *estirar* 'ziehen, strecken' *per se* diaphasisch niedrig markiert ist. Erst durch die Kombination beider Elemente wird der informelle Charakter des Gesamtausdrucks evident, wie im Übrigen auch in der deutschen Übersetzung 'den Löffel abgeben'.

nicht als grammatikalisch korrekt gelten würden und die im Folgenden näher dargestellt werden.[113] Gleichwohl wäre es ebenso verfehlt, die Syntax der Umgangssprache als defektiv bzw. fehlerhaft zu kennzeichnen. Bevor nun näher auf diese syntaktischen Besonderheiten der spanischen Umgangssprache eingegangen wird, soll mit Coseriu nochmals unterstrichen werden, dass es Aufgabe der Grammatik ist, alle Stile einer historischen Einzelsprache entsprechend zu beschreiben und zu analysieren:

> «A la gramática, en este sentido, pertenece también el estudio de las modalidades especiales («estilos de lengua») que una lengua ofrece para ciertos tipos genéricos de circunstancias [...]. Más aún: no cabe siquiera distinguir modalidades circunstanciales y una modalidad ‹acircunstancial›, pues, en rigor, desde el punto de vista del empleo en tipos de circunstancias, todas las modalidades de una lengua son «circunstanciales›, todas son ‹estilos de lengua»» (1998, 21).

Für die Beschreibung typisch nähesprachlicher Satzkonstruktionen, wie sie bei Narbona Jiménez (1989, Kap. III.; 2015a), Steel (1976) oder Kiesler (2013b) beschrieben sind, wird an dieser Stelle die Auflistung Koch/Oesterreichers herangezogen. Die Autoren nehmen für die Syntax als universale Merkmale des gesprochenen, d. h. in der Terminologie der hier vorliegenden Arbeit umgangssprachlichen Französisch, Italienisch und Spanisch folgende Charakteristika an: (a) Kongruenzschwächen bzw. *constructio ad sensum*, (b) Anakoluthe, Kontaminationen, Nachträge und Engführungen, (c) «unvollständige» Sätze, (d) Segmentierungserscheinungen und Thema-Rhema-Abfolge sowie (e) geringe

---

113 In einem Artikel zur Nähe- und Distanzsprache aus generativer Perspektive widmet sich Mensching (2008) dieser Fragestellung. Der Autor verweist dabei kritisch darauf, dass es «[i]nnerhalb der generativen Grammatik [...] nun aber in der Tat nicht unbedingt üblich [ist], das zugrunde liegende Sprachmodell, das als Modell der Kompetenz gesehen wird, auf den Sprachgebrauch anzuwenden. Hierbei ist die m. E. auf Chomsky selbst zurückgehende Meinung verbreitet, dass der Sprachgebrauch nicht formalisierbar sei und daher zumindest z. Zt. kein angemessenes Studienobjekt darstelle [...]. Diese Sichtweise wird hier nicht unbedingt geteilt. Dennoch soll an der Grundauffassung der neueren generativen Grammatik festgehalten werden, dass die Syntax eine eigenständige Konstituente des kognitiven Systems darstellt» (2008, 6). Dass selbst zwischen der Koch/Oesterreicher'schen Nähe/Distanz-Konzeption und generativen Ansätzen kein zwingender Widerspruch bestehen muss, macht der Autor deutlich, wenn er zu folgendem Schluss kommt: «Vielmehr soll angenommen werden, dass mediale, aber auch konzeptionelle Mündlichkeit und Schriftlichkeit, einschließlich der graduell aufzufassenden Phänomenologie von Nähe- und Distanzsprechen und der bei der medialen Realisierung auftretenden Perfomanzeigenschaften, mit Hilfe von kognitiven Modulen außerhalb des sprachlichen Systems sowie deren Interaktion mit dem Lexikon und der Syntaxkomponente im Prinzip erklärbar sind» (Mensching 2008, 6–7).

syntaktische Komplexität (2011, 81).[114] Für eine Untersuchung zur Komplexität syntaktischer Strukturen sind zwar nicht alle diese Merkmale relevant, sie werden der Vollständigkeit wegen aber angeführt.

(a) Kongruenzschwächen bzw. *constructio ad sensum*

Setzt sich ein Sprecher unter den Bedingungen der kommunikativen Nähe über Kongruenzen bezüglich der grammatischen Kategorien «Person», «Numerus», «Genus» und «Kasus/Aktantenfunktion» hinweg, so wird dies als Kongruenzschwäche bzw. *constructio ad sensum* bezeichnet (cf. Koch/Oesterreicher 2011, 82). So zeigt Beispiel (99), welches Koch/Oesterrreicher entnommen ist, eine Disgruenz in Bezug auf die Kategorie «Person», da sich die Formen der 1. Ps. Sg. (*estudio, trabajo*) nicht mit dem Subjekt des untergeordneten Nebensatzes (*un estudiante*) in der 3. Ps. Sg. deckt. In (100) wird die Kategorie «Numerus» missachtet, da das Subjekt *la gente* finite Verbformen in der 3. Ps. Sg. fordert; das zweimalige Auftreten der finiten Verbform *han* zeigt diese Missachtung der Kongruenz an.

(99) no es un estudiante completamente nato
       HS_1

      ya que   no solamente *estudio*
      Konj. NS_{1-1}

           sino   *trabajo* también
           Konj. NS_{1-2} (2011, 83)

(100) Porque la gente se *han* equivocado
      HS_1

     y
     Konj.

     han cogido una nevera
      HS_2

         que   no era.   (Kiesler 2013b, 164)
         Konj. NS_{2-1}

---

114 All diese Merkmale lassen sich auch in Kiesler (2013b) finden, der darüber hinaus gesondert die Negation, den Frage-, Ausrufe- und Aufforderungssatz sowie die einzelnen Nebensatzarten (kompletiv, relativ, adverbial) für das Französische, das Italienische sowie das Spanische behandelt.

Neben dieser Art von Kongruenzschwächen zeichnet sich die Syntax der Umgangssprache ebenfalls dadurch aus, dass bestimmte Konstruktionen abgebrochen, erweitert oder zusammengeführt werden. Darauf soll nun im Folgenden eingegangen werden.

(b) Anakoluthe, Kontaminationen, Nachträge und Engführungen

Als «Anakoluth» bezeichnet Bußmann den «plötzliche[n] Wechsel der ursprünglich geplanten Satzkonstruktion während des Sprechens, der zu einem insgesamt ungrammatischen Ausdruck führt. In gesprochener Sprache entstehen A[nakoluthe] als Ergebnis mangelnder Satzplanung oder durch Korrekturabsichten [...]» (2002, s. v.). Während beim Anakoluth demnach ein Satzbruch vorliegt, zeigt sich bei «Kontaminationen» «eine auf Analogie beruhende Konstruktionsmischung» (Kiesler 2013b, 80). In den Beispielen (101) und (102) handelt es sich um Anakoluthe; dagegen zeigen (103) und (104) für das Spanische Kontaminationen.

(101) mi país vamos nuestro país y Turquía . me *parecen* dos países/.
       HS$_1$
       que *es* una pena.   (Koch/Oesterreicher 2011, 84)
       HS$_2$

(102)   [yo si]   *tuviera* dinero
              Konj.   NS$_{1-1}$
       es que me com- me *iría* a las tiendas esas
       HS$_1$
              que   *hay→//*
              Konj.   NS$_{1-2}$
       todas las tiendas ahíi/ todo peritas*→§   (COL 3, 91)
       HS$_1$

(103) ah los italianos mire usted *es* un país
       HS$_1$
              que   no ya ve usted yo no lo
                     conozco [...]   (Koch/Oesterreicher 2011, 85)
              Konj.   NS$_{1-1}$

(104) *He* tomado más medicinas que las
       HS$_1$
              que   *convenía*.   (Kiesler 2013b, 85)
              Konj.   NS$_{1-1}$

Während in (101) der Satzbruch nach *dos países* einsetzt, wird in Beispiel (102) deutlich, dass der Sprecher vermutlich zunächst das Verbalschema *comprar algo* realisieren wollte (*me com-*), bevor die grammatische Struktur des Satzes geändert wird (*me iría a las tiendas*). In (103) wird die Kontamination dadurch sichtbar, dass *los italianos* fortgeführt wird durch *es un país*, das sich eigentlich auf *Italia* beziehen müsste. Beispiel (104) stellt eine Kontamination im Sinne einer Vermischung von Komparativ- und Relativsätzen (*he tomado más medicinas de las que convenía*) dar, wie Kiesler in diesem Zusammenhang bemerkt (ibid.).

Ein weiteres syntaktisches Verfahren, welches sich in nähesprachlicher Kommunikation beoabchten lässt, stellt der sog. «Nachtrag» oder die «Epexegese» dar. Damit werden «alle sprachlichen Einheiten eines Satzes [bezeichnet], die am rechten Satzrand [...] auftreten» (Bußmann 2002, s. v. *Nachtrag*). Koch/Oesterreicher verweisen zu Recht darauf, dass sich in diesem Falle nicht die Satzkonstruktion an sich, sondern nur die lineare Abfolge der Konstituenten ändert. Dies hat zur Konsequenz, dass die Komplexität der syntaktischen Struktur sich ebenfalls nicht ändert. Die Beispiele (105) und (106) zeigen Fälle, die einen Nachtrag beinhalten:

(105) el de Labor *es* una traducción del mío
      exactamente   (Koch/Oesterreicher 2011, 85)
      HS_1

(106) bueno la que *limpia*/
      HS_1
      la que[*venía*]   (COL10, 86)
      HS_2

In Beispiel (105) besteht der Nachtrag aus dem Adverb *exactamente* (eigentlich: *el de Labor es exactamente una traducción del mío*), in (106) wird die parallele Struktur *la que venía* als solcher realisiert. Koch/Oesterreicher unterscheiden den Nachtrag von der sog. «Engführung», die keine syntaktische, sondern vielmehr semantische und expressive Funktion aufweise (2011, 86), wie die Beispiele (107) und (108) zeigen:

(107) un romántico. [...] un tremendo romántico   (ibid.)
      HS_1

(108) §[mi padre *es* guapísimo]/-
      HS_1
      mi padre *es* guapísimo/ como su hija/ igual   (COL19, 63)
      HS_2

In (107) wird die Engführung durch das attributive Adjektiv *tremendo* vollzogen, wohingegen dies in Beispiel (108) durch den Zusatz *como su hija / igual* geschieht. In Bezug auf die syntaktische Komplexität haben diese Engführungen minimalen Einfluss auf die Satzlänge als Komplexitätsausprägung und stellen daher keine größere Schwierigkeit bei der Beschreibung der Komplexität nähesprachlicher Syntax dar. Im Folgenden soll im Gegensatz dazu nun näher auf die «unvollständigen» Sätze eingegangen werden.

(c) «Unvollständige» Sätze

In Bezug auf die Syntax der Umgangssprache können mehrere Arten von Unvollständigkeit konstatiert werden: Ellipsen, ungesättigte Verbvalenzen, fragmentarische bzw. holophrastische Äußerungen und Satzabrüche bzw. «Aposiopesen» (cf. Koch/Oesterreicher 2011, 86–90). Die Beispiele (109) und (110) veranschaulichen eine echt elliptische Form, d. h. eine «Aussparung von sprachlichen Elementen, die auf Grund von syntaktischen Regeln oder lexikalischen Eigenschaften [...] notwendig und rekonstruierbar sind» (Bußmann 2002, s. v. *Ellipse*). Während in Beispiel (109) das Prädikat weggelassen wurde, zeigt der Ausschnitt aus *El Jarama* in (110), dass auch Präpositionen unterdrückt werden können. In diesem Fall fehlt die Präposition *de*.

(109) (*conozco* León) solamente por el mapa nada más   (Koch/
       HS_1 bzw. HS_{1NOM} Oesterreicher 2011, 86)

(110) Ahora nos *traen* un poco (de) vino.   (Kiesler 2013b, 52)
       HS_1

Im Beispiel (111) wird im informellen Gespräch einer Marktsituation das valenznotwenige direkte Objekt des Verbs *llevar* nicht realisiert. Koch/Oesterreicher schreiben hierzu: «Eine so radikal ungesättigte Verbvalenz trifft man nur unter den Bedingungen kommunikativer Nähe an [...]» (2011, 86).

(111) C: *pican*
         HS_1
       pican ...
         HS_2
       sí, *es* como una cosa
         HS_3
              que   se *come* cruda,
              Konj. NS_{3-1}

pero luego *pica*
HS$_4$
B: bueno, ¿tú *quieres* llevar?[115]   (ibid.)
HS$_1$

Als weiteres Merkmal unvollständiger Sätze werden die sog. «fragmentarischen» oder «holophrastischen Äußerungen» genannt, die unter dem Eindruck der vorherrschenden Situations- und Handlungseinbettung kommunikativ zum Erfolg führen können, wie Koch/Oesterreicher ausführen:

> «[Sie] werden nämlich empraktisch (Bühler), d. h. eingebunden in Situations- und Handlungskontexte, gebraucht; sie kommen der emotionalen Beteiligung und/oder der Spontaneität entgegen und funktionieren problemlos in eindeutigen Wissens- und Erfahrungskontexten, bei *origo*-naher Referenz und/oder Nachfragemöglichkeiten von seiten des Partners. Im Nähediskurs sind sie mit anderen Worten völlig adäquate und selbstverständliche Äußerungsformen, auch wenn sie keine ‹Sätze› in dem zu Beginn von 4.3 ausgeführten Sinne darstellen» (Koch/Oesterreicher, 88).

Anders formuliert bedeutet dies, dass sprachliche Verknappung im Sinne fragmentarischer Äußerungen umso häufiger auftreten kann, je größer die Schnittmenge geteilten Weltwissens zweier oder mehrerer Kommunikationsteilnehmer ist. Ein Beispiel aus dem Val.Es.Co-Korpus soll dies verdeutlichen:

(112)   G: el día ventiunoo me *imagino*
        HS$_1$
              que   *vendréis* aa (a)nimar y a hacer fotografías / [¿no?]
              Konj.   NS$_{1-1}$
        J: [yo a correr]/ ¿eh?
        HS$_{1NOM}$
        G: ¿tú a correr?§
        HS$_{1NOM}$
        J: §y mi hermano también/ Lorenzo
        HS$_{1NOM}$
        S: [¿qué *pasa* el día veintiuno?]   (Briz/Grupo Val.Es.Co 2002, 143)
        HS$_1$

Die Sprecher G und J teilen in dieser Kommunikationssituation das gemeinsame Wissen, dass am 21. Tag dieses Monats ein Halbmarathon stattfindet. Die Frage,

---

115 Die Interpunktionszeichen finden sich nicht im Text bei Koch/Oesterreicher und wurden aufgrund der besseren Lesbarkeit vom Vf. dieser Arbeit in diesem Fall hinzugefügt.

ob Freunde auch daran teilnehmen und Fotos machen, wird nicht dergestalt gestellt, dass die Sportveranstaltung explizit erwähnt wird. Vielmehr wissen beide Konversationsteilnehmer mehr als S, der entsprechend eine Nachfrage stellen muss, um das gleiche Wissen zu erlangen.

Als letztes Merkmal der Unvollständigkeit von Sätzen sei an dieser Stelle noch der Satzabbruch bzw. die «Aposiopese» erwähnt: «Rhetorische Figur der inhaltlichen Kürzung: erkennbare Unterdrückung einer Information durch überraschenden Abbruch des Satzes» (Bußmann 2002, s. v. *Aposiopese*).[116] Anhand der Beispiele (113) und (114) kann man deutlich erkennen, dass eine geplante syntaktische Konstruktion unvermittelt abgebrochen wird, d. h. dieses typisch nähesprachliche Verfahren zeichnet sich aus durch «die Unterdrückung des Rhemas und die Verbalisierung allein thematischer Elemente ohne Rücksicht auf syntaktische ‹Vollständigkeit›» (Koch/Oesterreicher 2011, 89).

(113) Menos mal, porque si no …   (Kiesler 2013b, 73)
       HS$_{1NOM}$

(114) [*estás* ahí con lo del↑]   (COL21, 44)
       HS$_1$

Solche Konstruktionen stellen unter normativen Gesichtspunkte ein Problem bei der Beschreibung der Art des Satztyps dar. Es wäre jedoch verfehlt, diese syntaktischen Strukturen nicht mit zu berücksichtigen, weil sie trotz ihrer syntaktischen «Unvollständigkeit» charakteristisch für nähesprachliche Diskurse sind. Darüber hinaus gestaltet sich auch die Syntax distanzsprachlicher Stile nicht immer konform in Bezug auf die präskriptive Norm, wenn man etwa an Nominalsätze denkt, die kein finites Verb aufweisen. Im Rahmen der hier durchgeführten Untersuchung werden solche Konstruktionen mit berücksichtigt. Wenn man das, was verbalisiert wurde, in die Analyse einbezieht, kann man für Beispiel (113) eine einfache syntaktische Struktur ohne finites Verb («Einfach oV», cf. Kap. 3.2 und 4.2) annehmen und in (114) einen einfachen Satz («Einfach», cf. ibid.), der ein finites Verb enthält, konstatieren.[117] Im Folgenden werden die für die Nähesprache so typischen Dislokationen bzw. Segmentierungs-

---

116 Zur Abgrenzung der «Aposiopese» von der «Ellipse», gerade auch im Hinblick auf intonatorische Aspekte cf. Kiesler (2013b, 71–72).

117 Beispiel (113) zeigt aufgrund der Konjunktionen *porque* und *si* eine angedachte unterordnende Struktur, so dass man ebenfalls eine Multiple Hypotaxe annehmen könnte, die als Hauptsatz einen Nominalsatz aufweist (*Menos mal*). In der hier durchgeführten Analyse werden solche komplexen Strukturen allerdings nur angenommen, wenn sie auch als solche voll realisiert werden.

erscheinungen behandelt, die im Vergleich zu Anakoluthen und Aposiopesen weder bei einer quantitativen, noch bei einer qualitativen Bestimmung der syntaktischen Konstruktion Schwierigkeiten hervorrufen.

(d) Segmentierungserscheinungen und Thema-Rhema-Abfolge

Abweichungen der Wortstellung bzw. der Position einzelner Satzkonstituenten von einer präskriptiven Norm ergeben sich nach Koch/Oesterreicher aufgrund des Prinzips der Thema-Rhema-Struktur (cf. 2011, 90). Es stehen dabei informationsstrukturelle Eigenschaften im Vordergund, wodurch einzelne Satzelemente verschoben werden können. Solche syntaktischen Dislokationen können ganz unterschiedliche Teile des Satzes betreffen,[118] wie etwa die Rechtsversetzung des Subjekts in (115) und (116). In (117) und (118) lässt sich die Linksversetzung des nominalen direkten Objekts mit entsprechender pronominaler Wiederaufnahme erkennen.[119]

(115) [está muy bueno *ese tío*]   (COL9, 54)
        HS_1

(116) [es muy larga ¿no?] *la carrera de piano*↑§   (COL13, 31)
        HS_1

(117) *Las cosas* hay que ver*las*
        HS_1
            como   son.   (Kiesler 2013b, 114)
            Konj. NS_{1-1}

(118) *el problema lo* sacamos entre los dos
        HS_1
        y
        Konj.
        los temas yo *los* llevo.   (Koch/Oesterreicher 2011, 94)
        HS_2

Die Beispiele (115) bis (118) gelten für nähesprachliche Kommunikation zwar als typisch, stellen aber weder in Bezug auf die Satzart noch auf den Umfang des

---

118 Eine sehr ausführlichere Darstellung der syntaktischen Dislokation für das Französische, Italienische und Spanische findet sich in Kap. 3 von Kiesler (2013b).

119 Cf. hierzu auch Herrero Moreno: «Este fenómeno es producto de la expresividad, ya que el hablante sitúa al principio del mensaje el término al que da mayor importancia significativa» (1988b, 76).

Satzes Probleme bei der Bestimmung der syntaktischen Komplexität dar. So lassen sich (115) und (116) als einfache Sätze mit jeweils einem finiten Verb bestimmen. In (117) liegt eine einfache hypotaktische Konstruktion mit einem abhängigen Nebensatz (*como son*) vor, während (118) als ein komplexer Satz bzw. genauer als eine parataktische Konstruktion aus zwei Hauptsätzen, die jeweils ein finites Verb (*sacamos; llevo*) aufweisen, angesehen werden kann. Ebenso ist festzuhalten, dass auch die pronominale Wiederaufnahme unter quantitativen Aspekten nicht problematisiert werden muss. Sie ist in dieser Hinsicht vielmehr ein genuin nähesprachliches Verfahren, welches die Syntax der gesprochenen Sprache minimal komplexer gestaltet, als dies für die normative Variante der Fall ist, wie etwa (117') *Hay que ver las cosas como son* zeigt. Abschließend soll auf die geringe syntaktische Komplexität nähesprachlicher Syntax eingegangen werden.

(e) Geringe syntaktische Komplexität

Wie bereits zu Beginn dieser Arbeit ausgeführt (cf. Kap. 2.1), gehen Koch/Oesterreicher davon aus, dass sich konzeptionell Nähesprachliches eher durch Koordination, denn durch Subordination auszeichnet (cf. 2011, 99). Die Autoren verstehen unter «syntaktischer Komplexität» in diesem Fall auch nur die Gegenüberstellung von Para- zu Hypotaxe. Die Beispiele (119) bis (122) zeigen nach Auffassung Koch/Oesterreichers oder Auers (2002) typisch nähesprachliche Koordinationen von Hauptsätzen, die in (119) und (120) asyndetisch und in (121) und (122) syndetisch erfolgt.

(119)   *llevamos* un gasto con esto de la universidad/
         HS$_1$
         todo *es* tan CAro   (COL19, 38)
         HS$_2$

(120)   psicológicamente *hace* mucho/
         HS$_1$
         solamente de oirlo ya (me *pica*) todo//   (COL3, 22)
         HS$_2$

(121)   §las doscientas mil *dan* el ocho /
         HS$_1$
         y
         Konj.
         el otro *da* el siete veinticinco /// (3,5")   (COL30, 20)
         HS$_2$

(122) [y mañana para colmo] me *toca* gimnasia///
      HS$_1$
      y
      Konj.
      la maestra de gimnasia *es* MAS TONTA   (COL26, 91)
      HS$_2$

Die Frage nach der syntaktischen Komplexität des nähesprachlichen Spanisch im Vergleich zu weiteren stilistischen Varietäten des Spanischen steht im Zentrum des Forschungsinteresses der vorliegenden Arbeit und wurde entsprechend als Forschungsfrage in Kap. 1 formuliert. Die folgenden Beispiele (123) bis (126) zeigen, dass mitunter sehr komplexe Satzstrukturen im Sinne von hypotaktischen Konstruktionen im nähesprachlichen Diskurs auftreten.

(123) yy/ *reSULTA*
      HS$_1$
          que   le *dice*
          Konj.   NS$_{1-1}$
              que   a su marido↑que lo *hann*/ metido en
                        la cárcel   (COL10, 48)
              Konj.   NS$_{1-2}$

(124) ¡ah! y *había* uno↑muy gracioso↓un inglés
      HS$_1$
          que   *tengo*//
          Konj.   NS$_{1-1}$
          que   *ha* vivido enn Brasil bastantes años↓/   (COL17, 87)
          Konj.   NS$_{1-2}$

(125) ahora *vamos* a hacer un informativo↓
      HS$_1$
          que   *empezamos* esta tarde
          Konj.   NS$_{1-1}$
            para que   *salga* a final de semana(3")(COL22, 16)
            Konj.   NS$_{1-2}$

(126) me *contó*
      HS$_1$
          que   tenía- que *había* tenido una novia en Califoornia↑/
          Konj.   NS$_{1-1}$
          y
          Konj.

que   la tía le *dijo*
Konj. NS_{1-2}
          que   se *fuera* para allá↑/
          Konj. NS_{1-3}
pero
Konj.
que   él *dijo* que NO↓/   (COL12, 25)
Konj. NS_{1-4}

Nach der Betrachtung dieser typisch nähesprachlichen Verfahren in Bezug auf die Syntax soll resümierend das Spannungsfeld beleuchtet werden, welches zwischen verschiedenen diaphasischen Varietäten und der Syntax einer Sprache besteht.

Die Behauptung, dass die nähesprachlichen oder diaphasisch niedrig markierten Varietäten einer Sprache nur über eine «sparsamere» Syntax verfügen, gilt es im Rahmen der hier durchgeführten empirischen Studie zu überprüfen. Unter dem Eindruck der gerade gesehenen Beispiele soll an dieser Stelle ebenfalls thematisiert werden, ob man mit normativ geprägten Beschreibungskategorien, die zur Analyse distanzsprachlicher Kommunikation herangezogen werden können, extrem nähesprachlich markierte Kommunikationsformen syntaktisch beschreiben bzw. analysieren kann. Criado de Val äußert sich dazu wie folgt: «El acercamiento a la lengua coloquial es difícil; incluso puede llegar a parecer imposible el reducir a un sistema razonable la incalculable variedad del habla» (1980, 13).[120]

Dieser Position lässt sich auch Pons Bordería zurechnen, der sich in seinem Beitrag des von ihm herausgegebenen Sammelbandes *Discourse Segmentation in Romance Languages* sodann für eine *New Syntax* ausspricht: «Hence, new tools have to be created in order to provide a more accurate syntactic description. To do this, descriptive syntax has to open to new areas [...]: syntax should be not only *descriptive*, but also *historical* and *spoken*» (2014, 5). Pons Bordería ist gerade dann in der Hinsicht zuzustimmen, dass intensivere Forschungen zur Syntax der gesprochenen Sprache notwendig sind.[121] Ich möchte ihm jedoch im

---

120 Cf. hierzu ebenfalls den Artikel von Narbona Jiménez, der die Problematik bereits im Titel als Frage formuliert: «¿Es sistematizable la sintaxis coloquial?» (2015d).

121 Dies ist umso stärker zu betonen, da die Syntax nähesprachlicher Diskurse oftmals als «fehlerhaft» oder «unvollständig» bezeichnet wird. Cf. hierzu v. a. Narbona Jiménez: «De esta concepción [gemeint ist die Nähe/Distanz-Konzeption Koch/Oesterreichers, d. Vf.] deriva, entre otras consecuencias, la necesidad de superar el carácter exclusivamente dicotómico de la oposición entre oralidad y escritura(lidad). Desde luego, no se puede seguir hablando de una lengua *hablada* y otra *escrita*, y, menos, continuar basando la separación entre ellas sólo en

Sinne Blanche-Benvenistes widersprechen,[122] wenn angenommen wird, dass die Methoden der deskriptiven Syntax nicht adäquat für die Beschreibung nähesprachlicher Kommunikationsformen seien. Dafür gibt es mehrere Gründe: Erstens orientieren sich die Sprecher einer Sprache auch in nähesprachlichen Kommunikationssituationen an der Regelsyntax. Nimmt man an, dass beispielsweise ein relativ kurzer Satz aus zehn Wörtern theoretisch bereits 10! = 3.628.800 Möglichkeiten aufweist, die einzelnen Wörter miteinander zu kombinieren, so wird deutlich, dass konzeptionell Mündliches nicht regellos ist, sondern aufgrund kognitiver Restriktionen auf bestimmte syntaktische Muster zurückgreifen muss. Dies bedeutet nicht, dass einzelne Satzglieder nicht unterschiedlich segmentiert und angeordnet werden können, wie es im vorherigen Kapitel beschrieben wurde. Tatsächlich kommen solche Abweichungen sehr oft vor, worauf Coseriu verweist: «[Man] muss bedenken, daß die Abweichungen dort, wo sie tatsächlich wahrgenommen werden können, statistisch gesehen grundsätzlich zahlreicher sein müssen als die Regelmäßigkeiten. Eine Regelmäßigkeit ist eine Einbahnstraße, eine einzige Linie; Abweichungen von dieser Linie sind aber mindestens in zwei verschiedene Richtungen möglich» (2007, 217). Er betont zu Recht, dass die Abweichungen nicht unidirektional sind, sondern dies auch distanzsprachlich markierte Kommunikationsformen betrifft, die ihrerseits Auffälligkeiten aufweisen.[123]

Zweitens gilt es zu diskutieren, ob bestimmte syntaktische Techniken, die im informellen Diskurs sichtbar werden, wie etwa syntaktische Dislokationen, Engführungen oder Nachträge nicht eine größere Komplexität aufweisen, als dies bei äquivalenten distanzsprachlichen Ausdrücken der Fall wäre. Dazu äu-

---

la utilización del canal fónico-auditivo y del visual (gráfico), respectivamente. Y, por supuesto, debe erradicarse la idea de que ciertas actuaciones habladas han de verse, sin más, como *deficitarias* (en cualquiera de las acepciones del término)» (2015b, 108).

122 «On aimerait en finir avec l'idée que la syntaxe de l'oral serait incohérente. Le terme général de syntaxe de l'oral est du reste assez absurde, au regard de la grande diversité des genres et des situations de parole. On ne peut pas faire porter sur l'ensemble de la langue parlée les caractères d'incohérence typiques de certaines situations comme celle des conversations à bâtons rompus. Les bribes, hésitations, répétitions amorces ou corrections, si caractéristiques de la mise en place du discours, ne sont pas la syntaxe de la langue. Ce sont des propriétés, fort intéressantes à étudier, des modes de production de la langue parlée» (2010a, 99).

123 Cf. hierzu auch Kiesler: «Stilistische Abweichungen von diesen (und anderen) Grundmustern ergeben sich nach ‹oben› und nach ‹unten›. Die in der fr. Hochsprache nach bestimmten Adverbien übliche Inversion ist zum Beispiel – in ihren Formen der einfachen Inversion des klitischen Subjektpronomens und der komplexen Inversion – den Schwestersprachen fremd. In der fr. Umgangssprache ist sie nur in formelhaften Ausdrücken wie *ainsi soit-il* ‹così sia, así sea, so sei es› geläufig» (2013b, 27).

ßert sich Kiesler wie folgt: «Darüber hinaus stellt sich die unseres Wissens noch nirgendwo behandelte Frage, ob beispielsweise Sätze mit Dislokation nicht komplexer sind als solche ohne dieselbe» (2013b, 245). Während Sätze mit Dislokationen im Vergleich zu ihren hochsprachlichen Entsprechungen keine größere syntaktische Komplexität etwa in Bezug auf die Satzlänge aufweisen, könnte man dies für Konstruktionen, die Engführungen oder Nachträge enthalten, wie etwa die Beispiele (105) bis (108) zeigen, durchaus diskutieren und entsprechend als Komplexitätsmerkmal für diaphasisch niedrig markierte syntaktische Konstruktionen formulieren.

Schlussendlich muss festgehalten werden, dass man drittens auch eine Typologie der komplexen Sätze für konzeptionell Mündliches, wie sie etwa bei Kiesler (2013a) aufgestellt wird, anwenden kann. Dies muss auch entsprechend postuliert werden, da es ja genau die Vertreter entsprechender Forschungspositionen sind, die durch Referenz auf para- wie hypotaktische Konstruktionen verschiedene Arten des komplexen Satzes zur Beschreibung extremer Nähesprache heranziehen, wie in Kap. 2 gezeigt wurde. Betrachtet man nochmals Bsp. (125), so zeigt sich, dass man diese Konstruktion als Multiple Heterogene Hypotaxe im Sinne Kieslers beschreiben kann:

(125) ahora *vamos* a hacer un informativo↓
 HS$_1$

 que $\qquad$ *empezamos* esta tarde
 Konj. $\qquad$ NS$_{1-1}$

 para que $\qquad$ *salga* a final de semana(3")(COL22, 16)
 Konj. $\qquad\qquad$ NS$_{1-2}$

Die genauere qualitative wie quantitative Beschreibung der komplexen Sätze findet sich in den Kap. 3.2.3, 3.3.2 sowie wie bei der Beschreibung der analytischen Vorgehensweise in Kap. 4.2. Für das Spanische formulieren Berschin et al. zutreffend, dass eine nähesprachlich markierte Syntax zwar eigene Konstruktionsarten kennt, sie aber durchaus mit grammatischen Beschreibungskategorien beschrieben werden kann:

«Der Untersuchungsgegenstand der klassischen deskriptiven Grammatik sind ‹wohlgeformte› Äußerungen, meist Sätze, wie sie in schriftsprachlicher Kommunikation üblich sind. An sich ist die Grammatik der spanischen Sprache aber keine Schriftsprachengrammatik: Die grammatischen Regeln gelten gleicherweise im gesprochenen Spanisch (*español hablado*) wie im geschriebenen; sie funktionieren hier allerdings anders unter anderen – aus schriftsprachlicher Sicht ungewohnten – Bedingungen, die sich aus der mündlichen Kommunikationssituation ergeben [...]. Der Informationsaufbau sprechsprachlicher Texte ist formal gekennzeichnet durch relativ locker aneinandergereihte syntaktische Blöcke, die [...] aber durchaus wohlgeformt sind» (2012, 378–379).

Während in diesem Kapitel auf die Besonderheiten nähesprachlich markierter Syntax eingegangen wurde, wird nun aufgezeigt, wie man den Begriff der «syntaktischen Komplexität» näher bestimmen und ihn für empirische Untersuchungen fassbar machen kann. Dabei stehen sodann qualitative wie quantitative Beschreibungsmerkmale im Mittelpunkt der Betrachtung.

3.3 Syntaktische Komplexität (im Spanischen)

Syntaktisch komplexe Strukturen lassen sich theorieabhängig in vielen Sprachen finden,[124] daher ist es umso erstaunlicher, dass eine genaue terminologische Definition bzw. Präzisierung «syntaktischer Komplexität» weiterhin ein Desideratum der Forschung zur Syntaxkomplexität bleibt. Selbst die bekanntesten Monographien (cf. Givón 2009a) und Überblicksdarstellungen (Givón/Shibatani 2009) zu dem Thema bleiben eine ausgiebige Antwort darauf schuldig. So hält Sinnemäki fest: «Even though the notion of ‹complexity› is central to Givón's book, and to theories of language evolution, he defines it only briefly as increased hierarchic organization; otherwise it receives surprisingly little attention» (2012, 191). Insofern ist es nicht weiter verwunderlich, dass auch die gängigen linguistischen Wörterbücher keinen Eintrag zu «Komplexität» oder «syntaktischer Komplexität» aufweisen. Man findet dabei weder in allgemeinsprachwissenschaftlichen Darstellungen, wie etwa bei Lewandowski (1979), Bußmann (2002) oder Glück (2010), noch in syntaxspezifischen Werken, wie z. B. bei Mayerthaler et al. (1998), entsprechende Stellen. Ebenso vergeblich sucht man einen Artikel zur syntaktischen Komplexität in den drei HSK-Bänden zur Syntax von Alexiadou/Kiss (2015) oder im MRL-Band zur Syntax und Morphopsyntax der romanischen Sprachen (Dufter/Stark 2017). Daher sollen nun nach einigen einführenden Bemerkungen zum Komplexitätsbegriff die Parameter für syntaktische Komplexität begründet und dargestellt werden, die dieser Untersuchung zugrundeliegen.

---

124 In einer übereinzelsprachlichen Perspektive verweist Bossong darauf, dass «[b]ezüglich einer Klassifizierung von Arten der Hypotaxe im allgemeinen Einhelligkeit darüber [besteht], daß unter diesem Begriff nicht nur Nebensätze im üblichen, daß heißt indoeuropäischen, Sinne fallen, sondern daß es in anderen Sprachen und Sprachfamilien trotz der Abwesenheit von sogenannten Nebensätzen dennoch höchst komplexe syntaktische Gefüge mit vielfacher Unterordnung gibt. So wird in traditionellen Beschreibungen altaischer, finnougrischer, kaukasischer oder paläosibirischer Sprachen zu Recht darauf verwiesen, daß von Verben grammatikalisch abgeleitete Gerundien und Verbalnomina dort als Äquivalente indoeuropäischer Nebensätze fungieren» (1979a, 36).

3.3.1 Allgemeine Bemerkungen

Schlägt man «Komplexität» in einem Wörterbuch nach, bekommt man für das Deutsche die Bedeutung 'Vielschichtigkeit; das Ineinander vieler Merkmale' (Duden, s. v. *Komplexität*, [letzter Zugriff: 22. 11. 2018]) bzw. für das Spanische (DLE, s. vv. *complejidad, complejo*, [letzter Zugriff: 22. 11. 2018]) die Angabe 'cualidad de complejo' (s. v. *complejidad*) bzw. '1. adj. Que se compone de elementos diversos. [...] 3. m. Conjunto o unión de dos o más cosas'. Demnach zeigt sich, dass es sich bei der Beschäftigung mit komplexen Entitäten zunächst um eine rein quantitative Betrachtungsweise handelt. Diese sehr allgemeinen Beschreibungen müssen in Bezug auf das sprachliche System jedoch konkretisiert werden. Luhmann zeigt nämlich schon frühzeitig, dass präzise Definitionen des Begriffs der «Komplexität» fehlen.[125] Für die Sprachwissenschaft ist dies umso erstaunlicher, da man Komplexität auf allen Ebenen des sprachlichen Systems feststellen kann, wie bereits an vorheriger Stelle in Abbildung 11 deutlich wurde. Komplexität kann als inhärente, übereinzelsprachliche Eigenschaft menschlicher Kommunikation bzw. Sprache betrachtet werden und muss daher entsprechend erforscht und beschrieben werden.

Wendet man sich in diesem Sinne der Beschreibung der Syntax zu, muss man konstatieren, dass auch in diesem Teilbereich terminologische Beschreibungen in Bezug auf Komplexität vielfach zu wünschen übrig lassen, wie es zu Beginn des Kap. 3.3 dargelegt wurde. Als einer der wenigen Terminologen nimmt Stammerjohann den Eintrag «syntaktische Komplexität» in sein Wörterbuch auf und scheint zunächst auf den quantitativen Aspekt abzuheben, wenn er von Erweiterungen von Sätzen spricht:

> «*syntaktische Komplexität*. Umfang der Erweiterung von Kernsätzen. Verschiedene Komplexitätsmaße wurden bisher aufgestellt, um die sprachliche → Kompetenz von Sprechern zu messen, insbesondere im Zusammenhang mit der Defizit-Hypothese [...]. Diese Maße konnten in der theoretischen Linguistik bisher nicht explizit entwickelt werden. Die Komplexität wird nach Erweiterungen der Kernsätze gemessen. Man unterscheidet (als Beispiel diene der Satz *Der Hut hat drei Ecken*) 1. Erweiterungen der Nominalgruppe (*Der von Django bis zu seinem Tod getragene* ___), 2. Erweiterungen der Verbalgruppe ([Der Hut] __

---

125 «Der Begriff der ‹K[omplexität]› wird in den *Fachwissenschaften* gegenwärtig zumeist undefiniert und jedenfalls in sehr verschiedenartigen Bedeutungen gebraucht. [...] Die Formalwissenschaften denken bei ‹K.› zumeist an die Zahl und die Verschiedenartigkeit der Relationen, die nach der Struktur des Systems zwischen den Elementen möglich sind. Danach muss K. mehrdimensional [!] gemessen werden; sie nimmt zu mit der Zahl der Elemente, aber auch mit der Zahl und der Verschiedenartigkeit von Verknüpfungen zwischen Elementen, die das System vorsehen kann. [...] In letzter Abstraktion meint der Begriff daher die Einheit des Mannigfaltigen» (1976, 939–940).

hat drei Ecken mit einem silbernen Sheriffstern an jeder Ecke) und 3. Erweiterungen durch eingeschobene Nebensätze (beliebige Erweiterungen an mehreren Stellen des Satzes durch Relativsätze, Konditionalsätze usw.).

Während als unbestritten gilt, daß höhere Komplexität größere Anstrengungen in der verbalen Formulierung erfordert, ist andererseits umstritten, ob syntaktische Komplexität eine Variable ist, die unterschiedliche kognitive Eigenschaften von Sprechern indiziert. Das Komplexitätsmaß wird in neuerer Zeit zur Differenzierung von Unterschicht- und Mittelschichtsprechern und zum Aufbau sprachkompensatorischer Programme herangezogen. Solange Komplexität nicht eindeutig definiert ist und unklar bleibt, ob kurze und lange Sätze nicht sprachlich und kognitiv äquivalente Paraphrasen voneinander darstellen, ist eine praktische Anwendung des Komplexitätsmaßes nicht sinnvoll» (1975, s. v.).

Stammerjohanns Feststellung, dass Komplexitätsmaße im Bereich der theoretischen Linguistik noch nicht entwickelt wurden, stellt einen möglichen Erklärungsansatz dar, warum präzisere terminologische Beschreibungen in Bezug auf syntaktische Komplexität weitestgehend als Desiderata betrachtet werden müssen.

Darüber hinaus ist der bei Stammerjohann präsentierte Ansatz deswegen so bemerkenswert, weil er den Komplexitätsbegriff bereits auf Wortgruppenebene ansetzt, d. h. bei den Erweiterungen von z. B. Nominal- bzw. Verbalgruppen. Wie bereits gesehen wurde, wird der Begriff vielfach nur auf die Realisierungen des komplexen Satzes angewandt, die sicherlich einen Teil syntaktischer Komplexität abbilden. Daneben müssen aber ebenso weitere qualitative wie quantitative Eigenschaften sprachlicher Äußerungen auf syntaktischer Ebene berücksichtigt werden. In Bezug auf qualitative Kriterien kann man die Art der Konstruktion beurteilen, das heißt, ob es sich um einen einfachen, erweiterten oder komplexen Satz handelt. Möchte man den Komplexitätsbegriff syntaktisch nicht nur auf den Satz als hierarchisch größte Einheit beziehen, so kann man an dieser Stelle Komplexität zunächst ganz allgemein definieren: Sie tritt immer dann auf, wenn in einer syntaktischen Einheit, sei es eine Wortgruppe oder ein Satz, eine Erweiterung durch Koordination oder Subordination stattfindet. Dies bedeutet, dass eine Wortgruppe, die aus nur einem Kopf besteht, durch ein weiteres Element erweitert werden kann. Im Falle einer Nominalphrase wäre dies ein weiteres koordiniertes Nomen wie in Bsp. (127) oder ein attributiver Relativsatz wie in (128). Bei Verbalphrasen wäre ebenfalls die Nebenordnung durch ein weiteres finites Verb (129) oder die Erweiterung des Verbalausdrucks durch infinite Verbformen (130) denkbar.[126] Beide Fälle können dann auf funkti-

---

126 Neben den Verbal- und Nominalphrasen können natürlich auch Adjektivphrasen, wie in *en las literaturas* francesa, inglesa e italiana (NGLE, §13.12y) oder Adverbphrasen, wie in *El albornoz estaba seco*, completa y definitivamente *seco* (NGLE, §7.14e) solche Komplexitätsgrade aufweisen.

onaler Ebene als komplexes Prädikat bezeichnet werden. Auf Satzebene werden weitere Elemente, die *satzwertig* sind, durch parataktische Verknüpfung zweier (oder mehrerer) Hauptsätze wie in (131) oder durch die Einbettung eines untergeordneten Nebensatzes in den Matrixsatz, wie in Bsp. (132) dargestellt, eingebunden.

(127)   *Madre e hija* están en casa.   (RAE, §3.18.2)
        HS_1

(128)   El joven
        HS_1
                que   *vino ayer*
                Konj. NS_{1-1}
        es mi amigo.   (Berschin et al. 2012, 279)
        HS_1

(129)   Obelix [sic] *compra y vende* menhires.   (Kiesler 2015, 80)
        HS_1

(130)   Obelix [sic] *puede comenzar a comer* el tercer jabalí.   (Kiesler 2015, 78)
        HS_1

(131)   *Jaime es tonto*
        HS_1
        y
        Konj.
        Susana es lista.   (Becker 2013, 100)
        HS_2

(132)   *Cuando se decidió,*
                Konj. NS_{1-1}
        ya era tarde.   (Alarcos Llorach 1994, 313)
        HS_1

Im Folgenden werden hingegen weitere Faktoren beschrieben, die Einfluss auf den Komplexitätsgrad einer sprachlichen Äußerung ausüben können. Dieser multifaktorielle Ansatz bildet die Grundlage für die empirische Analyse der Syntax verschiedener funktionaler Stile des modernen europäischen Spanisch (und in Ansätzen des modernen europäischen Französisch), die im Zentrum dieser Arbeit steht.

3.3.2 Faktoren syntaktischer Komplexität

Traditionellerweise wird dem Komplexitätsgrad einer syntaktischen Konstruktion, wie gesehen, mit der Unterscheidung zwischen einfachen und komplexen Sätzen Rechnung getragen. Diese kann man darüber hinaus noch genauer bestimmen, etwa die einfachen Sätze mit oder ohne finiten Verbalausdruck bzw. parataktische oder hypotaktische Strukturen im Bereich der komplexen Konstruktionen. Diese qualitative Einteilung wird vor allem bei der Beschreibung und der Vermittlung von Grammatik herangezogen. Neben der «Art» der Konstruktion ist es aber gerade für die Beschreibung von Komplexitätsgraden unabdingbar, auch den «Umfang» eines Satzes unter verschiedenen Perspektiven zu berücksichtigen. Dies geschieht durch die quantitative Bestimmung einzelner Merkmale, wie sie im Folgenden dargestellt wird. Generell gilt es festzuhalten, dass für eine ausführliche syntaktische Analyse und für ein besseres Verständnis syntaktischer Strukturen sowohl qualitative als auch quantitative Aspekte gleichberechtigt berücksichtigt werden müssen, wie dies im Rahmen dieser Untersuchung getan wird. Faktoren, die sich auf die Qualität der Konstruktion beziehen, sind (a) die Bestimmung der Art der Komplexität sowie unter funktionalen Gesichtspunkten, ob (b) im Bereich der komplexen Sätze die Konstruktion mit einem Haupt- oder Nebensatz beginnt. Quantitative Merkmale lassen sich bei der Bestimmung (c) der Satzlänge, (d) der Anzahl der finiten Verben und (e) dem Grad der maximalen Einbettungstiefe einer syntaktischen Konstruktion festhalten.[127] Es handelt sich bei diesen fünf Faktoren um diejenigen Parameter, die im Rahmen dieser Studie zur Analyse herangezogen werden. Da «syntaktische Komplexität» nicht einheitlich bestimmt werden kann, soll sie an dieser

---

[127] Hoffmann beschreibt im Hinblick auf die Eigenschaft von Sätzen sieben Merkmale, nämlich (i) die Satzlänge, (ii) die Komplexität von Sätzen, (iii) die Satzarten und Satztypen, (iv) die Thema-Rhema-Folge und Satzgliedfolge, (v) die Valenz(beziehungen), (vi) die syntaktische Kompression (Kondensierung) sowie (vii) die Anonymisierung (1998, 416–422). Bei Altmann/ Köhler findet sich die Anzahl der unmittelbaren Konstituenten als Maß für syntaktische Komplexität: «The complexity of a syntactic construction is defined here in terms of the number of its immediate constituents» (2000, 192). Szmrecsányi nennt die Satzlänge und die Anzahl der Knoten im Stemma als Komplexitätsmerkmale und schlägt selbst einen Index vor, der auf der Anzahl der unterordnenden Konjunktionen, der WH-Pronomina, der Nominalphrasen und (finiten wie infiniten) Verbformen beruht (2004, 1032–1035). Es zeigt sich demnach, dass eine Vielzahl von Möglichkeiten für die Analyse syntaktischer Konstruktionen besteht. Die hier vorgestellten Methoden widersprechen sich nicht zwingend mit denen der genannten Autoren, sie akzentuieren aber bestimmte Eigenschaften, wie etwa den Grad der maximalen Einbettungstiefe, welcher bei Hoffmann nicht erwähnt wird, aber z. B. bei Beaman (1984), Givón (1991) und (2009a) bzw. Givón/Shibatani (2009) das zentrale Kriterium für die Ausprägung syntaktischer Komplexität darstellt.

Stelle als ein Bündel quantitativer wie qualitativer syntaktischer Merkmale definiert werden. Durch die Integration dieser verschiedenen Ansätze zur Beschreibung von syntaktischer Komplexität ist es möglich, einen umfassenden Vergleich von Satzkonstruktionen für diaphasisch unterschiedlich markierte Texte durchzuführen. Im Folgenden werden diese Faktoren und ihre Anwendung für die Untersuchung genauer erläutert.

(a) Art der Satzkomplexität
Die am häufigsten beschriebene Einteilung von Sätzen bezieht sich auf die klassische Unterteilung von einfachen und komplexen Sätzen (cf. Kap. 3.2). Diese ist insbesondere für die hier vorliegende Untersuchung von Belang, da sie in Bezug zu Aussagen über die syntaktische Komplexität unterschiedlicher Stile als wichtiges Kriterium zur Unterscheidung herangezogen wird. Wie bereits im Forschungsbericht gesehen, würden sich demnach informellere Stile durch ein Übergewicht einfacher, und formellere Stile durch die Dominanz komplexer Sätze kennzeichnen lassen. Ein solches Verhältnis von einfachen zu komplexen Sätzen für verschiedene Stile des Spanischen empirisch herauszuarbeiten, stellt eines der wichtigsten Teilziele dieser Studie dar.

Sowohl bei einfachen als auch komplexen Konstruktionen mangelt es jedoch an weiterer Differenzierung. Einer Untersuchung, die stilistisch vergleichend arbeitet, muss jedoch daran gelegen sein, Instrumente zur Analyse zu verwenden, die syntaktische Strukturen differenzierter wiedergeben können, als es die dichotomischen Etikettierung «einfach» vs. «komplex» zu leisten vermag. Gerade bei der vielfältigen Beschreibung komplexer Strukturen in der Romanistik wurden in jüngerer Zeit Vorschläge gemacht, die die Art der Komplexität detaillierter in den Mittelpunkt der Analyse rücken. Kiesler (2013a) unterscheidet dabei zwischen (multiplen) homogenen und heterogenen Parataxen bzw. Hypotaxen. Neben der Differenzierung im Bereich der einfachen Sätze, also der Unterscheidung zwischen einfachen syntaktischen Strukturen mit oder ohne finitem Verb (cf. Kap. 3.2.2), soll auf diese Unterscheidung im Bereich der komplexen Sätze an dieser Stelle genauer eingegangen werden. Danach lassen sich folgende Komplexitätsgrade bei koordinierenden Strukturen unterscheiden, nämlich (i) die Homogene Parataxe, (ii) die Heterogene Parataxe, (iii) die Multiple Homogene Parataxe sowie (iv) die Multiple Heterogene Parataxe. Bei unterordnenden syntaktischen Konstruktionen lassen sich dieser Typologie zufolge (v) die Einfache Hypotaxe, (vi) die Multiple Homogene Hypotaxe sowie (vii) die Multiple Heterogene Hypotaxe finden.[128] Im Folgenden wird diese für

---

[128] Die Abkürzungen, die im Folgenden verwendet werden, wurden vom Vf. dieser Arbeit aufgestellt und finden sich nicht in Kiesler (2013a). Die jeweiligen Kürzel finden sich in Klam-

eine detaillierte syntaktische Analyse sehr hilfreiche Typologie mithilfe von Beispielen erklärt und veranschaulicht.

(i) Homogene Parataxe (HoPa)

Unter der Homogenen Parataxe wird die einfache, asyndetisch oder syndetisch verknüpfte Reihung zweier Hauptsätze verstanden. Die Beispiele (133) und (134) zeigen eine solche Satzreihung, die ohne Konjunktion verbunden wird, während (135) und (136) eine solche Konstruktion mit verknüpfendem Element belegen.

(133)   *Está* enfermo,
        HS$_1$
        ha comido demasiado.   (Kiesler 2013b, 260)
        HS$_2$

(134)   Con este saneamiento, el problema de España no *es* la banca;
        HS$_1$
        es la recesión y el paro.   (POL28, 31)
        HS$_2$

(135)   Desde los gobiernos del Partido Popular *fuimos* pioneros en esas
        leyes
                HS$_1$
        y
        Konj.
        las *trajimos* a esta Cámara en el año 2002.   (PAR1, 14)
        HS$_2$

(136)   Su mantenimiento en posición preverbal (28) *resulta* forzada
        en español,
                HS$_1$
        y
        Konj.
        solo se *encuentra* en contextos muy marcados. (CIE3, 70)
        HS$_2$

---

mern hinter der entsprechenden Konstruktion und werden innerhalb dieser Studie v. a. bei den Überblicksdarstellungen der Auswertung der Ergebnisse verwendet: Homogene Parataxe (HoPa), Heterogene Parataxe (HePa), Multiple Homogene Parataxe (MuHoPa), Multiple Heterogene Parataxe (MuHePa), Einfache Hypotaxe (EinHy), Multiple Homogene Hypotaxe (MuHoHy) sowie Multiple Heterogene Hypotaxe (MuHeHy).

(ii) Heterogene Parataxe (HePa)

Als einfache Heterogene Parataxen können Konstruktionen bezeichnet werden, bei denen die Matrixstruktur eine Koordination zweier Hauptsätze darstellt, die jedoch selbst abhängige Nebensätze aufweisen. Dabei kann ein Hauptsatz abhängige Nebensätze aufweisen, wie dies in (137) bis (139) der Fall ist, oder beide Hauptsätze verfügen über Nebensätze, was das Beispiel (140) veranschaulicht. Die Bezeichnung NS_{2-1} deutet dabei an, dass es sich um den ersten Nebensatz handelt, der vom zweiten Hauptsatz abhängig ist etc.

(137) La Ley *consolida* el establecimiento de reconocimientos médicos
de aptitud para la práctica deportiva federada
HS_1
e
Konj.
introduce la realización de controles de salud a los deportistas
HS_2
    que   *participan* en competiciones oficiales.   (LEG11, 61)
    Konj. NS_{2-1}

(138) *son* pequeños/
HS_1
y
Konj.
es LÓGICO
HS_2
    que   *tengan* muchísima actividad→§   (COL25, 82)
    Konj. NS_{2-1}

(139) Respecto a la reconversión de determinados productos maduros,
usted *pone* como ejemplo de gran éxito
HS_1
    que   se *hayan* firmado determinados convenios,
    Konj. NS_{1-1}
pero
Konj.
todo *queda* en teoría.   (PAR4, 36)
HS_2

(140) En cualquier caso, al margen de la repercusión
HS_1
    que   el acento antirrítmico *pueda* tener en la curva tonal,
    Konj. NS_{1-1}

se *admite* universalmente su función expresiva,
HS_1
pero
Konj.
se *excluye*
HS_2
que   *pueda* jugar algún papel en el establecimiento del
patrón acentual.   (CIE12, 36)
Konj. NS_{2-1}

(iii) Multiple Homogene Parataxe (MuHoPa)

Als Multiple Homogene Parataxen werden Satzreihungen aus mehr als zwei Hauptsätzen beschrieben, die selbst keinerlei Satzeinbettung aufweisen. Diese können wiederum syndetisch oder asyndetisch verbunden sein.[129] Beispiel (142) zeigt hierbei eine Struktur aus drei Hauptsätzen, die alle durch Konjunktion verknüpft sind, während in (141) nur der erste und zweite Hauptsatz syndetisch verbunden sind. Der dritte Hauptsatz (*no le pongo eso*) wird dabei ohne jungierendes Element angeschlossen. Im Beispiel (143) verhält es sich gegensätzlich: Hier stehen zunächst zwei asyndetisch verbundene Hauptsätze hintereinander und zum Schluss wird der letzte Hauptsatz (*refuerzan las competencias de la Comisión del Mercado de las Telecomunicaciones*) syndetisch angeschlossen. Dies ist ein typisches Merkmal für Aufzählungen, wie sie im Rahmen von Parlamentsreden öfter zu beobachten sind. Der Satz (144) aus dem Korpus der spanischen Gesetzestexte zeigt, dass auch in distanzsprachlichen Kontexten ganz auf verknüpfende Konjunktionen verzichtet werden kann, so dass in diesem Fall eine durchgängig asyndetisch verbundene Multiple Homogene Parataxe zu konstatieren ist.

(141)   le *pongo* otra- otra[carne↓]
         HS_1
         y
         Konj.
         no le *pongoo*((huevo↑con ajo↑con alas↑/
         HS_2
         no le *pongo* eso))   (COL16, 42)
         HS_3

---

129 Cf. die Beispiele (119) bis (122).

(142) España *tiene* unas cifras de déficit y de deuda inferiores a las de
Gran Bretaña
HS_1
y,
Konj.
sin embargo, Gran Bretaña se *financia* a través del Banco
de Inglaterra con tipos de interés muy bajos
HS_2
y
Konj.
España se *financia* con tasas de interés insoportables.   (POL8, 37)
HS_3

(143) Más concretamente las modificaciones incorporadas por este
proyecto de ley *proporcionan* mayor seguridad jurídica y flexibilidad
a los operadores,
HS_1
mejoran la protección de los derechos de los usuarios,
HS_2
y
Konj.
refuerzan las competencias de la Comisión del Mercado de las
Telecomunicaciones.   (PAR9, 22)
HS_3

(144) Asimismo, se *faculta* al Gobierno para un desarrollo reglamentario
de la materia,
HS_1
se *declara* de aplicación supletoria la normativa sobre procedimiento
administrativo,
HS_2
se *dispone* su entrada en vigor y su aplicación a los Cuerpos
de Policía Local en los términos de la Ley Orgánica 2/1986,
de 13 de marzo.   (LEG13, 27)
HS_3

(iv) Multiple Heterogene Parataxe (MuHePa)
Im Gegensatz zur Multiplen Homogenen Parataxe handelt es sich bei der
Multiplen Heterogenen Parataxe zwar auch um eine mehrfache Satzreihung
aus mehr als zwei Hauptsätzen, allerdings weisen diese Hauptsätze hierbei
mindestens eine syntaktische Unterordnung auf, wie die Bsp. (145) bis (148)

verdeutlichen. In (145) weist nur der fünfte Hauptsatz einen Nebensatz auf (*la educación en valores es una tarea transversal del sistema educativo*), wohingegen das Beispiel (146) zwei Nebensätze enthält, die unterschiedlichen Hauptsätzen zugeordnet werden können. So stellt NS$_{3-1}$ einen kompletiven Nebensatz mit finitem Verb (*me quedé hasta las cinco de la mañana↓*) und NS$_{4-1INF}$ einen infiniten Nebensatz (*paraa- pa comer*) dar. Im darauffolgenden Fall (147) lassen sich ebenfalls zwei Nebensätze (mit adverbialer Funktion) erkennen, die jeweils von HS$_1$ (*porque concurren con el acento de 6ª sílaba*) bzw. HS$_3$ (*aunque por eso mismo podrían resultar muy expresivos*) abhängen. Der Satz (148) aus einem Politikerinterview weist schließlich nur einen Nebensatz (*de que entre la igualdad y la libertad prefiero la libertad*) auf, der Teil des dritten Hauptsatzes ist.

(145) Señoría, *estoy* de acuerdo con la recomendación del Consejo de Europa,
  HS$_1$
  estoy de acuerdo con la educación en valores,
  HS$_2$
  estoy de acuerdo con el pluralismo
  HS$_3$
  y,
  Konj.
  le *voy* a decir una cosa más,[130]
  HS$_4$
  pienso
  HS$_5$
    que   la educación en valores *es* una tarea transversal del
       sistema educativo.   (PAR21, 32)
    Konj.   NS$_{5-1}$

(146) luego↑me *levanté* a las dos de la madrugada↑/
  HS$_1$
  me *puse* a leer el libro↑
  HS$_2$
  y
  Konj.

---

130 HS$_4$ wird an dieser Stelle als eingeschobener Hauptsatz, d. h. als Schaltsatz, aufgefasst und deswegen bei der Angabe der Struktur ohne nebenordnende Konjunktion dargestellt. Die hier vorliegende koordinierende Konjunktion *y* bezieht sich auf HS$_5$ (*pienso que ...*).

estaba tan interesante↑
HS$_3$

que   me *quedé* hasta las cinco de la mañana↓
Konj.   NS$_{3-1}$

y
Konj.

a la mañana siguiente *tenía* que irme↑
HS$_4$

paraa- pa comer   (COL13, 6)
NS$_{4-1\text{INF}}$

(147) Por último, los acentos prosódicos en 5ª y 7ª sílabas *son* antirrítmicos
HS$_1$

porque *concurren* con el acento de 6ª sílaba,
Konj.   NS$_{1-1}$

son irrelevantes para la tipología rítmica
HS$_2$

y
Konj.

sólo *atañen* a la singularidad de ese verso,
HS$_3$

aunque por eso mismo *podrían* resultar muy
expresivos.   (CIE12, 40)
Konj.   NS$_{3-1}$

(148) *Leí*
HS$_1$

y
Konj.

escuché a la izquierda,
HS$_2$

y
Konj.

me *di* cuenta
HS$_3$

de que entre la igualdad y la libertad *prefiero* la
libertad.   (POL2, 31)
Konj.   NS$_{3-1}$

(v) Einfache Hypotaxe (EinHy)

Die Einfache Hypotaxe besteht aus einem Hauptsatz und (maximal) einem abhängigen Nebensatz innerhalb dieser Konstruktion. Während Bsp. (149)

eine einfache hypotaktische Konstruktion mit initialem Hauptsatz aus dem PAR-Korpus zeigt, stellt das umgangssprachliche Beispiel (150) aus dem COL-Korpus einen Fall dar, in dem der Nebensatz satzinitial steht. Bsp. (151) stellt ein solches einfaches Satzgefüge aus dem CIE-Korpus dar. Hierbei stellt der Nebensatz das Attribut zu *la anomalía* dar. In (152), welches dem Teilkorpus der Politikerinterviews entnommen ist, wird gezeigt, dass einfache hypotaktische Konstruktionen ebenfalls mit einem infiniten Nebensatz auftreten können.

(149) Le *recuerdo*
       HS_1

       que   ese Gobierno *era* el Gobierno de España.   (PAR27, 49)
       Konj. NS_{1-1}

(150)   lo que *quieras*//
                NS_{1-1}
    me *da* igual (RISAS)   (COL19, 52)
    HS_1

(151) La reconducción efectiva de la anomalía
       HS_1

       que   *había* generado el PSUC dentro de la familia comunista
                 española y, especialmente, en la estructura interna de
                 la IC
       Konj. NS_{1-1}
    parecía acercarse a su final.   (CIE15, 88)
    HS_1

(152) No *tuvo* nota suficiente
       HS_1

              para estudiar Medicina.   (POL26, 1)
              NS_{1-1INF}

(vi) Multiple Homogene Hypotaxe (MuHoHy)

Unter einer Multiplen Homogenen Hypotaxe versteht man einen Hauptsatz, der mehrere Nebensätze aufweist, die alle der gleichen Nebensatzart angehören. Dabei können Nebensätze auch infiniten Charakter aufweisen, wie Beispiel (153) zeigt, in dem auf einen Hauptsatz (*es posible cruzar todos estos datos*) zwei infinite Adverbialsätze kommen, die in diesem Fall sowohl satzinitial als auch satzfinal stehen.[131] Beispiel (154) aus dem Teilkorpus der

---

131 In Bezug auf die gleiche Nebensatzart wird hierbei nur zwischen Kompletiv-, Relativ- bzw. Attribut- und Adverbialsätzen unterschieden, auch wenn der erste infinite Adverbialsatz modale, der zweite finale Bedeutung trägt.

spanischen Parlamentsreden hingegen stellt eine solche Konstruktion mit zwei koordinierten Relativsätzen dar, die jeweils ein finites Verb aufweisen. In (155), das dem Korpus der spanischen Gesetzestexte entnommen ist, zeigen sich wiederum zwei koordinierte Relativsätze auf der Ebene der ersten Einbettungstiefe sowie ein weiterer Relativsatz auf der zweiten Ebene (*que les permita* [sic] *cumplir con su función de servicio público con eficacia, calidad y reconocimiento público*), der die Nominalphrase *estructuras organizativas* aus NS_{1-2} postmodifiziert. Im Fall von (156) lässt sich ebenfalls die Koordination zweier adverbialer Nebensätze erkennen, wobei der zweite Nebensatz (*lo consigo*) aufgrund der Koordination ohne Wiederaufnahme der Konjunktion *si* angeschlossen werden kann.

(153)   Incorporando información sobre la acepción,
                    NS_{1-1INF}
    es posible cruzar todos estos datos
    HS_1
        para obtener el perfil completo de uso de un lema.   (CIE1, 78)
        NS_{1-2INF}

(154)   En este país *hay* 600.000 jóvenes entre 25 y 30 años
    HS_1
    que   *están* en el paro
    Konj. NS_{1-1}
    y
    Konj.
    que   no *tienen* formación ninguna.   (PAR23, 23)
    Konj. NS_{1-2}

(155)   El objetivo de la Ley 17/2006 *es* dotar a la radio y a la televisión de titularidad estatal de un régimen jurídico
    HS_1
    que   *garantice* su independencia, neutralidad y objetividad
    Konj. NS_{1-1}
    y
    Konj.
    que   *establezca* estructuras organizativas
    Konj. NS_{1-2}
            que les *permita* [sic] cumplir con su función de servicio público con eficacia, calidad y reconocimiento público.   (LEG1, 4)
    Konj. NS_{1-3}

(156) [ya no *llegas* más a ver]
 HS$_1$
  si me *voy* al sueloo
  Konj. NS$_{1-1}$
  o
  Konj.
    lo *consigo*↑
    NS$_{1-2}$

(vii) Multiple Heterogene Hypotaxe
Im Gegensatz zu der Multiplen Homogenen Hypotaxe kann man als Multiple Heterogene Hypotaxen diejenigen Konstruktionen bezeichnen, bei der mehrere Unterordnungen auftreten. Dabei lassen sich mehrere Nebensätze unterschiedlicher Art finden, wie die Beispiele (157) bis (160) = (125) illustrieren:

(157) Tampoco *entiendo*
 HS$_1$
  que *haya* gente
  Konj. NS$_{1-1}$
    que le *parezca* mal
    Konj. NS$_{1-2}$
      que ETA *desaparezca.* (POL12, 29)
      Konj. NS$_{1-3}$

(158) *Realizan* la alerta
 HS$_1$
  cuando *detectan*
  Konj. NS$_{1-1}$
    que determinados parámetros de calidad *superan*
      los valores exigidos por la normativa
      vigente. (CIE8, 58)
    Konj. NS$_{1-2}$

(159) *Tenemos* suficientes muestras en España,
 HS$_1$
  donde se *está* promoviendo una nueva ley de pensiones
  Konj. NS$_{1-1}$
    que *alarga* la edad de jubilación
    Konj. NS$_{1-2}$
      pensando en los problemas de colocación, de
      absorción, de admisión de la deuda pública
      del Estado y de las corporaciones locales y

comunidades autónomas emitida en el día
de hoy.   (PAR1, 12)

NS_{1-3INF}

(160)   ahora *vamos* a hacer un informativo↓
    HS_1
    que   *empezamos* esta tarde
    Konj. NS_{1-1}
        para que   *salga* a final de semana   (COL22, 16)
        Konj. NS_{1-2}

In (157) lassen sich drei abhängige Nebensätze (NS_{1-1}, NS_{1-2}, NS_{1-3}) finden, von denen NS_{1-1} einen kompletiven, NS_{1-2} einen Relativsatz und NS_{1-3} wiederum einen kompletiven Nebensatz darstellt. In dem Beispiel (158) stellt NS_{1-1} einen adverbialen Nebensatz und NS_{1-2} einen kompletiven Nebensatz dar. In (159), einem Satz aus dem Teilkorpus der spanischen Parlamentsrede, lassen sich drei Nebensätze nachweisen, denen der Hauptsatz HS_1 voransteht: Bei NS_{1-1} handelt es sich um einen Adverbial- bzw. Lokalsatz mit finitem Verb, während NS_{1-2} einen finiten Kompletivsatz darstellt. NS_{1-3INF} lässt sich abschließend als infiniter Nebensatz zweiten Grades analysieren, der adverbiale Funktion besitzt. Das Beispiel (160) aus dem COL-Korpus der spanischen Umgangssprache zeichnet sich ebenfalls durch mehrere unterschiedliche Nebensatzarten aus: Während NS_{1-2} als adverbialer Nebensatz (mit finaler Funktion) beschrieben werden kann, wird der erste Nebensatz (NS_{1-1}) hier als Relativsatz zu *informativo* analysiert, d. h. dass *que* in dieser nähesprachlichen Kommunikationssituation anstatt standardspanisch *con el cual* steht.[132]

Auf Grundlage der im Rahmen dieser Studie analysierten Sätze des Referenzkorpus lässt sich durch die Summierung der Auftretenshäufigkeit der einzelnen Satztypen genau feststellen, wie sich das Verhältnis von einfachen zu komplexen Sätzen und darüber hinaus im Bereich der komplexen Sätze von parataktischen zu hypotaktischen Konstruktionen gestaltet. Dadurch wird ermittelt, inwiefern sich die einzelnen diaphasischen Varietäten diesbezüglich unterscheiden. Hierbei ermöglicht die weitere typologische Differenzierung Kieslers (2013a) ein tieferes Verständnis von komplexen syntaktischen Strukturen, wie sie in unterschiedlichen situativen Kontexten gebraucht werden. Als weiteres qualitatives Kriterium wird im Folgenden die Abfolge von Haupt- und Nebensatz in komplexen Konstruktionen angeführt.

---

132 Zur Funktion des sog. polyvalenten *que* cf. Koch/Oestereicher (2011, 103).

(b) Abfolge von initialem Haupt- oder Nebensatz

Wie bereits gesehen wurde, kann sich ein Sprecher einer Sprache sowohl bei nähe- als auch distanzsprachlichen Äußerungen zunächst zwischen einfachen und komplexen syntaktischen Strukturen entscheiden, mit denen er den intendierten Inhalt kommunikativ versprachlichen will. Im Bereich der komplexen Sätze ist unter funktionalstilistischen Gesichtspunkten die Frage zu stellen, ob Unterschiede in Bezug auf die Satzeröffnung existieren. Sobald ein Sprecher beispielsweise Kausalität, Konzessivität, Finalität, Konditionalität etc. ausdrücken möchte, kann er sich zum Beispiel adverbialer Nebensätze bedienen, um seine kommunikativen Ziele zu erreichen, wie die Bsp. (161) bis (164) zeigen.

(161)   Si   *hace* buen tiempo
            Konj. NS_{1-1}

saldremos.   (Gili Gaya 2000, 318)
HS_1

(162)   Como   *era* milicia de tanta estimación
            Konj. NS_{1-1}
todos *procuraban* tenerla en su favor.   (RAE, §3.22.2 2.f)
HS_1

(163)   Cuando *entran* en conflicto,
            Konj. NS_{1-1}
el legislador *debe* resolverlo.   (POL13, 50)
HS_1

(164)   Cuando el Rey *asista* a las reuniones del Consejo,
            Konj. NS_{1-1}
lo *presidirá.*   (LEG7, 88)
HS_1

Während in (161) ein adverbialer Nebensatz mit konditionaler Funktion vorliegt, zeigt das Bsp. (162) einen solchen mit kausaler Bedeutung. In den Fällen (163) und (164) liegt wiederum jeweils ein adverbialer bzw. temporaler/konditionaler Nebensatz vor. Allen gemein ist, dass der Nebensatz hier satzinitial steht. Raible (1992) hat gezeigt, dass auf der Ebene der Verknüpfung zweier Sachverhaltsdarstellungen durch unterordnende Konjunktionen – dies entspricht in Raibles Junktionsschema der Ebene IV – grundsätzlich die Freiheit der Position besteht, d. h. in beiden Fällen könnte der Hauptsatz ebenso zuerst stehen und erst im Anschluss daran der Nebensatz, wie die entsprechenden Beispiele (161') bis (164') veranschaulichen:

(161') *Saldremos*
    HS$_1$

       si   *hace* buen tiempo.
       Konj.   NS$_{1-1}$

(162') Todos *procuraban* tenerla en su favor
    HS$_1$

       como   *era* milicia de tanta estimación.
       Konj.   NS$_{1-1}$

(163') El legislador *debe* resolverlo,
    HS$_1$

       cuando *entran* en conflicto.
       Konj.   NS$_{1-1}$

(164') [El Rey] lo *presidirá*,
    HS$_1$

       cuando [él] *asista* a las reuniones del Consejo.
       Konj.   NS$_{1-1}$

Diese Abfolge von Haupt- und Nebensatz bildet für Koch/Oesterreicher das Formulierungsprinzip BASIS ∧ ENTWICKLUNG ab, und sie verweisen darauf, dass dies auch in informellen Kommunikationssituationen – mit Ausnahme von einigen Nebensatztypen – die von den Sprechern präferierte Konstruktionsweise ist:

> «Die Orientierung des Nähesprechens am Formulierungsprinzip BASIS ∧ ENTWICKLUNG schließt nun aber nicht aus, dass in Nähediskursen auch *vorgeschaltete Nebensätze* vorkommen. Mustert man daraufhin unsere bisherigen Corpusausschnitte durch, so fällt jedoch auf, dass die vorgeschalteten Nebensätze eindeutig auf bestimmte semantische Typen beschränkt sind: Konditionalsätze [...]; Temporalsätze [...]; bestimmte Kausalsätze [...]. Es handelt sich hier um Satztypen, bei denen die Abfolge NS + HS die Richtung der jeweiligen logisch-semantischen Relation abbildet; sie darf also als ikonisch gelten (Bedingung–Folge; Zeitrahmen–Zustand/Ereignis; Begründungsrahmen–Zustand/Ereignis). Das Prinzip der Ikonizität wird in diesen Fällen auch im Nähesprechen offenbar über das Formulierungsprinzip BASIS ∧ ENTWICKLUNG gestellt» (2011, 103).

Dies lässt sich im Hinblick auf komplexe Satzstrukturen unter funktionalen Gesichtspunkten auch dadurch erklären, dass sich ein Sprecher durch den initialen Hauptsatz alle weiteren Konstruktionsmöglichkeiten offen hält. So könnten nach einem Hauptsatz weitere inhaltlich-semantische Bezüge, die etwa durch Kausalität, Konzessivität, Finalität etc. ausgedrückt werden, durch alle möglichen Junktionsarten hergestellt werden. Beginnt ein Sprecher seinen Diskurs jedoch mit einem Nebensatz, so ist bereits festgelegt, dass es sich um einen komplexen Satz handelt. Im Gegensatz dazu können an einen satzinitialen Hauptsatz durch parataktische Verknüpfung weitere Hauptsätze und durch hypotaktische Junktion weitere abhängige Nebensätze treten. Ebenso gibt es schlussendlich noch die Option, diesen Hauptsatz nicht weiter fortzuführen, so dass es sich um einen einfachen Satz handeln würde.

Ein weiterer Aspekt, der in Zusammenhang mit der linken Satzperipherie bedeutsam ist, ist die Frage nach der Einbettungstiefe bei Satzbeginn mit Nebensatz. Karlsson beschreibt in seiner empirischen Untersuchung zum Englischen, Finnischen, Schwedischen, Deutschen und Lateinischen, dass der maximale Einbettungsgrad satzinitialer abhängiger Nebensätze bei zwei liege: «the maximal degree of initial embedding is two (some 100 instances found [...])» (2009, 193). Dies kann vorsichtig angezweifelt werden, da es sich schließlich so verhält, dass Nebensätze ebenfalls zu Satzbeginn weitere abhängige Nebensätze aufweisen können, auch wenn diese Konstruktionen keine übermäßig große Frequenz besitzt. Satzmedial oder -final verhalten sich solche Einbettungen relativ unproblematisch. Die Beispiele (161) bis (164) haben exemplarisch gezeigt, dass einzelne abhängige Nebensätze am Satzbeginn stehen können. In den folgenden Sätzen gestaltet sich die linke Satzperipherie komplexer, und es lassen sich jeweils temporale Adverbialsätze zu Satzbeginn konstatieren. In dem Beispiel (165), das einer nähesprachlichen Konversation aus dem COL-Korpus entnommen wurde, wird an den satzinitialen Nebensatz NS_{1-1} ein weiterer Nebensatz (NS_{1-2}) durch eine koordinierende Konjunktion auf der ersten Einbettungsebene angehängt, bevor der übergeordnete Hauptsatz angeschlossen wird. Während aufgrund der Koordination gleichwertiger abhängiger Nebensätze in (165) eine Multiple Homogene Hypotaxe vorliegt, handelt es sich in (166) um eine Multiple Heterogene Hypotaxe, die satzinitial einen temporalen Adverbialsatz (NS_{1-1}) aufweist, von dem wiederum ein Kompletivsatz auf der zweiten Einbettungstiefe abhängt, nämlich NS_{1-2}. Von diesem Kompletivsatz hängt dann der Adverbialsatz mit kausaler Bedeutung (*porque empezó antes los recortes*) ab, so dass diese Konstruktion mit dreifach eingebetteten Nebensatz zu Satzbeginn ein Beleg ist, der Karlssons Annahme widerspricht. Vom Hauptsatz dieser Konstruktion hängt satzfinal dann ein weiterer Nebensatz (NS_{2-1}) ab, so dass der Gesamtsatz insgesamt vier abhängige Nebensätze aufweist. Zwei weitere und deutlich komplexere Nebensatzstrukturen zu Satzbeginn zeigen sich in den Bsp. (167) und (168): Während im ersten Fall ein initialer Nebensatz ersten Grades steht, von dem zwei weitere Nebensätze, die auf Ebene des zweiten Einbettungsgrades koordiniert sind (*que hubieran resultado totalmente destruidas o hubieran sido demolidas*), abhängen, kann man in (168) wiederum einen (infiniten) Nebensatz dritten Grades an der linken Satzperipherie beoabchten (*para reconocer el derecho de sufragio en elecciones municipales a los extranjeros residentes de forma perma-*

nente en España). Insgesamt lassen sich in diesem Fall sogar vier Nebensätze finden, die dem ersten Hauptsatz zugeordnet werden können.

(165)   cuando   *estás* frenando
              Konj. NS_{1-1}
              y
              Konj.
                        la moto *empieza* a pegarte latigazos/
                                 NS_{1-2}
que aquí no se *aprecia*///(4)[133]   (COL5, 52)
    HS_1

(166)   Cuando   el presidente *repite*
              Konj. NS_{1-1}
                        que   Galicia *tiene* peores números
                        Konj. NS_{1-2}
                                 porque   *empezó* antes los recortes,
                                 Konj. NS_{1-3}
        asume
        HS_1
                        que   los recortes *lastran* el crecimiento.   (POL23, 47)
                        Konj. NS_{1-4}

(167)   2. Los que *ocuparan* como residencia habitual, en régimen de
                        alquiler, viviendas
              Konj. NS_{1-1}
                        que   *hubieran* resultado totalmente destruidas
                        Konj. NS_{1-2}
                                 o
                                 Konj.
                                 hubieran sido demolidas,
                                         NS_{1-3}
podrán acceder a ayudas por alquiler consistentes en el abono
de la diferencia entre las rentas de alquiler de la anterior y de la nueva
vivienda, por un período de tiempo igual al reflejado
en el párrafo 1.   (LEG3, 27)
    HS_1

---

133 Die Zahl (4) zeigt in der Annotationsweise des Val.Es.Co-Korpus an, dass im Anschluss eine Sprechpause von vier Sekunden folgt.

(168) Señorías,
cuando en julio del pasado año la vicepresidenta del Gobierno
en la Comisión Constitucional *anunció*
Konj. NS_{1-1}
que   el Gobierno *iba* a impulsar convenios o acuerdos
internacionales con determinados países
Konj. NS_{1-2}
para reconocer el derecho de sufragio en
elecciones municipales
a los extranjeros residentes de
forma permanente en España
NS_{1-3INF}
y
Konj.
que   el contenido de dichos acuerdos, especialmente
en lo relativo a la interpretación de la condición
de reciprocidad establecida en nuestra
Constitución, *iba* a ser objeto de consenso,
Konj. NS_{1-4}
mi grupo *apoyó*
HS_1
y
Konj.
secundó sin reservas dicha iniciativa.   (PAR11, 30)
HS_2

Die hier dargestellten Fälle bestätigen vorläufig die beschriebene Annahme Koch/Oesterreichers, wonach Nebensätze auch vorangestellt werden können, sobald der logisch-semantische Zusammenhang dies erforderlich macht (2011, 103). Im Rahmen der vorliegenden Untersuchung wurden allerdings nicht die jeweiligen Nebensatztypen analysiert, die zu Beginn einer komplexen Äußerung auftreten. Vielmehr stand zunächst im Mittelpunkt des Interesses, die Frequenz von satzinitialen Nebensätzen für verschiedene diaphasische Varietäten des Spanischen zu ermitteln und zu beobachten, ob sich in Bezug auf die stilistische Markierung der Diskurse Unterschiede erkennen und beschreiben lassen. Dies ist insofern in einer funktional ausgerichteten Perspektive von Belang, als die Sprecher einer Muttersprache mithilfe ihrer sprachlichen Äußerung ein kommunikatives Ziel erreichen wollen und entsprechend ihren Diskurs planen bzw. gestalten.[134]

---

[134] Neben der Prozessierung von komplexen Syntagmen gestaltet sich v. a. auch die Dekodierung bzw. Perzeption mehrfach zentral eingebetteter Nebensätze als schwierig, worauf an die-

Neben diesen zwei qualitativen Merkmalen werden im Anschluss nun drei weitere Charakteristika beleuchtet, die syntaktische Komplexität quantitativ abbilden können. Es handelt sich dabei um (c) die Satzlänge, (d) die Anzahl der finiten Verben sowie (e) den Grad der maximalen Einbettungstiefe.

(c) Satzlänge

Eines der bekanntesten, weil intuitivsten Merkmale für die Komplexität von Sätzen stellt nicht nur für Linguisten, sondern eben auch für Sprecher der jeweiligen Sprache, die Satzlänge dar, «denn die größere Länge der Sätze hängt natürlich direkt mit deren Komplexität zusammen» (Hoffmann 1998, 417).[135] So erwähnt Szmrecsányi explizit die Satzlänge als ein Mittel, um syntaktische Komplexität messen zu können:

> «If length is taken to mean the number of words dominated by a syntactic unit, then, this unit's syntactic complexity will be directly proportional to the number of words it contains. In what follows, the measure will be conceptualized by taking sentences as the basic unit and then determining sentence length [...]. Thus, a sentence containing, for instance, 6 words will receive a syntactic complexity score of 6, while a sentence containing 9 words will receive a syntactic complexity score of 9» (2004, 1033).

Die Länge eines Satzes stellt deswegen ein Komplexitätsmerkmal dar, weil sie sowohl dem Produzenten bei der Prozessierung von Syntagmen als auch dem Rezipienten bei der Verarbeitung der Informationen, die mit zunehmender Länge vielfältiger werden, eine erhöhte Produktions- bzw. Verstehensanstrengung abverlangt. Sätze können in Bezug auf ihre Länge aufgrund der sie konstituierenden Elemente ganz unterschiedlich eingeteilt werden. Ein interessantes Beispiel für einen sehr langen (und komplexen) Satz im Spanischen findet sich beispielsweise im Vorwort des Arabismenwörterbuchs von Corriente:

(169)   De esta labor no sólo *han* derivado unas nociones más exactas
        y profundas del árabe andalusí, del romandalusí y de la primera
        y decisiva fase de nuestros romances peninsulares,
        HS_1

---

ser Stelle nur verwiesen werden kann. Ein gut nachvollziehbares Beispiel liefert Ingram: «The following sentence with a single level of centre embedding is awkward but not too hard for normal listeners to understand: [...] *The rat the cat hunted nibbled the cheese.* But at two levels of centre embedding, the sentence becomes virtually impossible for most people to process online: [...] *The rat the cat the dog chased hunted nibbled the cheese.* However, a right branching construction with the same level of relative clause embedding is quite processable: [...] *The dog chased the cat that hunted the rat that nibbled the cheese*» (2007, 275). Zu den kognitiven Beschränkungen von mehrfach zentral eingebetteten Nebensätzen, cf. Karlsson (2010).

135 Zur Geschichte der Satzlängenforschung cf. v. a. Best (2005, 298–299).

cuyas   mutuas relaciones *son* a menudo oscurecidas por la
también frecuente mutua ignorancia de arabistas y
romanistas acerca del predio colindante, a la par que
el esclarecimiento de algunos pasajes nunca bien
entendidos de nuestra literatura,

Konj. NS_{1-1}

sino también algunas reflexiones humanísticas y humanas
HS_1

que   *constituyen* un bagaje moral
Konj. NS_{1-2}

que   no *puede* dejar de explicitarse y encomendar
a la posteridad en un testamento a discípulos
y socios supérstites

Konj. NS_{1-3}

que   *puedan* tener dudas o sentir
desánimo ante la nada fácil
tarea

Konj. NS_{1-4}

que   *queda* en sus manos en
ambos aspectos (1999, 14).

Konj. NS_{1-5}

Der hier angeführte Satz weist insgesamt 116 Wörter auf und darf somit als sehr
komplex in Bezug auf seine Satzlänge gelten. «Satzlänge» selbst findet sich als
Eintrag in linguistischen Wörterbüchern weder bei Lewandoswki (1990), Bußmann (2002) noch bei Glück (2010). Best verweist darauf, dass Satzlänge ganz
unterschiedlich gemessen werden kann, etwa nach der Anzahl der Wörter, der
Anzahl der Teilsätze (engl. *clauses*) pro Satz, der Anzahl der Silben eines Satzes
oder – für Sprachen mit Schriftzeichen – nach der Anzahl ebendieser:

> «Satzlängen können verschieden bestimmt werden. Misst man sie nach der Zahl der Wör-
> ter, so kann man auf Sätze sehr unterschiedlicher Länge stoßen [...]. Besonders lange
> Sätze hat Meier (1967: 192) in H. Brochs *Der Tod des Vergil* gefunden, dessen längster
> Satz 1077 [!] Wörter enthält. [...] Satzlängen lassen sich noch auf andere Weisen bestim-
> men. Fucks (1968: 87) demonstriert Satzlängenverteilungen, die durch Zählungen der Sil-
> ben pro Satz gewonnen wurden. [...] Jing (2001) untersucht chinesische Texte danach, wie
> viele Schriftzeichen pro Satz vorkommen» (2006, 52–55).

Nach Best «spricht nun nichts dagegen, Satzlänge auch ganz anders zu messen:
nach der Zahl der Silben pro Satz [...], oder was anscheinend noch niemand
versucht hat, nach der Zahl der Morphe. Auch noch kleinere Einheiten (Laut,
Buchstabe) können für Satzlänge genutzt werden [...]» (2005, 300). Je nachdem
für welche Herangehensweise man sich entscheidet, ist es gerade für eine stil-

vergleichende Untersuchung die wichtigste Prämisse, das gleiche Instrumentarium für die Bestimmung der Satzlänge zu wählen. Man kann schließlich nur auf Grundlage einer gleichen methodischen Analyse Vergleiche ziehen, die valide Aussagen zulassen.

Für die hier vorliegende Studie wurde die Satzlänge in Form von graphischen Wörtern bestimmt, wobei für das Spanische eine wichtige Ausnahme zu machen ist, die dann analog für nähe- wie distanzsprachliche Diskurse gilt: Im Falle enklitischer Pronomina, die in Formen wie sp. *dígamelo* oder *poniéndosela* auftreten, wurden folglich nicht ein graphisches Wort, sondern drei Wortformen gezählt, nämlich <diga> <me> <lo> bzw. <poniendo> <se> <la>. Weiterhin wurden in informellen Kommunikationssituationen, die schriftlich transkribiert vorlagen, nur die Wörter gezählt, die einen semantischen Wert aufwiesen, was Interjektionen, die typischerweise in nähesprachlichen Diskursen auftreten, ausschließt. Für das Französische hat Kiesler sowohl für umgangssprachliche wie hochsprachliche Stile die Satzlänge bestimmt: So hält er fest, dass «sich als durchschnittliche Satzlänge für den umgangssprachlichen Text 7.7 und für den hochsprachlichen Text 33.2 Wörter [ergab]» (1995, 397–398).[136] Dieses Ergebnis ist nicht weiter verwunderlich, wenn man bedenkt, dass unter den Bedingungen des Nähesprechens die Kommunikationsbedingungen der «Dialogizität», der «kommunikativen Kooperation», der «Spontaneität» etc. stärker ausgeprägt sind als in hochsprachlichen Diskursen und außersprachliche Referenzen nicht zwingend verbalisiert, sondern durch gestische und mimische Verweise hergestellt werden können. Während bei Kiesler Hoch- und Umgangssprache kontrastiert werden, finden sich bei Hoffmann auch Zahlen zu funktionalstilistischen Untersuchungen, die er nach Perebijnis (1967) zitiert und die in der folgenden Darstellung ersichtlich werden (Abb. 16).[137]

Die Daten zeigen deutlich, dass in dramaturgischen Texten besonders kurze Sätze (1–6 Wörter), wohl aufgrund des dialogischen Charakters des Dramas, sehr frequent sind und dass diese beispielsweise in gesellschaftlich-politischer oder wissenschaftlich-technischer Literatur deutlich seltener auftreten. Interessant ist weiterhin, dass längere Sätze auch in distanzsprachlich markierten Texten nicht zu komplex in Bezug auf die Satzlänge werden: So weisen alle fünf untersuchten Funktionalstile bei Satzlängen von 1–21 Wörtern bereits Werte von unter zehn Prozent auf. Kiesler unterteilt schließlich «mittelange» und «lange

---

136 Cf. ebenfalls Karlsson: «Typical everyday spoken language consists of brief utterances containing few constituents and fewer than ten words» (2009, 195).

137 Leider finden sich bei Hoffmann selbst keine Angaben darüber, für welche Sprache(n) die Daten vorliegen. Nachdem er als Quelle Perebijnis (1967) angibt, wird davon ausgegangen, dass es sich um slawische Sprachen, wahrscheinlich Russisch oder Ukrainisch, handelt.

Satzlänge (Zahl der Wörter)	Dramatik	Prosa	Poesie	Ges.-pol. Lit.	Wiss.-techn. Lit.
1−3	49,73	8,78	11,74	3,26	5,02
4−6	29,07	18,60	18,78	7,07	9,80
7−9	12,14	18,65	23,02	11,78	14,70
10−12	5,20	16,01	18,33	13,95	16,21
13−15	1,86	12,17	8,79	14,58	14,76
16−18	1,10	7,83	7,26	13,04	11,01
19−21	0,44	5,19	5,06	8,51	8,71
usw.					

(Hoffmann 1987, 206, nach Perebijnis 1967, 154)

Abb. 16: Verteilung der Satzlänge innerhalb unterschiedlicher Funktionalstile (aus: Hoffmann 1998, 417).

Sätze» (2013b, 255). Demnach lassen sich Sätze als mittelang klassifizieren, wenn sie ca. 50 Wörter aufweisen, während man für lange Sätze etwa 100 Wörter annehmen muss.[138]

Auch wenn Kiesler sie als «ein recht zuverlässiges Kriterium zur Abgrenzung von Registern bzw. Stilen» (2013b, 254) bezeichnet, macht Best klar, dass die Satzlänge nicht als alleiniges Merkmal zur Bestimmung von Komplexitätsgraden sprachlicher Äußerungen herangezogen werden kann: «Letztlich ist darauf hinzuweisen, dass die Verteilung von Satzlängen nur einen Spezialfall darstellt, und in Zusammenhang mit den Verteilungen anderer Spracheinheiten zu sehen ist, zu denen bisher in der Regel noch weniger geforscht wurde [...]» (2005, 303). So können gerade qualitativ komplexe Sätze, wie hier in Abschnitt (a) dargestellt wurde, mitunter sehr kurz in Bezug auf ihre Satzlänge ausfallen, wie das Beispiel (170) für eine asyndetische Satzreihe mit vier graphischen Wörtern und (171) für eine hypotaktische Konstruktion mit siebzehn Wörtern zeigt. Bei der Analyse des Satzes in (172), der 53 graphische Wörter bei einem finiten Verb enthält, wird deutlich, dass relativ lange Sätze qualitativ einfache Sätze darstellen können. Dieser Zusammenhang ist umso wichtiger, da in Bezug auf die Satzlänge davon auszugehen ist, dass nähesprachliche Diskurse kürzere Sätze aufweisen als distanzsprachliche bzw. dass unter dem Eindruck nähesprachlicher Kommunikation eine natürliche Grenze der Satzlänge existieren muss. Dies sagt jedoch nur bedingt etwas über die Komplexität der Gesamtstruktur aus, wie wir sehen werden.

---

138 Diese Einteilung hat sicherlich ihre Berechtigung, v. a. wenn unterschiedliche Stile verglichen werden sollen. Zu überlegen gilt es jedoch, ob man nicht einen dynamischeren Satzlängenbegriff wählen und stilinhärent nicht eigene Klassifikationen ansetzen müsste: Ein umgangssprachlicher Satz, der 40 Wörter aufweist, wäre ja gerade für einen informellen Stil bereits sehr lang, während er einer allgemeineren Klassifikation folgend möglicherweise nur als «mittelang» oder sogar «kurz» bezeichnet werden würde.

(170) *Escribe,*
       HS$_1$
       pinta
       HS$_2$
       y
       Konj.
       dibuja.   (NGLE, §31.2b)
       HS$_3$

(171)   Si   *perdemos* comunicación,
              Konj.   NS$_{1-1}$
       perdemos vías por las
       HS$_1$
              que   *vienen* nuestros posibles turistas, posibles clientes,
                      a nuestro país.   (PAR4, 26)
              Konj.   NS$_{1-2}$

(172) En el caso de sistemas con unión física entre el polímero y el agente
       bioactivo, los tipos más representativos en función del mecanismo de
       actuación *son* los sistemas controlados por difusión, bien en depósitos
       o reservorios (membranas), en matrices (monolíticos) ó [sic] controlados
       por el disolvente (sistemas osmóticos y sistemas controlados
       por hinchamiento).   (CIE7, 64)
       HS$_1$

In Abschnitt (e) dieses Kapitels wird gezeigt werden, dass die Satzlänge ein
wichtiges, aber nicht alleiniges Kriterium zur Bestimmung von syntaktischer
Komplexität darstellt, da Sätze der gleichen Satzlänge aufgrund unterschiedlicher Einbettungstiefen verschiedene Komplexitätsausprägungen aufweisen. Neben dem Grad der syntaktischen Einbettung ist ein weiteres quantifizierbares
Merkmal die Anzahl der finiten Verben, das im Folgenden behandelt wird.

(d) Anzahl der finiten Verben
Eine der Standarddefinitionen für komplexe Sätze lautet, dass ein Satz dann
komplex ist, wenn er mindestens zwei finite Verben aufweist (cf. Kap. 3.2.3). Die
Verbformen fungieren als Prädikatsträger verschiedener Teilsätze, die – syndetisch oder asyndetisch – miteinander kombiniert werden können und dadurch
komplexe Sätze bilden.[139] Während die Beispiele (173) mit neun Wörtern und

---

[139] Das Kriterium der Kombinierbarkeit bzw. Integration von Teilsätzen lässt sich beispielsweise bei Berschin et al. (2012, 277), Lewandowski (1979, s. v. *komplexer Satz*), Obrist (2012,
334) oder der Definition der *oración compuesta* im *Esbozo* (RAE, §3.17.1) finden.

(174) = (157) mit zwölf graphischen Wörtern relativ kurze Sätze darstellen, zeigen (175) und (176) als mittellanger und langer Satz mit 56 bzw. 82 Wörtern zusätzlich zu einer ausgeprägten Satzlänge noch eine Vielzahl an finiten Verben, nämlich fünf in (175) und sechs in (176).

(173)   *¿Sabe*
      HS_1

        cuánto *tendrá* que recortar en total
            NS_{1-1}

            si   *gobierna*?   (POL30, 25)
            Konj. NS_{1-2}

(174)   Tampoco *entiendo*
      HS_1

        que   *haya* gente
        Konj. NS_{1-1}

           que   le *parezca* mal
           Konj. NS_{1-2}

                que   ETA *desaparezca*.   (POL12, 29)
                Konj. NS_{1-3}

(175)   Porque en el ánimo de permitir el derecho de sufragio en elecciones municipales a todos los extranjeros
        Konj. $NS_{1-1 \text{ INF}}$
        que   *viven* con nosotros,
        Konj. NS_{1-2}
  podríamos incurrir en una discriminación con nuestros compatriotas
      HS_1
        que   *viven* en esos países
        Konj. NS_{1-3}
  y,
  Konj.
        lo que   *sería* aún más grave,
        Konj. NS_{1-4}
  forzar, conculcar los límites constitucionales,
      HS_1
  y
  Konj.
  eso nuestro grupo parlamentario nunca lo *va* a respaldar.   (PAR11, 43)
      HS_2

(176) A tenor de la artificiosidad de los métodos de recogida de lengua oral,
el problema *reside* en saber
HS$_1$

si   los corpus lingüísticos obtenidos con estos métodos
sirven para extraer conclusiones sobre el
funcionamiento de la interacción oral natural, tal
Konj.   NS$_{1-1}$
y
Konj.
como   esta se *produce* en situaciones no controladas por el
investigador
Konj.   NS$_{1-2}$
o,
Konj.
por el contrario, *tienen* un alcance mucho más
limitado al aportar datos lingüísticos
NS$_{1-3}$
que   inevitablemente *están* influidos por el
propio método, y cuya validez y
fiabilidad es, por tanto,
limitada.   (CIE2, 91)
Konj.   NS$_{1-4}$

Neben den Beispielen aus Politikerinterviews (173 & 174), einer Parlamentsrede (175) sowie einem wissenschaftlichen Aufsatz (176), soll ebenfalls gezeigt werden, dass auch in der spontanen Alltagssprache eine hohe Anzahl finiter Verben im Diskurs auftreten kann. Die folgenden beiden Beispiele sind dem Teilkorpus zur spanischen Umgangssprache entnommen, dem das Val.Es.Co-Korpus zugrunde liegt, und zeigen bei einer Satzlänge von 22 Wörtern fünf finite Verben (177) bzw. vier bei einer Satzlänge von 29 Wörtern im Falle der Multiplen Heterogenen Parataxe in Bsp. (178):

(177) *digoo* aquí no /
HS$_1$
pero
Konj.
cuando *sale* por la puerta //
Konj.   NS$_{1-1}$
me *voy* detrás de él
HS$_2$
y
Konj.

le *meto* una hostia
HS$_3$

    que   lo *estampo* //   (COL28, 95)
    Konj.   NS$_{3-1}$

(178)   *llego* a las diez y media↑/
      HS$_1$

y
Konj.

llego hecha una mierda//
      HS$_2$

pero
Konj.

el profesor estee me *deja* hecha una mierda↓ encima
      HS$_3$

    si   por la tarde no *hago* la siesta↑//   (COL21, 28)
    Konj.   NS$_{3-1}$

Die Anzahl der finiten Verben ist vermeintlich das Komplexitätsmerkmal, das man im Vergleich zur Satzlänge und dem im Folgenden zu behandelnden Grad der Einbettungstiefe in einer starken Ausprägung am ehesten nähesprachlichen Diskursen attribuieren würde. Während man in einer informellen Konversation keine sehr langen und verschachtelten Sätze erwarten würde, sind es jedoch die finiten Verben als Träger des Prädikatsausdrucks, die dem nähesprachlichen Dialog seinen dynamischen Charakter verleihen. Sowohl bei Aussagesätzen innerhalb von Erzählungen,[140] Antworten etc. als auch in Fragesätzen kommt Verben in finiter Form besondere Bedeutung zu.[141] Ebenfalls typisch für informelle Diskurse ist das redundante Auftreten finiter Verbformen, v. a. des Imperativs, wie die Beispiele (179) und (180) illustrieren:

---

140 Cf. Koch/Oesterreicher: «Das Erzählen ist in alltäglicher, spontaner Kommunikation und Interaktion allgegenwärtig, da es eine ganze Reihe wichtiger Zwecke erfüllt: es entlastet von konkreten Handlungszwängen, unterhält den/die Partner, befriedigt das Informationsbedürfnis (auch die Neugier) der Zuhörer und das Mitteilungsbedürfnis des Erzählers, erlaubt diesem die Verarbeitung von Erlebnissen, gibt Handlungsmodelle vor und dient zur quasiargumentativen Stützung oder Widerlegung von Meinungen, Thesen etc.» (2011, 74).

141 Gerade im Spanischen (wie dem Italienischen oder Portugiesischen) als *Pro-drop*-Sprache kommt der finiten Verbform neben dem Ausdruck der verbalen Handlung noch die weitere Funktion der Anzeige der grammatischen Person zu, die durch die Flexionsendungen ausgedrückt wird.

(179) • Puedo fumar?
  ▪ Sí, claro, *fume, fume.*   (GCE, 94)

(180) • ... y entonces, en ese momento ...
  ▪ A ver, *cállate, cállate* ...   (ibid.)

Der Nachteil einer Definition, die für den komplexen Satz nur das Kriterium der
Anzahl der finiten Verben ansetzt, liegt auf der Hand: Infinite Nebensatzkonstruktionen werden dabei nicht berücksichtigt, wie Blumenthal zu bedenken
gibt:

> «Anderseits schließt die Definition aufgrund des Kriteriums des ‹ganzen› ergänzenden
> Satzes das Gérondif und Partizipialkonstruktionen als Bestandteile komplexer Sätze aus –
> und dies, obwohl beispielsweise der Satz *En sortant de la gare, j'ai vu mon amie* nach
> Angaben der gleichen Grammatik (§367 [gemeint ist: Klein/Kleineidam 2004; d. Vf.]) para-
> phrasiert werden kann durch einen unzweifelhaft komplexen Satz (*Quand je suis sorti de
> la gare, j'ai vu mon amie*)» (2008, 278).

Auf die Problematik infiniter (Neben-)Satzkonstruktionen wurde bereits in
Kap. 3.2.3 ausführlich hingewiesen. Ebenso wie das Kriterium der Satzlänge ist
das der Anzahl der finiten Verben zwar ein wichtiges, das jedoch in Zusammen-
hang mit weiteren Merkmalen gesehen werden muss. Neben der quantitativen
Bestimmung der Satzlänge und der Anzahl finiter Verbformen wurde im Rah-
men dieser Untersuchung weiterhin das Merkmal des Grades der maximalen
Einbettungstiefe der jeweiligen Konstruktion bestimmt. Auf dieses wird nun im
Folgenden näher eingegangen.

(e) Grad der maximalen Einbettungstiefe

Einen weiteren wichtigen Faktor bei der Bestimmung der Komplexität eines Satzes stellt die maximale Einbettungstiefe der untersuchten Konstruktion dar. Neben der Satzlänge bzw. der Länge der einzelnen Nebensätze beschreibt dies Bossong als entscheidendes Charakteristikum komplexer syntaktischer Strukturen:

> «Die Komplexität einer Äußerung hängt nun von zwei Faktoren ab: 1. von dem Grad des
> am tiefsten eingebetteten Nebensatzes und 2. von der Länge der einzelnen Nebensätze.
> Ein Satzgefüge ist umso komplexer, je höher der Grad und größer die Länge der in ihm
> vorkommenden Hypotaxen ist. Eine Sprache hat insgesamt eine höhere Komplexität im
> Sinne der eingangs formulierten Akkulturierungstheorie, je komplexer die in ihr vorkom-
> menden Satzgefüge sind» (1979b, 181–182).

Wenn Bossong vom «am tiefsten eingebetteten Nebensatz» spricht (ibid.), so
soll an dieser Stelle konkretisiert werden, dass in der vorliegenden Studie dieses
Merkmal, nämlich der Grad der maximalen Einbettungstiefe, ermittelt wurde.

Für Givón stellt die Einbettung syntaktischer Strukturen das wichtigste Kriterium in Bezug auf syntaktische Komplexität dar: «The type of syntactic complexity that concerns us most in this book involves the *embedding* of clauses inside other clauses» (2009a, 5).[142] Im Sinne der Junktionstechniken, wie sie bei Raible (1992) beschrieben werden, geht es also um integrativere Techniken der Junktion zweier oder mehrerer Sachverhaltsdarstellungen ab Ebene IV, also der Verknüpfung durch subordinierende Konjunktion. Dass eben nicht nur die Satzlänge ein entscheidendes Kriterium für Komplexität darstellt, macht Ferreira (1991, 214) anhand von Beispielen für das Englische deutlich, die für drei Sätze der gleichen Satzlänge unterschiedliche Komplexitätsgrade annimmt, wobei der Ausgangssatz engl. *The river empties into the bay that borders the little town* lautet:

(181) The large and raging river *empties* into the bay that *borders* the little town.

(182) The river near their city *empties* into the bay that *borders* the little town.

(183) The river that *stopped* flooding *empties* into the bay that *borders* the little town.

Im Sinne der «Erweiterung von Kernsätzen» (Stammerjohann 1975, s. v. *Syntaktische Komplexität*) beschreibt Ferreira syntaktische Komplexität bei ansonsten gleicher Satzlänge in diesem Experiment über die unterschiedlich ausgeprägte Komplexität der Subjekte. «Komplexität» wird dabei verstanden als die Anzahl der Knoten im Baumdiagramm nach X̄-Schema (Ferreira 1991, 210; 212). Demnach besitzen die Subjekte der oben dargestellten Sätze (181) bis (183) nach Ferreira (1991, 214) folgende Stemma-Struktur:

(181)

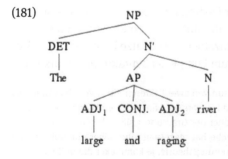

Abb. 17: Partielles Baumdiagramm zu engl.
The large and raging river empties into the bay that borders the little town.

---

142 Cf. ebenso Beaman: «syntactic complexity in language is related to the number, type, and depth of embedding in a text. Syntactically simple authors [...] rely more heavily on coordina-

(182)

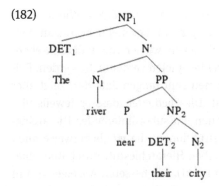

Abb. 18: Partielles Baumdiagramm zu engl.
The river near their city empties into the bay that borders the little town.

(183)

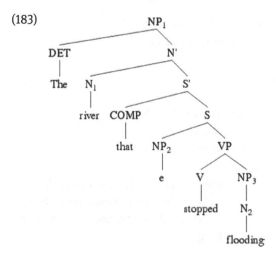

Abb. 19: Partielles Baumdiagramm zu engl.
The river that stopped flooding empties into the bay that borders the little town.

Während das Baumdiagramm für das Bsp. (181) acht Knoten aufweist, finden sich im Stemma für (182) neun Knoten und im Baumgraph zu (183) zwölf Knoten. Ferreira schreibt dann entsprechend Beispiel (181) eine «low syntactic complexity condition», (182) eine «medium syntactic complexity condition» und (183) eine «high syntactic complexity condition» zu (1991, 214). Syntaktische Komplexität vollzieht sich jedoch nicht nur auf Wortgruppenebene, sondern gerade

---

ted structures [...] Syntactically complex authors [...] use longer sentences and more subordinate clauses» (1984, 45; zit. nach: Szmrecsányi 2004, 1032).

auch bei der Koordination bzw. Subordination von (Teil-)Sätzen: Wie nämlich bereits gesehen wurde, können Sätze eine ganz unterschiedliche Anzahl von Haupt- und Nebensätzen aufweisen, die ihrerseits wieder von anderen Nebensätzen abhängen können. Dies soll an zwei Beispielen verdeutlicht werden. Beispiel (184) stellt mit 36 Wörtern zwar keinen sehr langen Satz dar, zeigt aber eine starke Einbettungstiefe von vier auf. Dies bedeutet, dass es jeweils vier abhängige Nebensätze gibt, zwischen denen ein subordinierendes Hierarchieverhältnis besteht im Gegensatz zu Konstruktionen, die möglicherweise auch vier Nebensätze aufweisen, aber auf derselben Hierarchiestufe durch Koordination verknüpft werden (cf. Kap. 3.2.3 und Fn 41). Zur besseren Anzeige wird in (184) und (185) der Grad der Einbettungstiefe mit römischen Ziffern und durch Einrückung visuell deutlich gemacht:

$$\text{I} \qquad \text{II} \qquad \text{III} \qquad \text{IV}$$

(184) El mayor enemigo de los presos de ETA *es* ETA,
  HS_1
    que *impide*
    Konj. NS_{1-1}
    que se *acojan* a los beneficios
    Konj. NS_{1-2}
      que la ley *otorga* a los
      Konj. NS_{1-3}
        que *cumplen* los requisitos del perdón a las víctimas, las responsabilidades civiles ... (POL14, 25)
        Konj. NS_{1-4}

Im Gegensatz zu Beispiel (184), in dem eine Multiple Heterogene Hypotaxe vorliegt, die einen Hauptsatz und vier abhängige Nebensätze aufweist, zeigt ein sehr komplexes Beispiel in (185) auf, dass auch bei einer mehrfachen parataktischen Rahmenstruktur unterschiedliche Einbettungstiefen vorliegen können.

$$\text{I} \qquad \text{II} \qquad \text{III} \qquad \text{IV}$$

(185) Yo *entiendo* su preocupación
    HS_1
  y
  Konj.
  entiendo
    HS_2

<pre>
        I   II   III   IV
que   seamos criticados
Konj.   NS₂₋₁
porque están paradas las obras
Konj.   NS₂₋₂
y
Konj.
porque es una concesión
Konj.   NS₂₋₃
       que   está desarrollándose,
       Konj.   NS₂₋₄
</pre>

no *apelo* a su comprensión,
  HS₃
pero
Konj.
por lo menos *entienda*
  HS₄

<pre>
       que   a nosotros nos gustaría
       Konj.   NS₄₋₁
       que   las cosas fueran de otra manera,
       Konj.   NS₄₋₂
       que   las obras se iniciaran
       Konj.   NS₄₋₃
       y
       Konj.
       que   esas obras acabaran,
       Konj.   NS₄₋₄
</pre>

pero
Konj.
estamos trabajando
  HS₅

<pre>
                para ver
                NS₅₋₁INF
                    cuál es la fórmula más adecuada
                    NS₅₋₂
                        defendiendo los intereses públicos
                                NS₅₋₃INF
                        y
                        Konj.
                        haciendo frente al cumplimiento
                        de las obligaciones
                                NS₅₋₄INF
</pre>

I   II   III   IV

que   se *derivan* de la propia concesión por parte de la concesionaria

Konj. NS_{5-5}

y

Konj.

viendo

NS_{5-6INF}

de qué   manera *podemos* hacer frente al reinicio de la obra y a la finalización de la misma.

(PAR13, 44)

Konj. NS_{5-7}

Beispiel (185) ist das bisher komplexeste: Der Satz verfügt über fünf Hauptsätze, die größtenteils – bis auf HS_3 – durch Konjunktion angeschlossen werden. Die gesamte Satzlänge weist insgesamt 16 finite Verbformen auf. Die einzelnen Hauptsätze besitzen für sich genommen mehrere abhängige Nebensätze: HS_2 verfügt über vier, HS_4 ebenfalls über vier und HS_5 über insgesamt sieben abhängige Nebensätze. Die maximale Einbettungstiefe der Gesamtkonstruktion liegt bei vier (NS_{5-5} und NS_{5-7}). Es handelt sich demnach nicht nur um eine erhöhte Anzahl von abhängigen Nebensätzen, sondern auch um einen sehr stark ausgeprägten Grad an syntaktischer Einbettung, denn ein Satz dergleichen Satzlänge, der keine syntaktische Unterordnung aufweist, muss aufgrund des höheren Planungsgrades syntaktisch eingebetteter Konstruktionen als einfacher angesehen werden, da er eher aggregativ denn integrativ jungiert (cf. Raible 1992; Koch 1995, 21–25). Dass solch außergewöhnlich komplexe Sätze Kommunikation sowohl im mündlichen als auch im schriftlichen Diskurs problematisch gestalten, liegt auf der Hand. Sie treten zwar im hier untersuchten Korpus nicht besonders häufig auf (cf. Kap. 4.3 und 4.4), zeigen aber dennoch, wie ausgeprägt Komplexität auf Satzebene auftreten kann.

Nachdem gezeigt wurde, welche qualitativen wie quantitativen Merkmale für eine umfassende Beschreibung syntaktischer Strukturen vonnöten sind, werden nun im Anschluss die Hypothesen, die dieser Untersuchung zugrunde liegen, vorgestellt. Danach werden die Ergebnisse der eigentlichen Studie präsentiert und mit den aufgestellten Arbeitshypothesen verglichen.

3.4 Hypothesen

Viele Annahmen zur syntaktischen Komplexität in Bezug auf verschiedene diaphasische Varietäten beruhen auf subjektiven Urteilen, nicht aber auf empirischer Grundlage, wie im Überblick zur Forschungslage gezeigt wurde (cf. Kap. 2). Hier setzt die vorliegende Studie an: Aufgrund ihres empirischen Charakters sollen an dieser Stelle die Hypothesen formuliert werden, die für die Fragestellung relevant sind. An späterer Stelle werden bei der quantitativen Analyse der Daten diese Hypothesen mathematisch-statistisch als Nullhypothesen formuliert (cf. Kap. 4.4). Die Annahmen, die empirisch überprüft werden sollen, beziehen sich zunächst auf den Zusammenhang zwischen dem Formalitätsgrad der kontextuellen Situation und dem Grad an syntaktischer Komplexität sowie im Anschluss auf die numerische Beschreibung syntaktischer Komplexität.

Eine der essentiellen Grundannahmen in Bezug auf die Syntax informeller Varietäten, die in Forschung und Lehre bis zum heutigen Tage vertreten wird, ist, dass sich diese durch ihre «Einfachheit» im Vergleich zu semantisch äquivalenten Äußerungen distanzsprachlicher Stile auszeichnet. Ziel dieser Arbeit ist es zu überprüfen, ob und inwiefern sich der Grad an syntaktischer Komplexität in Abhängigkeit der jeweils vorherrschenden Kommunikationssituation und -intention des jeweiligen Sprechers ändert. Dazu lassen sich verschiedene quantitative wie qualitative Merkmale für die einzelnen funktionalen Stile bestimmen. Im Folgenden werden für die einzelnen Kriterien Hypothesen aufgestellt.

(a) Art der Satzkomplexität

Wenn Koch/Oesterreicher behaupten, dass die Nähesprache im Bereich der komplexen Sätze durch ein verstärktes Auftreten der Parataxe im Gegensatz zu hypotaktischen Konstruktionen gekennzeichnet sei (cf. 2011, 99), oder es «[g]rundsätzlich gilt, daß in der Umgangssprache – zumal im gesprochenen Dialog – mehr einfache als komplexe Sätze vorkommen, während für die Hochsprache das umgekehrte Verhältnis gilt» (Kiesler 2013b, 238), lassen sich daraus für das Verhältnis von einfachen zu komplexen Sätze auf der einen und der Beziehung von Para- zu Hypotaxe auf der anderen Seite folgende zwei Hypothesen für das Spanische ableiten:[143]

---

143 Aufgrund der Tatsache, dass zu diesen Fragestellungen für die spanische Umgangssprache bereits empirisch basierte Untersuchungen vorliegen, in denen gezeigt wurde, dass trotz einer Do-

H1:   Nähesprachliche Kommunikation ist gekennzeichnet durch ein Überge-
        wicht an einfachen syntaktischen Strukturen, während distanzsprachli-
        chere Stile mehr komplexe als einfache syntaktische Strukturen bevorzu-
        gen.

H2:   Im Bereich der komplexen Sätze besteht in allen untersuchten Varietäten
        ein Gleichgewicht von para- zu hypotaktischen Strukturen.

Da für die komplexen Sätze noch keine Studien zur Verteilung der von Kiesler
(2013a) beschriebenen Satztypen, und erst recht nicht zu verschiedenen stilistischen Varietäten, vorliegen, wird ebenfalls und in Einklang mit H2 davon ausgegangen, dass diese gleichmäßig verteilt auftreten. Dies kommt in der neutralen Formulierung von H3 zum Ausdruck:[144]

H3:   Im Bereich der komplexen Sätze treten in allen untersuchten Varietäten
        alle von Kiesler (2013a) beschriebenen Satztypen in einem gleichen Ver-
        hältnis auf.

Bei all diesen komplexen Satztypen besteht nun die Möglichkeit, dass ein Sprecher seine Äußerung mit einem Haupt- oder Nebensatz einleitet. Daher wird im
Folgenden nun die Verteilung von initialem Haupt- oder Nebensatz thematisiert.

(b) Abfolge von initialem Haupt- oder Nebensatz
Für die Frage, ob eine komplexe Konstruktion mit Haupt- oder Nebensatz beginnt, liegen keine stilvergleichenden Untersuchungen vor. Koch/Oesterreicher
gehen bezüglich dieser Fragestellung von einer semantisch-logischen Entwicklung aus und beschreiben einen Zusammenhang zwischen der Voranstellung
eines Nebensatzes und der jeweiligen Nebensatzart (cf. 2011, 103). Da auch hier
hinreichend zufriedenstellende empirische Belege bisher fehlen, wird ebenfalls
neutral davon ausgegangen, dass in allen untersuchten Stilen ein ausgewogenes Verhältnis besteht. H4 lässt sich demzufolge folgendermaßen formulieren:

---

minanz einfacher Sätzen im Bereich der komplexen Sätze die Hypotaxe häufiger auftritt (cf.
Hesselbach 2014), soll an dieser Stelle die Formulierung der Hypothese neutral gehalten werden, da in der hier präsentierten Studie noch weitere stilistische Varietäten untersucht wurden.
144 Sowohl für H2 als auch für H3 wird aus statistischer Perspektive von einer gleichen Verteilung ausgegangen; dabei spielt es keine Rolle, dass für die in H2 thematisierte Fragestellung
bereits Untersuchungen vorliegen.

H4: In allen untersuchten Varietäten lässt sich innerhalb der komplexen Sätze ein ausgewogenes Verhältnis von satzinitialem Haupt- und Nebensatz feststellen.

Nach der Betrachtung der qualitativen Kriterien und der Formulierung der entsprechenden Hypothesen werden nun die Annahmen bezüglich der quantitativen Ausprägungen syntaktischer Komplexität vorgestellt. Dabei geht es zunächst um die Satzlänge, schließlich die Anzahl der finiten Verben und zum Schluss um den Grad der maximalen Einbettungstiefe syntaktischer Konstruktionen.

(c) Satzlänge

Auf Grundlage der in Kap. 3.3.2 beschriebenen Untersuchungen ist festzustellen, dass sich stilistische Varietäten dadurch unterscheiden, dass die Satzlängen verschiedene Durchschnittswerte aufweisen. Daher wird davon ausgegangen, dass die in dieser Studie untersuchten Stile mit zunehmendem Formalitätsgrad der kontextuellen Situation eine durchschnittlich größere Satzlänge aufweisen, was durch H5 ausgedrückt wird:

H5: Nähesprachliche Diskurse weisen eine durchschnittlich geringere Satzlänge auf als zunehmend distanzsprachlichere Stile.

Neben der Satzlänge ist die Anzahl der finiten Verben ein Kriterium für syntaktische Komplexität. Auf dieses quantitativ messbare Merkmal bezieht sich die folgende Hypothese.

(d) Anzahl der finiten Verben

Ähnlich wie für das Kriterium der Satzlänge wird davon ausgegangen, dass distanzsprachlichere Diskurse komplexere Sätze bilden können und dadurch auch eine höhere Anzahl von finiten Verben im Sinne der Definition des «Komplexen Satzes» (Bußmann 2002, s. v. *Satz*) nachweisbar ist. Daher lässt sich die entsprechende Hypothese wie folgt formulieren:

H6: Die Anzahl der finiten Verben pro Satz steigt mit zunehmendem Formalitätsgrad der kontextuellen Situation an.

Die letzte Annahme in Bezug auf quantitative Merkmale komplexer sprachlicher Äußerungen wird nun noch für den Grad der maximalen Einbettungstiefe aufgestellt.

(e) Grad der maximalen Einbettungstiefe

Für Givón (2009a) stellt die syntaktische Einbettung von Sätzen in andere Sätze das zentrale Kriterium für syntaktische Komplexität dar. Dabei wird häufig den konzeptionell schriftlichen Diskursen eine größere Affinität zu Integration von syntaktischen Strukturen bescheinigt, wohingegen Koch für das Französische festhält: «Il serait donc simpliste de négliger les capacités d'intégration syntaxique qui existent dans le domaine de l'oralité» (1995, 20). In diesem Sinne konnte Hesselbach (2014) zeigen, dass auch informelle Stile des Spanischen hypotaktische, d. h. integrativere Strukturen bevorzugen. Es wird an dieser Stelle trotzdem zunächst davon ausgegangen, dass distanzsprachlichere Stile einen durchschnittlich größeren Grad der maximalen Einbettungstiefe erreichen als nähesprachliche. In diesem Sinne lautet H7 folgendermaßen:

H7:   Der durchschnittliche Grad der maximalen Einbettungstiefe bei komplexen Satzstrukturen nimmt von nähesprachlichen zu distanzsprachlichen Stilen des Spanischen zu.

Während H1–H7 sich auf die einzelnen Kriterien für syntaktische Komplexität stützen, wird im Folgenden eine Hypothese aufgestellt, die diese Merkmale nicht isoliert betrachtet, sondern einen integrativeren Ansatz wählt. Durch die Kombination der quantitativ messbaren Größen, die bereits beschrieben wurden, lässt sich eine numerische Beschreibung von syntaktischer Komplexität aufstellen, die gerade auch für den Vergleich verschiedener stilistischer Varietäten (des Spanischen), aber auch unterschiedlicher Sprachen, wie in Kap. 5.2 gezeigt wird, herangezogen werden kann.

Jede Äußerung bzw. jeder Satz als syntaktische Einheit verfügt über bestimmte Eigenschaften, die es für einen Sprachproduzenten mehr oder weniger schwierig machen, komplexe Syntagmen mündlich oder schriftlich zu prozessieren. Es gibt bereits eine Reihe von Verfahren, wie syntaktische Komplexität gemessen werden kann. So wurde beispielsweise die Satzlänge (cf. Kap. 3.3.2), die Anzahl der unmittelbaren Konstituenten (Altmann/Köhler 2000), die Anzahl der Knoten im Baumgraphen (cf. Ferreira 1991; Szmrecsányi 2004) oder die Anzahl der unterordnenden Konjunktionen, der WH-Pronomina, der Verbformen sowie der Nominalphrasen (Szmrecsányi 2004) als Maß für die Komplexität von Sätzen herangezogen. Während diese Untersuchungen sich meistens auf einen bestimmten Parameter konzentrieren, soll in dieser Studie ein integrativerer Ansatz gewählt werden. Syntaktische Komplexität lässt sich quantitativ als ein Vektor fassen: Die erfassten quantitativen Ausprägungen der Satzlänge in graphischen Wörtern (SL), der Anzahl der finiten Verben (FV) sowie des Grades der maximalen Einbettungstiefe (ET) einer Konstruktion stellen die Variablen des

Vektors dar.[145] Man kann demnach für jeden beliebigen Satz x die Gleichung aufstellen: $x = \begin{pmatrix} SL \\ FV \\ ET \end{pmatrix}$. Der Vorteil dabei ist, dass man dadurch ein Maß hat, das es erlaubt auch infinite Konstruktionen oder syntaktische Strukturen ohne Einbettung zu berücksichtigen und mit anderen komplexen Sätzen zu vergleichen. Über diese drei Variablen kann man nämlich – ähnlich der Position einer Fliege im Raum – syntaktische Komplexität dreidimensional abbilden und somit ein visuelles Vergleichsinstrumentarium für verschiedene stilistische Varietäten oder unterschiedliche Sprachen erstellen.[146] Dies bedeutet, dass sich Sätze mit ausgeprägten Merkmalen in diesem Raum anders positionieren als Konstruktionen, die geringere Werte aufweisen: So würde ein komplexer Satz mit gleicher Satzlänge und Einbettungstiefe mit drei infiniten Verben sich unterschiedlich zu einer komplexen Struktur mit drei finiten Verben verhalten. Ebenso unterschiedlich positionieren würde sich bei gleicher Satzlänge und gleicher Anzahl von finiten Verben eine parataktische Konstruktion im Gegensatz zu einer hypotaktischen Struktur, die aufgrund des unterschiedlichen Parameterwerts in Bezug auf die Einbettungstiefe anders verortet wird. Die Hypothese in Bezug auf die numerische Darstellung syntaktischer Komplexität lautet dann dementsprechend:

H8:   Jede syntaktische Konstruktion lässt sich als Vektor über die Variablen der Satzlänge, der Anzahl der finiten Verben sowie des Grades der maximalen Einbettungstiefe beschreiben.

Die folgende Abbildung zeigt schematisch, wie man syntaktische Konstruktionen für unterschiedliche stilistische Varietäten, die hier verschiedene farbliche Markierungen tragen, in einem solchen Modell darstellen kann.[147] Dabei wer-

---

145 Wichtig für ein solches Maß ist, dass die drei Variablen unabhängig voneinander sind, d. h. sie nicht das Gleiche messen. Würde man etwa die Anzahl der Teilsätze abbilden, misst man im Endeffekt die Satzlänge, weil beide Größen miteinander in Beziehung stehen, d. h. je mehr Teilsätze eine Konstruktion besitzt, desto länger ist der Satz. Die Anzahl der finiten Verben (FV) sagt nun nichts über den maximalen Grad der Einbettungstiefe (ET) aus, da es schließlich Konstruktionen mit vielen Verben gibt, die allerdings nur koordinierend verbunden sind. Ebenso gibt es lange syntaktische Strukturen, die ganz ohne finites Verb und syntaktische Einbettung auskommen, so dass auch hier keine Abhängigkeitsbeziehung besteht.

146 Den Hinweis zur dreidimensionalen Modellierung der analysierten Daten verdanke ich Herrn Prof. Dr. Reinhard Köhler im Rahmen eines Gastvortrages im Forschungskolloquium der Computerlinguistik & Digital Humanities an der Universität Trier.

147 Wichtig dabei ist die Tatsache, dass alle drei Variablen gleich gewichtet bzw. die Achsen in der dreidimensionalen Ansicht entsprechend skaliert werden. Dies wird bei der Betrachtung der Ergebnisse in Kap. 4.3 verdeutlicht.

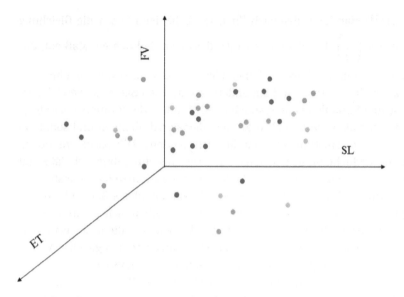

Abb. 20: Schematische dreidimensionale Darstellung syntaktischer Komplexität verschiedener stilistischer Varietäten des Spanischen.

den die extrem nähesprachlichen Stile rot, die stilistischen Mischformen blau und die extrem distanzsprachlichen Stile grün markiert, wobei jeder Punkt für einen Satz aus diesem Teilkorpus steht (Abb. 20).

Wenn man nun den Mittelwert dieser drei Variablen bildet, kann man für jedes der hier untersuchten stilistisch heterogenen Teilkorpora einen Vektor auf Grundlage dieser Mittelwerte bilden. Mit dem beschriebenen Vektor hat man schließlich ein Maß, um den strukturellen Abstand zwischen den Stilen – und im Übrigen auch zwischen verschiedenen Sprachen – im Sinne Forners (2006, 1914) zu messen, der behauptet, dass der strukturelle Abstand zwischen den stilistischen Varietäten größer sein kann als der Abstand zwischen zwei Sprachen. Abbildung 21 zeigt dies beispielhaft und schematisch für die Entfernung umgangssprachlicher (COL; cf. Kap. 4.1.1) zu distanzsprachlichen Varietäten, in diesem Falle wissenschaftlichen Texten (CIE; cf. Kap. 4.1.3) an.

Für die vorliegende Studie lässt sich eine solche Darstellungsweise für den Vergleich der diaphasischen Varietäten des Spanischen sowie für die Vergleichsstudie zum Französischen (cf. Kap. 5.2) anwenden. Dies hat den Vorteil, dass man aufgrund der farblichen Markierung der einzelnen stilistischen Varietäten bereits visuell einen Eindruck davon bekommt, wie unterschiedlich bzw. einheitlich sich die Ergebnisse präsentieren und analysieren lassen. Darüber hinaus bietet sich mathematisch die Möglichkeit, die Abstände zwischen den vektoriellen Mittelwerten der analysierten Daten zu messen.

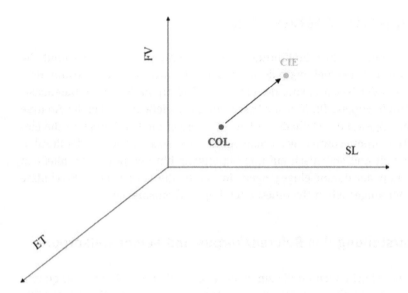

Abb. 21: Schematische Darstellung des Abstands zweier stilistischer Varietäten des Spanischen auf Grundlage eines vektoriellen Mittelwerts (hier am Beispiel der dieser Arbeit zugrundeliegenden Teilkorpora COL und CIE).

Im Anschluss an die hier vorgestellten Hypothesen wird nun näher auf die eigentliche Untersuchung zum Spanischen sowie vergleichsweise zum Französischen eingegangen. Nach der Darstellung des Referenzkorpus sowie der angewandten Methode werden die Ergebnisse der Studie präsentiert und ausgewertet.

4 Empirisch-analytischer Teil

Nach der theoretischen Einführung in Kap. 3 wird in diesem Abschnitt die durchgeführte Untersuchung präsentiert. Zunächst wird mit der Auswahl, dem Aufbau und der Beschreibung der einzelnen Teilkorpora in 4.1 die Datenbasis dieser Studie vorgestellt. Kap. 4.2 beschreibt anschließend die bei der Analyse der Texte angewandte Methode. In Kap. 4.3 werden die Ergebnisse für die einzelnen Teilkorpora sowie eine zusammenfassende Gesamtübersicht der Resultate dargestellt und statistisch auf ihre Signifikanz hin überprüft. Abschließend wird in Kap. 4.4 darauf eingegangen, inwieweit die vorliegenden Ergebnisse den vorher aufgestellten Hypothesen (cf. Kap. 3.4) entsprechen.

4.1 Darstellung des Referenzkorpus und seiner Teilkorpora

Einer stilvergleichenden Studie zur syntaktischen Komplexität muss in quantitativer wie qualitativer Hinsicht daran gelegen sein, eine möglichst breite Datenbasis für die Analyse zur Verfügung zu haben. Daher wird die Ausrichtung der Untersuchung hier als «corpus-based» im Sinne Bibers vorgenommen:

> «Corpus-based dialect studies have investigated national varieties, regional dialects within a country, and social dialects. However, the biggest difference from quantitative sociolinguistics here has to do with the investigation of situationally defined varieties: ‹registers›. Quantitative sociolinguistics has restricted itself to the investigation of only spoken varieties, and considered only a few ‹styles›, which speakers produce during the course of a sociolinguistic interview (e.g., telling a story vs. reading a word list). In contrast, corpus-based research investigates the patterns of variation among the full set of spoken and written registers in a language. In speech, these include casual face-to-face conversation, service encounters, lectures, sermons, political debates, etc.; and, in writing, these include email messages, textmessaging, newspaper editorials, academic research articles, etc.» (2010, 160–161).

Wenn Biber hierbei nun situationelle Varietäten unterscheidet und diesbezüglich noch die mediale Dichotomie «geschrieben/gesprochen» anführt, zeigt sich wiederum, dass man informelle Stile nicht zwingend mit medialer Mündlichkeit und formelle Varietäten nicht mit medial Schriftlichem gleichsetzen darf, wenngleich dies die «konzeptionell-mediale[n] Affinitäten» (Koch/Oesterreicher 2011, 13) abbildet. Dies ist eben von zentraler Bedeutung für die Erstellung des dieser Arbeit zugrundeliegenden Korpus: Wenn man nun diaphasisch niedrig markierte Varietäten, die tendenziell eher mündlich realisiert werden, aufnehmen will, so ist die Frage nach möglichst authentischem Sprachmaterial zu stellen, das im Idealfall schriftlich transkribiert vorliegt. Auf diese Problematik wird bei der näheren Beschreibung der untersuchten informellen Stile (cf. Kap. 4.1.1) genau-

https://doi.org/10.1515/9783110592290-004

er eingegangen. Als methodische Grundlage für die hier präsentierte Studie wird das Nähe/Distanz-Kontinuum von Koch/Oesterreicher (1990) zugrunde gelegt, da es sich bei den diaphasischen Varietäten ja gerade um die «sog. Sprachstile [handelt], die bestimmten Sprechsituationen angemessen sind» (Koch/ Oesterreicher 1990, 13) und die sich auf dem Kontinuum abbilden lassen. Kabatek et al. verweisen ebenfalls auf die Wichtigkeit dieser Konzeptionalisierung für Untersuchungen, die besondere sprachliche Merkmale in verschiedenen Texten zu erklären versuchen: «[...] the continuum between orality and literacy is the most salient factor that determines the choice of elements in different texts» (2010, 252). Koch/Oesterreicher haben, wie schon in Kap. 3.1.1 gesehen wurde, in der spanischen Ausgabe (2007) bereits prototypische Diskurstypen in die Darstellung ihres Nähe/Distanz-Kontinuums aufgenommen und erfüllen damit die Forderung nach einer stärkeren Operationalisierbarkeit ihres Modells, wie es beispielsweise bei Ágel/Hennig (2010) im Vorwort gefordert wird.[148] In einer Publikation jüngeren Datums hat Oesterreicher dieses Modell vereinfacht mit sog. «Kommunikationsformen» (2012, 138) neu dargestellt (Abb. 22).

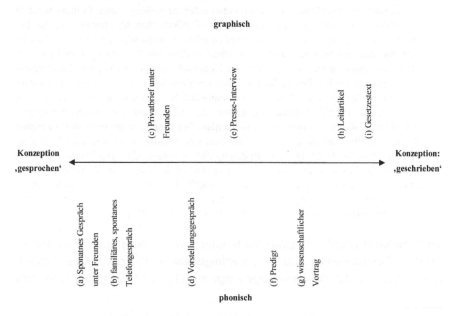

Abb. 22: Kommunikationsformen auf dem Kontinuum zwischen Nähe und Distanz (aus: Oesterreicher 2012, 138).

---

148 Zur Problematisierung des Begriffs «Mediums» bei Koch/Oesterreicher und seine Anwendung auf empirische Untersuchungen cf. Knopp (2016).

Die Einordnung solcher Kommunikationsformen hat gerade aus medienlinguistischer Sicht dergestalt Kritik erfahren, dass es eben verfehlt sei, Kommunikationsformen, wie beispielsweise das «Telefongespräch», den «Chat», den «Brief» etc., in das Nähe/Distanz-Kontinuum aufzunehmen. Vielmehr müsste man von Diskursarten bzw. Textsorten ausgehen (cf. Dürscheid 2003 und Dürscheid 2016), da man sowohl ein Telefongespräch als auch einen Chat bzw. einen Brief kommunikativ unterschiedlich ausgestalten kann, so dass man von einem geschäftlichen Telefonat im Vergleich zu einem privaten Telefongespräch unter Freunden unterscheiden kann. Ähnliches gilt für einen Privatchat zwischen Freunden, der als Diskursart anders zu behandeln ist als etwa eine Verkaufsberatung über einen Chat, bei dem sich die Kommunikationspartner unbekannt und die Kommunikationsbedingungen der Nähe nicht stark ausgeprägt sind. Diese – aus medienlinguistischer Perspektive berechtigte – Kritik wurde von den Autoren in neueren Publikationen aufgenommen, wie man in Abb. 22 sehen kann («familiäres, spontanes Telefongespräch» oder «Privatbrief unter Freunden»), bzw. von ihnen erwidert:

> «Einer solchen Einschätzung ist jedoch entschieden zu widersprechen. Es muss nämlich klar getrennt werden zwischen ‹Medien› als physikalischen Manifestationen, die bestimmte sensorische Modalitäten ansprechen (Phonie → akustisch, Graphie → visuell), und ‹technischen› Speicher- und Übertragungsmedien, wie Telephon, Internet etc. […]. Selbst die neuesten Entwicklungen in der Elektronik bei Speicherung und Übertragung bauen im sensorischen Bereich letztlich immer nur auf dem akustischen Prinzip der Phonie oder auf dem visuellen Prinzip der Graphie auf. Es können daher selbstverständlich auch diese neuesten Kommunikationsformen und Diskurstraditionen mit unseren anthropologisch fundierten Kategorien erfasst werden. Der *chat* ist sogar eines der schönsten Beispiele dafür, dass im graphischen Medium eine relative, allerdings auch in diesem Falle noch limitierte Annäherung an dialogische, spontane Nähesprachlichkeit möglich ist. Was die durchaus innovativen, rein graphischen Verfahren, also Abkürzungen und Emoticons, wie etwa (deutsch) *hdl* oder :-) angeht, so sind diese varietätenlinguistisch völlig irrelevant, konzeptionell aber immerhin im Blick auf die spontaneitätsfördernde Schreibgeschwindigkeit von Belang» (Koch/Oesterreicher 2011, 14).

Trotz der Kritik am Nähe/Distanz-Kontinuum und den darin verorteten Kommunikationsformen bietet es aus varietätenlinguistischer Perspektive das theoretische Fundament für die notwendige Korpuserstellung.[149] Das in Anlehnung an

---

149 Im Übrigen sei darauf hingewiesen, dass die unterschiedlichen Konzeptionen von Koch/ Oesterreicher und Dürscheid sich nicht widersprechen müssen: Wenn die beiden Autoren das «Telefongespräch» eher dem Pol der kommunikativen Nähe zuordnen, dann tun sie dies, weil sie implizit davon ausgehen, dass es sich um ein «Telefongespräch zwischen guten Freunden» handelt, bei dem die Kommunikationsbedingungen der Nähe, wie z. B. «Spontaneität», «(kommunikative) Vertrautheit», «freie Themenentwicklung» etc. in einem hohen Maße gegeben sind. Von daher könnte man bei einer Positionierung eines Telefongesprächs am Pol der kom

Koch/Oesterreicher (2007 bzw. 2011) bzw. Oesterreicher (2012) dieser Arbeit zugrunde liegende, selbst zusammengestellte, aber nicht selbst erstellte Korpus besteht aus insgesamt fünf Teilkorpora, deren schriftliche wie mündliche Texte sich aufgrund verschiedener konzeptioneller Reliefs an unterschiedlichen Stellen des Nähe/Distanz-Kontinuums verorten lassen, wie Abb. 22 andeutet. Anders formuliert besteht das Untersuchungskorpus somit aus Texten, deren stilistische Markiertheit sich aufgrund der unterschiedlichen Bedingungen des Nähe- und Distanzsprechens und -schreibens manifestiert. Dabei handelt es sich um ein Teilkorpus zur spanischen Umgangssprache, welches sich am Pol der Nähesprache situieren lässt und im Folgenden mit COL (für sp. *coloquial* 'umgangssprachlich') abgekürzt wird. Daneben wurden sehr distanzsprachliche Texte in einem Teilkorpus zu spanischen Gesetzestexten und wissenschaftlichen Artikeln, die von europäischen Sprechern des Spanischen auf Spanisch verfasst wurden, zusammengefasst. Gekennzeichnet werden die beiden Teilkorpora mit LEG (für sp. *legal* 'gesetzlich, legal') bzw. CIE (für sp. *ciencia* 'Wissenschaft'). Das erwähnte Teilkorpus zu den wissenschaftlichen Texten bildet in Kap. 5.2 zusammen mit einem Korpus mit auf Französisch verfassten wissenschaftlichen Texten, welches mit SCI etikettiert wird (für fr. *science* 'Wissenschaft'), die Basis für den Sprachvergleich. Vervollständigt wird das hier untersuchte Korpus durch zwei Teilkorpora, die sich weder den extremen Polen der kommunikativen Nähe noch der kommunikativen Distanz zuordnen lassen, sondern die aufgrund ihres konzeptionellen Reliefs eher als stilistische Mischformen in der Mitte des Nähe/Distanz-Kontinuums angesiedelt werden müssen. Dabei handelt es sich zum einen um Interviews mit spanischen Politikern, welches POL abgekürzt wird (für sp. *político* 'Politiker; politisch'), zum anderen um Reden im spanischen Parlament, welche im Folgenden mit PAR (für sp. *parlamento* 'Parlament') bezeichnet werden. Abbildung 23 zeigt schematisch, wie sich die einzelnen Teilkorpora konzeptionell-medial im Nähe/Distanz-Kontinuum verorten lassen.

Zu dieser Zusammenstellung müssen zwei Kommentare gegeben werden: Zum einen lässt sich eine Einteilung, die in diesem Zusammenhang drei Blöcke als Cluster zusammenfasst, trotz feiner konzeptioneller Abstufungen, etwa zwischen PAR und POL oder LEG und CIE, dennoch rechtfertigen. PAR und POL lassen sich im Gegensatz zu COL und LEG/CIE keinem der Pole des Kontinuums zuschreiben. Sie lassen sich jedoch – erst recht beim gegenwärtigen Stand der Forschung – *grosso modo* zusammen als Block im Zentrum des Kontinuums

---

munikativen Distanz eben davon ausgehen, dass die für eine formellere Kommunikationssituation typischen Bedingungen, wie z. B. «Reflekthiertheit», «Fremdheit» oder «starke Themenfixierung», stärker erfüllt sind.

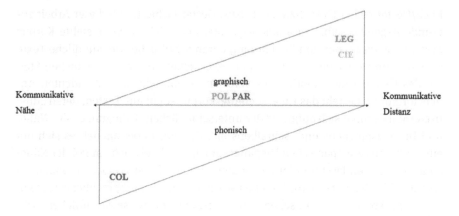

Abb. 23: Nähe/Distanz-Kontinuum nach Koch/Oesterreicher (2011, 13) mit konzeptionell-medialer Situierung der jeweiligen Teilkorpora.

ausmachen, wenngleich extrem detaillierte Beschreibungen der Ausprägung der Kommunikationsbedingungen Unterschiede zwischen den beiden angesprochenen Kommunikationssituationen hervorbringen.[150] Sie können darüber hinaus helfen, die Ergebnisse, die durch die Analyse der an den Polen des Kontinuums verorteten Teilkorpora COL, CIE und LEG gewonnen wurden, zu interpretieren. Weiterhin muss kommentiert werden, dass es sich bei den einzelnen Korpora um medial unterschiedliche Texte handelt. So sind COL, PAR und POL als primär mündlich realisierte Sprachäußerungen zu betrachten, die schließlich transkribiert wurden und als graphische Texte vorliegen. Auf diesen Medienwechsel macht Oesterreicher aufmerksam, wenn er äußert, «dass immer eine *medium transferability* [...] möglich ist, also im Prinzip Phonisches aufgeschrieben und Graphisches verlautlicht werden kann, wobei dann auch interessante konzeptionelle Verschiebungen erfolgen [...]» (2012, 138). Bei Biber im Allgemeinen (1986; 1988; 1995; 2009), und für das Spanische im Besonderen bei Biber et al. (2006) sowie Biber/Tracy-Ventura (2007), lässt sich ebenfalls eine mediale Unterteilung *written vs. spoken texts* beobachten, die für die Untersuchung verschiedener *register* herangezogen wird. Bei Biber entspricht *register*

---

150 So könnte man auf den ersten Blick beispielsweise im Interview einen höheren Grad an Dialogizität zwischen dem Fragesteller und dem Interviewten als in einer Rede vor dem Parlament vermuten. Gleichwohl sind dialogische Elemente bei einer Parlamentsrede nicht untypisch, wenn sich der Redner z. B. mit dem Präsidenten austauscht, auf Zwischenrufe reagiert etc. Im Vergleich zu umgangssprachlichen Situationen mit hoher Dialogizität und distanzsprachlichen Diskursen, die durch Monologizität geprägt sind, lässt sich ein solches Vorgehen rechtfertigen.

hingegen dem hier in dieser Arbeit zugrundeliegendem funktionalen Stilbegriff: «*Register* is used here as a cover term for any language variety defined by its situational [!] characteristics, including the speaker's purpose [!], the relationship between speaker and hearer, and the production circumstances» (2009, 823).

Insgesamt setzt sich das dieser Studie zugrunde liegende Korpus für das moderne europäische Spanisch aus 9.000 Sätzen zusammen und umfasst 179.357 Wörter. Die fünf Teilkorpora weisen jeweils für sich selbst eine Größe von 1.500 bzw. 3.000 Sätzen auf, so dass nicht nur das Gesamtkorpus, sondern auch jedes einzelne Teilkorpus die Forderung Felixbergers bzw. Longacres erfüllt, wonach «ein Korpus für Satzanalysen wenigstens 1000 Sätze umfassen [soll]» (Felixberger 1974, 147; Fn 12), auch wenn dies sicherlich als Richtwert zu betrachten ist. Die unterschiedliche Größe der einzelnen Teilkorpora ist zum Teil methodisch bedingt: Für jeden der oben genannten drei Blöcke sollten jeweils 3.000 Sätze zusammengetragen werden, so dass das Gesamtkorpus insgesamt einen Umfang von 9.000 Sätzen aufweist. Die genannten 3.000 Sätze sollten die Summe der jeweils ersten hundert Sätze 30 verschiedener Texte, die der gleichen Kommunikationsform angehören, darstellen. Dabei ist es aber so, dass Politikerinterviews in den seltensten Fällen mehr als hundert Sätze aufweisen, so dass hier entschieden wurde, die ersten 50 Sätze eines jeden Interviews für die Analyse heranzuziehen. Demnach beträgt die Summe in diesem Fall 1.500 Sätze. Um 3.000 Sätze zu erhalten, wurden entsprechend noch 30 Parlamentsreden à 50 Sätze zusammengetragen, die – wie bereits erwähnt – ein ähnlich konzeptionelles Relief wie die politischen Interviews besitzen. Genauso wurde bei den distanzsprachlichen Korpora CIE und LEG verfahren, die auch aus jeweils 1.500 Sätzen bestehen, allerdings wurden hier wieder die ersten hundert Sätze eines Textes herangezogen. Die Tatsache, dass auch wissenschaftliche Texte berücksichtigt wurden, liegt darin begründet, dass neben den spanischen Gesetzestexten eine weitere extrem distanzsprachlich markierte Kommunikationsform berücksichtigt werden sollte. Einzig das COL-Korpus zur spanischen Umgangssprache umfasst 3.000 Sätze aus 30 nähesprachlich markierten Konversationen. Dabei wurden jeweils die ersten 100 Sätze des Gesprächs für die Analyse berücksichtigt. Tabelle 4 zeigt die Zusammensetzung des Gesamtkorpus aus den stilistisch heterogenen Teilkorpora COL, PAR, POL, CIE und LEG.

Im Folgenden stelle ich nun dar, wie die einzelnen Teilkorpora dieser Untersuchung zusammengestellt wurden, um eine hinreichend große Datenmenge für die Studie zur Verfügung zu haben. Dabei spielt wiederum die Frage eine bedeutsame Rolle, ob mündlich/schriftlich konzipierte Texte medial schriftlich oder mündlich vorliegen. Die im Folgenden dargestellten Textsammlungen, die die Grundlage für die Teilkorpora COL, POL, PAR, CIE und LEG bilden, werden im Literaturverzeichnis mit allen Einzeltexten aufgelistet.

Tab. 4: Zusammensetzung des Gesamtkorpus aus den einzelnen Teilkorpora.

	COL	POL	**PAR**	CIE	LEG
Anzahl der Sätze pro Text	100	50	50	100	100
Anzahl der Texte	30	30	30	15	15
∑Sätze des Teilkorpus	3.000	1.500	1.500	1.500	1.500
∑	3.000	3.000		3.000	
∑Gesamtkorpus			9.000		

4.1.1 Korpus nähesprachlicher Stile: COL

Das Korpus nähesprachlicher Stile zeichnet sich durch folgende Kommunikationsbedingungen aus: Die transkribierten Konversationen fanden in einem privaten Umfeld statt, die Kommunikationspartner kannten sich bereits und es herrschte keine Themenfixierung. Im Vergleich zu allen anderen Teilkorpora lassen sich diese Diskurse ebenfalls aufgrund eines hohen Grads an «Spontaneität» und «Dialogizität» charakterisieren.

Die in dieser Arbeit als COL-Korpus bezeichnete Datenbasis zu den extrem nähesprachlichen Stilen beruht auf den Daten der Val.Es.Co-Forschungsgruppe an der Universität Valencia. Von allen untersuchten Teilkorpora stellen diese transkribierten Konversationsaufzeichnungen diejenigen Daten dar, die explizit als Korpus für die wissenschaftliche Forschung zur spanischen Umgangssprache veröffentlicht wurden. Die Zielsetzungen des Projekts werden wie folgt beschrieben:

> «a) Caracterizar el registro coloquial: por un lado, mediante el análisis y explicación de los aspectos lingüísticos y de estrategia comunicativa que identifican en general este registro de habla [...] y, por el otro, con la descripción más concreta de diversos fenómenos lingüísticos, como el orden de palabras [...], la entonación [...], las secuencias de historia [...], la fraseología [...], la conexión [...], el préstamo lingüístico [...], la presencia del argot en el coloquio [...], el estilo directo [...], la cuantificación léxica [...], la variación sintáctica [...], etc.
> b) Estudiar la estructura de la conversación y sus unidades: su configuración secuencial, la alternancia de turnos, el habla simultánea, el comportamiento interaccional de los participantes, etc. [...]» (Briz/Grupo Val.Es.Co 2002, 12).

Die erste große Veröffentlichung dieser umgangssprachlichen Daten erfolgte im Jahr 2002 als Druckpublikation (*Corpus de conversaciones coloquiales*) und enthält insgesamt 19 Konversationen aus den Jahren 1991 bis 2000 mit Sprechern aller Alters- und Bildungsgruppen sowie einem ausgeglichen Verhältnis zwischen Männern und Frauen (cf. Briz/Grupo Val.Es.Co 2002, 14–17). Inzwischen sind 46 weitere Transkriptionen neueren Datums (bis zum Jahr 2012) auf der Homepage der Forschungsgruppe (http://www.valesco.es/) öffentlich zugänglich und liegen zum Herunterladen in verschiedenen Dateiformaten vor.[151]

Der Vorteil des Val.Es.Co-Korpus im Vergleich zu anderen Korpora gesprochener Sprache liegt in der Tatsache, dass es sich hierbei um geheime Aufzeichnungen handelt, die im Nachhinein von den Sprechern validiert wurden.[152] Dies ist von besonderer Bedeutung, da die Sprecher dadurch keinem Beobachterparadoxon unterliegen, worauf Koch/Oesterreicher verweisen: «In Anbetracht des schon erwähnten Beobachterparadoxons [...] erhöht sich die Qualität eines Corpus, wenn die Aufnahmen mit *versteckten* Geräten oder aber, wo dies nicht möglich ist, unter Angabe einer nichtlinguistischen Zielsetzung (Meinungsumfrage etc.) gemacht werden» (2011, 33). Das Val.Es.Co-Korpus bietet in dieser Hinsicht ideale Voraussetzungen und ist daher vor allem aufgrund der konzeptionellen Beschaffenheit der Sprachdaten, aber auch wegen seines Transkriptionssystems eines der qualitativ besten Korpora (zum umgangssprachlichen Spanisch), die sich zum gegenwärtigen Zeitpunkt in der romanistischen Forschung finden lassen.[153] Da es sich ebenfalls um das Korpus mit den aktuellsten Sprachaufzeichnungen bzw. -transkriptionen handelt, wurden ältere Korpora,

---

151 Zuletzt eingesehen am 08.03.2019.

152 So finden sich im Korpus von Criado de Val (1980) nur vier *coloquios espontáneos* im Vergleich zu zehn *coloquios inducidos*, gleichwohl er ebenfalls die Bedeutung authentischen Sprachmaterials hervorhebt: «Ya entonces establecíamos la distinción fundamental entre el coloquio real y literario y la absoluta necesidad de atender solamente a coloquios reales de cáracter expontáneo [sic], en los que se puede apreciar en su justo valor la carga emocional de los hablantes y su reflejo lingüístico que, de otra manera, en ensayos de laboratorio o por medio de encuestas dirigidas, queda atenuada o desfigurada» (Criado de Val 1980, 9). In den Korpora, die am Ende der 1970er bzw. am Anfang der 1980er Jahre im Rahmen des breit angelegten Projekts *Proyecto de estudio coordinado de la norma lingüística culta del español hablado en las principales ciudades de Iberoamérica y de la Península Ibérica* erstellt wurden, wird man ebenfalls nur geringfügig fündig in Bezug auf authentisch umgangssprachliches Material. So werden z. B. bei Contreras/Rabanales (1979) für Santiago de Chile von 30 Aufzeichnungen 24 als *diálogos dirigidos* und nur sechs als *grabaciones secretas* gekennzeichnet. In der Publikation zur gesprochenen Sprache von Madrid von Cantarero/Esgueva Martínez (1981) findet man ebenfalls nur vier *diálogos secretos* gegenüber vier *diálogos libres* und 16 *diálogos dirigidos*.

153 Kritik erfuhr Val.Es.Co dahingehend, dass das Korpus zunächst nur für eigene, auf pragmatische Untersuchungen ausgerichtete Forschung konzipiert war und keine weiteren stilistischen Varietäten enthielt (cf. Moreno et al. 2005, 136). Diese Sichtweise beeinträchtigt die methodologische Ausrichtung der hier durchgeführten Studie nicht, da im vorliegenden Fall mit den Val.Es.Co-Daten schließlich nur informelle Kommunikationssituationen analysiert werden.

wie beispielsweise das *Corpus Oral de Referencia de la Lengua Española Contem-poránea* (CORLEC), welches Anfang der 1990er Jahre aufgebaut wurde und dem C-ORAL-ROM-Projekt zugrunde liegt (cf. Moreno et al. 2005), nicht berücksichtigt. Dabei spielt es im Übrigen auch keine Rolle, dass im Val.Es.Co-Korpus die Mehrzahl der Sprecher aus der *Comunidad Valenciana* stammt, was für phonetische und lexikalische Fragestellungen, nicht aber für Untersuchungen zur Komplexität der Syntax von Relevanz wäre.

Die transkribierten Sprachdaten wurden dem Vf. dieser Arbeit während eines Forschungsaufenthaltes im Herbst 2012 an der Universität Valencia von der dortigen Forschungsgruppe bereits digital transkribiert zur Verfügung gestellt. Insgesamt konnten 26 unterschiedliche Konversationen (COL1–COL26) analysiert werden. Um das selbstgesetzte Ziel von 30 nähesprachlich markierten Diskursen zu erreichen, wurden die Texte COL27, COL28, COL29 und COL30 willkürlich den 19 Gesprächsaufzeichnungen der Val.Es.Co-Publikation aus dem Jahre 2002 entnommen, da zu diesem Zeitpunkt noch keine weiteren transkribierten Gesprächsaufzeichnungen digitalisiert vorlagen. Im Ganzen umfasst das COL-Teilkorpus demnach in Summe 3.000 Sätze, die sich aus den jeweils ersten 100 Sätzen der 30 verschiedenen Konversationen zusammensetzen.

Die pragmatische Forschungsausrichtung des Val.Es.Co-Projektes hat für Untersuchungen, die wie die hier vorliegende die Syntax in den Mittelpunkt des Interesses rückt, einen Nachteil: Aufgrund der nicht immer durchgängig vorhandenen Interpunktion mussten die Grenzen dessen, was als satzwertige Äußerung definiert wurde, mithilfe der Angabe von Pausen und Intonationsverläufen selbst festgesetzt werden.[154] In diesem Fall wurde eine entsprechende Satzsegmentierung vom Vf. dieser Arbeit vorgenommen. Die Beispiele (186) bis (190) zeigen, wie die transkribierten Äußerungen des Val.Es.Co-Korpus für eine Untersuchung zur syntaktischen Komplexität angewandt werden können.

(186) ¡oye! tú mañana
HS_1

  si   no me *he* despertado↓
  Konj. NS_{1-1}
me *despiertas* ¿eh?/
HS_1

---

154 Cf. hierzu auch Brinker, der darauf verweist, «daß die Interpunktion in einem Text nicht Aufschluß darüber geben kann, was prinzipiell und generell als Satz zu gelten hat, sondern lediglich darüber, wie der Verfasser seinen Text gegliedert haben will» (1972, 107).

porque a ti te *da* igual ducharte a las diez que a las
once ¿no?   (COL8, 1)
Konj.   NS$_{1-2}$

(187) §*oyes* la música
      HS$_1$

      que   tienen primero→
      Konj.   NS$_{1-1}$

y
Konj.
ya *está*→§   (COL20, 44)
HS$_2$

(188)   hablando de libros///
                  NS$_{1-1INF}$
se nos *olvidó* coger el dee↓/ tu hermano↑§   (COL6, 73)
HS$_1$

(189) [pues] yo no le *pongo* morcilla
      HS$_1$
y
Konj.
sí   que me *gusta*///(2)[155]
        HS$_2$
((pues nada↓la *cogerá*))[(( ))]   (COL16, 45 & 46)
HS$_1$

(190) así se *hizo* tal película↓/
      HS$_1$
así se *hizo* no se [sic] qué   (COL21, 80 & 81)
HS$_1$

Anhand des Beispiels (186) lassen sich in vielerlei Hinsicht typische Merkmale des *español coloquial* erkennen: Neben typischen Kontaktsignalen wie *¡oye!*, Interjektionen wie *¿eh?* und Gliederungs- bzw. besser Schlusssignalen (cf. Koch/ Oesterreicher 2011, 46–47) wie *¿no?*, die für den Sprecher eine rückversichernde Funktion besitzen, weist dieses Bsp. auch grammatikalische Besonderheiten auf. Dazu gehören die Fokussierung des Personalpronomens *tú*, welches sogar

---

155 An vielen Stellen des Val.Es.Co-Korpus wird die Zeitdauer der Sprechpause ohne Sekundenstriche angegeben, wie im hier vorliegenden Beispiel zu sehen ist.

noch vor die Protasis gezogen wird und eigentlich einen Teil der Apodosis (*tú me despiertas* oder *me despiertas tú*) darstellt, und des Temporaladverbials *mañana* sowie beispielsweise die Doppelung des indirekten Objekts in der Apodosis durch *a ti* (*a ti te da igual*). Trotz der fallenden Intonation zum Abschluss der Protasis und der Sprechpause nach dem Hauptsatz wird diese Konstruktion als ein komplexer Satz aus einem Hauptsatz (*me despiertas, ¿eh?*) mit zwei adverbialen Nebensätzen analysiert, da auch der kausale Nebensatz aufgrund der geringen Sprechpause als vom Hauptsatz dieser Konstruktion abhängig gelten muss.[156]

Der nächste Fall in (187) zeigt zu Beginn wiederum eine Form des Verbs *oír*, allerdings handelt es sich hierbei nicht um ein Kontaktsignal wie in (186), sondern um den Prädikatsausdruck, der mit valenznotwendigem direkten Objekt (*oyes la música*) realisiert wird. Aufgrund der hier vorherrschenden gleichbleibenden Intonation (→) wird in diesem Fall ein komplexer Satz aus zwei jungierten Hauptsätzen, angenommen, anstatt diese als zwei einzelne einfache Sätze zu analysieren.

Beispiel (188) zeigt eine Konstruktion mit satzinitialem infiniten Nebensatz (*hablando de libros*), der von einer kürzeren Sprechpause gefolgt wird. Der darauffolgende Hauptsatz zeigt zum Ende eine fallende Intonation mit kurzer Sprechpause (*se nos olvidó coger el dee↓/*), die eigentlich eine Satzgrenze anzeigen könnte. In diesem Fall wird das Komplement der Nominalphrase (*el dee↓/ tu hermano↑§*) allerdings noch vervollständigt, so dass auch hier die gesamte Struktur berücksichtigt werden muss, und damit eine einfache Hypotaxe mit satzinitialem infiniten Nebensatz beschrieben werden kann.

Im angeführten Fall (189) erkennt man schließlich, dass der Sprecher nach der ersten Äußerung ([*pues*] *yo no le pongo morcilla y sí que me gusta*) eine Pause von zwei Sekunden folgen lässt, so dass der nachfolgende Abschnitt (*pues nada↓la cogerá*) als eigenständiger einfacher Satz analysiert werden kann. Dieser gehört somit nicht der einfachen homogenen Parataxe an, die vor der Sprechpause festgestellt werden kann.

Im Beispiel (190) ist zu erkennen, wie die fallende Intonation und Pause am Ende der ersten Äußerung (*así se hizo tal película↓/*) als Grundlage dafür

---

156 Im Val.Es.Co-Korpus werden die Pausen durch «/» angezeigt. «/» steht dabei für eine Sprechpause unter einer halben Sekunde, «//» für eine Unterbrechung zwischen einer halben und einer ganzen Sekunde sowie «///» für Pausen für mehr als eine ganze Sekunde. Längere Abstände werden durch eine Klammerdarstellung in Sekunden, bspw. (7''), angegeben. Überschreitet ein Sprecher den Zeitraum von einer Sekunde und mehr, so dass der zeitliche Abstand in Klammern angegeben wird, wird eine neue Konstruktion angenommen. Cf. generell zum Val.Es.Co-Transkriptionssystem das Abkürzungsverzeichnis.

herangezogen werden kann, um in diesem Fall zwei eigenständige syntaktisch einfache Sätze anzunehmen, anstatt einer asyndetisch verbundenen parataktischen Konstruktion. Diese suprasegmentalen Angaben wurden bei der Segmentierung der Daten soweit wie möglich berücksichtigt.

Eine weitere Anmerkung muss hinsichtlich der unterschiedlichen Forschungsausrichtung der Val.Es.Co-Forschungsgruppe gemacht werden. Briz unterscheidet eine grammatikalische von einer pragmatischen Analyse: «*Oración y acto*, así pues, remiten a dimensiones distintas: la gramática y el discurso respectivamente. La oración es la unidad máxima del análisis gramatical» (2011, 138).[157] Im Zentrum der hier vorgelegten Studie steht aber genau die Frage nach der Ausnutzung grammatischer bzw. syntaktischer Strukturen und ihrer Komplexität in unterschiedlichen Kommunikationssituationen. Ein Beispiel, welches Briz gibt, soll diese unterschiedliche Herangehensweise weiter verdeutlichen:

(191)　A:　¿por qué *está* mojado el suelo?
　　　　　HS$_1$
　　　　B:　porque *ha* llovido　　　　　　　　　　　　　　　　(2011, 149)
　　　　　HS$_1$

Briz verweist darauf, dass ein *acto* durch den kausalen Charakter einer Konstruktion wie sp. *el suelo está mojado porque ha llovido* gerade im Gespräch in der Interaktion zwischen den Sprechern A und B deutlich wird (cf. ibid.). Im Rahmen einer syntaktischen Analyse, wie sie innerhalb der vorliegenden Untersuchung durchgeführt wurde, werden die einzelnen Redebeiträge, im Falle von (191) demzufolge von A und B, als eigenständige syntaktische Einheiten betrachtet. So würden trotz semantisch-inhaltlicher Referenzen sowohl die Frage von A als auch die Antwort von B als syntaktisch einfacher Satz analysiert werden. Würde Sprecher B seinen elliptisch realisierten Beitrag vollständig, d. h. sp. *el suelo está mojado porque ha llovido*, realisieren, wäre eine einfache Hypotaxe mit adverbialen Nebensatz anzunehmen.

---

157 Cf. hierzu Garrido Medina: «Las unidades en el enfoque de construcción del discurso son todas gramaticales, de modo que no existe la diferencia entre enunciado y oración, sino que todas las oraciones están en contexto, y una tienen estructura de cláusula, con verbom [sic] mientras que otras no» (2011, 979).

4.1.2 Korpus stilistischer Mischformen: POL & PAR

Im Gegensatz zu den stark informell bzw. nähesprachlich geprägten Stilen des COL-Korpus handelt es sich bei den beiden Teilkorpora, die in dieser Arbeit mit POL & PAR betitelt sind, um Texte, die auf dem Nähe/Distanz-Kontinuum nach Koch/Oesterreicher weder den extremen Polen der kommunikativen Distanz noch der kommunikativen Nähe zuordnen lassen. Sie lassen sich eher in der Mitte des Kontinuums ansiedeln (cf. Abb. 22 und Abb. 23). Interviews und Parlamentsreden wenden sich im Gegensatz zu umgangssprachlichen Konversationen an die Öffentlichkeit und sind zunächst thematisch fixiert. Damit geht ein geringerer Grad an «Spontaneität» und «Emotionalität» einher. Unterscheiden lassen sich Interviews und Parlamentsreden dadurch, dass ein Interview *per se* stärker dialogisch ausgerichtet ist. Da beide Kommunikationsformen somit Elemente der konzeptionellen Mündlichkeit wie Schriftlichkeit aufweisen, können sie als «stilistische Mischformen» bezeichnet werden. Hierbei werden die beiden Teilkorpora POL & PAR aufgrund ihrer ähnlichen konzeptionellen Reliefs als Cluster zusammengefasst.

Das Korpus zu den Interviews mit spanischen Politikern (POL) umfasst 30 Interviews mit spanischen Bundes- wie Lokalpolitikern, die die Tageszeitung *El País* in den Jahren 2006 bis 2013 geführt und auf ihrer Homepage (http:// politica.elpais.com/) veröffentlicht hat. Die ursprünglich lautlich realisierten Gespräche lagen somit bereits verschriftlicht vor. Die Parteizugehörigkeit der involvierten Personen, der Inhalt des Interviews sowie der Zeitpunkt, zu dem das Gespräch geführt wurde, spielten ebenso wenig eine Rolle bei der Auswahl der Texte wie die Herkunft, das Geschlecht oder das Alter der spanischen Politiker. Infolgedessen wurden für die Erstellung des Korpus 30 Interviews randomisiert ausgewählt, d. h. aus dem Pool aller verfügbaren Interviews auf der Homepage von *El País* wurden einzelne Gespräche auf zufälliger Basis gezogen. Jedem dieser Texte wurden die ersten 50 Sätze entnommen und analysiert.[158] In Bezug auf die Kommunikationsbedingungen, unter denen die betreffenden Gespräche entstanden sind, müssen noch folgende Anmerkungen gemacht werden: Selbstverständlich müssten die vorherrschenden Kommunikationsbedingungen für genauere Untersuchungen im Detail beschrieben werden. So könnte es beispielsweise sein, dass sich Interviewer und Interviewter bereits seit längerer Zeit kennen und somit eine stärkere kommunikative Kooperation oder Vertrautheit der Kommunikationspartner bestehen kann, als dies bei einander un-

---

[158] Wie bereits erwähnt, liegt dies in der Tatsache begründet, dass Interviews, die zudem für die Veröffentlichung in einem Print-Medium gedacht sind, nur selten mehr als 100 Sätze aufweisen.

bekannten Gesprächspartnern der Fall ist. In der hier vorliegenden Studie wurden diese Situationen nicht näher auf den Ausprägungsgrad der einzelnen Bedingungen untersucht, da es vor allem vergleichend um die Abgrenzung zu extrem nähe- wie distanzsprachlich markierten Stilen geht. Der Grad an «Öffentlichkeit», der «Themenfixierung», der «Reflektiertheit» etc. erweist sich *grosso modo* als stärker ausgeprägt als bei nähesprachlichen Kommunikationssituationen und ist weniger markant als in distanzsprachlichen Kontexten.

Die größere Ausprägung der Kommunikationsbedingung der «Dialogizität» ist schlussendlich ein Grund dafür gewesen, das Teilkorpus POL im Schaubild zum Nähe/Distanz-Kontinuum (cf. Abb. 23) weiter links im Vergleich zum Korpus der spanischen Parlamentsreden (PAR) zu positionieren, da es etwas stärker dem Pol der Nähesprache zugewandt ist. In diesem Falle wurde die Anordnung auf Grundlage der jeweiligen konzeptionellen Reliefs einer alphatbetischen, also PAR vor POL, vorgezogen.

Im Vergleich zu den stärker informell (COL) und formell (CIE & LEG) geprägten Kommunikationssituationen, lassen sich POL und PAR trotz feiner kommunikativ-konzeptioneller Unterschiede eher der Mitte des Kontinuums zuordnen und sich dadurch gegenüber formellen Kommunikationsformen abgrenzen. Gleichwohl Interviews beispielsweise *per se* ein größeres Maß an Dialogizität aufweisen als eine Rede, sind dialogische Elemente auch in Parlamentsreden nicht ungewöhnlich bzw. unbekannt, da beispielsweise auf Ermahnungen des Parlamentspräsidenten oder Zwischenrufe aus dem Auditorium sprachlich eingegangen werden kann, wie folgender Dialog veranschaulicht:

(192) Vicepresidenta: Señor Bar, *tiene* que ir acabado [sic], por favor.
HS_1

Bar Cendón: Sí, señora presidenta. [...]
HS_{1NOM}

Vicepresidenta: Por favor, señor Bar, se lo *pido*,
HS_1

tiene que ir acabando.
HS_2

Bar Cendón: *Acabo* ya, señora presidenta. [...]
HS_1

Vicepresidenta: Por favor, señor Bar, se *ha* acabado su tiempo.
HS_1

Bar Cendón: Señorías, ustedes *han* leído nuestra enmienda
HS_1

y
Konj.

> *esperamos*
> HS₂
> que   la *acepten*
> Konj.   NS₂₋₁
> -nos *parece* bien la de Convergència i Unió-
> HS₃
> y
> Konj.
> que   *hagamos* algo...
> Konj.   NS₂₋₂
> Vicepresidenta: Señor Bar, se *ha* acabado su tiempo.
> HS₁
> Bar Cendón: Muchas gracias. (Aplausos.)   (PAR17, 26–36)
> HS₁ₙₒₘ

Die Texte, die für die Analyse herangezogen wurden, basieren auf Transkriptionen von Reden spanischer Kongressabgeordneter, die zwischen den Jahren 2008 und 2012 im spanischen Kongress (sp. *Congreso de los Diputados*) gehalten wurden. Die Transkriptionen der Reden lassen sich auf der Internetseite des Abgeordnetenhauses nach Legislaturperioden gestaffelt finden (cf. http://www.congreso.es/portal/page/portal/Congreso/Congreso/Intervenciones). Dies bedeutet, dass ebenfalls ursprünglich Mündliches im Sinne einer *medium transferability* (cf. Lyons 1989, 11) verschriftlicht und veröffentlicht wurde. Aus dem gesamten Pool an öffentlich zugänglichen Reden wurden – analog zu den 30 Texten des POL-Korpus – willkürlich 30 Reden ausgewählt und deren ersten 50 Sätze analysiert, so dass dieses Teilkorpus ebenfalls über insgesamt 1.500 Sätze verfügt.

Nicht unerwähnt bleiben soll bei einer solchen Vorgehensweise der Faktor einer unpräzisen Transkription des Gesprochenen in Bezug auf syntaktische Feinheiten oder einer redaktionellen Nachbearbeitung im Falle des Interviews: In beiden Fällen muss man sich bei der Analyse auf die schriftlich vorliegende Version verlassen, solange man selbst keine eigenen Aufnahmen bzw. Transkriptionen durchgeführt hat. Dies hat beispielsweise zur Konsequenz, dass man bei der Entscheidung, ob eine Äußerung aus zwei einfachen Sätzen oder einer asyndetischen Parataxe aus zwei Hauptsätzen besteht, auf das Schriftbild angewiesen ist. Dies ist ein Merkmal, in dem sich die Teilkorpora POL und PAR von dem Korpus zur spanischen Umgangssprache COL unterscheiden, bei dem Aussagen über solche Konstruktionen noch aufgrund des Intonationsverlaufs und der Angaben der Zeitdauer von Sprechpausen möglich waren. Nichtsdestotrotz erscheint eine solche Vorgehensweise gerechtfertigt, um Aussagen im Vergleich zu den extrem nähe- und distanzsprachlichen Stilen, die in dieser Untersuchung analysiert wurden, treffen zu können. Im Folgenden werden die Teilkorpora, die sich dem Pol der Distanzsprache zuordnen lassen, näher vorgestellt.

4.1.3 Korpus distanzsprachlicher Stile: CIE & LEG

Bei den beiden Teilkorpora, die sich aus Texten zusammensetzen, die sich aufgrund ihres konzeptionellen Reliefs am Pol der kommunikativen Distanz ansiedeln lassen, handelt es sich zum einen um wissenschaftliche Aufsätze (CIE) sowie zum anderen um spanische Gesetztestexte (LEG). Sie stellen von allen untersuchten Korpora diejenigen Texte dar, die bereits verschriftlicht vorlagen.

Das wissenschaftliche Texte enthaltende Teilkorpus CIE setzt sich aus fünfzehn unterschiedlichen Texten zusammen, von denen die ersten 100 Sätze analysiert wurden. Damit kann die ursprüngliche Vorgehensweise, wie sie im COL-Korpus bereits Anwendung gefunden hat und von der bei den Texten der POL- und PAR-Teilkorpora abgewichen werden musste, wieder angewandt werden. Die Auswahl der Texte stellt online verfügbare wissenschaftliche Zeitschriften aus verschiedensten Disziplinen dar, die ihre Beiträge auf Spanisch veröffentlichen. Im Anschluss daran wurden aus diesem Pool an Zeitschriften randomisiert fünfzehn Artikel zur Analyse herangezogen. Im Gesamten wurden somit 1.500 Sätze aus wissenschaftlichen Publikationen analysiert. Hierbei gilt es zwei Anmerkungen zu machen: Wenngleich das Englische in der Wissenschaft heutzutage die *lingua franca* darstellt, finden sich doch disziplinübergreifend ausreichend auf Spanisch verfasste Veröffentlichungen. Dabei waren es jeweils europäische Muttersprachler des Spanischen, deren wissenschaftliche Arbeiten in das Korpus aufgenommen wurden. Die zweite Anmerkung bezieht sich auf die angesprochenen wissenschaftlichen Disziplinen: Während man sich in philologisch-philosophischen Abhandlungen ganz selbstverständlich des Spanischen bedient, z. B. in den Sprach-, Literatur-, Geschichtswissenschaften oder der Philosophie, benutzen auch Autoren chemischer oder mathematischer Forschungsberichte das Spanische als Wissenschaftssprache. Somit stellte es für die Korpuserstellung keine größere Schwierigkeit da, entsprechende Texte zu finden. Die Aufsätze wurden allesamt zwischen den Jahren 2004 und 2011 veröffentlicht und gehören den folgenden Wissenschaftsgebieten an: Sprach- und Literaturwissenschaft, Hydrologie, Geschichtswissenschaft, Philosophie, Polymerwissenschaft sowie der Bio-Ethik. Aufgrund der Kommunikationsbedingungen lassen sich diese Texte der extremen Distanzsprache zuordnen: Es gibt eine «feste Themenfixierung», maximale «Öffentlichkeit», keine «emotionale Beteiligung» sowie ein stark ausgeprägtes Maß an «Reflektiertheit». Das letzte Kriterium zeigt sich gerade bei schriftlich verfassten Texten in den Versprachlichungsstrategien (cf. Koch/Oesterreicher 2011, 10–14), da schriftlich Formuliertes überarbeitet und redigiert werden kann, bevor es endgültig vorliegt. Abb. 22 zeigt, dass der wissenschaftliche Vortrag als Kommunikationsform im Gegensatz zu einer wissenschaftlichen Publikation nicht am extremen Pol der Distanzsprache anzusiedeln ist, da dieser aufgrund seiner phonischen Realisierung trotz konzeptioneller Schriftlichkeit Merkmale der gesprochenen Sprache aufweisen kann, wie z. B. Interjektionen, Gliederungs- und Kontaktsignale sowie suprasegmentale Besonderheiten.

Das letzte Teilkorpus besteht aus spanischen Gesetzestexten, die Koch/Oesterreicher in ihrem Kontinuum explizit dem Pol der Distanzsprache zuordnen (cf. Abb. 22). Die Texte, die die Grundlage des Korpus bilden, wurden allesamt dem *Boletín Oficial del Estado* (BOE) entnommen, welcher durch die *Agencia Estatal Boletín Oficial del Estado* veröffentlicht wird und in dem alle verabschiedeten Gesetze veröffentlicht werden müssen (online abrufbar unter: https://www.boe.es/). Für das LEG-Korpus war es ebenso Ziel, 1.500 Sätze zu analysieren, damit zusammen mit den 1.500 Sätzen des CIE-Korpus eine Anzahl von 3.000 distanzsprachlich markierten Sätzen erreicht werden kann. Ausgewählt wurden wiederum fünfzehn Texte und im Anschluss die ersten 100 Sätze analysiert. Die Auswahl erfolgte dabei erneut randomisiert aus dem Pool aller zur Verfügung stehenden Gesetzestexte, die auf den Seiten des BOE publiziert wurden. Die analysierten Textsammlungen wurden in einem Zeitraum von 2002 bis 2013 im BOE veröffentlicht. Die inhaltlichen Schwerpunkte beziehen sich dabei auf ganz unterschiedliche Lebensbereiche, so z. B. Funk und Fernsehen, das Verteidigungswesen, finanzielle Unterstützung von Opfern von Naturkatastrophen, das Polizeiwesen etc. Nachdem nun die einzelnen Bestandteile des Referenzkorpus, das dieser Untersuchung zugrundeliegt, näher vorgestellt wurden, soll im Folgenden die zur Analyse der Daten herangezogene Methode präsentiert werden.

4.2 Methode

Wie bereits in Kap. 2 gesehen wurde, beruhen viele Forschungsaussagen zu Eigenschaften der syntaktische Komplexität auf intuitiv-subjektiven Beobachtungen, die kein genaues Bild der Syntax im tatsächlichen Sprach- und Schriftgebrauch zeichnen. Narbona Jiménez macht die Notwendigkeit zur Überwindung solcher Herangehensweisen deutlich, wenn er schreibt: «Superar la fase de las meras observaciones intuitivas de carácter impresionista exige que los estudiosos se liberen de la inclinación a pensar que están ocupándose de algo peculiar y distinto. Sólo así desaparecerán o, al menos, se difuminarán, las reticencias de buena parte de los gramáticos» (1997, 98).

Die hier vorliegende Studie möchte anhand einer deskriptiv-empirischen Vorgehensweise für verschiedene funktionale Stile des Spanischen den tatsächlichen Gebrauch verschiedener syntaktischer Merkmale bestimmen, um so Aussagen über das Verhältnis der Stile zueinander treffen zu können. Im Zentrum der Analyse standen dabei qualitiative wie quantitive Fragestellungen. So wurde für jeden der 9.000 Sätze die Satzlänge in graphischen Wörtern bestimmt. Dies stellt die einzige Analysekategorie dar, die maschinell ausgelesen wurde. Wie bereits erwähnt, wird für das Spanische jedoch eine Anmerkung gemacht: Enklitische Pronomen wurden morphosyntaktisch getrennt, d. h. sprachliche Ausdrücke wie sp. *dámelo* wurden in dem Fall als drei Wörter anstatt eines Wortes gezählt. Weitere Beispiele aus dem Korpus hierfür sind:

(193) Hay que contestar y debatir,
      HS_1
      pero
      Konj.
      debemos *centrarnos* en los aspectos
      HS_2
             que   preocupan,
             Konj. NS_{2-1}
      como el desempleo.   (POL17, 18)
      HS_2

(194) ° (*mánchate*
      HS_1
      y
      Konj.
      verás) °   (COL30, 67)
      HS_2

(195) Señorías, intervengo para fijar la posición del Grupo Parlamentario
      Popular respecto de las enmiendas aprobadas en el Senado e
      incorporadas al proyecto de ley por el
      HS_1
             que   se trasponen determinadas directivas en el ámbito
                         de la imposición indirecta y se modifica la Ley del
                         impuesto sobre la renta de no residentes
             Konj. NS_{1-1}
                         para   *adaptarlo* a la normativa comunitaria.
                                          (PAR6, 23)
                NS_{1-2}

(196) No es ciertamente protagonista de los acontecimientos narrados —
HS_1

    aunque es muy preciso al señalar las fuentes en
Konj. NS_{1-1}

        que   se basa—
    Konj. NS_{1-2}

    como sí lo fue Jenofonte al *transmitirnos* su experiencia
    como soldado mercenario griego reclutado
    por Ciro.   (CIE9, 66)
Konj. NS_{1-3}

Beispiel (193) weist demnach 17 (statt 16) Wörter auf, während man in (194) eine Satzlänge von vier statt drei Wörtern annehmen kann. In dem längeren Beispiel (195) können 58 statt 57 Wörtern gezählt werden, wohingen sich der Umfang von (196) mit 37 Wörtern (statt 36) beziffern lässt. Eine solche Vorgehensweise ist gerade im Hinblick auf einen Sprachvergleich, wie er in dieser Arbeit mit dem Französischen (cf. Kap. 5.2) gezogen wird, angebracht.[159]

Mit Ausnahme der Bestimmung der Satzlänge wurden alle weiteren qualitativen wie quantitativen Merkmale syntaktischer Komplexität, wie sie in Kap. 3.3.2 beschrieben wurden, für das gesamte Korpus manuell ermittelt. Dies erschien deswegen auch vonnöten, weil v. a. qualitative Analysen der Konstruktionen, wie sie hier durchgeführt wurden, m. E. zum jetzigen Zeitpunkt maschinell noch nicht möglich sind. Weitere quantitative Analyseschritte stellten die Bestimmung der Anzahl der finiten Verben sowie des Grades der maximalen Einbettungstiefe der Sätze dar. Beispiel (197) zeigt einen komplexen Satz aus dem COL-Korpus, während (199) eine hypotaktische Struktur mit zwei Relativsätzen auf gleicher Einbettungstiefe aus einem spanischen Gesetztestext zeigt. Eine komplexere Struktur in Bezug auf den Grad der maximalen Einbettungstiefe kann in dem ansonsten relativ kurzen Beispiel (198) festgestellt werden, wohingegen (200) sowohl in Bezug auf die Satzlänge als auch die Einbettungstiefe als sehr komplex beschrieben werden kann.

(197) §yo también lo *hago*//muchas veces sin maniobra
    HS_1

y
Konj.
acierto↓
HS_2

---

159 Für das Französische wären analog zu dem spanischen Beispiel für *donne-le-moi* drei Wörter anzunehmen.

pero
Konj.
voy despacito↑
    HS$_3$
        porque no *sé*
        Konj.   NS$_{3-1}$
        hasta qué punto↑*va* a pasar el coche↑§   (COL15, 72)
        Konj.   NS$_{3-2}$

(198) Pero al final yo *creo*
        HS$_1$
        que   *comprendieron*
        Konj.   NS$_{1-1}$
        que   *somos* un país serio,
        Konj.   NS$_{1-2}$
        que   *cumple*
        Konj.   NS$_{1-3}$
        lo que   *dice*,
        Konj.   NS$_{1-4}$
        y
        Konj.
        que   *teníamos* capacidad de influencia en
        áreas para ellos importantes.   (POL5, 47)
        Konj.   NS$_{1-5}$

(199) En este sentido, la competencia exclusiva del Estado para la regulación de las condiciones básicas
        HS$_1$
        que   *garanticen* la igualdad de todos los españoles en el ejercicio de los derechos y en el cumplimiento de los deberes constitucionales (artículo 149.1CE),
        Konj.   NS$_{1-1}$
justifica la regulación, por parte de esta Ley, de las condiciones básicas de promoción de la autonomía personal y de atención a las personas en situación de dependencia mediante la creación de un Sistema para la Autonomía y Atención a la Dependencia con la colaboración y participación de todas las Administraciones Públicas, y con pleno respeto de las competencias
        HS$_1$
        que   las mismas *hayan* asumido en materia de asistencia social en desarrollo del artículo 148.1.20 de la Constitución.   (LEG2, 35)
        Konj.   NS$_{1-2}$

(200) *Es* especialmente significativo
    HS$_1$

    que   algunas de nuestras enmiendas *fuesen* aprobadas en
            la Comisión de Economía y Hacienda del Senado
    Konj.   NS$_{1-1}$

y,
Konj.
en concreto, me *voy* a referir a
    HS$_2$

    que   la Comisión se *pronunció* en contra de la subida de los
            tipos de IVA planteada por el Gobierno en los Presupu-
            estos Generales del Estado para 2010,
    Konj.   NS$_{2-1}$

            incluyendo en el dictamen de la Comisión su
            eliminación,

            NS$_{2-2INF}$

            lo que *constituye* un auténtico aviso a
            navegantes y un importante
            precedente sobre la oposición
            frontal de una amplia mayoría
            a la política socialista de subida
            de impuestos.   (PAR6, 35)
    Konj.   NS$_{2-3}$

Im Falle von (197) können fünf finite Verben bei einer Satzlänge von 24 Wörtern
beobachtet werden. Der Grad der maximalen Einbettungstiefe beträgt zwei, da
ein Nebensatz zweiten Grades vorliegt, d. h. der Nebensatz *hasta qué punto↑va
a pasar el coche↑§* ist syntaktisch abhängig vom ersten Nebensatz *porque no
sé*, der wiederum vom (dritten) Hauptsatz *voy despacito* abhängt. Der Satz (198)
weist bei 28 Wörtern und sechs finiten Verben einen ähnlichen Umfang wie
(197) auf, allerdings lässt sich in diesem Fall ein Nebensatz vierten Grades feststellen, nämlich NS$_{1-4}$ (*lo que dice*), was diese Konstruktion in Bezug auf die
Einbettungstiefe deutlich komplexer erscheinen lässt als (197). Das Beispiel
(199) aus einem spanischen Gesetzestext zeigt dagegen, dass ein sehr langer
Satz nicht automatisch mit einer großen Einbettungstiefe korreliert, da hier bei
einer Anzahl von drei finiten Verben und einer Satzlänge von 116 Wörtern der
Grad der maximalen Einbettung bei eins liegt. Sowohl der erste als auch der
zweite Nebensatz, den die Gesamtkonstruktion aufweist, stellen einen Nebensatz ersten Grades dar, da beide Relativsätze vom übergeordneten Hauptsatz
abhängen. Abschließend lässt sich (200) als ein Satz beschreiben, dessen Komplexität für alle analysierten Parameter greifbar ist: neben der Satzlänge von

91 graphischen Wörtern und einem Wert von fünf finiten Verben trägt auch die maximale Einbettungstiefe von drei in diesem Fall zu der komplexen Struktur bei. Neben den beschriebenen numerischen Werten, die den Umfang der Konstruktion wiedergeben, wurde in qualitativer Hinsicht jede der 9.000 Konstruktionen in Bezug auf ihren Satztyp bestimmt und, für den Bereich der komplexen Sätze, ermittelt, ob die komplexe Struktur initial einen Haupt- oder Nebensatz aufweist. Während die Beispiele (197) bis (200) allesamt komplexe Satzstrukturen mit initialem Hauptsatz aufweisen, zeigen die folgenden Sätze von (201) bis (204) komplexe syntaktische Konstruktionen mit beginnendem Nebensatz:

(201)   Cuando lo *hagamos*
           Konj. NS_{1-1}
     le *contaré*.   (POL29, 27)
        HS_1

(202)   Pero si *es* verdad
           Konj. NS_{1-1}
           que   *atribuimos* nuevas materias a los jueces y
                   tribunales de lo social,
           Konj. NS_{1-2}
     esta ley *incorpora* algunas vías y técnicas dirigidas a disminuir de
     forma muy clara el número de procedimientos judiciales atribuidos
     al juez, cuatro fundamentalmente.   (PAR24, 42)
        HS_1

(203)   hablando de libros///
             NS_{1-1INF}
     se nos *olvidó* coger el dee↓/ tu hermano↑§   (COL6, 73)
        HS_1

(204)   Teniendo en cuenta estos factores,
             NS_{1-1INF}
     es posible conseguir sistemas de liberación
        HS_1
           que   *actúen* lentamente y de forma continua durante largos
                   periodos de tiempo.   (CIE7, 4)
           Konj. NS_{1-2}

Betrachtet man die Beispiele näher, so handelt es sich im Falle von (201) und (202) jeweils um finite Nebensatzkonstruktionen mit adverbialer Funktion (*cuando lo hagamos* bzw. *pero si es verdad*), während sich in (203) = (188) und (204) infinite Nebensätze mit ebenfalls adverbialer Funktion am Satzanfang beobachten lassen (*hablando de libros* bzw. *teniendo en cuenta estos factores*). Die Frage, ob zu Satzbeginn finite oder infinite Nebensatzstrukturen häufiger auftreten, wurde im Rahmen dieser Studie nicht untersucht.

Wichtiger im Hinblick auf die Qualität syntaktischer Konstruktionen im Spanischen erscheint hingegen die Art der einzelnen Satztypen. Hierbei werden im Bereich der einfachen Sätze einfache Sätze ohne finites Verb (Einfach oV) und der einfache Satz (Einfach), d. h. eine syntaktische Struktur mit einem finiten Verb, unterschieden. In der Kategorie des komplexen Satzes wird die Typologie von Kiesler (2013a) zur Bestimmung der verschiedenen Satztypen herangezogen (cf. auch Kap. 3.3.2). Für parataktische Konstruktionen kann man sodann eine Homogene Parataxe (HoPa), eine Heterogene Parataxe (HePa), eine Multiple Homogene Parataxe (MuHoPa) sowie eine Multiple Heterogene Parataxe (MuHePa) annehmen. Für hypotaktische Konstruktionen werden die Einfache Hypotaxe (EinHy), die Multiple Homogene Hypotaxe (MuHoHy) und die Multiple Heterogene Hypotaxe (MuHeHy) unterschieden. Die folgende Abbildung gibt einen Überblick über diese neun Satztypen anhand jeweils zweier Beispiele aus unterschiedlichen Teilkorpora:

Tab. 5: Übersicht über die zur Analyse herangezogenen Satztypen für das Spanische.

Satztyp		Beispiel	
Einfach	Einfach oV	(205) EXPOSICIÓN DE MOTIVOS	(LEG10, 4)
		(206) Pregunta del diputado don Pedro Azpiazu, del Grupo Parlamentario Vasco (EAJ-PNV).	(PAR21, 43)
	Einfach	(207) = (56) tía↓puees↑¿qué te *iba* a decir?///	(COL11, 51)
		(208) Por este motivo, *hay* que tener especial precaución con los polímeros biodegradables.	(CIE7, 80)
Para-taktisch	Homogene Parataxe (HoPa)	(209) §*lloraba*→y *vomitaba*→§	(COL1, 89)
		(210) Austeridad y estabilización *son* necesarios, pero también *hay* que crear empleo.	(POL24, 13)
	Heterogene Parataxe (HePa)	(211) No *quiero* ahogarle en datos, pero, como usted bien *sabe*, casi el 50 por ciento de los menores de 30 años *está* hoy parado.	(PAR21, 48)
		(212) La Ley *somete* a su debate las decisiones gubernamentales y *regula* de manera concreta las condiciones que *deben* cumplir.	(LEG7, 21)

Tab. 5 (fortgesetzt)

Satztyp		Beispiel	
Para- taktisch	Multiple Homogene Parataxe (MuHoPa)	(213) España *tiene* unas cifras de déficit y de deuda inferiores a las de Gran Bretaña y, sin embargo, Gran Bretaña se *financia* a través del Banco de Inglaterra con tipos de interés muy bajos y España se *financia* con tasas de interés insoportables.	(POL8, 35)
		(214) En (8c) y 8(d) se *dan* más detalles de la cena de (b); las dos oraciones *están* en relación de ampliación con (8b) y en relación de narración entre ellas: temporalmente, primero *tomó* salmón y luego se *atiborró* de queso.	(CIE5, 100)
	Multiple Heterogene Parataxe (MuHePa)	(215) Por tanto, no *son* poder del Estado, *son* ciudadanos y *ha* de regularse el ejercicio de sus derechos -todos, el derecho a estar afiliado a un partido político también-, pero no *ha* de prohibirse en una ley orgánica un derecho que la Constitución no *prohíbe*.	(PAR26, 37)
		(216) §*parece* que no se *entienden* mucho y mi cuñada lo que no *quiere es* que mi abuela conmigo- mi abuela conmigo *tiene* muchas confianzas y me *dice* todas las cosas§	(COL16, 67)
Hypo- taktisch	Einfache Hypotaxe (EinHy)	(217) Todos los elementos de la Naturaleza *tienen* una respuesta espectral propia que se *denomina* signatura espectral.	(CIE8, 72.)
		(218) §todo el puuto día/ tío/ *limpia* lo que *está* lim[pio↓]	(COL3, 70.)
	Multiple Homogene Hypotaxe (MuHoHy)	(219) La tipificación de su vulneración, como infracción de consumo, se *deduce* claramente del artículo 49, apartado 13 en el que se *califica* como tal el incumplimiento de los requisitos, obligaciones o prohibiciones establecidas en esta Ley y disposiciones que la *desarrollen*.	(LEG15, 36)
		(220) La historia *está* llena de decisiones de los presidentes de Gobierno que el partido no *ha* visto con buenos ojos pero que siempre *ha* apoyado.	(POL18, 20)

Tab. 5 (fortgesetzt)

Satztyp		Beispiel	
Hypo- taktisch	Multiple Heterogene Hypotaxe (MuHeHy)	(221) Este mismo espacio europeo de Educación Superior del que *formamos* parte también nos *obliga* a afrontar nuevos cambios en nuestro sistema, en concreto en el sistema de gober- nanza, sin olvidar otras reformas estrechamente vinculadas a la gobernanza, como *son* la financiación universitaria o la relativa al personal de la universidad, al ámbito de difusión del conocimiento o a los temas relacionados con la acreditación o la calidad.	(PAR10, 23.)
		(222) pues si no te *quedas* aquí con tus hermanos y ya te *sabes* lo que *tienes* que hacer	(COL26, 48)

Mit der Bestimmung des Satztyps können für die 9.000 Sätze des hier untersuchten Korpus die wichtigsten Merkmale für den Umfang und die Art einer jeden Konstruktion bestimmt werden. Mithilfe der Sätze in den Beispielen (223) bis (232) soll die Analyse an dieser Stelle beispielhaft illustriert werden, wobei für jedes Teilkorpus jeweils zwei Beispiele angeführt werden sollen:

Beispiel (223) = (194)					(COL30, 67)
° (*mánchate* y *verás*) °					
Satzlänge (gr. Wörter)	4	Anzahl finiter Verben	2	Ein- bettungs- tiefe	0
Satzbeginn	HS	Satztyp	HoPa		

Beispiel (224) = (197)					(COL15, 72)
§yo también lo *hago*//muchas veces sin maniobra y *acierto*↓pero *voy* despacito↑porque no *sé* hasta qué punto↑*va* a pasar el coche↑§					
Satzlänge (gr. Wörter)	24	Anzahl finiter Verben	5	Ein- bettungs- tiefe	2
Satzbeginn	HS	Satztyp	MuHePa		

Beispiel (225) = (193)			(POL17, 18)
Hay que contestar y debatir, pero *debemos* centrarnos en los aspectos que *preocupan*, como el desempleo.			

Satzlänge (gr. Wörter)	17	Anzahl finiter Verben	3	Ein-bettungs-tiefe	1
Satzbeginn	HS	Satztyp	HePa		

Beispiel (226) = (201)			(POL29, 27)
Cuando lo *hagamos* le *contaré*.			

Satzlänge (gr. Wörter)	5	Anzahl finiter Verben	2	Ein-bettungs-tiefe	1
Satzbeginn	NS	Satztyp	EinHy		

Beispiel (227)			(PAR30, 46)
Las líneas de este anteproyecto que usted nos *presenta van* justamente en la dirección contraria de lo que nosotros *creemos* y *defendemos*.			

Satzlänge (gr. Wörter)	22	Anzahl finiter Verben	4	Ein-bettungs-tiefe	1
Satzbeginn	HS	Satztyp	MuHoHy		

Beispiel (228) = (143)			(PAR9, 22)
Más concretamente las modificaciones incorporadas por este proyecto de ley *proporcionan* mayor seguridad jurídica y flexibilidad a los operadores, *mejoran* la protección de los derechos de los usuarios, y *refuerzan* las competencias de la Comisión del Mercado de las Telecomunicaciones.			

Satzlänge (gr. Wörter)	40	Anzahl finiter Verben	3	Ein-bettungs-tiefe	0
Satzbeginn	HS	Satztyp	MuHoPa		

Beispiel (229) = (144)					(LEG13, 27)

Asimismo, se *faculta* al Gobierno para un desarrollo reglamentario de la materia, se *declara* de aplicación supletoria la normativa sobre procedimiento administrativo, se *dispone* su entrada en vigor y su aplicación a los Cuerpos de Policía Local en los términos de la Ley Orgánica 2/1986, de 13 de marzo.

Satzlänge (gr. Wörter)	49	Anzahl finiter Verben	3	Ein-bettungs-tiefe	0
Satzbeginn	HS	Satztyp	MuHoPa		

Beispiel (230) = (199)					(LEG2, 35)

En este sentido, la competencia exclusiva del Estado para la regulación de las condiciones básicas que *garanticen* la igualdad de todos los españoles en el ejercicio de los derechos y en el cumplimiento de los deberes constitucionales (artículo 149.1CE), *justifica* la regulación, por parte de esta Ley, de las condiciones básicas de promoción de la autonomía personal y de atención a las personas en situación de dependencia mediante la creación de un Sistema para la Autonomía y Atención a la Dependencia con la colaboración y participación de todas las Administraciones Públicas, y con pleno respeto de las competencias que las mismas *hayan* asumido en materia de asistencia social en desarrollo del artículo 148.1.20 de la Constitución.

Satzlänge (gr. Wörter)	116	Anzahl finiter Verben	3	Ein-bettungs-tiefe	1
Satzbeginn	HS	Satztyp	MuHoHy		

Beispiel (231) = (204)					(CIE7, 4)

Teniendo en cuenta estos factores, *es* posible conseguir sistemas de liberación que *actúen* lentamente y de forma continua durante largos periodos de tiempo.

Satzlänge (gr. Wörter)	23	Anzahl finiter Verben	2	Ein-bettungs-tiefe	1
Satzbeginn	NS	Satztyp	MuHeHy		

Beispiel (232)			(CIE13, 70)
En suma, Fougeret de Monbron tan sólo *considera* sus viajes como una lectura del libro de la vida y no como una revelación de aquello que *unifica* todas las vidas, nos *expone* sus juicios y pronunciamientos, pero lo *hace* desde sus propios pasos, con los placeres que de ellos se *obtienen*, con las advertencias que de sus situaciones se *extraen*, etc.			

Satzlänge (gr. Wörter)	61	Anzahl finiter Verben	6	Ein-bettungs-tiefe	2
Satzbeginn	HS	Satztyp	MuHePa		

Mit der hier vorgeschlagenen Methode wird das Ziel verfolgt, die Komplexität der Syntax des modernen europäischen Spanischen anhand von konkreten Sprech- und Schreibanlässen qualitativ wie quantitativ umfassend zu untersuchen und darzustellen. Dadurch wird deutlich, inwieweit Sprecher des Spanischen in verschiedensten Kommunikationssituationen das ihnen zur Verfügung stehende sprachliche System in Bezug auf die Syntax ausnutzen.

Bevor im Folgenden die Ergebnisse der Studie präsentiert werden, bedarf es an dieser Stelle eines Kommentars zur Analyse des COL-Korpus. Darüber hinaus wird erläutert, wie mit den syntaktischen Merkmalen gesprochener Sprache, die in Kap. 3.1.3 dargelegt wurden, verfahren wurde.

In Bezug auf die Anzahl der graphischen Wörter muss festgehalten werden, dass nur Wörter als solche gezählt werden, die über einen semantischen Wert verfügen, d. h. dass dies zum Ausschluss aller graphisch transkribierten Interjektionen führt, wie in den folgenden Beispielen zu sehen ist:

(233)   ¡ah! yo en quinto§   (COL13, 21)
        HS_{1NOM}

(234)   ¡uy!//¿qué *son* muy difíciles?   (COL6, 11)
        HS_1

(235)   ((¡ay! que me)) *miro* en mi reloj↑
        HS_1
        y
        Konj.
        no *sale*((nunca la hora))§   (COL8, 88)
        HS_2

(236) §°(yo no me *atrevo* a decirle eso ¿eh?)°
       HS₁
       yo me[*atrevo* a escribirlee yy]   (COL9, 82)
       HS₂

In (233) kann man demnach nur drei statt vier, und im Fall von (234) vier statt
fünf Wörter berücksichtigen. Während Bsp. (235) sodann zwölf statt dreizehn
Wörter aufweist, lassen sich in (236) 15 statt 16 Wörter zählen.[160] Weiterhin gilt
in diesem Zusammenhang, dass sogenannte «Einwortsätze» (cf. Kiesler 2013b,
31–32) auch nur dann als solche gezählt werden, wenn dieses Wort semantischen Wert besitzt. Dies bedeutet, dass eine Konstruktion wie sp. *¡Silencio!*
(Kiesler 2013b, 33) als nominaler Aufforderungssatz bzw. als einfacher Satz ohne
finites Verb gewertet wird im Vergleich zu *¡Psssst ...!* (Kiesler 2013b, 32), welches
zwar eine pragmatische, aber eben keine semantische Funktion besitzt.

In informellen Kommunikationssituationen lassen sich ebenfalls Gliede-
rungs- und Kontaktsignale (wie z. B. sp. *¡mira!*, *¡oye!*, *¿sabes?*) finden, die zwar
finite Verbformen darstellen, aber nicht für die Anzahl der finiten Verben einer
Satzkonstruktion berücksichtigt werden, da sie eben als «Gesprächswörter»
bzw. «Diskursmarker» (Koch/Oesterreicher 2011, 42) und nicht als Prädikatsträger der syntaktischen Konstruktion fungieren. Dies ist in (237) und (238) der
Fall, in denen *OYE* bzw. *mira* keine syntaktische Funktion zugeschrieben werden kann und man somit für (237) ein finites Verb (*HAS*) und für (238) vier finite
Verben (*estábamos*, *estaba*, *era* und *vino*) festhalten kann. Sind solche finiten
Verbformen allerdings Bestandteil einer syntaktischen Struktur bzw. erfüllen sie
eine syntaktische Funktion, wie in den Bsp. (239) und (240) zu erkennen ist, so
werden sie in Bezug auf die Anzahl finiter Verben einer Satzkonstruktion als
solche gewertet:

(237) [¡OYE] A MÍ NO ME *HAS* SACADO JAMÓN!   (COL30, 28)
       HS

(238) mira/ *estábamos* en mi casa/ hablando/ Lucía y yoo/
       HS₁
       y
       Konj.
       estaba Reyes/
       HS₂

---

160 Wie zuvor bereits erläutert wurde, werden bei der Analyse von (236) die Formen <decirle>
und <escribirle(e)> nicht als jeweils ein graphisches Wort gezählt, sondern nach Abtrennung
des enklitischen Pronomens als vier Wörter: <decir><le> bzw. <escribir><le(e)>.

que	*era* los días
Konj.	NS$_{2-1}$
que	*vino* Reyes/ (COL4, 67)
Konj.	NS$_{2-2}$

(239) [¿*sabes*
 HS$_1$

que	*hemos*] cambiadoo ell-(RISAS)
	el mensahe↑? (COL20, 9)
Konj.	NS$_{1-1}$

(240) ¿((*sabes*))
 HS$_1$

que	mi hermana se *va* a ir a Taii-WANN? (COL23, 32)
Konj.	NS$_{1-1}$

Die einfachen Hypotaxen in Bsp. (239) sowie (240) weisen somit sowohl im Haupt- als auch Nebensatz jeweils eine finite Verbform auf, wobei *sabes* in beiden Fällen als Prädikat des Hauptsatzes HS$_1$ fungiert.

Die gleiche Vorgehensweise wird bei den sog. *hesitation phenomena* oder «Überbrückungsphänomenen» (Koch/Oesterreicher 2011, 52) angewandt, die nicht mimisch oder akustisch ausgedrückt werden. Dabei handelt es sich um «Verfahren und Elemente, die es erlauben, den Formulierungsvorgang in den Diskurs hineinzutragen, sobald in der ‹Prospektive› Formulierungsschwierigkeiten auftreten [...]. Durch diese Verzögerungen wird nicht nur Planungszeit gewonnen, sondern auch die Rezeption erleichtert» (loc. cit). Darunter fallen für das Spanische Ausdrücke wie *pues, es que* etc., wie (241) und (242) veranschaulichen:

(241) [pues esta mañana↑ *va* yy/// (COL6, 84)
 HS

(242) §es que como me *has* dicho Juanjo↑ (COL12, 48)
 HS

Das Beispiel (242) zeigt, dass in solchen Fällen *es que* nicht als Teil der syntaktischen Konstruktion, sondern als Überbrückungsphänomen betrachtet wird, weshalb auch die Form *es* nicht als finite Verbform für die Gesamtanzahl an Verben berücksichtigt wird. Dieses Beispiel wird demnach mit einem finiten Verb (*has*) analysiert.

Unter Bezugnahme auf den Konversationsverlauf muss berücksichtigt werden, dass sich mehrere Sprecher zur gleichen Zeit äußern können. Diese Überlappung wird im Val.Es.Co-Korpus durch eckige Klammern deutlich gemacht, wie in den folgenden Beispielen deutlich wird. Dabei wird durch das Gleichheitszeichen (=) angezeigt, dass die Konstruktion durch den gleichen Sprecher fortgeführt wird.

(243) P: §¡claro! porque no te *esperas*↑/ pero noo/ cuando te *vas* a esos si-tios[aunque
NO lo((*uses*))=]
C: [pero es que((te *vas*↑))]
P: =*tienes* que llevártelo§ (COL16, 18 & 19)

(244) B: §((...))sobre todo cuando *tengo* que currar=
C: ah[(((ya))]
B: [= o sea] justamente cuando *curro* doble turno↑//*llueve* nano§
(COL23, 13 & 14)

In (243) wird die zusammengehörende Äußerung des Sprechers P als ein Satz analysiert, gleichwohl der Gesprächspartner C ihn unterbricht. Dies bedeutet, dass in dem Beispiel zwei Sätze, jeweils einer von P und C, angenommen werden. Ebenso verhält es sich im Beispiel (244), in dem B von C unterbrochen wird. Da er seinen Diskurs aber zu Ende führen kann, wird dieser Fall ebenfalls als ein Satz gewertet.

Die beschriebene Vorgehensweise macht deutlich, dass ein Einbezug nähesprachlicher Kommunikationssituationen sowohl aus quantitativer als auch qualitativer Hinsicht möglich ist. Im Anschluss werden nun die Ergebnisse der vorliegenden, empirisch-ausgerichteten Untersuchung präsentiert.

4.3 Ergebnisse

Nachdem die Methode dieser Studie vorgestellt wurde, werden nun die einzelnen Ergebnisse für die Teilkorpora COL, POL, PAR, CIE und LEG präsentiert. Zunächst erfolgt in den Kap. 4.3.1 bis 4.3.3 die Darstellung der Resultate für die einzelnen funktionalen Stile selbst. Im Anschluss daran werden die Resultate in Kap. 4.4 (graphisch) zusammengefasst, verglichen und die Arbeitshypothesen hinsichtlich ihrer Gültigkeit überprüft.

4.3.1 COL-Korpus

Das umgangssprachliche COL-Korpus umfasst insgesamt 3.000 Sätze mit 26.308 Wörtern. Sein Umfang stellt damit die kleinste Datenbasis dar. Im Folgenden wird nun näher auf die Komplexitätsmerkmale eingegangen, wie sie in

Kap. 3.2.2 beschrieben wurden. Dabei stehen zunächst die qualitiativen Kriterien, also die Art der Satzkomplexität sowie die Frage nach initialem Haupt- oder Nebensatz, im Mittelpunkt. Im Anschluss folgt für das umgangssprachliche Spanisch die Präsentation der quantitativ erfassten Eigenschaften, nämlich der Satzlänge, der Anzahl der finiten Verben sowie des Grades der maximalen Einbettungstiefe.

(a) Art der Satzkomplexität

Widmet man sich zunächst der qualitativen Beschreibung der syntaktischen Strukturen, ist festzuhalten, dass sich von diesen 3.000 Sätzen 1.970 (= 65,7 %) einfache und 1.030 (= 34,3 %) komplexe Strukturen finden lassen. Damit kann angenommen werden, dass für informelle Stile des Spanischen eine Dominanz einfacher synatktischer Strukturen vorherrscht. Dieses Verhältnis von zwei Dritteln einfacher Konstruktionen zu einem Drittel komplexer Sätze spiegelt im Übrigen exakt die Ergebnisse der Untersuchung Hesselbachs (2014) zur spanischen Umgangssprache wider. Innerhalb der einfachen Sätze dominieren diejenigen mit finitem Verb, von denen man 1.200 Fälle (= 60,9 %) konstatieren kann, gegenüber 770 Nominalsätzen (= 39,1 %), d. h. syntaktischen Konstruktionen, die kein finites Verb enthalten. Daher kann konstatiert werden, dass der einfache Satz mit finitem Verb im COL-Korpus der häufigste Satztyp ist. Bei den komplexen Sätzen muss eine differenziertere Betrachtung angestellt werden: Im Bereich der parataktischen Konstruktionen dominiert die einfache Homogene Parataxe mit 203 Fällen vor der einfachen Heterogenen Parataxe mit 181 Beispielen, während die multiplen Parataxen für sich zusammengenommen in etwa auf die Anzahl der einfachen Heterogenen Parataxe kommen. Bei den hypotaktischen Konstruktionen zeigt sich eine deutliche Präferenz für die Einfache Hypotaxe mit 306 Fällen gegenüber der Multiplen Heterogenen Hypotaxe (101 Okkurrenzen) und der Multiplen Homogenen Hypotaxe (52). Die folgende Tabelle zeigt die Verteilung der einzelnen Satztypen für das umgangssprachliche Korpus COL im Überblick (Tab. 6).

Möchte man eine Rangliste der verschiedenen Satztypen erstellen, sieht sie für das COL-Korpus wie folgt aus:

1. Einfach
2. Einfach oV
3. EinHy
4. HoPa
5. HePa
6. MuHePa
7. MuHeHy
8. MuHoPa
9. MuHoHy

Tab. 6: Verteilung der Satztypen im COL-Korpus.

Einfach		Komplex	
Einfach oV	770	Parataktisch	
		HoPa	203
		HePa	181
		MuHoPa	67
		MuHePa	120
		Σ_{PAR}	571
Einfach	1.200	Hypotaktisch	
		EinHy	306
		MuHoHy	52
		MuHeHy	101
		Σ_{HY}	459
Σ	1.970	$\Sigma_{PAR} + \Sigma_{HY}$	1.030
	$\Sigma = 3.000$		

Für das COL-Korpus ist demnach zu beobachten, dass im Bereich der Satzarten die einfachen Konstruktionen deutlich dominieren. Ebenfalls überwiegt bei den komplexen Sätzen eine «einfache» Konstruktion, nämlich die Einfache Hypotaxe, d. h. eine syntaktische Struktur aus einem Hauptsatz mit einem abhängigen Nebensatz, im Gegensatz zu den «komplexeren» Strukturen der Multiplen Para- wie Hypotaxen. Betrachtet man die multiplen komplexen Sätze genauer, ist festzuhalten, dass mit insgesamt 67 Fällen für die Multiple Homogene Parataxe sowie 52 Beispielen für die Multiple Homogene Hypotaxe gerade diese Sätze die kleinste Gruppe der untersuchten Satztypen ausmachen. Dies entspricht einem Anteil von 2,2 % bzw. 1,7 % an der Gesamtgröße des COL-Korpus mit seinen 3.000 Sätzen. Vergleicht man die Multiplen Homogenen Para- und Hypotaxen darüber hinaus noch mit den Multiplen Heterogenen Para- und Hypotaxen, so lässt sich feststellen, dass diese in etwa doppelt so häufig vorkommen wie ihre homogenen Entsprechungen: 120 Multiple Heterogene Parataxen entsprechen einem Anteil von 4,0 % am gesamten COL-Korpus, der entsprechende Wert für Multiple Heterogene Hypotaxen liegt bei 3,4 %. Dieses Verhältnis wird in der folgenden Darstellung visuell deutlich, wenn die Verteilung der einzelnen Satztypen nochmals anschaulich präsentiert wird (Abb. 24).

Wenn man nun das Verhältnis von Para- zu Hypotaxe für das umgangssprachliche Spanisch bestimmen möchte, so kann man auf den ersten Blick beobachten, dass von insgesamt 1.030 komplexen Sätzen 571 (= 55,4 %) eine parataktische Matrixstruktur haben, während in 459 (= 44,6 %) der Fälle eine

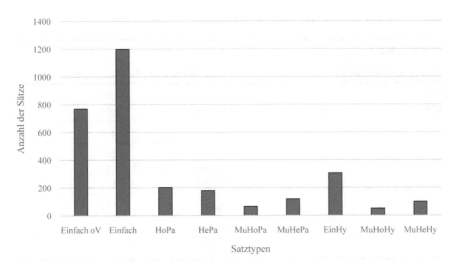

Abb. 24: Verteilung der Satztypen im COL-Korpus.

hypotaktische Konstruktion angenommen werden muss. Diese Analyse ist jedoch mit Vorsicht zu genießen: Betrachtet man die Daten nämlich genauer, so gilt es im Sinne der Kiesler'schen Typologie der komplexen Sätze zu berücksichtigen, dass es ja gerade ein Kennzeichen der heterogenen parataktischen Konstruktionsart ist, dass hierbei syntaktische Unterordnungen auftreten und sie demnach hypotaktische Strukturen aufweisen. Daher muss die Anzahl der Heterogenen Parataxe (181) sowie der Multiplen Heterogenen Paratxe (120) entsprechend bei der Bestimmung des Verhältnisses berücksichtigt werden. Nun wäre es verfehlt, diese Sätze dem Bereich der Hypotaxen zuzuordnen. Auf der anderen Seite wäre auch eine Zuordnung zu den rein parataktischen Konstruktionen nicht zu rechtfertigen. Daher erscheint es sinnvoll, diese Sätze aus der Analyse in Bezug auf ein Verhältnis Para- zu Hypotaxe auszuklammern und sie als weitere Kategorie im Bereich der komplexen Sätze anzunehmen. Für die Aufstellung des Verhältnisses von Para- zu Hypotaxe werden somit nur homogene Parataxen aufgenommen (Tab. 7).

Die Tabelle zeigt, dass nach der Bereinigung um die heterogenen Parataxen noch 729 (= 70,8 %) komplexe Sätze der ursprünglich 1.030 Konstruktionen zur Analyse herangezogen werden können. Die heterogenen parataktischen Strukturen lassen sich in 301 Fällen (= 29,2 %) nachweisen. Analysiert man nun diese 729 komplexen Sätze, so lässt sich feststellen, dass davon 459 hypotaktischer Natur sind, während sich 270 homogen parataktische Strukturen finden lassen. Dies entspricht einem Verhältnis von 63,0 % für die Hypotaxe und 37,0 % für die Parataxe. Diese Tatsache lässt zunächst die Schlussfolgerung zu, dass für

Tab. 7: Verteilung der komplexen Sätze im COL-Korpus.

Komplexe Sätze			
Heterogene Parataxen		**Weitere komplexe Konstruktionen**	
HePa	181	HoPa	203
MuHePa	120	MuHoPa	67
		Σ_{PAR}	270
		EinHy	306
		MuHoHy	52
		MuHeHy	101
		Σ_{HY}	459
Σ	301	$\Sigma_{PAR} + \Sigma_{HY}$	729
		$\Sigma = 1.030$	

das hier untersuchte Teilkorpus zum nähesprachlichen Spanisch hypotaktische Strukturen häufiger auftreten als parataktische. Dies wird bei der Überprüfung der Hypothesen in Kap. 4.4 weiter ausgeführt werden. Im Folgenden werden weitere Komplexitätsmerkmale für das COL-Korpus untersucht.

(b) Abfolge von initialem Haupt- oder Nebensatz
Interessant im Zusammenhang mit syntaktisch komplexen Konstruktionen gestaltet sich unter funktionalen Gesichtspunkten die Frage, ob der Sprachproduzent seinen Diskurs mit einem Haupt- oder Nebensatz beginnt. Von den insgesamt 1.030 komplexen Sätzen im COL-Korpus beginnen 922 Konstruktionen mit Hauptsatz. Dies entspricht 89,5 % der komplexen Strukturen für das nähesprachliche Spanisch. Im Gegensatz dazu wird in 108 Fällen ein Satzbeginn mit initialem Nebensatz nachgewiesen (10,5 %). In keinem einzigen Fall der analysierten Konversationen überwog im Bereich der komplexen Sätze die Anzahl initialer Nebensätze. In COL10 begannen alle komplexen Konstruktionen mit einem Hauptsatz. Abbildung 25 zeigt im Überblick die Verteilung für alle untersuchten Konversationen des COL-Korpus.

Ohne die Art der einzelnen Nebensätze weiter bestimmt zu haben, kann man zunächst festhalten, dass Sprecher des europäischen Spanisch in Situationen extremer kommunikativer Nähe komplexe Satzkonstruktionen mit initialem Hauptsatz bevorzugen. Dies entspricht dem Formulierungsprinzip BASIS ^ ENTWICKLUNG, wie es Koch/Oesterreicher beschrieben haben, die ebenfalls von einer geringen Frequenz satzinitialer Nebensätze ausgehen (cf. 2011, 103). Nach

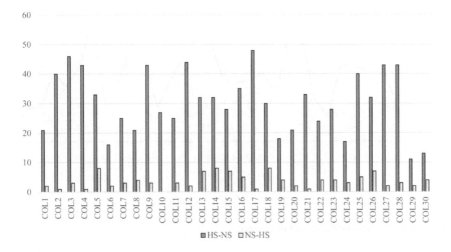

Abb. 25: Verteilung von satzinitialem Haupt- oder Nebensatz für das COL-Korpus.

der Betrachtung der qualitativen Merkmale, wird an dieser Stelle nun auf die numerische Beschreibung und Bestimmung syntaktischer Komplexitätsmerkmale eingegangen.

(c) Satzlänge

Die Satzlänge stellt vermutlich das natürlichste Merkmal für Komplexität in Bezug auf die Syntax dar, da lange Sätze eines Sprechers gerade im informellen Diskurs durch die Konversationspartner besonders wahrgenommen werden. Bei einer Größe von 26.380 Wörtern, die die 3.000 Sätze der informellen Kommunikation umfassen, kann die durchschnittliche Satzlänge für das hier untersuchte COL-Korpus – und damit für das umgangssprachliche Spanisch – mit 8,77 Wörtern angegeben werden. Dieser Wert deckt sich somit in etwa mit den Werten von Kiesler (1995) für das Französische bzw. Hoffmann (1998). Wird die Satzlänge in der hier vorliegenden Untersuchung anhand von graphischen Wörtern bestimmt, so stellt das zunächst einen Widerspruch mit mündlich realisierter Sprache dar, da die Analyse des gesprochenen Spanisch auf Grundlage der schriftlichen Transkriptionen vorgenommen wurde. Abbildung 26 zeigt für die 30 untersuchten nähesprachlichen Konversationen im Überblick die gefundenen Minimal- (MIN) wie Maximalwerte (MAX) sowie den ermittelten Mittelwert (MED) in Bezug auf die Satzlänge.

Ahand des Kurvenverlaufs lässt sich erkennen, dass der Durchschnittswert sehr stabil liegt und es sich daher bei den Maximalwerten um seltene extreme

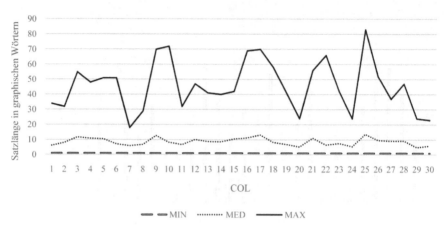

Abb. 26: Satzlängenverteilung im COL-Korpus.

Ausreißer handeln muss, die nur marginal Auswirkungen auf den Mittelwert besitzen. Zweitens kann man anhand der unkonstanten Kurve der Maximalwerte beobachten, dass diese sich sehr unterschiedlich für die informellen Stile des Spanischen verhalten. Die Diskrepanz zwischen durchgängig stabilem Mittelwert und unkonstantem Maximalwert scheint typisch für informelle Kommunikationssituationen zu sein.

Es soll daher eine weitere Analyse der Daten erfolgen: Im Gegensatz zu Abb. 26 zeigt die folgende Graphik die Verteilung der Satzlänge des COL-Korpus im Boxplot an, d. h. es wird der Mittelwert als Median,[161] eine Box, die die Hälfte aller Daten repräsentiert, sowie die sog. *whiskers* angezeigt. Diese Linien geben die entsprechende minimale und maximale Begrenzung der Verteilung wieder. Die sog. «Ausreißer», d. h. Datenpunkte, die außerhalb dieser Begrenzung liegen, werden in dem Diagramm als Punkte kenntlich gemacht. Während die Darstellung in Abb. 26 für jede Konversation den jeweiligen einzelnen Maximal-, Minimal- und Mittelwert abbildet, erlaubt es die Veranschaulichung als Boxplot, die quantitative Verteilung der Daten zu erkennen, was in der vorhergegangenen Visualisierung nicht möglich ist.

Im Boxplot zu den Daten des COL-Korpus (Abb. 27) erkennt man deutlich, dass für informelle Kommunikationssituationen des Spanischen die überwiegende Zahl an Konstruktionen nicht mehr als ca. 15 Wörter aufweist. Dies lässt

---

161 Der Median teilt den Datensatz zur Hälfte, d. h. anhand der eingezeichneten Linie ist zu erkennen, wo die unteren 50 % der Daten von den oberen getrennt werden, und ist nicht identisch mit dem arithmetischen Mittelwert.

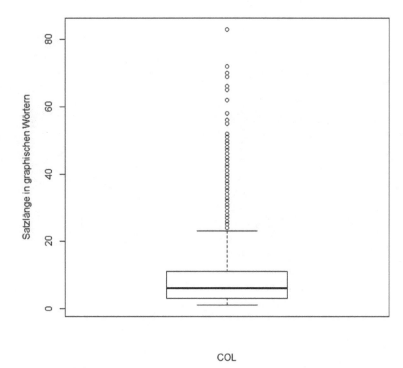

Abb. 27: Boxplot zur Satzlängenverteilung des COL-Korpus.

sich an der Ausdehnung der Box im Diagramm erkennen, die die Hälfte aller Daten umfasst. Alle Konstruktionen, die eine Satzlänge von ca. 25 Wörtern und mehr haben, werden statistisch bereits als Ausreißer erfasst und sind im Diagramm als Punkte erkennbar. Sätze, die im informellen Gespräch geäußert werden und dabei mehr als 60 Wörter enthalten, kommen zwar vor, wie der Boxplot zeigt, sie sind allerdings extrem selten.

Die Satzlänge kann als ein quantitatives Kriterium für Komplexität herangezogen werden. Daneben wird im Folgenden noch die Anzahl der finiten Verben sowie der Grad der maximalen Einbettungstiefe für das nähesprachliche Spanisch bestimmt werden.

(d) Anzahl der finiten Verben
Das Kennzeichen komplexer Sätze stellt das Vorhandensein mindestens zweier finiter Verben innerhalb einer Satzkonstruktion dar: «En una elocución habrá, por consiguiente, tantas oraciones gramaticales como verbos en forma personal contenga» (Gili Gaya 2000, 262). Innerhalb des COL-Korpus kann man 4.327

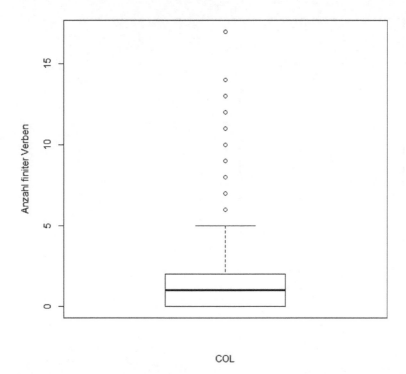

Abb. 28: Boxplot zur Verteilung der Anzahl finiter Verben im COL-Korpus.

finite Verben konstatieren, was einem durchschnittlichen Wert von 1,44 finiter Verben pro Satz entspricht. Anders formuliert bedeutet dies, dass die Mehrzahl der informellen Äußerungen im COL-Korpus grammatischer, d. h. satzwertiger Natur ist. Dies wird bei der Analyse der Satztypen dadurch deutlich, dass nur 770 von 3.000 Sätzen einfache Konstruktionen ohne finites Verb darstellen.

Für das Komplexitätsmerkmal der Anzahl der finiten Verben stellt die Visualisierung im Boxplot wiederum ein adäquates Mittel zur Veranschaulichung der Zusammensetzung der Daten dar. In Abbildung 28 werden die Werte für das COL-Korpus angezeigt.

Anhand der Darstellung ist gut zu erkennen, dass in informellen Kommunikationssituationen des Spanischen die Sprecher in der Mehrheit der Fälle selten mehr als drei finite Verben verwenden. Dies wird durch die Situierung der Box in der Abbildung deutlich. Extrem selten sind weiterhin Konstruktionen, die mehr als fünf finite Verben enthalten, wie die Streuung der Punkte in der Graphik zeigt. Diese extreme Häufung an finiten Verbformen lässt sich u. a. zurückführen auf handlungsreiche Erzählungen im informellen Gespräch. Als letzte quantitative Kategorie soll für das COL-Korpus nun noch der Grad der maximalen Einbettungstiefe untersucht werden, bevor die drei numerisch erfassten Werte anschließend in Beziehung zueinander gesetzt werden.

(e) Grad der maximalen Einbettungstiefe

Das Kriterium der syntaktischen Einbettung stellt für einige Autoren das zentrale Merkmal syntaktischer Komplexität dar (cf. u. a. Givón 2009a; Lewandowski 1979, s. v. *komplexer Satz*). Für Koch/Oesterreicher zeichnet sich Nähesprache generell eher durch syntaktische Aggregation denn Integration, d. h. durch Einbettung von Sätzen in übergordnete Satzstrukturen, aus (cf. 2011, 99–101). In der folgenden Tabelle wird dargestellt, wie häufig im COL-Korpus der jeweilige Grad der maximalen Einbettungstiefe der Konstruktionen, die subordinierend-integrative Strukturen aufwiesen, nachweisbar war:

Tab. 8: Häufigkeitsverteilung des Grades der maximalen Einbettungstiefe für das COL-Korpus.

	Grad der maximalen Einbettungstiefe						
	1.	2.	3.	4.	5.	6.	
COL	590 (= 77,6 %)	129 (= 17,0 %)	29 (= 3,8 %)	11 (= 1,5 %)	1 (= 0,1 %)	0	$\Sigma = 760$

Wie aus der Tabelle deutlich wird, vollzieht sich synatktische Komplexität im nähesprachlichen Spanisch für den Grad der maximalen Einbettungstiefen hauptsächlich auf den ersten beiden Ebenen. Diese decken mit insegesamt 719 Fällen mehr als 90 % aller auftretenden Fälle ab, wobei die 1. Ebene deutlich mit fast 80 % dominiert. Dass die 3., 4. und sogar 5. Ebene vorkommen, zeigt, dass nähesprachliche Kommunikation im Spanischen auch sehr komplexe Strukturen kennt, diese aber nicht sehr frequent sind. Möchte man den Durchschnittswert der Einbettungstiefe berechnen, so kann man nur die 760 Konstruktionen berücksichtigen, die syntaktische Einbettung aufweisen. Für das COL-Korpus kommt man somit auf einen Wert von 1,29. Da sowohl die Satzlänge als auch die Anzahl der finiten Verben jedoch für alle 3.000 Sätze ermittelt wurde, muss an dieser Stelle noch die Einbettungstiefe in Bezug auf das gesamte COL-Korpus beschrieben werden, weil nur so die berechneten Größen in Zusammenhang gesetzt werden können. Berücksichtigt man nun alle Sätze des Korpus zum nähesprachlichen Spanisch, so wird ein Wert von 0,33 ermittelt. Dies unterstreicht nochmals, dass nähesprachliche Kommunikation zwar durchaus syntaktische Einbettungen kennt, sie diese jedoch nicht in dem Maße auslastet, wie dies möglicherweise distanzsprachlichere Stile vollziehen können. Im Anschluss soll nun noch die Vektordarstellung, d. h. die Relationierung der drei numerisch erfassten Werte für das COL-Korpus, vorgestellt werden.

(f) Vektordarstellung

Wie bereits in Kap. 3.4.2 erwähnt wurde, sollen die quantitativ bestimmten Werte zunächst für die einzelnen Teilkorpora und zum Schluss für das Gesamtkorpus der hier vorgelegten Untersuchung in einer dreidimensionalen Darstellung abgebildet werden. Die folgenden Abbildungen wurden mit der Funktion *plot3d* des Statistikprogramms *R* erstellt. Da das Ergebnis dreidimensional ausgegeben wurde und man die Darstellung in *R* selbst rotieren lassen kann, wurde die Ausgabe aus sechs verschiedenen Winkeln fotografiert, um den dreidimensionalen Charakter an dieser Stelle wiedergeben zu können. Wendet man die Gleichung $x = \begin{pmatrix} SL \\ FV \\ ET \end{pmatrix}$ nun für das COL-Korpus an, d. h. man setzt die ermittelten Mittelwerte für die Satzlänge (SL), die Anzahl der finiten Verben (FV) und den Grad der maximalen Einbettungstiefe (ET) in die Gleichung ein, so erhält man einen Vektor, der die syntaktische Komplexität des hier untersuchten COL-Korpus beschreibt. Dieser Vektor lässt sich demnach fassen als $x_{COL} = \begin{pmatrix} 8,77 \\ 1,44 \\ 0,33 \end{pmatrix}$. Im Folgenden werden nun die dreidimensionalen Darstellungen präsentiert (Abb. 29), in denen jeder der 3.000 Sätze des COL-Korpus aufgrund seiner numerisch fassbaren Eigenschaften als Punkt abgebildet ist. Wichtig dabei ist, dass die Daten der jeweils anderen Teilkorpora zum besseren Vergleich bzw. zum tieferen Verständnis in der Graphik als graue Datenpunkte sichtbar werden. Somit kann das COL-Korpus im Gesamtzusammenhang der Untersuchung eindeutig situiert werden, da die maximalen Werte der einzelnen Achsen auch in den Darstellungen der übrigen Teilkorpora die gleichen sind.[162]

Die Bilder zeigen dabei Folgendes: Die informellen funktionalen Stile des Spanischen weisen durchaus Komplexität auf, was dadurch deutlich wird, dass auf der Achse der Einbettungstiefe und der finiten Verben eine Situierung im Raum erfolgt. Gleichzeitig erkennt man auf der Achse, die die Satzlänge abbildet, dass viele Konstruktionen nicht mehr als 20 Wörter aufweisen. Dabei lässt sich wiederum sehen, dass zwar durchaus komplexe Strukturen auftreten können, diese Komplexität aber nicht in extremem Maße ausgenutzt werden kann.

---

162 Wie bereits in Kap. 1.3 erwähnt wurde, sind die *R plots* der Ergebnisdarstellung (aller untersuchten Teilkorpora) in eine Webseite integriert, so dass die Vektorendarstellung, wie sie u. a. auf der nächsten Seite abgebildet ist, in ihrer Dreidimensionalität näher betrachtet werden kann. Der Link hierfür lautet: http://www.rpubs.com/RobertHesselbach/450624.

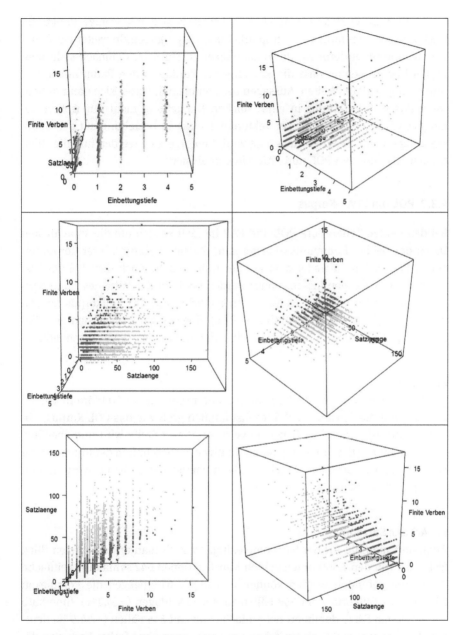

Abb. 29: Vektordarstellung syntaktischer Komplexität für das COL-Korpus.

In der Graphik wird dies dadurch deutlich, dass sich nur wenige Punkte im Diagramm weit entfernt vom Nullpunkt lokalisieren lassen. Je weiter ein Punkt vom Nullpunkt entfernt ist, desto komplexer ist ein Satz. Demnach sieht man in den Bildern genau, dass die Streuung der Punkte in den Raum hinein nur sehr gering ausfällt. Weitere Aussagen zur Komplexität lassen sich dann treffen, wenn das COL-Teilkorpus in einer solchen Darstellung nicht nur isoliert betrachtet wird, sondern in dieser Vektordarstellung in Beziehung mit den anderen untersuchten Teilkorpora gesetzt wird. Im Folgenden werden nun die stilistischen Mischformen POL und PAR näher analysiert.

4.3.2 POL- und PAR-Korpus

Bei den beiden Teilkorpora POL und PAR handelt es sich um die sprachlichen Daten der beiden Kommunikationsformen, die sich aufgrund ihrer konzeptionellen Eigenschaften weder dem Pol der Nähesprache noch dem Pol der Distanzsprache zuordnen lassen. Daher werden beide in der Mitte des Nähe-/Distanz-Kontinuums verortet. Es wird nun zunächst auf das Teilkorpus zu den Interviews mit spanischen Politikern (POL) eingegangen, bevor sich eine Betrachtung des Korpus zu den Parlamentsreden in Spanien (PAR) anschließt.

POL-Korpus

Das POL-Korpus besteht aus 1.500 Sätzen mit insgesamt 21.900 Wörtern und ist in Bezug auf die Anzahl der Wörter fast ähnlich groß wie das COL-Korpus, obwohl es nur die Hälfte der Sätze aufweist. An dieser Stelle wird nun ebenfalls zunächst mit der Beschreibung der qualitativen Eigenschaften der untersuchten Sätze begonnen, bevor im Anschluss die numerisch erfassbaren Werte in den Mittelpunkt der Betrachtung rücken.

(a) Art der Satzkomplexität

Analysiert man die Art der Satzkomplexität, so stellt man auf den ersten Blick fest, dass von den 1.500 untersuchten Konstruktionen 642 syntaktisch einfache Strukturen gefunden werden können (= 42,8 %), wohingegen die komplexen Sätze dieses Teilkorpus mit 858 Fällen zu Buche schlagen (= 57,2 %). Innerhalb der einfachen Sätze dominiert der einfache Satz mit 545 Fällen (= 84,9 %) deutlich diejenigen syntaktisch einfachen Konstruktionen ohne finites Verb, von denen sich 97 nachweisen lassen, was einem Anteil von 15,1 % entspricht. Somit kann bereits vorweggenommen werden, dass auch für das POL-Korpus der einfache Satz den häufigsten Satztyp darstellt. Im Bereich der parataktischen Konstruktionen dominieren ebenfalls die vergleichsweise einfacheren Koordinatio-

Tab. 9: Verteilung der Satztypen für das POL-Korpus.

Einfach		Komplex	
Einfach oV	97	Parataktisch	
		HoPa	100
		HePa	133
		MuHoPa	8
		MuHePa	27
		Σ_{PAR}	268
Einfach	545	Hypotaktisch	
		EinHy	338
		MuHoHy	51
		MuHeHy	201
		Σ_{HY}	590
Σ	642	$\Sigma_{PAR} + \Sigma_{HY}$	858
		$\Sigma = 1.500$	

nen: Die Homogene Parataxe (100 Fälle) und die Heterogene Parataxe (133) bilden zusammen bereits 86,9 % aller parataktischen Strukturen, während die Multiplen Parataxen nur etwas mehr als 13 % ausmachen. Auch im Bereich der hypotaktischen Konstruktionsart herrscht die einfachste Struktur, nämlich die Einfache Hypotaxe, mit 338 Okkurrenzen vor. Sie stellt somit den Satztyp dar, der im Bereich der komplexen Sätze am häufigsten auftritt. Verhältnismäßig stark repräsentiert zeigt sich für das POL-Korpus die Multiple Heterogene Hypotaxe, die mit 201 Fällen fast viermal so häufig auftritt wie die Multiple Homogene Hypotaxe. Tabelle 9 zeigt die Verteilung der einzelnen Satztypen für das Korpus der Politikerinterviews (POL) nochmals im Überblick.

Bringt man die einzelnen Satztypen aufgrund ihrer Frequenz im POL-Korpus in eine Reihenfolge, so lässt sich diese wie folgt darstellen:

1. Einfach
2. EinHy
3. MuHeHy
4. HePa
5. HoPa
6. Einfach oV
7. MuHoHy
8. MuHoPa
9. MuHePa

Auffällig ist hierbei, dass zum einen die Multiplen Parataxen den Schluss bilden, zum anderen aber auch die starke Präsenz der Multiplen Heterogenen Hypotaxe. Diese war im COL-Korpus vergleichsweise selten repräsentiert. Man kann vermuten, dass dies darin begründet liegt, dass Politiker in einer Interviewsituation unterschiedlichste Arten von (adverbialen) Nebensätzen gebrauchen müssen, um ihre Argumente zu begründen, andere Positionen einzuschränken, Bedingungen zu stellen etc. oder ihre Überzeugung durch Formulierungen wie bspw. sp. *creo que* + Nebensatz zum Ausdruck bringen. In Abbildung 30 wird die Frequenz der einzelen Satztypen im POL-Korpus nochmals anschaulich dargestellt.

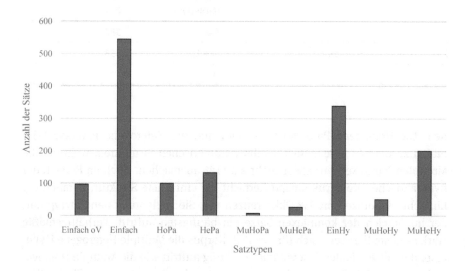

Abb. 30: Verteilung der Satztypen im POL-Korpus.

Nachdem das Verhältnis von einfachen zu komplexen Strukturen für das POL-Korpus ermittelt wurde, kann man ein solches nun für die Frequenz von Para- und Hypotaxe bestimmen. Auf den ersten Blick stehen von insgesamt 858 komplexen Sätzen 268 parataktische Konstruktionen (= 31,2 %) 590 Strukturen (= 68,8 %) hypotaktischer Bauart gegenüber. Bereinigt man die Kalkulation um die Heterogenen Parataxen, so gestaltet sich das Verhältnis noch positiver für die hypotaktischen Konstruktionen, wie bereits anhand der folgenden Tabelle deutlich wird (Tab. 10).

Stellt man nun die rein parataktischen Konstruktionen den hypotaktischen gegenüber, so zeigt sich, dass von insgesamt 698 Konstruktionen 590 hypotaktischer Natur sind, d. h. es handelt sich um 84,5 % aller Fälle. Dahingegen ma-

Tab. 10: Verteilung der komplexen Sätze im POL-Korpus.

Komplexe Sätze			
Heterogene Parataxen		**Weitere komplexe Konstruktionen**	
HePa	133	HoPa	100
MuHePa	27	MuHoPa	8
		Σ_{PAR}	108
		EinHy	338
		MuHoHy	51
		MuHeHy	201
		Σ_{HY}	590
Σ	160	$\Sigma_{PAR} + \Sigma_{HY}$	698
		$\Sigma = 858$	

chen die 108 parataktisch konstruierten Sätze nur 15,5 % in diesem Bereich aus. Es zeigt sich somit ebenfalls für das POL-Korpus, dass die hypotaktische Konstruktionsweise die bevorzugte ist. Im Folgenden werden die Ergebnisse vorgestellt, die die Frage nach satzinitialem Haupt- oder Nebensatz für das Korpus zu den Politikerinterviews beantworten.

(b) Abfolge von initialem Haupt- oder Nebensatz

In diesem Abschnitt wird veranschaulicht, welche sprachlichen Mittel spanische Politiker in Bezug auf die Satzeröffnung bevorzugen. Die Interviews, die die Zeitung *El País* mit ihnen geführt hat, liegen dem POL-Korpus zugrunde. Von den 858 komplexen Sätzen, die sich in dem Teilkorpus nachweisen lassen, beginnen 756 (= 88,1 %) mit einem Hauptsatz, während in 102 Fällen mit einem einleitenden Nebensatz begonnen wird, was 11,9 % entspricht. Damit werden die Werte für das COL-Korpus (88,5 % vs. 10,5 %) im POL-Korpus relativ genau wiedergegeben. Abbildung 31 zeigt die Werte für alle 30 Interviews im Überblick an. Man erkennt, dass es ein eindeutiges Verhältnis zugunsten des satzinitialen Hauptsatzes in allen untersuchten Konversationen gibt und in keinem einzigen Fall der Nebensatz als Satzeröffnung dominiert.

Ebenso zeigt sich bei Betrachtung der Verteilung, dass sich in POL9, POL10 sowie POL11 keinerlei satzinitiale Nebensätze finden lassen. Es bleibt abzuwarten, ob sich dieses sehr eindeutige Verhältnis, wie es für das COL- und POL-Teilkorpus beschrieben werden kann, ebenfalls in stärker distanzsprachlichen Stilen beobachten lässt. Zunächst werden noch die quantitativen Eigenschaften des POL-Korpus näher analysiert.

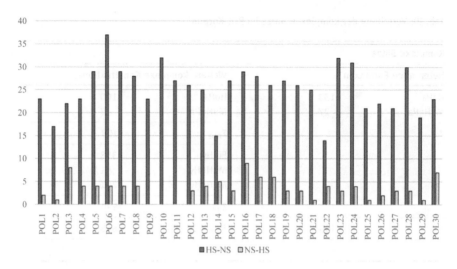

Abb. 31: Verteilung von satzinitialem Haupt- oder Nebensatz für das POL-Korpus.

(c) Satzlänge

Das Korpus mit den Interviews spanischer Politiker besteht insgesamt aus 21.900 Wörtern, die sich auf 1.500 Sätze verteilen. Somit lässt sich die durchschnittliche Satzlänge für das POL-Korpus mit 14,6 Wörtern pro Satz angeben. Auffällig im Vergleich zum extrem nähesprachlichen COL-Korpus ist die Tatsache, dass die Minimal-, Maximal- und Mittelwerte über das gesamte Korpus hinweg deutlichen Schwankungen unterworfen sind. So finden sich in einigen Interviews Maximalwerte für die Satzlänge von gerade einmal unter 30 graphi-

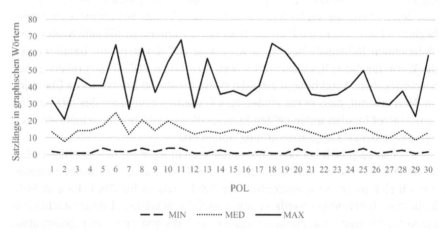

Abb. 32: Satzlängenverteilung im POL-Korpus.

schen Wörtern, etwa in POL2, POL7, POL12 und POL29. Auf der anderen Seite kommen mehrere Interviews zum Vorschein, in denen die Maximalwerte auf über 60 Wörter pro Satz klettern. Diese Schwankungen lassen sich anhand Abb. 32 sehr gut nachvollziehen.

Man kann demnach festhalten, dass die durchschnittliche Satzlänge von 14,6 Wörtern pro Satz fast doppelt so groß ist wie die des COL-Korpus. Weiteren Aufschluss über die Zusammensetzung der Daten liefert darüber hinaus die Darstellung als Boxplot, weil dort nicht die einzelnen Maximal-, Minimal- oder Mittelwerte dargestellt werden, sondern diese vielmehr die Konzentration der Daten anzeigt, wie in der Abbildung 33 zu sehen ist:

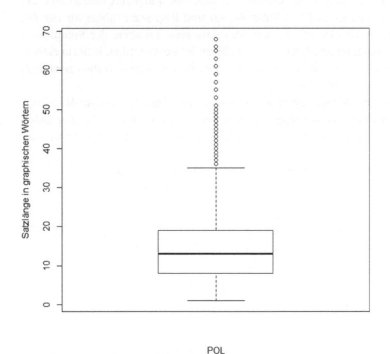

Abb. 33: Boxplot zur Satzlängenverteilung des POL-Korpus.

Anhand der Graphik kann man erkennen, dass die Hälfte aller Daten ungefähr im Bereich zwischen 10 und 20 Wörtern anzusiedeln ist. Dies wird im Plot durch die Box dargestellt, in der ebenfalls der Median-Mittelwert angegeben ist. Darüber hinaus erkennt man, dass erst Werte ab ca. 35 Wörter und mehr als statistische Ausreißer gelten können; dieser Wert lag für das COL-Korpus beispielsweise deutlich niedriger, nämlich bei ca. 25 Wörtern. In Bezug auf die Satzlänge

kann man vorsichtig konstatieren, dass ein Anstieg der Formalität der Kommunikationssituation ebenso eine Zunahme dieses Komplexitätsmerkmals auszulösen scheint. Dies wird bei den noch darzustellenden Teilkorpora mit zu berücksichtigen sein. Im Folgenden wird nun näher auf die Anzahl der finiten
Verben der einzelnen Sätze im POL-Korpus eingegangen.

(d) Anzahl der finiten Verben

Im Hinblick auf das Kriterium der Anzahl der finiten Verben lassen sich für
das POL-Korpus folgende Aussagen treffen: Das Teilkorpus enthält insgesamt
2.909 finite Verben, so dass man festhalten kann, dass jeder analysierte Satz im
Durchschnitt fast zwei finite Verben aufweist. Der Mittelwert beläuft sich bei
1.500 Sätzen nämlich auf 1,94 finite Verben und liegt somit höher als der des
COL-Korpus. Auch hier ist zu vermuten, dass eine Zunahme der Komplexität
mit der zugenommenen Distanzsprachlichkeit der Kommunikationsform einhergeht. Im Boxplot wird die Verteilung der Anzahl der finiten Verben nochmals
visuell präsentiert (Abb. 34).

Anhand der Darstellung erkennt man genau, dass der Median-Mittelwert
knapp unter zwei finiten Verben pro Satz liegt und dass die Hälfte aller Daten
zwischen ca. eineinhalb und drei Verben pro Satz liegt. Weiterhin kann man

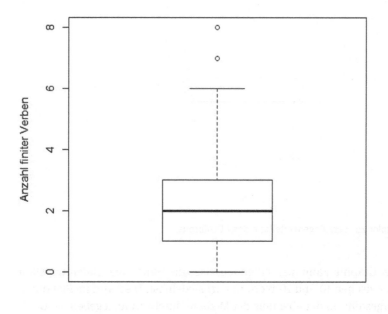

Abb. 34: Boxplot zur Verteilung der Anzahl finiter Verben im POL-Korpus.

feststellen, dass es ein Merkmal dieses funktionalen Stils ist, dass Sätze mit mehr als sechs finiten Verben extrem selten sind. Im gesamten POL-Teilkorpus kommen nur zwei Fälle vor, die darüber hinausgehen und hier als statistische Ausreißer gut sichtbar zu identifizieren sind. Im folgenden Abschnitt wird nun darauf eingegangen, wie sehr das Kriterium der maximalen Einbettungstiefe einer Konstruktion im POL-Korpus ausgeprägt ist.

(e) Grad der maximalen Einbettungstiefe

Während einige der vorherigen Komplexitätsmerkmale einen gewissen Anstieg der numerischen Werte im Vergleich zum COL-Korpus verzeichnen konnten, gilt es nun zu überprüfen, ob dies auch für den Grad der maximalen Einbettungstiefe zutrifft. Tabelle 11 zeigt zunächst die Verteilung der unterschiedlichen Grade syntaktischer Einbettung für das POL-Korpus:

Tab. 11: Häufigkeitsverteilung des Grades der maximalen Einbettungstiefe für das POL-Korpus.

	Grad der maximalen Einbettungstiefe						
	1.	**2.**	**3.**	**4.**	**5.**	**6.**	
POL	509	174	52	12	3	0	Σ = 750
	(= 67,9 %)	(= 23,2 %)	(= 6,9 %)	(= 1,6 %)	(= 0,4 %)		

Es zeigt sich, dass die erste Ebene der Einbettungstiefe mit 67,9 % nicht ganz so stark vertreten ist, wenn man bedenkt, dass diese im COL-Korpus mit fast zehn Prozentpunkten mehr auftritt. Die stärkeren Ausprägungen auf 2. und 3. Ebene sprechen hingegen für den komplexeren Gehalt dieser Kommunikationsform. Berechnet man den Mittelwert für alle komplexen Sätze, die hier berücksichtigt wurden, so kann man diesen mit 1,44 angeben. Damit liegt er höher als der entsprechende Quotient für COL. Unter Berücksichtigung aller 1.500 Sätze dieses Teilkorpus halbiert sich dieser Wert auf 0,72. Dieser ist damit jedoch immer noch mehr als doppelt so groß wie im COL-Korpus. Im Folgenden werden die bisher numerisch ermittelten Resultate in der Vektordarstellung miteinander in Beziehung gesetzt.

(f) Vektordarstellung

Die Tatsache, dass die im POL-Korpus enthaltenen Sätze unterschiedliche numerische Ergebnisse im Vergleich zu COL aufweisen, spiegelt sich sodann in der Berechnung des Vektors wider. Nimmt man die mittleren Werte für die Satzlänge, die Anzahl der finiten Verben und den Grad der maximalen Einbet-

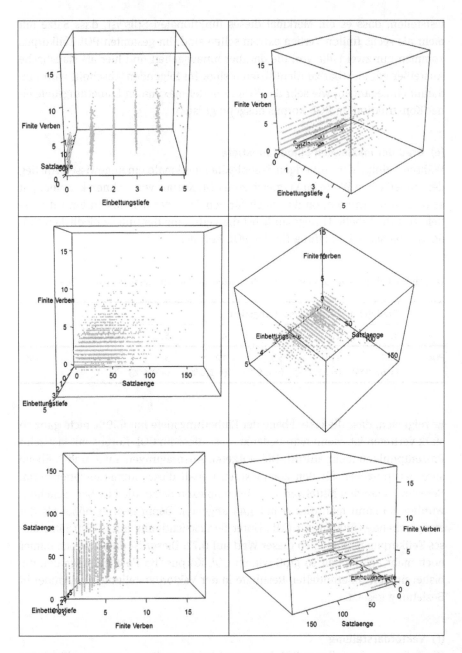

Abb. 35: Vektordarstellung syntaktischer Komplexität für das POL-Korpus.

tungstiefe, so lässt sich der Vektor für das Korpus mit den spanischen Politiker-

interviews wie folgt beschreiben: $x_{POL} = \begin{pmatrix} 14,60 \\ 1,94 \\ 0,72 \end{pmatrix}$. Die Darstellung aller 1.500 Da-

tenpunkte, die die syntaktischen Eigenschaften der Sätze im Korpus abbilden, lässt sich in einer dreidimensionalen Perspektive in Abb. 35 nachvollziehen.

Neben den blau markierten Daten des POL-Korpus werden auch hier die Werte der anderen Teilkorpora durch die grauen Punkte veranschaulicht. Anhand der unterschiedlichen Perspektivierungen der Datenpunkte ist zu erkennen, dass die Mehrzahl der Sätze auf der Achse der Satzlänge deutlich tiefer positioniert ist, als das für COL der Fall ist. Ebenso zeigt sich, dass die stärker ausgeprägte Einbettungstiefe des POL-Korpus Auswirkungen auf die Darstellung hat, die im Vergleich zu den extrem nähesprachlichen Konversationen des COL-Korpus mehr Datenpunkte auf den tieferen Einbettungsebenen abbildet. Darüber hinaus wird ebenfalls deutlich, dass auffallend viele einzelne Datenpunkte tief im Raum zu lokalisieren sind, während dies für COL nicht in diesem Maße zutrifft. Im Folgenden wird sich zeigen, ob dies ebenfalls für das Korpus mit den Reden spanischer Parlamentarier zutrifft.

PAR-Korpus
Das Korpus mit den spanischen Parlamentsreden setzt sich ebenfalls aus 1.500 Sätzen zusammen. In Bezug auf die Anzahl der Wörter ist festzustellen, dass es mit 41.700 deutlich größer als das POL-Korpus ausfällt. Zunächst wird auch hier näher auf die Art der Komplexität eingegangen, bevor im Anschluss eine quantitative Betrachtung des hier untersuchten Teilkorpus vorgenommen wird.

(a) Art der Satzkomplexität
Nachdem bereits im POL-Korpus die komplexen Strukturen die einfachen überwiegen, wird dieser Trend im PAR-Korpus noch deutlicher sichtbar. Von den insgesamt 1.500 Sätzen können 467 (= 31,1 %) als einfache Satzkonstruktionen beschrieben werden, während in 1.033 Fällen ein komplexer Satz angenommen werden kann. Dies entspricht mit 68,9 % mehr als zwei Dritteln aller Konstruktionen. Im Bereich der einfachen Strukturen lassen sich von den 467 Sätzen 193 (= 41,3 %) finden, die kein finites Verb aufweisen, wohingegen der einfache Satz mit finitem Verb 274 Mal auftritt (= 58,7 %). Unterscheidet man die 1.033 komplexen Sätze, so überwiegen auch hier die hypotaktischen Konstruktionen mit insgesamt 656 Fällen (= 63,5 %). Parataktische Konstruktionen lassen sich für 377 Sätze nachweisen, was einem Prozentsatz von 36,5 entspricht. Von den Sätzen parataktischer Bauart überwiegen mit deutlicher Mehrheit diejenigen, die

Tab. 12: Verteilung der Satztypen für das PAR-Korpus.

Einfach		Komplex	
Einfach oV	193	Parataktisch	
		HoPa	66
		HePa	188
		MuHoPa	21
		MuHePa	102
		Σ_{PAR}	377
Einfach	274	Hypotaktisch	
		EinHy	270
		MuHoHy	107
		MuHeHy	279
		Σ_{HY}	656
Σ	467	$\Sigma_{PAR} + \Sigma_{HY}$	1.033
		$\Sigma = 1.500$	

trotz ihrer nebenordnenden Rahmenkonstruktion ebenfalls syntaktische Unterordnungen aufweisen. Diese können also als Heterogene Parataxen beschrieben werden. Die Heterogene Parataxe mit 188 und die Multiple Heterogene Parataxe mit 102 Fällen machen zusammen 76,9 % der insgesamt 377 Parataxen im PAR-Korpus aus, wohingegen homogene Strukturen nur 81 Mal vorkommen, was 23,1 % entspricht. Betrachtet man die hypotaktischen Konstruktionen innerhalb dieses Teilkorpus, so tritt hier die Multiple Heterogene Hypotaxe am häufigsten auf. Dies war im COL- und POL-Korpus nicht der Fall. Allerdings lässt sich der Abstand zur Einfachen Hypotaxe als sehr gering beschreiben: Von den 656 Hypotaxen stehen 279 (= 42,5 %) Multiple Heterogene Hypotaxen 270 Einfachen Hypotaxen gegenüber, was einen Wert von 41,2 % ausmacht. Mit 107 Beispielen für eine Multiple Homogene Hypotaxe ist diese mit 16,3 % ebenfalls deutlich im Korpus vertreten. Tabelle 12 zeigt die Verteilung der einzelnen Satztypen für das PAR-Korpus.

Ordnet man alle hier auftretenden Satztypen in Bezug auf ihre Häufigkeit im PAR-Korpus, so ergibt sich die folgende Reihenfolge:

1. MuHeHy
2. Einfach
3. EinHy
4. Einfach oV
5. HePa
6. MuHoHy

7. MuHePa
8. HoPa
9. MuHoPa

Neben den verhältnismäßig stark repräsentierten «einfachen» Satztypen, wie etwa dem Einfachen Satz, dem Einfachen Satz ohne finites Verb bzw. der Einfachen Hypotaxe, ist es ein besonderes Merkmal des PAR-Korpus, dass mit der Multiplen Heterogenen Hypotaxe ein sehr komplexer Satztyp an erster Stelle steht, während die Homogenen Parataxen und die Multiplen Homogenen Parataxen am Ende der Skala stehen.[163] Dies ist ein Indiz dafür, dass Parlamentarier, die in ihren Reden nicht so häufig unterbrochen werden wie bspw. im Rahmen eines Interviews, keine monotonen Konstruktionen bevorzugen, bei denen sie keine Argumentation, Einschränkung etc. anbringen können. Verschiedene adverbiale Nebensätze oder Kompletivsätze drücken dies ja gerade in den komplexen Sätzen heterogener Bauart aus. Begründen lässt sich dies m.E. mit dem gestiegenen Grad an «Reflektiertheit», da solche Reden in der Regel nicht ganz frei gehalten werden, sondern sprachlich-konzeptionell vorstrukturiert oder komplett ausformuliert sind. Die folgende Abbildung 36 stellt die Verteilung der einzelnen Satztypen nochmals im Diagramm dar.

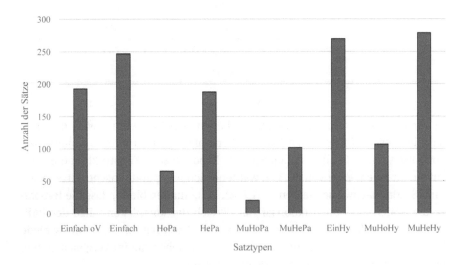

Abb. 36: Verteilung der Satztypen im PAR-Korpus.

---

163 Das PAR-Korpus stellt somit das einzige Korpus dar, in dem ein komplexer Satztyp am frequentesten ist.

Im Vergleich zu den Verteilungen im COL- und POL-Korpus erkennt man für das hier untersuchte Teilkorpus, dass eine sehr viel ausgewogenere Aufteilung zwischen den einzelnen Satztypen zu beobachten ist. Widmet man sich dem Verhätnis von para- zu hypotaktischen Konstruktionen im PAR-Korpus, so fällt zunächst auf, dass sich von 1.033 komplexen Sätzen 656 Strukturen der Hypotaxe zuordnen lassen, was einem Prozentsatz von 63,5 % entspricht. Die restlichen 377 Sätze (= 36,5 %) enthalten als Rahmenkonstruktion eine Parataxe. In Tabelle 13 werden die Werte der einzelnen komplexen Satztypen nochmals von den Heterogenen Parataxen getrennt dargestellt.

Tab. 13: Verteilung der komplexen Sätze im PAR-Korpus.

Komplexe Sätze			
Heterogene Parataxen		**Weitere komplexe Konstruktionen**	
HePa	188	HoPa	66
MuHePa	102	MuHoPa	21
		Σ_{PAR}	87
		EinHy	270
		MuHoHy	107
		MuHeHy	279
		Σ_{HY}	656
Σ	290	$\Sigma_{PAR} + \Sigma_{HY}$	743
		$\Sigma = 1.033$	

In der um die Heterogenen Parataxen bereinigten Darstellung wird deutlich, dass in diesem Korpus ganz klar die hypotaktischen Strukturen dominieren. Von insgesamt 743 Fällen stellen 656 eine hypotaktische Konstruktion dar. Dies entspricht einem Wert von 88,3 %, während sich rein parataktische Sätze insgesamt 87 Mal nachweisen lassen (= 11,7 %). Festzuhalten bleibt, dass die Hypotaxe die präferierte Konstruktionsart im Bereich der komplexen Sätze des PAR-Korpus darstellt. Im Folgenden soll nun geklärt werden, ob sich Unterschiede in Bezug auf die Satzeröffnung mit Haupt- oder Nebensatz im Vergleich zu den bisher analysierten Teilkorpora erkennen lassen.

(b) Abfolge von initialem Haupt- oder Nebensatz

Es ist durchaus vorstellbar, dass Politiker, die während ihrer Rede vor dem Parlament Bedingungen aufstellen, argumentieren oder bspw. Ziele definieren, dies mit satzinitialen Nebensätzen realisieren könnten. Die folgenden Beispiele zeigen eine Multiple Heterogene Hypotaxe mit satzinitialem, konditionalem Nebensatz in (245) sowie eine Einfache Hypotaxe in (246) = (22), die durch einen infiniten Nebensatz mit temporaler Funktion eingeleitet wird.

(245)   Si   usted *pregunta* a los españoles
           Konj. NS_{1-1}
      la mayoría le *van* a decir
           HS_1
           que   *están* fastidiados o muy fastidiados.   (PAR20, 21)
           Konj. NS_{1-2}

(246)   Examinado este punto del orden del día,
                     NS_{1-1INF}
      pasamos al punto VI.   (PAR16, 49)
           HS_1

Dieser Eindruck muss jedoch revidiert werden, wenn man die Werte für das PAR-Korpus näher betrachtet: Von den insgesamt 1.033 komplexen Sätzen des Teilkorpus werden nur 106 Sätze mit einem Nebensatz begonnen, was 10,3 % aller Fälle ausmacht. Dahingegen beginnen 927 Konstruktionen mit einem Hauptsatz. Dies entspricht 89,7 % der komplexen Sätze im Korpus zu den spanischen Parlamentsreden. Die folgende Graphik zeigt die Verteilung für alle Reden innerhalb des PAR-Korpus:

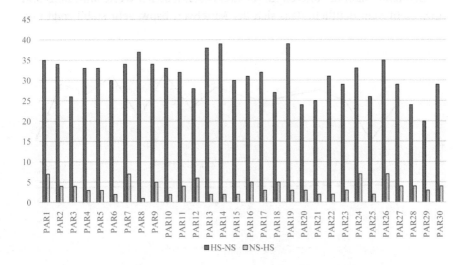

Abb. 37: Verteilung von satzinitialem Haupt- oder Nebensatz für das PAR-Korpus.

Wiederum lässt sich anhand der graphischen Darstellung beobachten, dass in keiner einzigen Rede die komplexen Sätze mit satzinitialem Nebensatz dominieren. Im Gegenteil: Das Verhältnis zugunsten des satzinitialen Hauptsatzes gibt den Wert der bereits untersuchten Teilkorpora, nämlich COL und POL, in sehr genauem Maße wieder. Es scheint, dass diese Merkmalsausprägung sich unabhängig von der jeweiligen vorherrschenden Kommunikationssituation verhält. Dies gilt es anhand der extrem distanzsprachlich markierten Stile weiter zu überprüfen. Für das PAR-Korpus bleibt diesbezüglich festzuhalten, dass spanische Parlamentarier ihre Argumente, Einschränkungen und Begründungen nicht satzinitial verhandeln, sondern diese in das Satzzentrum bzw. ans Ende der Konstruktion rücken. Der Betrachtung der qualitativen Merkmale des PAR-Korpus folgt nun die quantitative Analyse der Daten. Zunächst wird dabei das Kriterium der Satzlänge in den Mittelpunkt der Untersuchung gerückt.

(c) Satzlänge

Der Umfang der Reden innerhalb des Korpus der spanischen Parlamentsreden beträgt im Ganzen 41.700 Wörter. Damit stellt das PAR-Korpus das bisher größte Teilkorpus der hier vorliegenden Untersuchung dar. Die 1.500 Sätze, die dieses Korpus bilden, besitzen somit eine durchschnittliche Länge von 27,8 Wörtern. Damit hebt sich das PAR-Korpus in hohem Maße von den Werten im COL- und POL-Korpus ab und verdeutlicht, dass in Bezug auf die Satzlänge als Komplexitätsmerkmal ebenfalls ein Anstieg festzustellen ist. Die folgende Graphik gibt die Verteilung der Satzlänge für das PAR-Korpus wieder (Abb. 38).

Betrachtet man die Kurven für die drei beschriebenen Werte MIN, MED und MAX, sieht man deutlich, dass sich der Mittelwert bspw. sehr stabil zeigt und

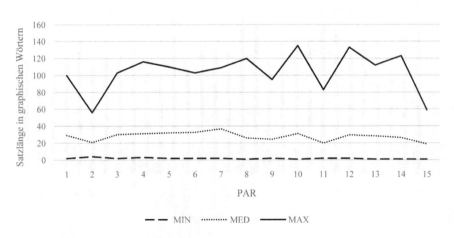

Abb. 38: Satzlängenverteilung im PAR-Korpus.

keinen großen Schwankungen unterliegt. Dies verhält sich bei den Maximalwerten durchaus unterschiedlich: PAR2 und PAR15 weisen als Maximum nur
ca. 60 Wörter auf, während in PAR10 und PAR12 mit ca. 120 Wörtern eine doppelt so große Anzahl festgestellt werden kann. Trotzdem verhält sich die Verteilung der Maximalwerte deutlich unauffälliger, als dies für COL und POL der Fall
war. Die Minimalwerte der hier untersuchten Reden in Bezug auf die Satzlänge
zeigen keine großen Auffälligkeiten. Neben der Beschreibung der einzelnen Ergebnisse für die jeweiligen Reden muss weiterhin die quantitative Verteilung
der Werte für das gesamte PAR-Korpus berücksichtigt werden. Diese wird in der
folgenden Boxplot-Darstellung (Abb. 39) näher betrachtet.

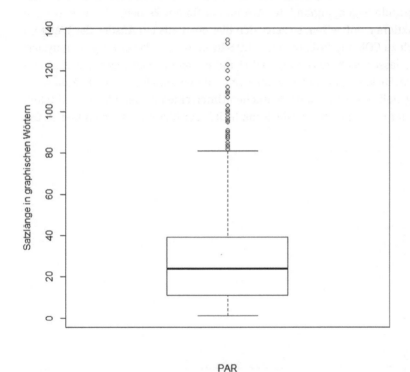

Abb. 39: Boxplot zur Satzlängenverteilung des PAR-Korpus.

Mithilfe des Boxplots erkennt man, dass die Mehrzahl der Datenpunkte Sätze
zwischen ca. 15 und 40 Wörtern repräsentieren. Ebenfalls eingezeichnet ist der
Median-Mittelwert, der anhand der schwarzen Linie deutlich wird. Interessant
an der Abbildung ist die Tatsache, dass man eine sehr große Zahl an statistischen Ausreißern beobachten kann, die einen Wert von mehr als ca. 80 Wörtern

aufweisen. Im Vergleich zu den untersuchten Daten des COL- und POL-Korpus heben sich die Reden des PAR-Korpus in dieser Hinsicht besonders von den anderen mündlich realisierten Kommunikationsformen ab. Alle diese Fakten sind Anzeichen dafür, dass extreme Komplexität in Bezug auf die Satzlänge kein seltenes Phänomen für den funktionalen Stil der Parlamentsrede darstellt. Im Folgenden wird nun noch näher auf die weiteren quantitativen Komplexitätsmerkmale des PAR-Korpus eingegangen.

(d) Anzahl der finiten Verben

Beschreibt man die Komplexität der einzelnen Sätze in den Reden, die dem Korpus zugrunde liegen, anhand der Anzahl der finiten Verben, die die einzelnen Konstruktionen aufweisen, so zeigt sich hier ebenfalls ein Anstieg der Werte im Vergleich zu COL und POL. In den 1.500 Sätzen, die für dieses Korpus analysiert wurden, lassen sich zusammen 3.902 finite Verben nachweisen, was einem Durchschnitt von 2,60 finiten Verben pro Satz entspricht. Diese Merkmalsausprägung stellt ebenfalls einen deutlichen Unterschied zu den bisher ermittelten Werten dar und unterstreicht die Komplexität der hier untersuchten Reden. Die

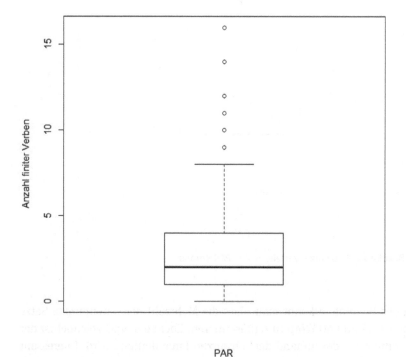

Abb. 40: Boxplot zur Verteilung der Anzahl finiter Verben im PAR-Korpus.

Boxplot-Darstellung verdeutlicht die Verteilung der finiten Verben im PAR-Korpus (Abb. 40).

Es zeigt sich, dass mehr als die Hälfte der Datenpunkte Strukturen repräsentieren, die zwischen ca. einem und fünf finiten Verben pro Satz liegen. Dies wird durch die Ausdehnung der Box in Abb. 40 erkennbar. Statistische Ausreißer, die nur sehr vereinzelt vorkommen, werden mit mehr als ca. acht finiten Verben beschrieben. Hierbei ist ebenfalls ein Anstieg der Komplexität zu erkennen, lagen die entsprechenden Werte für COL bei ca. fünf und für POL bei ca. sechs finiten Verben. Diese Steigerung lässt sich vermutlich damit erklären, dass innerhalb einer Parlamentsrede die Sprecher zum einen eine größere Anzahl an Sachverhaltsdarstellungen im Sinne Raibles (1992) kombinieren müssen. Zum anderen herrscht ein geringeres Maß an Dialogizität vor, sodass der Diskurs nicht in gleichem Maße unterbrochen wird, wie es in stärker nähesprachlich markierten Kommunikationssituationen eher zu erwarten wäre. Im Folgenden soll nun noch der Grad der maximalen Einbettungstiefe für das PAR-Teilkorpus diskutiert werden.

(e) Grad der maximalen Einbettungstiefe

Der bisherige Vergleich der untersuchten Komplexitätskriterien hat bereits gezeigt, dass sich das PAR-Korpus deutlich von COL und POL unterscheidet. Es gilt nun zu analysieren, inwiefern dies ebenfalls auf das Merkmal der Einbettungstiefe zutrifft. Die Werte, die man für das Korpus zu den spanischen Parlamentsreden ermitteln kann, können wie in Tabelle 14 dargestellt werden.

Tab. 14: Häufigkeitsverteilung des Grades der maximalen Einbettungstiefe für das PAR-Korpus.

	Grad der maximalen Einbettungstiefe						
	1.	**2.**	**3.**	**4.**	**5.**	**6.**	
PAR	480 (= 50,7 %)	306 (= 32,4 %)	116 (= 12,3 %)	40 (4,2 %)	4 (= 0,4 %)	0	Σ = 946

Im Vergleich zu den bisher untersuchten Teilkorpora ist festzustellen, dass Nebensätze ersten Grades zwar ebenfalls am häufigsten auftreten, allerdings ist eine Verschiebung zugunsten der zweiten und dritten Einbettungsebene zu erkennen, die in den anderen Teilkorpora weniger stark ausgeprägt ist. So treten Konstruktionen mit der maximalen Einbettungstiefe von zwei in diesen Reden fast zu einem Drittel auf (32,4 %), während sie in COL etwas mehr als die Hälfte davon ausmachen (17,0 %) und in POL in 23,2 % der Fälle beschrieben werden können. Frappierend gestaltet sich der Unterschied in Bezug auf Nebensätze dritten Grades: Diese treten im PAR-Korpus mit einer Häufigkeit von 12,3 % auf, wohingegen sie in COL (3,8 %) und POL (6,9 %) deutlich weniger repräsentiert sind. Berechnet man nun den Mittelwert der maximalen Einbettungstiefe für das PAR-Korpus so lässt sich für die 946 Konstruktionen, die syntaktische Einbettung aufweisen, ein Wert von 1,71 ermitteln, der damit deutlich größer ausfällt als die entsprechenden Werte im COL- (1,29) und im POL-Korpus (1,44). Berücksicht man alle 1.500 Sätze des PAR-Korpus für die Berechnung, so erhält man immer noch einen Wert von 1,08. Dies bedeutet, dass in jedem der 1.500 Sätze durchschnittlich ein Nebensatz ersten Grades auftritt. Dies unterscheidet sich in starkem Maße von den Werten für COL (0,33) sowie POL (0,72). Diese Tatsache unterstreicht, dass auch in Bezug auf das Kriterium der syntaktischen Einbettung ein weiterer Anstieg der Komplexitätsausprägung für das PAR-Korpus zu konstatieren ist. Abschließend sollen für das hier untersuchte Teilkorpus noch die entsprechenden Vektoren berechnet und dargestellt werden.

(f) Vektordarstellung

Wie bereits bei den bisher untersuchten Teilkorpora gesehen wurde, kann man die ermittelten Werte als Vektor beschreiben. Für das PAR-Korpus lässt sich der durchschnittliche Vektor wie folgt darstellen: $x_{PAR} = \begin{pmatrix} 27,80 \\ 2,60 \\ 1,08 \end{pmatrix}$. Die mitunter sehr starke Ausprägung dieser Werte wird in der dreidimensionalen Ansicht der Ergebnisse sichtbar, in der alle 1.500 Sätze des Korpus vertreten sind (Abb. 41).

Die Darstellungen illustrieren, dass deutlich mehr Konstruktionen tiefer im Raum verortet werden können als im COL- und POL-Korpus. Dies wird durch die Konzentration der dunkelblau markierten Datenpunkte, v. a. im Vergleich zu den grau markierten Daten der anderen Teilkorpora, sichtbar. Viele der Sätze verfügen über eine tiefere Einbettungsebene bei einer gleichzeitig größeren Anzahl von finiten Verben und einer durchschnittlichen Satzlänge, die die Ergebnisse der bisher betrachteten Teilkorpora bei weitem überragt. Insofern lässt sich auch visuell feststellen, dass das PAR-Korpus von allen Korpora, die innerhalb dieser Studie medial Gesprochenes enthalten, dasjenige ist, welches über den höchsten Grad an syntaktischer Komplexität verfügt.

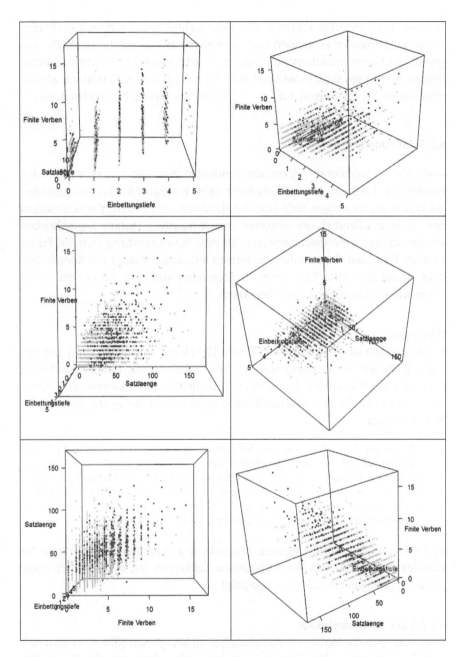

Abb. 41: Vektordarstellung syntaktischer Komplexität für das PAR-Korpus.

Bevor ein resümierender Vergleich aller untersuchten Teilkorpora angestellt werden kann, werden im Folgenden noch die funktionalen Stile untersucht, die aufgrund ihrer Kommunikationsbedingungen am extremen Pol der kommunikativen Distanz zu verorten sind. Dabei handelt es sich jeweils um ein Korpus mit wissenschaftlichen Abhandlungen (CIE) sowie mit spanischen Gesetztestexten (LEG).

4.3.3 CIE- und LEG-Korpus

Beide hier untersuchten Teilkorpora beinhalten zwar die unterschiedlichsten inhaltlichen Themen, dennoch zeichnen sie sich aufgrund ihrer konzeptionellen Reliefs als diejenigen Stile aus, die als überaus reflektiert, themenbezogen und maximal öffentlich der extremen kommunikativen Distanz zugeschrieben werden können. Interessant erscheint in dem Zusammenhang nun die Frage, ob diese formellen Kommunikationsformen mit einem Anstieg der Komplexität in Bezug auf die Syntax korrelieren. Im Folgenden wird zunächst mit der Analyse der wissenschaftlichen Texte begonnen.

CIE-Korpus

Das Korpus mit wissenschaftlichen Texten (CIE) weist eine Größe von 1.500 Sätzen auf, die wiederum ingesamt 46.913 Wörter beinhalten. Damit besitzt es in Bezug auf die Wortanzahl den größten Umfang aller hier analysierten Teilkorpora. Gläser hält für den wissenschaftlichen Aufsatz in Bezug auf syntaktische Merkmale fest:

> «Als typische Textsorte der Wissenschaftssprache sind Zeitschriftenaufsätze durch eine *streng determinierte Syntax* gekennzeichnet. Diese äußert sich in komplexen Sätzen, Relativsatzverkürzungen (im Englischen und Russischen) und in der Verteilungshäufigkeit verbaler Kategorien (Tempus, Genus, Person). Die Verwendung finiter Verbformen im Passiv variiert in Zeitschriftenaufsätzen einzelner Fachgebiete und Sprachen erheblich; sie ist aber nicht textsorten-, sondern fachgebietsspezifisch» (1998, 485).

Im Folgenden soll erörtert werden, inwiefern das angesprochene Merkmal der komplexen Sätze für das hier untersuchte Teilkorpus mit wissenschaftlichen, spanischsprachigen Aufsätzen ausgeprägt ist.

(a) Art der Satzkomplexität

Betrachtet man das Verhältnis von einfachen zu komplexen Sätzen, so lässt sich zunächst feststellen, dass komplexe Strukturen fast doppelt so häufig im Korpus vorkommen wie einfache: Von allen untersuchten Sätzen lassen sich 502 als einfache Satzkonstruktion analysieren, was einem Prozentsatz von 33,5 entspricht. Dagegen findet sich in 998 Fällen (= 66,5 %) eine Art des komplexen

Satzes. Im Bereich der syntaktisch einfachen Strukturen zeigt sich eine Dominanz des einfachen Satzes, der 391 Mal nachweisbar ist (= 77,9 %). Auf den ersten Blick überraschend zeigt sich dennoch, dass auch in sehr distanzsprachlichen Kontexten einfache syntaktische Konstruktionen ohne finites Verb auftreten. Mit 111 Okkurrenzen (= 22,1 %) weist mehr als jede fünfte einfache Konstruktion kein finites Verb auf. Bei den komplexen Satzstrukturen lässt sich sehr deutlich eine Tendenz zur integrativeren Struktur der Hypotaxe feststellen. Von den insgesamt 998 komplexen Sätzen sind 707 (= 70,8 %) durch eine hypotaktische Konstruktionsart gekennzeichnet, während 291 (= 29,2 %) eine parataktische Rahmenstruktur aufweisen. Mehr als die Hälfte davon, nämlich 164, stellen einfache Heterogene Parataxen dar. Im Bereich der Hypotaxe zeigen sich die 281 Einfachen Hypotaxen (= 39,8 %) und die 300 Multiplen Heterogenen Hypotaxen (= 42,4 %) als besonders zahlreich, wohingegen die Multiple Homogene Hypotaxe mit 126 Fällen (= 17,8 %) wesentlich seltener auftritt. Im Vergleich zum PAR-Korpus ist festzuhalten, dass es im Bereich der komplexen Sätze eine deutlichere Verschiebung hin zu den hypotaktischen Konstruktionen gibt. Sowohl im PAR- als auch im CIE-Korpus zeigt sich, dass sich die Einfache Hypotaxe sowie die Multiple Heterogene Hypotaxe viel häufiger im Korpus nachweisen lassen als die Multiple Homogene Hypotaxe. Tabelle 15 zeigt die Verteilung der Satztypen im CIE-Korpus nochmals im Überblick:

Tab. 15: Verteilung der Satztypen für das CIE-Korpus.

Einfach		Komplex	
Einfach oV	111	Parataktisch	
		HoPa	73
		HePa	164
		MuHoPa	7
		MuHePa	47
		Σ_{PAR}	291
Einfach	391	Hypotaktisch	
		EinHy	281
		MuHoHy	126
		MuHeHy	300
		Σ_{HY}	707
Σ	502	$\Sigma_{PAR} + \Sigma_{HY}$	998
		$\Sigma = 1.500$	

Von allen untersuchten Satztypen dominiert auch im Korpus der wissenschaftlichen Texte der Einfache Satz und tritt insgesamt in 391 Fällen auf. Bei einer

Gesamtgröße von 1.500 Sätzen entspricht dies einem Prozentsatz von 26,1. Das bedeutet, dass in den wissenschaftlichen Abhandlungen des analysierten Teilkorpus mindestens jeder vierte Satz einen einfachen Satz darstellt. Die Reihenfolge der Auftretenshäufigkeit für das CIE-Korpus lässt sich wie folgt beschreiben:

1. Einfach
2. MuHeHy
3. EinHy
4. HePa
5. MuHoHy
6. Einfach oV
7. HoPa
8. MuHePa
9. MuHoPa

Erstaunlich daran ist, dass die «einfacheren» komplexen Strukturen, also die unterschiedlichen Arten der parataktischen Verknüpfung, mit Ausnahme der Heterogenen Parataxe, generell ganz am Ende der Skala stehen. Das sehr schlechte «Abschneiden» der Multiplen Homogenen Parataxe steht stellvertretend dafür, dass es ein Merkmal wissenschaftlicher Texte ist, die getroffenen Aussagen auch zu begründen, oder besondere Versuchsanordnungen oder Vorgehensweisen mithilfe von Relativsätzen oder adverbialen Nebensätzen zu erläutern, wofür sich multiple Aneinanderreihungen von Hauptsätzen offenbar nicht anbieten. In der folgenden Abbildung werden die Häufigkeiten der einzelnen Satztypen für das CIE-Teilkorpus nochmals vergleichend dargestellt (Abb. 42).

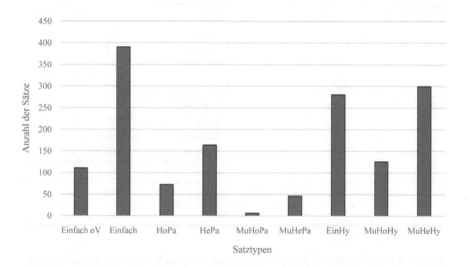

Abb. 42: Verteilung der Satztypen im CIE-Korpus.

Betrachtet man die komplexen Sätze des CIE-Korpus genauer und bereinigt sie um die Heterogene Parataxe sowie die Multiple Heterogene Parataxe, die mit 211 Fällen 21,1 % der komplexen Sätze darstellen, so kann man für das Korpus der spanischsprachigen wissenschaftlichen Texte ebenfalls ein Verhältnis von parataktischen zu hypotaktischen Konstruktionen aufstellen. Nach der Bereinigung um die heterogenen Parataxen lassen sich insgesamt noch 787 Konstruktionen finden, von denen 80 eine homogene parataktische Struktur aufweisen. Dies entspricht 10,2 % der noch verbleibenden komplexen Sätze. Im Bereich der Hypotaxe kann man 707 Sätze ausmachen. Damit weisen fast neunzig Prozent (89,8 %) der komplexen Sätze eine hypotaktische Konstruktion auf. Diese Werte decken sich in etwa mit den Resultaten, die für das PAR-Korpus ermittelt wurden, in dem sich bei 88,3 % aller komplexen Sätze eine hypotaktische und bei 11,7 % eine homogene parataktische Konstruktionsart nachweisen lässt. Tabelle 16 stellt die Verteilung der komplexen Sätze im CIE-Korpus im Überblick dar.

Tab. 16: Verteilung der komplexen Sätze im CIE-Korpus.

Komplexe Sätze			
Heterogene Parataxen		**Weitere komplexe Konstruktionen**	
HePa	164	HoPa	73
MuHePa	47	MuHoPa	7
		Σ_{PAR}	80
		EinHy	281
		MuHoHy	126
		MuHeHy	300
		Σ_{HY}	707
Σ	211	$\Sigma_{PAR} + \Sigma_{HY}$	787
	$\Sigma = 998$		

Nachdem nun die verschiedenen Satzarten und ihre Häufigkeit innerhalb des CIE-Korpus beschrieben worden sind, geht es anschließend um ein weiteres qualitatives Kriterium syntaktischer Komplexität, nämlich das Verhältnis von satzinitialem Haupt- und Nebensatz.

(b) Abfolge von initialem Haupt- oder Nebensatz

In Bezug auf die Frage, ob komplexe Sätze in spanischsprachigen wissenschaftlichen Texten einen satzinitialen Haupt- oder Nebensatz aufweisen, lässt sich eine Tendenz beobachten, die bereits in allen bisher untersuchten Teilkorpora zum Tragen gekommen ist: Von den insgesamt 998 komplexen Sätzen des CIE-

Korpus zeigen 904 einen Satzbeginn mit Hauptsatz. Dies entspricht 90,6 % der Fälle, wohingegen die 94 initialen Nebensätze 9,4 % ausmachen, d. h. in den wissenschaftlichen Publikationen europäisch-spanischer Muttersprachler des hier vorliegenden Korpus beginnen neun von zehn komplexen Sätzen mit einem Hauptsatz. Dies ist umso interessanter, wenn man bedenkt, dass hypotaktische Konstruktionen in den Texten deutlich überwiegen. Anders formuliert bedeutet dies, dass die Entscheidung eines Sprechers bzw. Schreibers über eine parataktische oder hypotaktische Konstruktion nicht an der linken Satzperipherie getroffen wird, sondern im Satzzentrum bzw. am Satzende, da den Sprachproduzenten eine Satzeröffnung mit Hauptsatz alle syntaktischen «Spielräume» eröffnet, die für den Diskurs benötigt werden. Die nachstehende Graphik zeigt, dass das Verhältnis von satzinitialem Haupt- zu Nebensatz über die einzelnen Texte hinweg sehr deutlich ausfällt (Abb. 43).

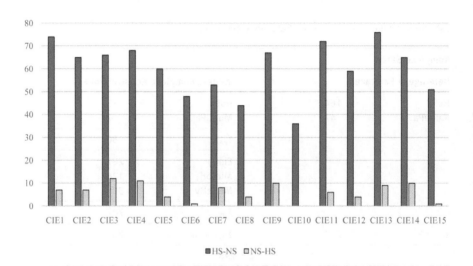

Abb. 43: Verteilung von satzinitialem Haupt- oder Nebensatz für das CIE-Korpus.

Zeigt sich das beschriebene Verhältnis in allen Texten des CIE-Korpus als sehr eindeutig, so ist anhand der Darstellung gut zu erkennen, dass beispielsweise in CIE10 überhaupt keine satzinitialen Nebensätze auftreten. In CIE6 und CIE15 lässt sich ebenfalls jeweils nur ein Nebensatz am Beginn komplexer Sätze konstatieren. Im Folgenden sollen nun die quantitativen Ausprägungen des CIE-Korpus näher betrachtet werden, wobei zuerst die Satzlänge im Mittelpunkt steht.

(c) Satzlänge
Die 15 Texte, die das Korpus des wissenschaftlichen Stils bilden, weisen insgesamt einen Umfang von 46.913 Wörtern auf. Bei 1.500 analysierten Sätzen lässt sich somit eine durchschnittliche Satzlänge von 31,28 Wörtern ermitteln. Damit liegt dieser Wert über der für das PAR-Korpus ermittelten Satzlänge von 27,80 graphischen Wörtern und ist 3,5 Mal so hoch wie der Durchschnittswert des informellen Teilkorpus COL. Dies zeigt bereits, dass wissenschaftliche Texte in Bezug auf das Kriterium der Satzlänge über eine ausgeprägte Komplexität verfügen können. Abbildung 44 zeigt den Verlauf der Minimal-, Maximal- und Mittelwerte für die einzelnen Texte des CIE-Korpus.

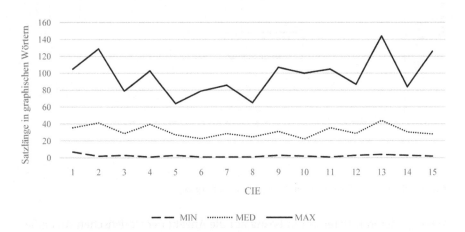

Abb. 44: Satzlängenverteilung im CIE-Korpus.

Mithilfe der Abbildung zeigt sich wiederum, dass eine große Schwankung in Bezug auf die Maximalwerte der Satzlänge für das CIE-Korpus vorliegt. So stehen maximale Ausprägungen von über 120 Wörtern in CIE2 bzw. 140 Wörtern in CIE13 deutlich geringeren Maximalwerten von knapp über 60 Wörtern, wie beispielsweise in CIE5 und CIE8 gegenüber. Die Kurve für den Durchschnittswert verhält sich demgegenüber relativ stabil und zeigt nur in CIE2 und CIE13 mittlere Satzlängenwerte von ca. 40 Wörtern pro Satz. Die folgende Boxplot-Abbildung gibt die Verteilung der einzelnen Daten für das CIE-Korpus wieder (Abb. 45).

Die Graphik macht deutlich, dass die Hälfte aller ermittelten Daten einen Wert zwischen 20 und 40 Wörtern aufweist und diejenigen Konstruktionen als statistische Ausreißer gelten können, die eine Satzlänge von mehr als 80 graphischen Wörtern aufweisen. In dieser Hinsicht unterscheidet sich das CIE-Korpus kaum vom PAR-Korpus, das ähnliche Werte besitzt. Ebenfalls lassen sich

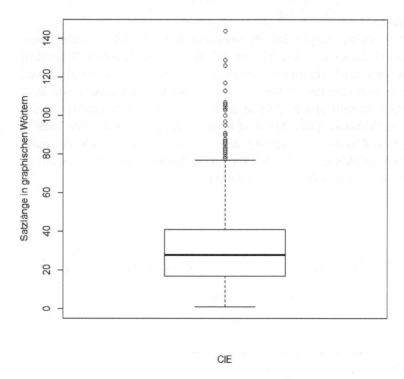

Abb. 45: Boxplot zur Satzlängenverteilung des CIE-Korpus.

keine größeren Differenzen in Bezug auf die Anzahl der statistischen Ausreißer über 80 Wörtern feststellen. Man kann daher lediglich festhalten, dass der längste Satz in CIE 144 Wörter beinhaltet, während der Maximalwert für das PAR-Korpus bei 135 graphischen Wörtern liegt. Im Folgenden wird nun noch das Kriterium der Anzahl der finiten Verben näher untersucht.

(d) Anzahl der finiten Verben
Bezüglich der Anzahl der finiten Verben kann eine Gesamtsumme von 3.553 für das CIE-Korpus ermittelt werden. Bei einer Teilkorpusgröße von 1.500 Sätzen treten durchschnittlich 2,37 finite Verben pro Satz auf. Damit liegt dieser Wert unter der entsprechenden Ausprägung des PAR-Korpus (2,60). Der folgende Boxplot stellt die Verteilung der finiten Verben für das CIE-Korpus nochmals genauer dar (Abb. 46).

Hierbei lässt sich festhalten, dass die Hälfte der im CIE-Korpus ermittelten Daten für die Anzahl finiter Verben einen Wert zwischen ca. 1,5 und 3,5 aufweist. Als Ausreißer können diejenigen Strukturen bezeichnet werden, die mehr als sechs finite Verben beinhalten. Auch hier liegt der Wert im PAR-Korpus mit

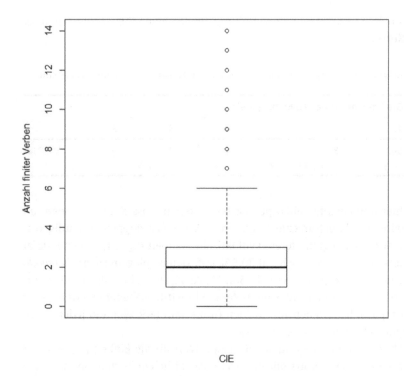

Abb. 46: Boxplot zur Verteilung der Anzahl finiter Verben im CIE-Korpus.

ca. acht finiten Verben deutlich höher. Die Werte der statistischen Ausreißer können unter Umständen stark ausgeprägt sein: So kommen beispielsweise Konstruktionen vor, die mehr als zehn finite Verben besitzen. Der Maximalwert im CIE-Korpus liegt bei einem Satz mit 14 finiten Verben, wie die Darstellung veranschaulicht. Die geringe Anzahl der einzelnen Datenpunkte im Boxplot zeigt aber, dass dies bei einer Gesamtmenge von 1.500 Sätzen nur für eine extrem kleine Gruppe von stark komplexen Sätzen der Fall ist und die überwiegende Mehrzahl der Sätze innerhalb der sog. *whiskers* liegt. Im Anschluss wird nun auf den Grad der maximalen Einbettungstiefe im CIE-Korpus näher eingegangen.

(e) Grad der maximalen Einbettungstiefe
Geht man davon aus, dass aufgrund der erhöhten Reflektiertheit und Planungszeit in distanzsprachlichen Kommunikationsformen eine stärkere Tendenz zu integrativeren Techniken der Junktion besteht (cf. Koch/Oesterreicher 2011, 101), so müsste sich dies ebenfalls am Grad der maximalen Einbettungstiefe

zeigen. Tabelle 17 zeigt daher die Verteilung der einzelnen Einbettungstiefen für das CIE-Korpus.

Tab. 17: Häufigkeitsverteilung des Grades der maximalen Einbettungstiefe für das CIE-Korpus.

	Grad der maximalen Einbettungstiefe						
	1.	**2.**	**3.**	**4.**	**5.**	**6.**	
CIE	502	280	85	45	6	0	$\Sigma = 918$
	(= 55,7 %)	(= 30,5 %)	(= 9,3 %)	(= 4,9 %)	(= 0,7 %)		

Für das hier untersuchte Teilkorpus ist festzustellen, dass Konstruktionen mit einer maximalen Einbettungstiefe von 1 mit 55,7 % fast doppelt so häufig vorkommen, wie diejenigen, deren syntaktische Einbettung eine Ebene tiefer reicht. Diese treten immer noch mit 30,5 % auf. Damit spiegeln sie *grosso modo* die Werte des PAR-Korpus wieder (1.: 50,7 %; 2.: 32,4 %). Ebenfalls ähnliche Ergebnisse zu PAR liefern die Sätze mit tieferen Einbettungsebenen: So weist jeder zehnte komplexe Satz Nebensätze dritten Grades auf (= 9,3 %) und jeder zwanzigste sogar Nebensätze vierten Grades (= 4,9 %).

Berechnet man nun den durchschnittlichen Wert für die Einbettungstiefe der komplexen Sätze des Korpus mit den wissenschaftlichen Texten, so lässt sich ein Wert von 1,66 ermitteln, der knapp unter dem Ergebnis von PAR liegt (1,71). Berücksichtigt man alle in diesem Teilkorpus enthaltenen 1.500 Sätze, erhält man als Resultat einen Wert von 1,03, der nur minimal unter demjenigen des PAR-Korpus (1,08) liegt. In Bezug auf die syntaktische Komplexität von Sätzen in wissenschaftlichen Publikationen kann man demnach konstatieren, dass jeder einzelne der 1.500 Sätze theoretisch einen eingebetteten Satz aufweist. Vergleicht man diesen Wert mit der Entsprechung aus dem COL-Korpus (0,33), so zeigt sich die stärkere Ausprägung syntaktischer Komplexität innerhalb des CIE-, aber v. a. auch des PAR-Korpus. Abschließend soll dies für CIE noch als Vektordarstellung sichtbar gemacht werden.

(f) Vektordarstellung

Für die dreidimensionale Darstellung der Werte des CIE-Korpus werden die jeweiligen Mittelwerte der quantitativen Merkmale miteinander in Beziehung gesetzt. Für das Teilkorpus zu den wissenschaftlichen Texten lässt sich demnach der folgende Vektor berechnen: $x_{CIE} = \begin{pmatrix} 31,28 \\ 2,37 \\ 1,03 \end{pmatrix}$. Trägt man alle quantitativ ermittelten Datenpunkte in das Koordinatensystem ein und markiert sie entsprechend hellgrün, so ergibt sich für das CIE-Korpus die Abbildung 47.

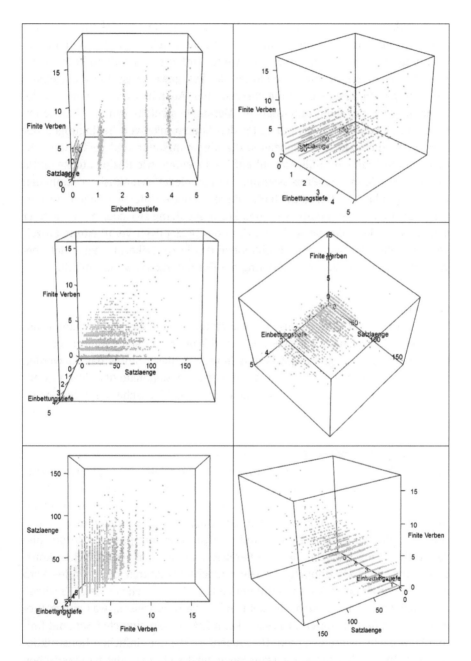

Abb. 47: Vektordarstellung syntaktischer Komplexität für das CIE-Korpus.

Ähnlich dem PAR-Korpus nutzt das CIE-Korpus den Komplexitätsraum stärker aus, d. h. die Konzentration der Datenpunkte lässt sich tiefer im Raum ausmachen und einzelne Punkte lassen sich weiter entfernt vom Nullpunkt lokalisieren, als dies in den informelleren Stilen der Fall gewesen ist. Diese einzelnen, sehr komplexen Sätze stellen die statistsischen Ausreißer dar, die bei der Bestimmung der einzelnen quantitativen Merkmale sichtbar wurden. Solche extrem komplexen Sätze sind nur unter den kommunikativen Bedingungen der Distanz möglich. Sie verkomplizieren die Kommunikation und gefährden u. U. den kommunikativen Erfolg sowohl auf Produzenten- wie Rezipientenseite. Da in dieser Studie nur die Prozessierung von komplexen syntaktischen Einheiten im Mittelpunkt des Interesses steht, müssen weitere Untersuchungen zur Perzeption syntaktischer Komplexität den Zusammenhang zwischen zunehmender syntaktischer Komplexität und dem Grad der perzeptiven Verarbeitung aufzeigen. Im Folgenden wird nun abschließend das letzte Teikorpus behandelt, bevor sich daran eine Zusammenfassung der Gesamtergebnisse anschließt.

LEG-Korpus

Das Teilkorpus LEG, das spanische Gesetzestexte beinhaltet, besitzt einen Umfang von 1.500 Sätzen mit insgesamt 42.536 Wörtern. Es stellt somit nach dem CIE-Korpus das zweitgrößte Teilkorpus innerhalb dieser Studie dar. Es werden zunächst wiederum die qualitativen syntaktischen Merkmale der Sätze präsentiert, bevor auf die quantitative Bestimmung ihrer Eigenschaften näher eingegangen wird.

(a) Art der Satzkomplexität

Für das LEG-Korpus ist festzustellen, dass es eine relativ ausgeglichene Bilanz zwischen einfachen und komplexen Sätzen gibt. Von den insgesamt 1.500 Sätzen dieses Teilkorpus besitzen 733 eine einfache Struktur (= 48,9 %), während in 767 Fällen (= 51,1 %) ein komplexer Satz angenommen werden muss. Überraschend in diesem Zusammenhang und einzigartig für das gesamte Korpus dieser Studie ist die Tatsache, dass im Bereich der einfachen syntaktischen Konstruktionen mehr als doppelt so viele einfache Strukturen ohne finites Verb auftreten wie einfache Sätze mit finitem Verb. So lassen sich von den 733 Sätzen einfacher Bauart 499 finden, die kein finites Verb aufweisen, was einem Prozentsatz von 68,1 entspricht. Dagegen kann 234 Mal ein einfacher Satz mit finitem Verb nachgewiesen werden. Dies macht 31,9 % der einfachen Konstruktionen aus. Im Bereich der komplexen Sätze zeigt sich, dass die parataktischen Konstruktionen deutlich von den hypotaktischen dominiert werden. Mit insgesamt 105 Sätzen, was einem Anteil von 13,7 % der komplexen Sätze gleichkommt, liegt der Anteil aller Parataxen noch unter demjenigen der am seltensten auftretenden Hypotaxe, nämlich der Multiplen Homogenen Hypotaxe, die sich allein 138 Mal nachweisen lässt. Dieser hypotaktische Konstruktionstyp macht allein 18,0 % aller komplexen Sätze im LEG-Korpus aus. Berücksichtig man alle hypotaktischen Strukturen, so kann man diese in 662 Fällen finden, was einem Prozentsatz von 86,3 entspricht. Es muss demnach festgehalten werden, dass die hypotaktischen Strukturen im Bereich der komplexen Sätze des LEG-Korpus erheblich häufiger auftreten als parataktische. Tabelle 18 zeigt die Verteilung der einzelnen Satztypen in Bezug auf das LEG-Korpus nochmals im Überblick.

Tab. 18: Verteilung der Satztypen für das LEG-Korpus.

Einfach		Komplex	
Einfach oV	499	Parataktisch	
		HoPa	38
		HePa	51
		MuHoPa	4
		MuHePa	12
		Σ_{PAR}	105
Einfach	234	Hypotaktisch	
		EinHy	291
		MuHoHy	138
		MuHeHy	233
		Σ_{HY}	662
Σ	733	$\Sigma_{PAR} + \Sigma_{HY}$	767
		$\Sigma = 1.500$	

Betrachtet man die Frequenz der einzelnen Satztypen, so sind die einfachen Strukturen ohne finites Verb am häufigsten zu finden. Ebenso lassen sich der Einfache Satz (234) und die Multiple Heterogene Hypotaxe (233) mit fast identischen Zahlenwerten nachweisen. Die Reihenfolge der Satztypen für das LEG-Korpus lautet wie folgt:

1. Einfach oV
2. EinHy
3. Einfach
4. MuHeHy
5. MuHoHy
6. HePa
7. HoPa
8. MuHePa
9. MuHoPa

Im Bereich der komplexen Sätze zeigt sich, dass die Einfache Hypotaxe (291) und die Multiple Heterogene Hypotaxe (233) die Multiple Homogene Hypotaxe bei weitem übertreffen. Die Aussage, dass distanzsprachliche Kommunikation im Bereich der komplexen Konstruktionen zu integrativeren Techniken der Junktion neige, kann für das LEG-Korpus somit vorläufig bestätigt werden. Die frappierend geringe Präsenz parataktischer Strukturen wird vor allem dann explizit, wenn man sich die Verteilung der einzelnen Satztypen visuell vergegenwärtigt. Abbildung 48 zeigt diese Verhältnisse für das LEG-Korpus auf.

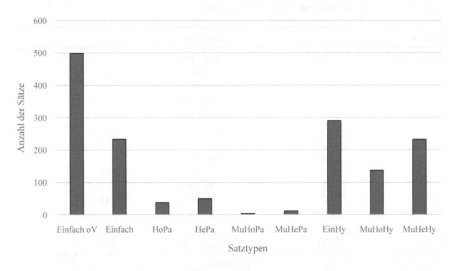

Abb. 48: Verteilung der Satztypen im LEG-Korpus.

Obwohl sich das Verhältnis von para- zu hypotaktischen Konstruktionen bereits in dieser Darstellung deutlich zugunsten der Hypotaxe beschreiben lässt, gilt es weiterhin, die um die Heterogenen Parataxen bereinigten Werte zu vergleichen. Die folgende Tabelle 19 zeigt die entsprechenden Resultate für das LEG-Korpus an.

Betrachtet man die ermittelten Werte, so zeigt sich, dass die Homogene Parataxe sowie die Multiple Homogene Parataxe insgesamt nur in 42 Fällen auftreten. Bei einer Gesamtmenge von 704 komplexen Sätzen im LEG-Korpus, die für diese Kalkulation berücksichtigt werden können, entspricht dies einem Anteil von 6,0 %. Hypotaktische Strukturen lassen sich demnach in 94,0 % aller komplexen Sätze in den untersuchten spanischen Gesetztestexten finden. Damit kann festgehalten werden, dass für diesen extrem distanzsprachlichen Stil des Spanischen die hypotaktische Konstruktionsart im Bereich der komplexen Sätze die bevorzugte darstellt. Im Folgenden soll geklärt werden, ob sich für diesen

Tab. 19: Verteilung der komplexen Sätze im LEG-Korpus.

Komplexe Sätze			
Heterogene Parataxen		**Weitere komplexe Konstruktionen**	
HePa	51	HoPa	38
MuHePa	12	MuHoPa	4
		Σ_{PAR}	42
		EinHy	291
		MuHoHy	138
		MuHeHy	233
		Σ_{HY}	662
Σ	63	$\Sigma_{PAR} + \Sigma_{HY}$	704
		$\Sigma = 767$	

funktionalen Stil Besonderheiten in Bezug auf satzinitialen Haupt- oder Nebensatz beobachten lassen, oder ob sich die Resultate für das LEG-Korpus ähnlich
verhalten wie für die bisher analysierten Teilkorpora.

(b) Abfolge von initialem Haupt- oder Nebensatz
Aktuelle juristische Texte des Spanischen in diesem Teilkorpus zeigen in Bezug
auf die Satzeröffnung mit Haupt- oder Nebensatz keine Unterschiede zu den
anderen Teilkorpora, die im Rahmen dieser Untersuchung bisher ausgewertet
wurden. Es lassen sich 767 komplexe Strukturen im LEG-Korpus finden, von
denen 716 (= 93,4 %) mit Hauptsatz beginnen; dies bedeutet, dass satzinitiale
Nebensätze nur 51 Mal auftreten, was einem Prozentsatz von 6,6 entspricht. In
dieser Hinsicht verhält sich das LEG-Korpus analog zu COL, POL, PAR und CIE,
allerdings stellt das hier präsentierte Korpus zu den Gesetztestexten dasjenige
dar, das die extremste Verteilung zugunsten des initialen Hauptsatzes zeigt. Die
folgende Darstellung (Abb. 49) vermittelt im Überlick nochmals die Verhältnisse
im LEG-Korpus hinsichtlich des Satzanfangs.

Bei Betrachtung der Abbildung fallen mehrere Sachverhalte auf: Zum einen
gibt es keinen einzigen Text, der mehr satzinitiale Nebensätze als Hauptsätze
aufweist. Zum anderen lassen sich in zwei Texten (LEG13 und LEG14) überhaupt
keine Nebensätze am Satzanfang finden und darüber hinaus in LEG2, LEG5,
LEG6, LEG8 und LEG15 nur eine verschwindend geringe Anzahl. Dies unterstreicht nochmals, wie hochfrequent der satzinitiale Hauptsatz bei komplexen
Sätzen auftritt. Ein Vergleich zu den anderen Teilkorpora ist im Kapitel mit der

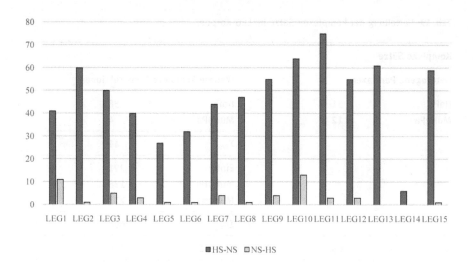

Abb. 49: Verteilung von satzinitialem Haupt- oder Nebensatz für das LEG-Korpus.

Zusammenfassung der Ergebnisse (cf. Kap. 4.4) zu finden. Im Folgenden werden zunächst die quantitativ erfassbaren Ausprägungen für das LEG-Korpus näher betrachtet.

(c) Satzlänge

Mit insgesamt 42.536 graphischen Wörtern stellt das LEG-Korpus nach dem CIE-Korpus zahlenmäßig das zweitgrößte Teilkorpus dar. Hinsichtlich der Bestimmung der durchschnittlichen Satzlänge kann bei einer Anzahl von 1.500 Sätzen

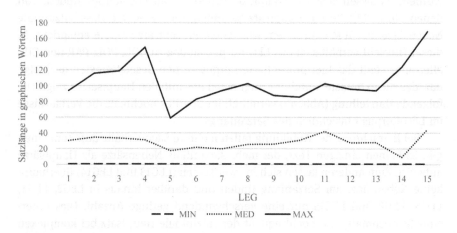

Abb. 50: Satzlängenverteilung im LEG-Korpus.

ein Wert von 28,36 Wörtern pro Satz ermittelt werden. Dies stellt im Vergleich zum Korpus der wissenschaftlichen Texte eine geringere Ausprägung dar, gleichzeitig übersteigt der Wert minimal die durschnittliche Satzlänge im PAR-Korpus, die 27,80 Wörter pro Satz beträgt. In Abbildung 50 wird der Verlauf der Minimal-, Maximal- und Mittelwerte in Bezug auf die Satzlänge für das LEG-Korpus visuell wahrnehmbar.

Auffallend sind wiederum die Divergenzen hinsichtlich der maximalen Werte, wie man sie drastisch beim Übergang von LEG4 (mit einem Höchstwert von über 140 Wörtern) zu LEG5 (mit einer Entsprechung von ca. 50 Wörtern) beobachten kann. Mit insgesamt 169 Wörtern kann in LEG15 zudem der längste Satz des gesamten Korpus nachgewiesen werden. In Bezug auf den Kurvenverlauf der Maximalwerte lohnt es sich noch einen Blick auf LEG14 zu werfen: Hier zeigt sich trotz ansteigender Kurve ein fallender Mittelwert. Dieser ist mit weniger als 20 Wörtern deutlich niedriger als der Durchschnittswert bzw. liegt tiefer als der übrige Verlauf der MED-Kurve. Um Aussagen über die Verteilung der einzelnen Sätze zu erlangen, lohnt es sich, wiederum einen Blick auf die Darstellung im Boxplot zu werfen. Abbildung 51 zeigt die Verhältnisse im LEG-Korpus auf.

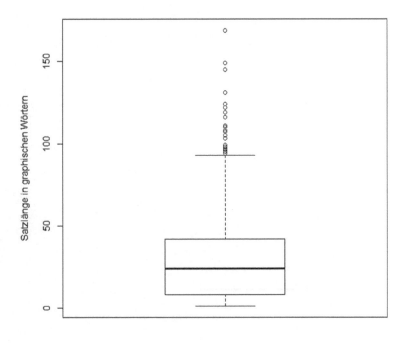

Abb. 51: Boxplot zur Satzlängenverteilung des LEG-Korpus.

Neben der Linie für den Median-Mittelwert zeigt die Graphik, dass die Hälfte aller ermittelten Satzlängen im LEG-Korpus eine Satzlänge zwischen ca. 10 und 45 Wörtern aufweist. Massiv nach oben verschoben hat sich die Grenze, ab der Werte als statistische Ausreißer gelten: Diese liegt hier knapp unter 100 Wörtern, während sie für das CIE-Korpus noch bei ca. 80 lag. Neben der Tatsache, dass im LEG-Korpus der komplexeste Satz in Bezug auf die Satzlänge vorliegt, zeigt auch dieser Boxplot, wie stark Komplexität in den spanischen Gesetzestexten in Bezug auf das Kriterium der Satzlänge ausgeprägt ist. Im Anschluss wird nun näher auf das Merkmal der Anzahl der finiten Verben eingegangen.

(d) Anzahl der finiten Verben

Wie bereits gesehen wurde, zeigt das LEG-Korpus in Bezug auf das erste quantitative Komplexitätsmerkmal der Satzlänge mitunter eine sehr starke Ausprägung. Im Hinblick auf das Kriterium der Anzahl der finiten Verben kann man in den untersuchten Texten insgesamt 2.146 solcher Verbfomen nachweisen. Dies entspricht durchschnittlich 1,43 finiten Verben pro Satz. Dieser Wert liegt somit

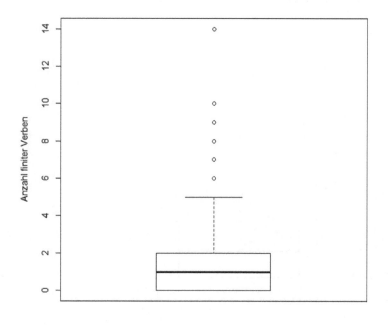

Abb. 52: Boxplot zur Verteilung der Anzahl finiter Verben im LEG-Korpus.

deutlich unter den entsprechenden Zahlen des POL-, PAR- und CIE-Korpus. Bei teilweise sehr langen Sätzen im Korpus zu den spanischen Gesetzestexten bedeutet dies gleichzeitig, dass Komplexität zum einen über sehr lange, aber einfache Sätze hergestellt wird oder dass infinite Nebensatzkonstruktionen in diesem Korpus beträchtlich häufiger auftreten müssen als in den anderen Teilkorpora. Die obige Boxplotdarstellung gibt die Verteilung der finiten Verben im LEG-Korpus wieder (Abb. 52).

Der Boxplot zeigt die besonderen Verhältnisse im LEG-Korpus auf. Demnach weist die Hälfte aller Daten einen Wert zwischen 0 und 2 finiten Verben auf, während bei 1.500 Sätzen in ingesamt nur sechs Fällen statistische Ausreißer auftreten. Der Grenzwert hierfür liegt bei ca. 5,5 Verben und zeigt somit eine geringere Größe als die entsprechenden Werte in PAR und CIE, gleichwohl einzelne Sätze, die im vorliegenden Teilkorpus bis zu 14 finite Verben enthalten, ähnliche maximale Ausprägungen aufweisen. Es bleibt im Folgenden zu prüfen, inwiefern sich die bisher gesehenen Besonderheiten des LEG-Korpus ebenfalls im Hinblick auf das Komplexitätsmerkmal der Einbettungstiefe feststellen lassen.

(e) Grad der maximalen Einbettungstiefe

Für das LEG-Korpus lässt sich in Bezug auf den Grad der maximalen Einbettungstiefe beobachten, dass die Werte nicht stark von CIE oder PAR abweichen. Komplexe Satzkonstruktionen, bei denen maximal ein Nebensatz ersten Grades auftritt, lassen sich in 59,3 % aller Fälle ausmachen. Damit weisen die Texte des LEG-Korpus für die erste Einbettungsstufe einen höheren Wert als CIE (55,7 %) bzw. PAR (50,7 %) auf. Bei Sätzen, die Nebensätze zweiten Grades als maximale Einbettungstiefe beinhalten, zeigt sich, dass CIE (30,5 %) und PAR (32,4 %) stärkere Ausprägungen abbilden als LEG (26,1 %). Die tieferen Einbettungsebenen weisen schließlich in etwa vergleichbare Werte auf. Die folgende Tabelle 20 zeigt die Verteilung für das LEG-Korpus.

Tab. 20: Häufigkeitsverteilung des Grades der maximalen Einbettungstiefe für das LEG-Korpus.

	Grad der maximalen Einbettungstiefe						
	1.	**2.**	**3.**	**4.**	**5.**	**6.**	
LEG	430	189	82	23	1	0	Σ = 725
	(= 59,3 %)	(= 26,1 %)	(= 11,3 %)	(= 3,2 %)	(= 0,1 %)		

Anhand der Tabelle zeigt sich deutlich, dass Sätze, die maximal nur eine Einbettungstiefe von eins aufweisen, mehr als doppelt so häufig auftreten wie
Konstruktionen, die Nebensätze zweiten Grades beinhalten. Berechnet man den
durschnittlichen Wert für die maximale Einbettungstiefe der komplexen Sätze
im LEG-Korpus, so lässt sich dieser mit 1,59 beziffern. Damit lassen sich die
komplexen Sätze innerhalb der hier untersuchten spanischen Gesetzestexte als
weniger komplex bezeichnen als diejenigen in PAR (1,71) und CIE (1,66). Berücksichtigt man alle 1.500 Sätze des LEG-Korpus so erhält man einen Wert von 0,77,
der deutlich unter den entsprechenden Resultaten von PAR (1,08) und CIE (1,02)
liegt. Im Anschluss an die Betrachtung der hier präsentierten Ergebnisse sollen
diese nun noch in der Vektordarstellung miteinander verknüpft und visuell
wahrnehmbar gemacht werden.

(f) Vektordarstellung
Die bereits beschriebenen Resultate für das LEG-Korpus kennzeichnen die Sätze
als mitunter sehr lang, mit einer vergleichsweise geringen Anzahl an finiten
Verben und geringer Einbettungstiefe. Diese Merkmale lassen sich anhand der
Vektordarstellung der Einzelergebnisse gut nachvollziehen, wie die folgenden
Abbildungen zeigen (Abb. 53).

Es kann eine deutlichere Konzentration der Datenpunkte beispielsweise auf
der ersten Ebene der Einbettungstiefe ausgemacht werden. Gleichzeitig ist zu
erkennen, dass bei der Anzahl der finiten Verben ebenfalls eine stärkere An-
sammlung von Daten vorliegt. Bemisst man die durchschnittlichen Werte für
den Vektor des LEG-Korpus, so lässt sich dieser wie folgt beschreiben: $x_{LEG} = \begin{pmatrix} 28,36 \\ 1,43 \\ 0,77 \end{pmatrix}$. Die Auswertung ergibt demnach, dass für das europäische Spanisch juristische Texte zwar durchaus Komplexität in Bezug auf die Satzlänge aufwei-
sen können, sie jedoch im Vergleich zu anderen konzeptionell schriftlich geplanten Diskursen nicht in allen untersuchten Kategorien ähnlich ausgeprägte
Komplexitätsgrade besitzen. Im folgenden Kapitel erfolgt daher eine Zusammenfassung der Ergebnisse sowie die Überprüfung der vorher aufgestellten Hypothesen.

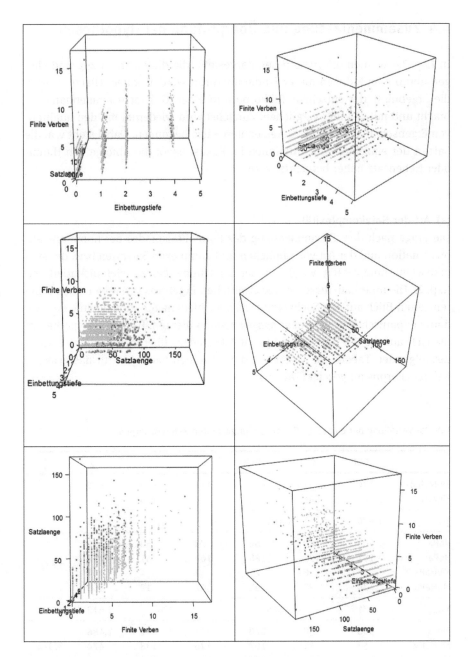

Abb. 53: Vektordarstellung syntaktischer Komplexität für das LEG-Korpus.

4.4 Zusammenfassung und Überprüfung der Hypothesen

In Kap. 3.4 wurden die Hypothesen dargestellt, die dieser Arbeit zugrunde liegen und die im Rahmen dieser Studie überprüft werden sollen. Hierzu werden die Ergebnisse der einzelnen Teilkorpora in einen Gesamtzusammenhang gebracht und miteinander verglichen. Zunächst wird wiederum mit den qualitativen Eigenschaften der 9.000 untersuchten Sätze begonnen. Dabei steht v. a. die Satzart der einzelnen Konstruktionen im Fokus, bevor die Abfolge von Haupt- oder Nebensatz näher betrachtet wird.

(a) Art der Satzkomplexität

Die Frage nach dem Zusammenhang des Formalitätsgrades der Kommunikationssituation und der Art von einfachen und komplexen Satzarten bzw. der syntaktischen Komplexität wurde in der Forschung bereits viel diskutiert (cf. Kap. 2). Die innerhalb dieser Studie ermittelten Ergebnisse erlauben einen differenzierten Blick auf den Sachverhalt, da verschiedene funktionale Stile des modernen Spanisch als Untersuchungsgegenstand dienten. Bevor die Hypothesen, die sich auf die Art der Satzkomplexität beziehen, überprüft werden, wird in der folgenden Tabelle die Verteilung der einzelnen Satztypen für das gesamte Referenzkorpus aufgezeigt (Tab. 21).

Tab. 21: Verteilung der einzelnen Satztypen im gesamten Referenzkorpus.

	COL	POL	PAR	CIE	LEG	Σ	Σ
Einfach oV	770	97	193	111	499	1.670	
Einfach	1.200	545	274	391	234	2.644	4.314
Σ	1.970		1.109		1.235	4.314	
HoPa	203	100	66	73	38	480	
HePa	181	133	188	164	51	717	
MuHoPa	67	8	21	7	4	107	1.612
MuHePa	120	27	102	47	12	308	
Σ_PAR	571		645		396	1.612	
EinHy	306	338	270	281	291	1.486	
MuHoHy	52	51	107	126	138	474	3.074
MuHeHy	101	201	279	300	233	1.114	
Σ_HY	459		1.246		1.369	3.074	
Σ	3.000	1.500	1.500	1.500	1.500	9.000	9.000

Anhand der Tabelle wird deutlich, wie häufig einfache syntaktische Strukturen im modernen europäischen Spanisch vorkommen. In COL treten sie in 65,7 % (= 1.970 von 3.000 Sätzen) der Fälle auf. Nimmt man POL und PAR zusammen, addieren sie sich auf 1.109 Sätze, was einem Prozentsatz von 37,0 entspricht. Dieser Wert liegt für CIE und LEG gemeinsam sogar noch höher, nämlich bei 41,2 % (= 1.235 von 3.000 Sätzen). Das gehäufte Auftreten einfacher Sätze in den einzelnen Teilkorpora bildet sich schlussendlich auch im Gesamtanteil an dem untersuchten Referenzkorpus ab: Von 9.000 untersuchten Sätzen besitzt fast die Hälfte eine einfache syntaktische Struktur, nämlich 4.314. Dies entspricht 47,9 % aller Sätze, die das Korpus im Gesamten umfasst.

Bereits bei den etwas distanzsprachlicheren Stilen von POL und PAR dreht sich das Verhältnis und man erkennt, dass die komplexen Satzstrukturen überwiegen. Während im COL-Korpus komplexe syntaktische Konstruktionen in 1.030 Fällen nachgewiesen werden können, was mit 34,3 % etwas mehr als einem Drittel entspricht, zeigen sich in POL und PAR insgesamt 1.891 und in CIE und LEG zusammen 1.765 komplexe Strukturen. Dies kommt einem Anteil von 63,0 % (POL & PAR) bzw. von 58,8 % (CIE & LEG) gleich. Damit lässt sich die erste Hypothese überprüfen, die wie folgt lautet:

H1: Nähesprachliche Kommunikation ist gekennzeichnet durch ein Übergewicht an einfachen syntaktischen Strukturen, während distanzsprachlichere Stile mehr komplexe als einfache syntaktische Strukturen bevorzugen.

Die Daten des Korpus zeigen tatsächlich, dass die einfachen syntaktischen Konstruktionen in extrem informeller bzw. nähesprachlicher Kommunikation deutlich dominieren und diese mit zunehmender Distanzsprachlichkeit zwar abnehmen, aber dennoch relativ frequent sind. Um die Annahme dieser These abzusichern, wird nun noch eine statistische Überprüfung vorgenommen. Dabei wird davon ausgegangen, dass das normale Verhältnis von einfachen zu komplexen Sätzen gleich verteilt ist, also in einem Korpus von 3.000 Sätzen jeweils 1.500 einfache und komplexe Sätze auftreten. Um dies zu überprüfen, kann folgende statistische Nullhypothese (H_0) gebildet werden:

H_0: Die Häufigkeitsausprägung der Merkmale Einfacher und Komplexer Satz ist in allen untersuchten Teilkorpora identisch.

Um erwartete und beobachtete Häufigkeiten zu vergleichen, wird hierzu der Chi-Quadrat- oder χ^2-Test verwendet. Mit der Funktion *chisq.test* wurden im Programm *R* die entsprechenden Werte und Signifikanzniveaus berechnet.

Nimmt man für COL eine Gleichverteilung von einfachen und komplexen Sätzen an, so kann man formulieren, dass einfache Satzkonstruktionen 1.970 Mal auf-traten, obwohl sie nur 1.500 Mal erwartet wurden.[164] Komplexe Sätze wurden in insgesamt 1.030 Fällen nachgewiesen, obwohl man ebenfalls 1.500 erwartet hätte. Mithilfe eines Chi-Quadrat-Anpassungstestes kann man sehen, dass diese Verteilung zugunsten des einfachen Satzes hoch signifikant von der er-warteten Gleichverteilung abweicht (χ^2_{COL} = 63,66; df = 1; $p_{zweiseitig}$ = 1.479e^{-15} = 0,000000000000001479). Sie ist deswegen hoch signifikant, weil der Wahr-scheinlichkeitswert p weit unter dem Signifikanzniveau von p = 0,001 liegt. Dies bedeutet wiederum, dass einfache Satzkonstruktionen deutlich häufiger im nähesprachlichen Diskurs auftreten als komplexe und die Nullhypothese H_0 für das COL-Korpus abgelehnt werden muss.

Für POL und PAR wird zunächst ebenfalls von einer gleichen Verteilung von einfachen zu komplexen Sätzen ausgegangen und ebenfalls die Nullhypo-these H_0 angenommen. Beobachtet werden konnten 1.891 komplexe Strukturen, obwohl sie nur 1.500 Mal erwartet wurden. Einfache Sätze traten in 1.109 Fällen auf, obwohl sie ebenfalls in 1.500 Fällen angenommen wurden. Der Chi-Quadrat-Anpassungstest zeigt, dass die Verteilung zugunsten der komplexen Satzstrukturen hoch signifikant von der erwarteten Gleichverteilung abweicht ($\chi^2_{POL\ \&\ PAR}$ = 45,084; df = 1; $p_{zweiseitig}$ = 1,887e^{-11} = 0,00000000001887). Damit muss die Nullhypothese H_0 für POL und PAR zurückgewiesen werden, da die komplexen Strukturen in diesen Teilkorpora, wie gesehen wurde, deutlich über-wiegen.

Die zuvor beschriebene Nullhypothese H_0 wird ebenfalls für die Teilkorpora CIE und LEG angenommen. Einfache syntaktische Strukturen treten dort in 1.235 Fällen auf, wobei sie 1.500 Mal erwartet wurden. Komplexe Sätze lassen sich 1.765 Mal beobachten, obwohl man sie nur 1.500 Mal angenommen hätte. Mithilfe des Chi-Quadrat-Anpassungstest kann gezeigt werden, dass die Vertei-lung zugunsten der komplexen Sätze hoch signifikant von der erwarteten Gleichverteilung abweicht ($\chi^2_{CIE\ \&\ LEG}$ = 21,508; df = 1; $p_{zweiseitig}$ = 3.523e^{-06} = 0,000003523). Auf dieser Grundlage muss die Nullhypothese abgelehnt werden, da auch in CIE und LEG die komplexen Satzstrukturen die einfachen eindeutig dominieren.

Nachdem die einzelnen Teilkorpora analysiert wurden, lässt sich nun die Hypothese H1 überprüfen. H1 kann als richtig angenommen werden, da, wie gesehen, nur die extrem nähesprachlichen Stile des Korpus ein Übergewicht

---

164 Die Formulierung zur Beschreibung der durch den χ^2-Test ermittelten Ergebnisse lehnt sich an Gries (2008, 161) an.

einfacher im Vergleich zu komplexen Strukturen aufweisen und sich dieses Verhältnis mit einem zunehmenden Grad an Distanzsprachlichkeit umdreht.

Mithilfe der zuvor ermittelten Zahlen kann man für die einzelnen Teilkorpora eine Reihenfolge der einzelnen Satztypen auf Grundlage ihrer Frequenz im Korpus erstellen. Dabei zeigt sich nochmals sehr klar, dass der Einfache Satz in allen Teilkorpora stark vertreten ist und in COL, POL und CIE sogar den häufigsten Satztyp darstellt. Daneben lässt sich feststellen, dass im Bereich der komplexen Sätze die Einfache Hypotaxe in allen analysierten Teilkorpora am prominentesten ist: Sie ist jeweils an zweiter oder dritter Position zu finden und macht mit ingesamt 1.486 Okkurrenzen einen bedeutenden Anteil am Gesamtkorpus von 9.000 Sätzen aus. Die Tabelle zeigt weiterhin das schlechte Abschneiden der multiplen komplexen Sätze. So findet man Multiple Homogene Parataxen in POL, PAR, CIE und LEG an letzter Stelle und darüber hinaus in COL an vorletzter Stelle. Dies ist besonders interessant, wenn man bedenkt, dass in der Forschung häufig angenommen wird, dass Nähesprache eher zur Aggregation, also der mehrfachen Junktion durch Koordination, denn zur Integration neigt. Dies lässt sich aufgrund der hier vorliegenden Daten nicht bestätigen. Im Gegenteil: Die Daten zeigen, dass eine homogene mehrfache Aneinanderreihung von Hauptsätzen in keinem der untersuchten funktionalen Stile ein beliebtes syntaktisches Verfahren darstellt. Anmerken müsste man vielmehr, dass nähesprachliche Kommunikation syntaktisch einfache Konstruktionen bevorzugt. Im Bereich der komplexen Sätze verhält es sich dann dergestalt, dass die Einfache Hypotaxe (10,2 %) als komplexeres, da integrativeres Verfahren vor der einfacheren, da aggregativeren Konstruktion der Homogenen Parataxe (6,8 %) steht. Von den Multiplen Hypotaxen lässt sich v. a. eine starke Präsenz der Multiplen Heterogenen Hypotaxe nachweisen, die sowohl in POL als auch in CIE unter den ersten drei häufigsten Satztypen auftritt und im PAR-Korpus sogar den frequentesten darstellt. Die genauen Verhältnisse lassen sich Tabelle 22 entnehmen.

Eine weitere Frage, die in dieser Untersuchung beantworten werden soll, bezieht sich auf das Verhältnis von para- zu hypotaktischen Konstruktionen. Als H2 wurde zuvor folgende Hypothese formuliert:

H2:   Im Bereich der komplexen Sätze besteht in allen untersuchten Varietäten ein Gleichgewicht von para- zu hypotaktischen Strukturen.

Wie bereits in den Einzelanalysen sichtbar geworden, gilt es zunächst, die heterogenen Parataxen von der Berücksichtigung auszuschließen, da sie sowohl parataktische wie hypotaktische Junktionsarten beinhalten. Unter dieser Voraussetzung können die komplexen Strukturen des Gesamtkorpus in der folgenden Tabelle 23 nochmals dargestellt werden.

Tab. 22: Ranglisten für die einzelnen Satztypen im gesamten Referenzkorpus.

	COL	POL	PAR	CJE	LEG
1.	Einfach	Einfach	MuHeHy	Einfach	Einfach oV
	40 %	36,3 %	18,6 %	26,1 %	33,3 %
	(1.200)	(545)	(279)	(391)	(499)
2.	Einfach oV	EinHy	Einfach	MuHeHy	EinHy
	25,7 %	22,5 %	18,3 %	20,0 %	19,4 %
	(770)	(338)	(274)	(300)	(291)
3.	EinHy	MuHeHy	EinHy	EinHy	Einfach
	10,2 %	13,4 %	18,0 %	18,7 %	15,6 %
	(306)	(201)	(270)	(281)	(234)
4.	HoPa	HePa	Einfach oV	HePa	MuHeHy
	6,8 %	8,9 %	12,9 %	10,9 %	15,6 %
	(203)	(133)	(193)	(164)	(233)
5.	HePa	HoPa	HePa	MuHoHy	MuHoHy
	6,0 %	6,7 %	12,5 %	8,4 %	9,2 %
	(181)	(100)	(188)	(126)	(138)
6.	MuHePa	Einfach oV	MuHoHy	Einfach oV	HePa
	4,0 %	6,5 %	7,1 %	7,4 %	3,4 %
	(120)	(97)	(107)	(111)	(51)
7.	MuHeHy	MuHoHy	MuHePa	HoPa	HoPa
	3,4 %	3,4 %	6,8 %	4,9 %	2,5 %
	(101)	(51)	(102)	(73)	(38)
8.	MuHoPa	MuHePa	HoPa	MuHePa	MuHePa
	2,2 %	1,8 %	4,4 %	3,1 %	0,8 %
	(67)	(27)	(66)	(47)	(12)
9.	MuHoHy	MuHoPa	MuHoPa	MuHoPa	MuHoPa
	1,7 %	0,5 %	1,4 %	0,5 %	0,2 %
	(52)	(8)	(21)	(7)	(4)

Bevor man die beobachtete und erwartete Verteilung der komplexen Sätze mithilfe eines χ^2-Testes auf ihre Signifikanz hin testet, soll die Nullhypothese H_0 festgelegt werden. Sie lässt sich wie folgt formulieren:

H_0: Das Verhältnis von para- zu hypotaktischen Konstruktionen gestaltet sich ausgeglichen und gilt für alle untersuchten Teilkorpora.

Nimmt man für das COL-Korpus an, dass beide Konstruktionsarten gleich häufig auftreten, so ist festzustellen, dass parataktische Konstruktionen 270 Mal

Tab. 23: Verteilung der komplexen Sätze im Gesamtkorpus.

	COL	POL	PAR	CIE	LEG
HoPa	203	100	66	73	38
MuHoPa	67	8	21	7	4
Σ_{PAR}	270		195		122
EinHy	306	338	270	281	291
MuHoHy	52	51	107	126	138
MuHeHy	101	201	279	300	233
Σ_{HY}	459		1.246		1.369
$\Sigma_{PAR} + \Sigma_{HY}$	729		1.441		1.491

auftreten, obwohl man sie in 364,5 Fällen erwartet hätte. Hypotaxen lassen sich in 459 Beispielen nachweisen, obwohl man nur 364,5 erwarten würde. Mithilfe eines Chi-Quadrat-Anpassungstestes kann man sehen, dass diese Verteilung zugunsten der hypotaktischen Konstruktionen hoch signifikant von der erwarteten Gleichverteilung abweicht (χ^2_{COL} = 10,844; df = 1; $p_{zweiseitig}$ = 0,000991). Der Wahrscheinlichkeitswert zeigt an, dass diese Verteilung hoch signifikant abweicht, auch wenn der Wert verhältnismäßig nahe an p = 0,001 liegt. Nichtsdestotrotz bedeutet dies, dass Satzkonstruktionen, die hypotaktisch gebildet wurden, deutlich häufiger im nähesprachlichen Diskurs auftreten als parataktische. Somit muss die Nullhypothese H_0 für das COL-Korpus abgelehnt werden. Mit diesem Nachweis können nun die Positionen in der Forschung, die für das Gesprochene eine Dominanz der Parataxe annehmen, wie etwa Beinhauer (1973), Herrero Moreno (1988a) oder Koch/Oesterreicher (1990 bzw. 2011) widerlegt werden. Gleichzeitig bestärkt es auf empirische Art und Weise diejenigen, die dagegen Widerspruch angemeldet haben, wie beispielsweise Blannche-Benveniste (1997), Cortés Rodríguez (1986) oder Kiesler (2006).

Neben dem COL-Korpus wird ebenso für POL und PAR davon ausgegangen, dass die Distribution para- und hypoktaktischer Konstruktion sich gleich verhält und somit H_0 ebenso für POL und PAR gilt. Man kann 195 rein parataktische Konstruktionen für POL und PAR ausmachen, obwohl man 720,5 erwartet hätte. Gleichzeitig kann man beobachten, dass in diesen Teilkorpora Sätze hypotaktischer Bauart 1.246 Mal nachweisbar sind, auch wenn diese in 720,5 Fällen erwartet worden wären. Mithilfe eines Chi-Quadrat-Anpassungstestes ist es möglich, festzustellen, dass der Ausschlag zugunsten der hypotaktischen Konstruktionen in POL und PAR hoch signifikant abweicht ($\chi^2_{POL \& PAR}$ = 716,77; df = 1; $p_{zweiseitig} < 2,2e^{-16}$ = 0,00000000000000022). Es zeigt sich, dass die Abweichung für POL und PAR hoch signifikant ist und deswegen H_0 für POL und PAR abgelehnt werden muss, da die Hypotaxe die Parataxe in diesen Teilkorpora bei weitem dominiert.

Abschließend soll noch die Verteilung für CIE und LEG überprüft werden. In diesem Fall wird ebenso angenommen, dass ein ausgewogenes Verhältnis von Para- zu Hypotaxe besteht und dass deswegen ebenfalls H_0 angenommen werden kann. Für CIE und LEG können 122 Parataxen nachgewiesen werden, obwohl man 745,5 erwartet hätte. Im Bereich der hypotaktischen Konstruktionen finden sich 1.369 Okkurrenzen, obwohl nur 745,5 zu erwarten gewesen wären. Durch die Hilfe eines Chi-Quadrat-Anpassungstestes kann man zeigen, dass die Verteilung zugunsten der hypotaktischen Konstruktionsart in CIE und LEG hoch signifikant abweicht ($x^2_{CIE\ \&\ LEG} = 714,4$; df = 1; $p_{zweiseitig} < 2,2e^{-16} = 0,00000000000000022$). Aufgrund dieser Ergebnisse muss für CIE und LEG H_0 ebenfalls abgelehnt werden.

Berücksichtigt man nun diese Resultate, so muss H2 abgelehnt werden. Es besteht mitnichten ein ausgewogenes Verhältnis von Para- zu Hypotaxen über die einzelnen Stilgrenzen hinweg. Vielmehr verhält es sich so, dass sich in allen untersuchten Stilen die Hypotaxe im Vergleich zur Parataxe hochsignifikant frequenter finden lässt.

Konzentriert man sich auf die komplexen Sätze des Korpus, so liegt mit Kiesler (2013a) eine Typologie des komplexen Satzes vor, die eine detailliertere Beschreibung komplexer Satzstrukturen erlaubt. Hinsichtlich der Verteilung der einzelnen komplexen Satztypen muss zunächst angenommen werden, dass diese normalverteilt auftreten, d. h. alle Konstruktionen mit der gleichen Frequenz im Korpus nachweisbar sind. Daher wurde entsprechend folgende Hypothese formuliert:

H3: Im Bereich der komplexen Sätze treten in allen untersuchten Varietäten alle von Kiesler (2013a) beschriebenen Satztypen in einem gleichen Verhältnis auf.

Bei insgesamt sieben komplexen Satztypen bedeutet dies, dass jede Satzart in den Korpora gleichmäßig mit einem Anteil von 14,3 % vertreten ist. Um dies zu überprüfen, wird im Folgenden der Ausschnitt aus der vorherigen Darstellung geliefert, in dem nur die komplexen Sätze für die einzelnen Teilkorpora angegeben sind. Darüber hinaus wird zu den einzelnen Zahlenwerten die entsprechende Prozentangabe bezogen auf den Anteil an allen komplexen Sätzen des jeweiligen Teilkorpus präsentiert. Die folgende Tabelle zeigt die Verteilung der einzelnen komplexen Satztypen für alle Teilkorpora (Tab. 24).

Die Daten zeigen sehr deutlich, dass eine solche normalverteilte Frequenz weder in den einzelnen Teilkorpora noch für das Gesamtkorpus besteht. Man

Tab. 24: Verteilung der komplexen Sätze im Gesamtkorpus.

	COL	POL	PAR	CIE	LEG	Σ	Σ
HoPa	203 (= 19,7 %)	100 (= 11,7 %)	66 (= 6,4 %)	73 (= 7,3 %)	38 (= 5,0 %)	480 (= 10,2 %)	
HePa	181 (= 17,6 %)	133 (= 15,5 %)	188 (= 18,2 %)	164 (= 16,4 %)	51 (= 6,6 %)	717 (= 15,3 %)	1.612
MuHoPa	67 (= 6,5 %)	8 (= 0,9 %)	21 (= 2,0 %)	7 (= 0,7 %)	4 (0,5 %)	107 (= 2,3 %)	
MuHePa	120 (= 11,7 %)	27 (= 3,1 %)	102 (= 9,9 %)	47 (= 4,7 %)	12 (1,6 %)	308 (= 6,6 %)	
Σ$_{PAR}$	571 (= 55,5 %)	268 (= 31,2 %)	377 (= 36,5 %)	291 (= 29,2 %)	105 (= 13,7 %)	1.612 (= 34,4 %)	
EinHy	306 (= 29,7 %)	338 (= 39,4 %)	270 (= 26,1 %)	281 (= 28,2 %)	291 (= 37,9 %)	1.486 (= 31,7 %)	
MuHoHy	52 (= 5,0 %)	51 (= 6,0 %)	107 (= 10,4 %)	126 (= 12,6 %)	138 (= 18,0 %)	474 (= 10,1 %)	3.074
MuHeHy	101 (= 9,8 %)	201 (= 23,4 %)	279 (= 27,0 %)	300 (= 30,1 %)	233 (= 30,4 %)	1.114 (= 23,8 %)	
Σ$_{HY}$	459 (= 45,5 %)	590 (= 68,8 %)	656 (= 63,5 %)	707 (= 70,8 %)	662 (= 86,3 %)	3.074 (= 65,6 %)	
Σ$_{PAR}$ + Σ$_{HY}$	1.030	858	1.033	998	767	4.686	4.886

kann im Gegensatz dazu erkennen, dass eine bestimmte Präferenz für komplexe Satztypen vorherrscht, wie etwa die Einfache oder die Multiple Heterogene Hypotaxe. Die folgende Abbildung zeigt die Verteilung der einzelnen Satztypen (inkl. der einfachen Satzkonstruktionen) für das Gesamtkorpus auf (Abb. 54).

Anhand der Tab. 24 und der Abb. 54 wird nachvollziehbar, dass eine normalverteilte Frequenz der einzelnen Satztypen in den einzelnen Teilkorpora mitnichten vorliegt. Ebenfalls kann ein solches Verhältnis für das gesamte Referenzkorpus nicht angenommen werden, wehalb die Hypothese H3 abgelehnt werden muss. Vielmehr muss festgehalten werden, dass einzelne Satztypen deutlich unterrepräsentiert sind, wie zum Beispiel die Multiplen Homogenen und Heterogenen Parataxen, wohingegen die Einfache Hypotaxe mit 31,7 % aller Fälle mehr als doppelt so häufig nachgewiesen werden kann, wie es mit 14,3 % ursprünglich angenommen werden konnte. Die Multiple Heterogene Hypotaxe weist mit 23,8 % aller komplexen Satzstrukturen immer noch den zweit-

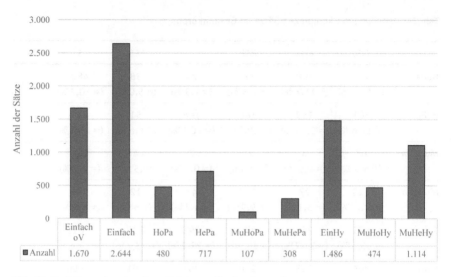

Abb. 54: Verteilung der einzelnen Satztypen für das Gesamtkorpus.

höchsten Wert auf. Nach Abschluss der Betrachtung der Art der Satzkomplexität wird im Folgenden nun das Kriterium des satzinitialen Haupt- oder Nebensatzes für das gesamte Korpus näher betrachtet.

(b) Abfolge von initialem Haupt- oder Nebensatz

Im Bereich der komplexen Sätze wurde untersucht, ob diese einen satzinitialen Haupt- oder Nebensatz aufweisen und somit anzeigen, ob der Sprecher von Beginn an einen komplexen Satz plant. Da keine Vorannahme über die Verteilung von initialem Haupt- oder Nebensatz getroffen werden konnte, wurde ein ausgewogenes Verhältnis angenommen, d. h. dass in allen untersuchten stilistischen Varietäten der initiale Hauptsatz genauso frequent ist wie der initiale Nebensatz. Die Hypothese H4 wurde deswegen folgendermaßen formuliert:

H4:   In allen untersuchten Varietäten lässt sich innerhalb der komplexen Sätze ein ausgewogenes Verhältnis von satzinitialem Haupt- und Nebensatz feststellen.

Wie bereits bei der Einzelbetrachtung der Teilkorpora deutlich wurde, gestaltet sich das Verhältnis von satzinitialem Haupt- zu Nebensatz sehr eindeutig zugunsten des Hauptsatzes. Interessant ist in diesem Zusammenhang, dass sich diese Verteilung, die sich in etwa mit 90 % (Hauptsatz) zu 10 % (Nebensatz) beschreiben lässt, in jedem einzelnen Teilkorpus zu finden ist. Die folgende Tabelle veranschaulicht dies anhand der numerischen Werte (Tab. 25).

Tab. 25: Verteilung des satzinitialen Haupt- oder Nebensatzes im Gesamtkorpus.

	Abfolge von inititalem Haupt- oder Nebensatz					
	COL	POL	PAR	CIE	LEG	Σ
HS-NS	922	756	927	904	716	4.225
	(= 89,5 %)	(= 88,1 %)	(= 89,7 %)	(= 90,6 %)	(= 93,3 %)	(= 90,2 %)
NS-HS	108	102	106	94	51	461
	(= 10,5 %)	(= 11,9 %)	(= 10,3 %)	(= 9,4 %)	(= 6,7 %)	(= 9,8 %)
Σ	1.030	858	1.033	998	767	4.686

Angesichts dieses Eindrucks könnte man H4 bereits verwerfen. Es zeigt sich nämlich stilunabhängig eine sehr robuste Verteilung zugunsten des satzinitialen Hauptsatzes bei komplexen Satzkonstruktionen. Nachdem für alle untersuchten stilistischen Varietäten fast identische Werte ermittelt werden konnten, muss man festhalten, dass man aufgrund des Satzbeginns bei komplexen Sätzen keine Zuordnung zu einer bestimmten stilistischen Varietät annehmen kann. Dies wird visuell nochmals deutlich, wenn man sich die Verhältnisse im folgenden Balkendiagramm ansieht (Abb. 55).

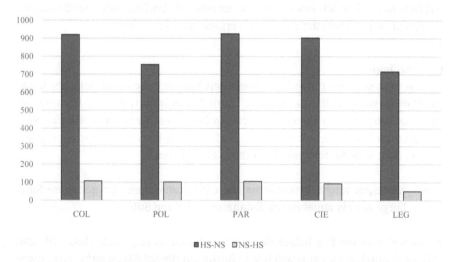

■ HS-NS ▫ NS-HS

Abb. 55: Verteilung von satzinitialem Haupt- oder Nebensatz für das Gesamtkorpus.

Um diese Verteilung nun noch statistisch zu überprüfen, wird an dieser Stelle ein Chi-Quadrat-Test durchführt. Dazu muss die entsprechende Nullhypothese formuliert werden:

H_0: In allen untersuchten stilistischen Varietäten lässt sich ein ausgeglichenes Verhältnis von satzinitialem Haupt- und Nebensatz annehmen.

Im gesamten Korpus können bei den komplexen Sätzen 4.225 Fälle nachgewiesen werden, bei denen satzinitial ein Hauptsatz steht, obwohl 2.343 zu erwarten gewesen wären. Im Gegensatz dazu lassen sich nur 461 komplexe Konstruktionen finden, die einen satzinitialen Nebensatz aufweisen, obwohl man insgesamt 2.343 solcher Strukturen erwartet hätte. Mithilfe eines Chi-Quadrat-Anpassungstestes kann man zeigen, dass die angenommene Gleichverteilung zugunsten satzinitialer Hauptsätze hoch signifikant abweicht ($\chi^2 = 539{,}27$; $df = 1$; $p_{zweiseitig} < 2{,}2e^{-16} = 0{,}00000000000000022$). Damit muss H4 abgelehnt werden, da in allen untersuchten stilistischen Varietäten Sprecher des Spanischen bei komplexen Satzstrukturen mit extrem hoher Wahrscheinlichkeit zu einem satzinitialen Hauptsatz tendieren. Als Grund dafür kann man vermuten, dass es den Sprechern syntaktisch größere Freiheiten in Bezug auf verschiedene Konstruktionsmöglichkeiten erlaubt, da sie entsprechende kausale, konditionale, konzessive und weitere Nebensätze ebenso im Satzzentrum bzw. an der rechten Satzperipherie anschließen können. Ebenfalls ermöglicht es dieses Verfahren, die Satzkonstruktion parataktisch auszugestalten bzw. den Satz auch als einfachen Satz zu beenden. Diese Möglichkeiten werden durch einen satzinitialen Nebensatz deutlich erschwert bzw. unmöglich. Im Folgenden wird nun das Komplexitätskriterium der Satzlänge vergleichend betrachtet.

(c) Satzlänge

Befasst man sich mit numerisch messbaren Eigenschaften syntaktischer Konstruktionen, so stellt die Satzlänge sicherlich das intuitivste und bekannteste Merkmal syntaktischer Komplexität dar. In Bezug auf die unterschiedliche Ausprägung der Satzlänge, die in dieser Studie in graphischen Wörtern gemessen wurde, lässt sich die folgende Hypothese formulieren:

H5: Nähesprachliche Diskurse weisen eine durchschnittlich geringere Satzlänge auf als zunehmend distanzsprachlichere Stile.

Betrachtet man die Ergebnisse der Untersuchung, so zeigt sich, dass COL und POL zwar durchaus komplexe Sätze in Bezug auf die Satzlänge aufweisen, diese können aber nicht ansatzweise die Werte erreichen, die in den distanzsprachlicheren Stilen wie PAR, CIE und LEG erkennbar werden. Die folgende Tabelle 26 zeigt die Durchschnittswerte in Bezug auf die einzelnen Teilkorpora.

Wie man erkennen kann, verhält sich das CIE-Korpus von allen Teilkorpora am komplexesten in Bezug auf die Satzlänge. Diese weist einen mehr als drei-

Tab. 26: Durschnittliche Satzlängenverteilung im Gesamtkorpus.

	COL	POL	PAR	CIE	LEG
Ø	8,77	14,6	27,8	31,28	28,36

fach so hohen Wert auf wie der Durchschnitt im COL-Korpus und einen mehr als doppelt so hohen Zahlenwert als im POL-Korpus. In der folgenden Boxplot-Darstellung wird ebenfalls deutlich, dass im LEG-Korpus der längste Satz festgestellt wurde (mit über 160 graphischen Wörtern), aber gleichzeitig auch in PAR und CIE extrem lange Sätze keine Seltenheit sind (Abb. 56).

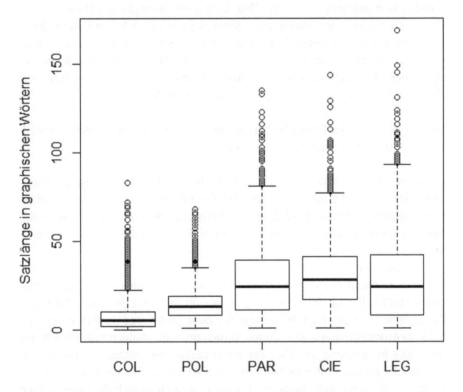

Abb. 56: Satzlängenverteilung im Gesamtkorpus.

Die Graphik, die die statistische Verteilung für die ermittelten Werte beinhaltet, zeigt demnach, dass der Median-Wert für die Satzlänge, der im Boxplot für die einzelnen Teilkorpora als schwarze, fett markierte Linie zu erkennen ist, mit zunehmendem Formalitätsgrad der kontextuellen Situation ansteigt und für LEG wieder minimal abfällt. Grundsätzlich korreliert eine ansteigende Satzlänge demnach mit dem zunehmenden Formalitätsgrad. Aufgrund der hier erkennbaren Datenverteilung muss die Hypothese H5 angenommen werden. Anders formuliert lässt sich festhalten, dass extrem lange Sätze, die mehr als 80 graphische Wörter aufweisen, den Rückschluss zulassen, dass es sich dabei um keinen Satz aus einer nähesprachlichen Kommunikationssituation handeln kann. Weiterhin wird nun das Kriterium der Anzahl der finiten Verben im Vergleich dargestellt.

(d) Anzahl der finiten Verben

Das Merkmal der Anzahl der finiten Verben, die innerhalb einer syntaktischen Konstruktion auftreten, wird vor allem in den terminologischen Handbüchern für die Zuordnung zum «komplexen Satz» herangezogen (cf. Bußmann 2002, s. v. *Satz*; Eguren Gutiérrez/Fernández Soriano 2006, s. vv. *oración compleja, oración compuesta*). Nimmt man an, dass die syntaktische Komplexität mit ansteigender Distanzsprachlichkeit ebenfalls zunimmt, so kann man in Bezug auf die Anzahl der finiten Verben die Hypothese H6 aufstellen:

H6:   Die Anzahl der finiten Verben pro Satz steigt mit zunehmendem Formalitätsgrad der kontextuellen Situation an.

Die Daten des untersuchten Korpus zum modernen europäischen Spanisch zeigen jedoch, dass die mittleren Werte für die Anzahl der finiten Verben diese Hypothese nicht stützen. Die folgende Abbildung 57 zeigt die statistische Verteilung der Daten für das untersuchte Korpus in Bezug auf die Anzahl der finiten Verben.

Wie aus der Graphik deutlich wird, nimmt die Anzahl der finiten Verben zunächst tatsächlich zu, wenn man COL und POL vergleicht. Während man durchschnittlich 1,44 finite Verben pro Satz im COL-Korpus findet, lässt sich dieser Wert für POL mit 1,94 bestimmen. Zwar findet man in PAR eine noch stärkere Ausprägung von 2,60 finiten Verben pro Satz, danach fallen die Werte allerdings in Richtung des Pols der kommunikativen Distanz ab. Die durchschnittliche Anzahl finiter Verben pro Satz lässt sich in CIE zwar noch mit 2,37 beziffern, allerdings geht sie deutlich zurück, wenn man sich die untersuchten spanischen Gesetzestexte ansieht: Hier liegt der Wert nur noch bei 1,43 und ist damit sogar minimal geringer als im Korpus des nähesprachlichen Spanisch COL. Dies bedeutet zweierlei: Komplexität wird in Gesetztestexten nicht über finite Verbformen ausgedrückt. Da LEG ähnliche Werte für hypotaktische Konstruktionen wie CIE aufweist (cf. Tab. 21) und sich im Korpus zu den wissen-

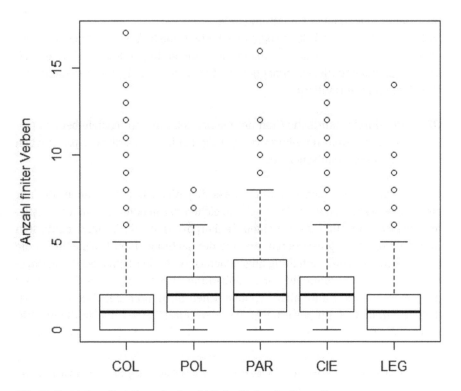

Abb. 57: Boxplot zur Verteilung der Anzahl finiter Verben im Gesamtkorpus.

schaftlichen Texten eine deutlich höhere durchschnittliche Anzahl an finiten Verben pro Satz nachweisen lässt, kann der Rückschluss gezogen werden, dass in spanischen Gesetzestexten vermehrt hypotaktische Satzkonstruktionen verwendet werden, die infinite Nebensatzkonstruktionen beinhalten. Darüber hinaus bedeutet dies, dass die Hypothese H6 aufgrund der vorliegenden Daten nicht bestätigt werden kann. Die Anzahl der finiten Verben einer syntaktischen Struktur korreliert nicht mit dem zunehmenden Grad an Distanzsprachlichkeit.

Die statistischen Ausreißer in der Graphik zeigen zudem, dass es auch in informellen Kommunikationssituationen, wie sie in COL vorliegen, durchaus zu einer extremen Häufung von finiten Verben kommen kann, wenn beispielsweise ein Konversationspartner eine handlungsreiche Erzählung kommuniziert. Es zeigt sich anhand der Daten in Abb. 57 sehr gut, dass das PAR-Korpus dasjenige Teilkorpus repräsentiert, das für das Merkmal der Anzahl der finiten Verben pro Satz als am komplexesten bezeichnet werden muss. Im anschließenden Kapitel wird nun das Merkmal der maximalen Einbettungstiefe näher beleuchtet.

(e) Grad der maximalen Einbettungstiefe

In Bezug auf den Grad der maximalen Einbettungstiefe wurde angenommen, dass nähesprachliche Stile des Spanischen eine geringere Komplexität aufweisen als zunehmend distanzsprachlichere. Die Hypothese H7 wurde dementsprechend wie folgt formuliert:

H7:   Der durchschnittliche Grad der maximalen Einbettungstiefe bei komplexen Satzstrukturen nimmt von nähesprachlichen zu distanzsprachlichen Stilen des Spanischen zu.

Grundsätzlich muss man festhalten, dass diejenigen Konstruktionen, die nur einen Nebensatz ersten Grades als Kennzeichen der maximalen Einbettungstiefe aufweisen, in allen untersuchten Teilkorpora den mit Abstand häufigsten Konstruktionstyp repräsentieren. Anhand der nachfolgenden Tabelle, in der die jeweilige prozentuale Verteilung angegeben ist, wird deutlich, dass der geringste Wert aller Teilkorpora auf der 1. Einbettungsebene (PAR mit 50,7 %) immer noch mehr als die Hälfte aller hypotaktischen Strukturen des PAR-Korpus widerspiegelt. Im COL-Korpus erreicht dieser Wert mit 77,6 % seine größte Ausprägung (Tab. 27).

Tab. 27: Häufigkeitsverteilung des Grades der maximalen Einbettungstiefe im Gesamtkorpus.

Grad der maximalen Einbettungstiefe	COL	POL	PAR	CIE	LEG
1.	77,6 %	67,9 %	50,7 %	55,7 %	59,3 %
2.	17,0 %	23,2 %	32,4 %	30,5 %	26,1 %
3.	3,8 %	6,9 %	12,3 %	9,3 %	11,3 %
4.	1,5 %	1,6 %	4,2 %	4,9 %	3,2 %
5.	0,1 %	0,4 %	0,4 %	0,7 %	0,1 %

Während der Wert von der ersten zur zweiten Einbettungstiefe in COL sehr stark (um 60 Prozentpunkte) abfällt, gestaltet sich dieser Übergang in den distanzsprachlicheren Stilen des PAR-, CIE- und LEG-Korpus weniger dramatisch. Mit 32,4 % als höchstem Wert auf dieser Stufe zeigt das PAR-Korpus eine fast doppelt so große Ausprägung als das COL-Korpus. In CIE und LEG stellen die Zahlen für die 2. Einbettungsebene in etwa die Hälfte der korrespondierenden Prozentsätze auf der 1. Einbettungsebene dar. Mit zunehmender Einbettungstiefe zeigt sich weiterhin, dass das Korpus zu den spanischen Parlamentsreden auch in dieser Hinsicht ein großes Maß an Komplexität besitzt. Im Gegensatz zu PAR (12,3 %) und LEG (11,3 %) weisen alle anderen Teilkorpora nur noch einstellige

Prozentwerte auf, wobei COL mit 3,8 % deutlich zurückbleibt. Anders formuliert kann man festhalten, dass mindestens jede zehnte komplexe Struktur in PAR und LEG einen Nebensatz dritten Grades aufweist, wohingegen dies im informellen Spanisch nur in jedem dreißigsten Fall zu erwarten ist. Auf Ebene der Nebensätze vierten Grades zeigt sich weiterhin, dass die distanzsprachlicheren Stile diesen Grad an Komplexität stärker ausnutzen können, als dies beispielsweise für COL und POL der Fall ist. Berücksichtig man die entsprechenden durchschnittlichen maximalen Einbettungstiefen für COL (1,29), POL (1,44), PAR (1,71), CIE (1,66) und LEG (1,59), so kann man folgenden Aussage treffen: Die Werte des durchschnittlichen Grades an maximaler Einbettungstiefe weisen in distanzsprachlicheren Stilen des Spanischen größere Zahlen auf, so dass die Hypothese H7 angenommen werden kann. Allerdings steigen die Werte dabei nicht durchgängig: Die größte Ausprägung für dieses Merkmal weist wiederum das PAR-Korpus auf, das aufgrund seiner Kommunikationsbedingungen zwar als distanzsprachlicher als COL und POL aufgefasst werden kann, aber eben nicht dem extremen Pol der Distanzsprache zuzuordnen ist. Die Durchschnittswerte von CIE und LEG liegen jedoch deutlich über denen von COL und POL, so dass H7 angenommen werden kann. Zum Abschluss der quantitativen Analyse der untersuchten Sätze soll als Mittel zum Vergleich eine Vektordarstellung die Ergebnisse visuell präsentieren.

(f) Vektordarstellung

Im Forschungsbericht konnte man sehen, dass bereits verschiedene Methoden entwickelt wurden, um syntaktische Komplexität auf Grundlage verschiedenster quantitativer Eigenschaften von Sätzen zu berechnen. Ziel war es dabei immer, Aussagen darüber zu treffen, inwiefern Satz A komplexer bzw. weniger komplex als Satz B ist. Im Rahmen dieser Untersuchung soll selbstredend ebenfalls eine vergleichende Perspektive eingenommen werden. Der Unterschied zu bisherigen Studien liegt nun darin, dass anhand der hier ermittelten numerischen Werte, die die einzelnen Satzkonstruktionen aufweisen, keine Berechnung, etwa eines Quotienten, erfolgen soll. Vielmehr werden die quantitativen Eigenschaften der 9.000 Sätze in einer dreidimensionalen Matrix abgebildet. Dieses Vorgehen lässt sich in der Hypothese H8 wieder erkennen:

H8:   Jede syntaktische Konstruktion lässt sich als Vektor über die Variablen der Satzlänge, der Anzahl der finiten Verben sowie des maximalen Grades der Einbettungstiefe beschreiben.

Bildet man die verschiedenen quantitativen Eigenschaften einer syntaktischen Konstruktion im Korpus als Vektor ab, kann damit ein zuverlässiger Gradmesser für syntaktische Komplexität erstellt werden, der als Vergleichsgrundlage dient. In der folgenden Darstellung sind alle bisherigen Vektordarstellungen, die für die einzelnen funktionalen Stile bereits erstellt wurden, miteiander kombiniert abgebildet. Die Farben entsprechen den bisherigen Zuordnungen, d. h. Rot für COL, hellblau für POL, dunkelblau für PAR, hellgrün für CIE und dunkelgrün für LEG (Abb. 58).

Die Konzentration rot markierter Datenpunkte zeigt deutlich, dass syntaktische Komplexität für das nähesprachliche Spanisch bestimmten Grenzen unterliegt und sich anders in diesem Komplexitätsraum positioniert, als dies etwa für die distanzsprachlicheren Stile CIE (hellgrün markiert) und LEG (dunkelgrün markiert) der Fall ist. Dies kann man in Bezug auf die Einbettungstiefe beispielsweise sehr anschaulich in den beiden oberen Bildern erkennen, in denen rote Datenpunkte auf der ersten und zweiten Ebene der Einbettungstiefe durchaus noch frequent sind. Ab der dritten Ebene lassen sich dann jedoch hauptsächlich blaue und grüne Punkte nachweisen, die für distanzsprachlichere funktionale Stile des Spanischen stehen.

Bemerkenswert gestaltet sich in diesem Modell auch die Repräsentation des PAR-Korpus. Die dunkelblauen Punkte reichen teilweise sehr tief in den Raum hinein und spiegeln die Komplexität der in diesem Teilkorpus enthaltenen Sätze wider, die sonst nur von CIE und LEG erreicht werden. Diese beiden Teilkorpora beinhalten diejenigen Satzkonstruktionen bzw. deren Datenpunkte, die am tiefesten in den Raum hineinragen und somit als besonders komplex angesehen werden können.

Bezüglich der formulierten Hypothese H8 lässt sich festhalten, dass man diese annehmen kann, d. h. jede syntaktische Konstruktion kann als Vektor aus den numerischen Werten der Variablen der Satzlänge, der Anzahl der finiten Verben sowie des Grades der maximalen Einbettungstiefe beschrieben werden. Dieses Verfahren stellt deswegen einen Gewinn dar, weil es dadurch möglich ist, Sätze mit (mehreren) infiniten und finiten Nebensätzen in Bezug auf ihre syntaktische Komplexität unterschiedlich zu verorten. Selbstverständlich lässt sich ein solcher Unterschied auf qualitativer Ebene genau beschreiben. Mithilfe umfangreicher Datensätze kann man allerdings auch auf quantitativer Ebene sehen, wie sich beispielsweise die Datenstruktur von Sätzen aus Texten mit vielen Infinitivkonstruktionen, wie etwa dem LEG-Korpus, von den Texten unterscheidet, die eine Mehrzahl an Sätzen beinhalten, bei denen syntaktische Komplexität über finite (Neben)Satzkonstruktionen ausgedrückt wird.

Darüber hinaus ermöglicht es eine solche Vektordarstellung, ein genaueres Bild syntaktischer Komplexität zu zeichnen, vor allem dann, wenn man bedenkt, dass bestimmte Satztypen in allen Teilkorpora ähnlich frequent auftreten (cf. Tab. 22). Wenn sich bei der Betrachtung qualitativer Eigenschaften zunächst

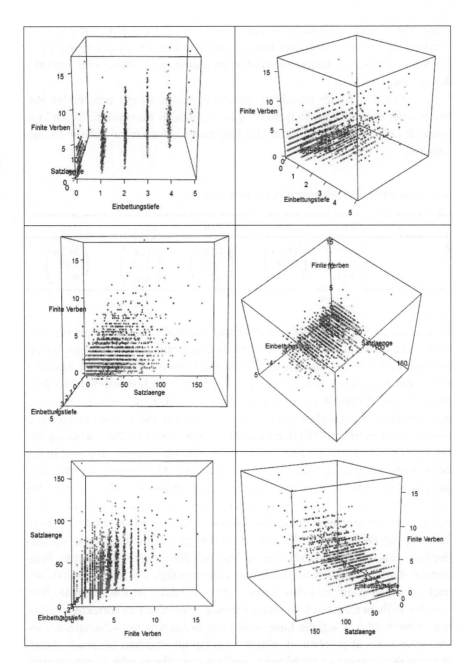

Abb. 58: Vektordarstellung syntaktischer Komplexität für das Gesamtkorpus.

keine großen Unterschiede feststellen lassen, so zeigt die Abbildung 58 ganz deutlich, dass sich Komplexität trotz qualitativer Übereinstimmung innerhalb der unterschiedlichen funktionalen Stile auf quantitativer Ebene sehr verschieden manifestiert.

Ermittelt man für die einzelnen untersuchten Stile die entsprechenden Mittelwerte der untersuchten Merkmale, so lassen sich die durchschnittlichen Vektoren für COL, POL, PAR, CIE und LEG bestimmen. Dies wird in Tabelle 28 festgehalten.

Tab. 28: Durschnittliche Vektorwerte im Gesamtkorpus.

	COL	POL	PAR	CIE	LEG
Ø	$\begin{pmatrix} 8,77 \\ 1,44 \\ 0,33 \end{pmatrix}$	$\begin{pmatrix} 14,60 \\ 1,94 \\ 0,72 \end{pmatrix}$	$\begin{pmatrix} 27,80 \\ 2,60 \\ 1,08 \end{pmatrix}$	$\begin{pmatrix} 31,28 \\ 2,37 \\ 1,03 \end{pmatrix}$	$\begin{pmatrix} 28,36 \\ 1,43 \\ 0,77 \end{pmatrix}$

Anhand dieser Vektorenwerte und der zuvor präsentierten Einzelergebnisse erkennt man, dass das PAR-Korpus besondere Komplexitätswerte aufweist. So lassen sich in Bezug auf die Anzahl der finiten Verben (2,6) und den Grad der maximalen Einbettungstiefe (1,08) die höchsten Durchschnittswerte feststellen. Mit 27,80 graphischen Wörtern wird im PAR-Korpus ebenfalls eine durchschnittliche Satzlänge nachgewiesen, die keinen großen Abstand zu den entsprechenden Ausprägungen von CIE (31,28) und LEG (28,36) aufweist. Zur Erklärung dieses Phänomens bieten sich m. E. zwei Ansätze an: Parlamentsreden sind in der Regel nicht spontan gehalten, d. h. der oder die Abgeordnete spricht zwar mündlich, die Rede ist allerdings konzeptionell schriftlich geplant, d. h. in Bezug auf die Kommunikationsbedingungen muss die Parlamentsrede eher dem Pol der Distanzsprache als dem der Nähesprache zugeordnet werden. Hierbei kommen die Bedingungen der «Themenfixierung», «Öffentlichkeit», «Reflektiertheit» u. a. offenbar so zum Tragen, dass sich dies in der syntaktischen Komplexität der sprachlichen Formulierung niederschlägt. Der zweite Punkt, der noch wichtiger wiegt und den ersten Faktor verstärkt, ist die Tatsache, dass man bei Parlamentsreden kein «natürliches Kommunikationskorrektiv» vorfindet. Damit wird u. a. auf die Kommunikationsbedingung der «Dialogizität» vs. «Monologizität» abgehoben. In einem umgangssprachlichen Gespräch stellen Kommunikationspartner Rückfragen, wechseln das Thema oder kommentieren. Eine ähnliche Funktion übernimmt im politischen Interview der Fragensteller. Bei extrem distanzsprachlichen Kommunikationsformen, wie etwa den im Rahmen dieser Studie untersuchten wissenschaftlichen Aufsätzen und Gesetzestexten, gibt es eine Reihe von Redaktionsprozessen, in denen andere Personen als der Verfasser die Manuskripte redigieren und damit entscheidend Einfluss auf die syntaktische Komplexität des Textes nehmen, indem sie bspw. Sätze kürzen, hypotaktische Konstruktionen zugunsten von parataktischen auflösen etc. Dieses Korrektiv kann im politischen Alltag fehlen und dazu führen, dass syntaktische Komplexität über Gebühr strapaziert wird. Die Ergebnisse des PAR-Korpus legen dies zumindest nahe.[165] Festzuhalten ist jedoch, dass syntaktische Komplexität sich dort in extremem Maße vollzieht, wo ein natürliches Kommunikationskorrektiv fehlt.

Abschließend sollen die gewonnenen Erkenntnisse der hier vorliegenden Untersuchung nochmals prägnant zusammengetragen werden:

– Der «Einfache Satz» sowie der «Einfache Satz ohne finites Verb» stellen im modernen, europäischen Spanisch die häufigsten Satztypen dar und sind in allen untersuchten funktionalen Stilen stark repräsentiert.
– Im Bereich der komplexen Sätze dominieren in allen Stilen die hypotaktischen die parataktischen Konstruktionen.
– Im Bereich der parataktischen Konstruktionen zeigt sich eine Dominanz der Heterogenen Parataxe.
– Bei den Hypotaxen stellen die Einfachen Hypotaxen sowie die Multiplen Heterogenen Hypotaxen den häufigsten Konstruktionstyp dar.
– Multiple homogene Satzkonstruktionen lassen sich generell in sehr geringem Maße stilübergreifend feststellen.
– Satzinitiale Nebensätze treten in den analysierten Stilen jeweils nur in ca. 10 % aller Fälle auf.
– Distanzsprachlichere Stile weisen durchschnittlich höhere Werte in Bezug auf die Satzlänge auf.
– Die Anzahl der finiten Verben einer syntaktischen Konstruktion hängt nicht vom Formalitätsgrad der kontextuellen Situation ab.
– Mit zunehmender Distanzsprachlichkeit steigt der durchschnittliche Grad der maximalen Einbettungstiefe an.
– Extrem nähesprachliche Stile zeigen *per se* bestimmte Komplexitätsgrade; im Vergleich zu distanzsprachlicheren Stilen lassen sich jedoch quantitative Unterschiede feststellen: Nähesprachliche Stile können Komplexität nicht in dem Maße ausnutzen, wie dies für distanzsprachlichere Stile der Fall ist.

---

165 Unter funktionalen Gesichtspunkten kann man möglicherweise noch festhalten, dass es auch mit einem gewissen Ansehen verbunden wird, wenn man in einer öffentlichen Situation syntaktisch besonders auffällige Konstruktionen im Diskurs hervorbringt.

– Eine dreidimensionale Vektordarstellung ermöglicht den stilübergreifenden Vergleich syntaktischer Komplexitätsausprägungen und visualisiert die mit zunehmenden Formalitätsgrad stärkere Ausnutzung syntaktischer Komplexität.

Mithilfe der hier zusammengefassten Ergebnisse wurden die eingangs gestellten Forschungsfragen (a) bis (e) beantwortet (cf. Kap. 1.2). Wenn Coseriu festhält, dass «[d]ie diaphasischen Unterschiede [...] – je nach Sprachgemeinschaft – beträchtlich sein [können], z. B. die zwischen gesprochener und geschriebener Sprache, zwischen Umgangs- und Literatursprache, zwischen familiärer und ‹öffentlicher› (oder evtl. feierlicher) Sprachform, zwischen allgemeiner und Verwaltungs- oder ‹Geschäfts›-Sprache usw.» (1988b, 282), dann kann für die Syntax des Spanischen festgestellt werden, dass sich diese Unterschiede v. a. in quantitativer Hinsicht manifestieren, während Übereinstimmungen eher in Bezug auf qualitative Aspekte zu finden sind. Im folgenden Kapitel sollen diese Ergebnisse in einem breiteren Kontext diskutiert und der Fokus auf eine kontrastive Analyse zum Französischen gelegt werden. Dadurch ergibt sich schließlich die Beantwortung der Forschungsfrage (f), ob die gefundenen Ergebnisse sich ggfs. in gleicher Ausprägung in anderen Sprachen finden lassen.

5 Diskussion

Im Gegensatz zu Untersuchungen, die sich auf syntaktische Einzelaspekte konzentriert haben, war es das Ziel dieser Studie, einen umfassenden Ansatz zur Beschreibung syntaktischer Komplexität zu wählen und, wie im Falle der vektoriellen Darstellung von Komplexität, einzelne Kategorien in Beziehung zueinander zu setzen. Die Ergebnisse zeigen dabei Folgendes: Die Behauptung, Nähesprachliches neige zur einfachen Syntax bzw. bei komplexen Sätzen zur Parataxe und Distanzsprachliches zeichne sich durch eine komplexe Syntax aus, muss differenzierter betrachtet werden. Es ist richtig, dass im informellen Spanisch eine einfache Syntax vorherrscht. Gleichzeitig lassen sich aber durchaus sehr komplexe Sätze in den nähesprachlichen Stilen des Spanischen finden, die zwar in ihrer extremen Ausformung nicht an äußerst komplexe Sätze in distanzsprachlichen Kontexten heranreichen, aber trotzdem als relativ komplex bezeichnet werden können. So ist es nicht verwunderlich, dass auch in nähesprachlichen Stilen des Spanischen im Bereich der komplexen Sätze die hypotaktischen Konstruktionen dominieren. In distanzsprachlichen Stilen lassen sich zwar im Bereich der komplexen Sätze am häufigsten Hypotaxen nachweisen, in den untersuchten Teilkorpora zeigt sich aber bei der qualitativen Betrachtung der Satzkonstruktionen ebenfalls eine starke Präsenz einfacher syntaktischer Strukturen. Diese Verhältnisse für das moderne Spanisch aufzuzeigen, war das Ziel dieser Arbeit und wurde erreicht. Bevor nun anhand der angewandten Methode ein kontrastiver Vergleich zum Französischen gezogen wird, sollen zunächst noch ein paar allgemeine Bemerkungen zum Forschungskontext gemacht werden.

5.1 Allgemeine Bemerkungen

Die hier durchgeführte Studie versteht sich im besten Sinne als Teil einer Grundlagenforschung zur Beschreibung der syntaktischen Komplexität verschiedener funktionaler Stile des Spanischen (sowie des Französischen). Dabei muss gesagt werden, dass die stilübergreifende Analyse bzw. die Beschreibung der konzeptionellen Reliefs der einzelnen Kommunikationsformen auf eine Makrostruktur abzielt. Genauere konzeptionelle Perspektivierungen der untersuchten Stile auf mikrostruktureller Ebene bildeten die logische Konsequenz der hier präsentierten Unterschung. So könnte man beispielsweise im Detail beschreiben, wie gut die einzelnen Kommunikationspartner sich kennen bzw. welches Weltwissen sie teilen. Dies gilt für das informelle Gespräch genauso wie für ein Politikerinterview, bei dem sich Interviewter und Interviewender zwar in

https://doi.org/10.1515/9783110592290-005

einer formelleren Kommunikationssituation befinden, beide sich aber möglicherweise bereits länger kennen, zuvor schon Interviews geführt haben etc. Dies sind alles Fragestellungen, die zum jetzigen Stand der Forschung als vernachlässigbar betrachtet wurden, gleichwohl sie interessante und notwendige Ansätze für weitere Forschungen liefern.

Darüber hinaus stellt sich bei Untersuchungen zur syntaktischen Komplexität auch immer – und ganz besonders bei einer stilübergreifenden Perspektive – die Frage, ob die Sprecher einer Sprache in bestimmten Kommunikationssituationen auch immer komplexe Sachverhalte der außersprachlichen Wirklichkeit wiedergeben müssen. Anders formuliert bedeutet dies, dass die äußeren Umstände nicht immer eine Versprachlichung erfordern, bei denen auf syntaktisch komplexe Konstruktionen zurückgegriffen werden muss.

Eine letzte Überlegung bezieht sich sodann auf die übereinzelsprachliche Abstraktion der hier vorliegenden konkreten Ergebnisse für das Spanische. An dieser Stelle kann man nur mit äußerster Vorsicht vermuten, dass solche Resultate, wie sie im Rahmen dieser Arbeit erlangt wurden, möglicherweise auch für andere romanische, aber auch nicht-romanische Sprachen, die typologische Gemeinsamkeiten aufweisen, zu erwarten wären. Diese Fragestellung soll zumindest ansatzweise im folgenden Kapitel verfolgt werden, wenn eine Vergleichsstudie zum Französischen durchgeführt wird.

5.2 Vergleichsstudie Französisch

Während in der Analyse bisher verschiedene funktionale Stile des Spanischen im Mittelpunkt standen, wird die angewandte Methode nun sprachübegreifend eingesetzt. Dabei werden nicht alle Stile, die für das Spanische untersucht wurden, äquivalent für das Französische betrachtet. Vielmehr wird sich dabei auf einen distanzsprachlichen Stil beschränkt, um zu analysieren, ob die qualitativen wie quantitativen syntaktischen Merkmale sich entsprechend decken oder sich doch unterschiedlich ausgestalten. Nach Forner (2006, 1914) kann es, wie gesehen wurde, möglich sein, dass der Abstand zwischen den Stilen größer ausfällt als der zwischen einzelnen Sprachen. Mithilfe eines hinreichend großen Korpus aus französischsprachigen wissenschaftlichen Aufsätzen, welches als Grundlage für einen Vergleich mit den wissenschaftlichen Texten des spanischen Referenzkorpus für die Analyse herangezogen wird, soll dies im Folgenden exemplarisch überprüft werden.

Analog zur Zusammensetzung des CIE-Korpus des Spanischen wird für das europäische Französisch ein Korpus mit wissenschaftlichen Texten erstellt und mit SCI (für fr. *science*) bennant. Für das SCI-Korpus wurden ebenfalls 15 wissenschaftliche Aufsätze aus unterschiedlichen Disziplinen randomisiert ausgewählt und für die Analyse die ersten 100 Sätze des jeweiligen Textes herangezogen. Somit umfasst dieses Teilkorpus gleichfalls 1.500 Sätze. Zu betonen gilt es an dieser Stelle, dass bei der Auswahl keine inhaltliche Analogie zugrunde lag und die 15 Texte des Französischen auch nicht exakt den Wissenschaftgebieten des spanischen Teilkorpus entsprechen.[166] Bei der Auswahl der Texte stand die Zugehörigkeit zum funktionalen Stil der Wissenschaftssprache im Vordergrund, der sich aufgrund der Kommunikationsbedingungen als sehr distanzsprachlich kennzeichnen lässt. Das Korpus zu den wissenschaftlichen Texten des Französischen weist insgesamt 45.416 Wörter auf und ist damit nur unwesentlich kleiner als das äquivalente CIE-Korpus für das Spanische mit 46.913 Wörtern.

Im Folgenden wird nun der Vorgehensweise im Korpus zum Spanischen entsprechend zunächst mit der Analyse der qualitativen Merkmale begonnen, bevor die quantitativen Aspekte der französischen Satzkonstruktionen im Korpus in den Mittelpunkt der Betrachtung rücken. Dabei soll für jedes Komplexitätsmerkmal ein Vergleich mit dem CIE-Korpus durchgeführt werden. Bei den entsprechenden Tabellen und Graphiken werden die Werte aus dem CIE-Korpus zur besseren Veranschaulichung gegenübergestellt. Als erste qualitative Eigenschaft wird zunächst die Art der Satzkomplexität in den Fokus gerückt.

(a) Art der Satzkomplexität

Bevor nun näher auf die Ergebnisse der Analyse des SCI-Korpus eingegangen wird, sollen an dieser Stelle noch Beispiele für die unterschiedlichen Satzarten für das Französische angeführt werden.[167] Die folgende Tabelle zeigt die verschiedenen Satztypen analog zu der Darstellung in Kap. 4.2. anhand einzelner Beispiele, wie sie im Korpus zu den wissenschaftlichen Texten für das Französische gefunden wurden (Tab. 29).

---

166 Die Aufsätze im SCI-Korpus lassen sich u. a. den folgenden Fachdisziplinen zurechnen: Philosophie, Wirtschaftswissenschaften, Sprach- und Literaturwissenschaften, Geschichtswissenschaften, Musikwissenschaften, Rechtswissenschaften, Sozialwissenschaften, Politikwissenschaften, Geographie, Filmwissenschaften, Archäologie etc. Die Texte umfassen dabei einen Zeitraum von 2006 bis 2014.
167 Wenngleich die Typologie der komplexen Sätze Kieslers (2013a) anhand des Französischen illustriert wurde, sollen an dieser Stelle eigene Beispiele aus dem untersuchten Korpus die praktische Anwendbarkeit dieser Typologie unterstreichen.

Tab. 29: Übersicht über die zur Analyse herangezogenen Satztypen für das Französische.

Satztyp		Beispiel	
Einfach	Einfach oV	(247) Jean-Paul II : le pape gyrovague.	(SCl13, 11)
	Einfach	(248) En Afrique comme partout, le caractère apolitique des militaires *reste* très théorique.	(SCl10, 42)
Para-taktisch	Homogene Parataxe (HoPa)	(249) Selon les circonstances, le même éditeur *pouvait* se montrer très compréhensif ou, au contraire, très exigeant envers un auteur, et les deux attitudes se *retrouvent* abondamment éclairées par leurs archives et leurs papiers personnels.	(SCl6, 42)
	Heterogene Parataxe (HePa)	(250) La pensée *est* une force, et c'*est* cette force qui *doit* se donner à entendre dans l'unité de la phrase.	(SCl1, 52)
	Multiple Homogene Parataxe (MuHoPa)	(251) Certains la *défendent* face aux attaques venues d'autres villes ou territoires, ils lui *attribuent* un rôle positif en France enmatière économique et la *voient* comme un atout pour son rayonnement dans le monde.	(SCl2, 15)
	Multiple Heterogene Parataxe (MuHePa)	(252) Ils se *retrouvaient* tous les deux au Cercle de la Librairie, leur club professionnel, *possédaient* terres, châteaux et hôtels particuliers, et ils *administraient* leur entreprise comme ils l'*auraient* fait d'une usine ou d'un grand magasin, ne se souciant apparemment pas d'infliger aux femmes présentes dans leurs catalogues un sort plus douloureux qu'à leurs homologues masculins.	(SCl6, 60)
Hypo-taktisch	Einfache Hypotaxe (EinHy)	(253) Cette grammaire des signes, qui *compense* l'absence de normes écrites, s'*exprime* avant tout dans les grands rituels publics.	(SCl4, 59)
	Multiple Homogene Hypotaxe (MuHoHy)	(254) Mais ce *sont* aussi l'ensemble des lieux auxquels il *peut* rêver ou, au contraire, les lieux qu'il *repousse* (Morel-Brochet 2007).	(SCl11, 50)
	Multiple Heterogene Hypotaxe (MuHeHy)	(255) En considération de ces éléments, l'abolition de la peine capitale et la ratification de Protocoles européens ayant le même objet *peut* permettre de conclure que la peine de mort *est* exclue de nos pratiques et de notre droit et ce, définitivement.	(SCl8, 56)

Tab. 30: Verteilung der Satztypen im SCI-Korpus.

Einfach		Komplex	
Einfach oV	98	Parataktisch	
		HoPa	72
		HePa	140
		MuHoPa	14
		MuHePa	40
		Σ_{PAR}	266
Einfach	471	Hypotaktisch	
		EinHy	359
		MuHoHy	91
		MuHeHy	215
		Σ_{HY}	665
Σ	569	$\Sigma_{PAR} + \Sigma_{HY}$	931
	$\Sigma = 1.500$		

Wendet man sich nun der Analyse zu, so kann man im Bereich der qualitativen Unterscheidung der Satzkonstruktionen des SCI-Korpus feststellen, dass sich von den das Teilkorpus umfassenden 1.500 Sätzen 569 (= 37,9 %) als einfache syntaktische Konstruktionen kennzeichnen lassen. Dahingegen kann man 931 (= 62,1 %) komplexe Sätze im Teilkorpus nachweisen. Diese Werte lassen sich in ähnlicher Weise im CIE-Korpus finden, in dem 33,5 % einfache Konstruktionen und 66,5 % komplexe Sätze bestimmt werden konnten. Von den insgesamt 569 einfachen Strukturen stellt die überwiegende Mehrheit der Konstruktionen, nämlich 471 (= 82,8 %), einfache Sätze mit finitem Verb dar. Einfache syntaktische Strukturen ohne finites Verb können 98 Mal gefunden werden. Dies entspricht einem Prozentsatz von 17,2. Somit weist das SCI-Korpus einen leicht höheren Wert in Bezug auf den einfachen Satz auf, als dies im CIE-Korpus mit 77,9 % der Fall ist. Entsprechend geringer zeigt sich die Ausprägung bei den einfachen syntaktischen Strukturen ohne finites Verb: Hierbei stehen 22,1 % aus CIE einem Wert von 17,2 % im SCI-Korpus gegenüber. Betrachtet man die komplexen Sätze, so zeigt sich, dass die hypotaktischen Konstruktionen ganz deutlich bevorzugt werden. Von 931 komplexen Sätzen können 665 (= 71,4 %) als Hypotaxen und 266 (= 28,6 %) als Parataxen analysiert werden. Dies entspricht auf fast identische Weise den Werten aus CIE (70,8 % vs. 29,2 %). Die nächste Übereinstimmung zeigt sich bei den einzelnen Satzarten für parataktische Konstruktionen. Die 140 Fälle der einfachen Heterogenen Parataxe stellen mehr als die Hälfte aller Parataxen (266) dar bzw. machen einen Anteil von 52,6 % aus.

Im CIE-Korpus war dies mit 56,4 % auf ähnliche Weise der Fall. Unterschiede lassen sich bei der Verteilung der hypotaktischen Strukturen feststellen: Während in CIE die Multiple Heterogene Hypotaxe vor der Einfachen Hypotaxe steht, verhält es sich in SCI umgekehrt. Von den insgesamt 665 Sätzen hypotaktischer Bauart lassen sich 359 als Einfache Hypotaxen klassifizieren. Dies entspricht mit 54,0 % mehr als der Hälfte dieser komplexen Satzkonstruktionen. Die Multiple Heterogene Hypotaxe macht einen Anteil von 32,2 % der hypotaktischen Strukturen in SCI aus. Gemeinsam haben die beiden Korpora, dass die Multiple Homogene Hypotaxe an letzter Stelle im Bereich der hypotaktischen Konstruktionen steht. Die obige Tabelle zeigt die Verhältnisse für das SCI-Korpus im Überblick auf (Tab. 30).

Ordnet man die einzelnen Satztypen im SCI-Korpus nach ihrer Frequenz, so zeigt sich zunächst, dass auch für die wissenschaftlichen Texte des Französischen der Einfache Satz der häufigste ist: Von den insgesamt 1.500 Sätzen, die das Korpus umfasst, stellt fast ein Drittel aller Konstruktionen, nämlich 31,4 %, einen Einfachen Satz dar. Damit liegt der Wert für das Französische deutlich über dem des CIE-Korpus, in dem der Einfache Satz als häufigster Konstruktionstyp mit 26,1 % nachgewiesen wurde. Bringt man die Satztypen des SCI-Korpus nun in eine Reihenfolge, so sieht diese folgendermaßen aus:

1. Einfach
2. EinHy
3. MuHeHy
4. HePa
5. Einfach oV
6. MuHoHy
7. HoPa
8. MuHePa
9. MuHoPa

Betrachtet man nun das Korpus zum Spanischen und Französischen im Vergleich, so kann man erstaunliche Parallelen feststellen. Tabelle 31, die die gerundeten Prozentwerte für die einzelnen Konstruktionstypen beinhaltet, zeigt diese Gegenüberstellung.

Anhand des tabellarischen Vergleichs ist gut zu erkennen, dass eine große Übereinstimmung zwischen den beiden Korpora besteht: Die Positionen 1., 4., 7., 8. und 9. weisen den gleichen Konstruktionstyp auf. Die Satztypen an 2. und 3. sowie 5. und 6. Stelle verhalten sich ebenfalls ähnlich und unterscheiden sich kaum vom anderen Teilkorpus. Bemerkenswert ist darüber hinaus die Tatsache, dass die letzten drei Konstruktionstypen identische Prozentwerte aufweisen. Dies ist im Übrigen auch der Fall für den Satztyp «Einfach oV», der zwar an unterschiedlichen Stellen auftaucht, aber ebenfalls den exakten Wert (7 %) in

Tab. 31: Vergleichende Gegenüberstellung der Ranglisten der Satztypen im CIE- und SCI-Korpus.

	CIE	Übereinstimmung	SCI
1.	Einfach (26 %)	✓	Einfach (31 %)
2.	MuHeHy (20 %)	⤡	EinHy (24 %)
3.	EinHy (19 %)	⤢	MuHeHy (14 %)
4.	HePa (11 %)	✓	HePa (9 %)
5.	MuHoHy (8 %)	⤡	Einfach oV (7 %)
6.	Einfach oV (7 %)	⤢	MuHoHy (6 %)
7.	HoPa (5 %)	✓	HoPa (5 %)
8.	MuHePa (3 %)	✓	MuHePa (3 %)
9.	MuHoPa (< 1 %)	✓	MuHoPa (< 1 %)

beiden Teilkorpora zeigt. Während bei der stilvergleichenden Darstellung für das Spanische zu sehen war, dass sich die Verteilung der Satztypen unterschiedlich gestaltet (cf. Kap. 4.4), zeigt die hier vorliegende sprachvergleichende Analyse für den funktionalen Stil der Wissenschaftssprache, dass in Bezug auf die Art der syntaktischen Komplexität eine größere Übereinstimmung zwischen den Sprachen vorzufinden ist. Die hier beschriebene Deckungsgleichheit wird darüber hinaus sichtbar, wenn in der folgenden Graphik die Häufigkeit der einzelnen Satztypen im CIE- und SCI-Korpus visuell dargestellt wird (Abb. 59). Analysiert man die komplexen Sätze des SCI-Korpus noch genauer, so ist die Frage nach dem Verhältnis von para- zu hypotaktischen Konstruktionen zu stel-

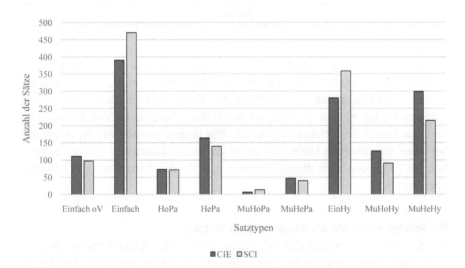

Abb. 59: Verteilung der Satztypen im CIE- und SCI-Korpus.

len. Dazu ist es wiederum notwendig, die parataktischen Satzkonstruktionen um die heterogenen Parataxen zu bereinigen. Von den dann insgesamt 751 komplexen Sätzen weisen 86 eine rein parataktische Konstruktionsart auf, was einem Prozentsatz von 11,5 % entspricht, während die unterschiedlichen Hypotaxen mit 665 Beispielen vertreten sind. Dies macht 88,5 % der komplexen Sätze des SCI-Korpus aus. Damit decken sich auch in dieser Hinsicht die Werte des SCI-Korpus mit denen des CIE-Korpus für das Spanische, d. h. dass auch in wissenschaftlichen Texten des Französischen die Hypotaxe in fast neun von zehn Fällen aller komplexen Sätze auftritt. Tabelle 32 zeigt die Verhältnisse für das SCI-Korpus auf.

Tab. 32: Verteilung der komplexen Sätze im SCI-Korpus.

Komplexe Sätze			
Heterogene Parataxen		**Weitere komplexe Konstruktionen**	
HePa	140	HoPa	72
MuHePa	40	MuHoPa	14
		Σ_{PAR}	86
		EinHy	359
		MuHoHy	91
		MuHeHy	215
		Σ_{HY}	665
Σ	180	$\Sigma_{PAR} + \Sigma_{HY}$	751
	$\Sigma = 931$		

Nachdem aufgrund der Ergebnisse zu konstatieren ist, dass im Vergleich zu den unterschiedlichen stilistischen Varietäten des Spanischen eine größere Übereinstimmung zwischen den Sprachen für das Komplexitätsmerkmal der Satzart vorherrscht, gilt es nun zu überprüfen, ob dies ebenfalls für die Abfolge von initialem Haupt- oder Nebensatz zutrifft. Wie bereits gesehen wurde, traten dabei keine signifikanten Unterschiede im gesamten spanischen Referenzkorpus auf. Im Folgenden wird dieses Merkmal nun für das französische SCI-Korpus überprüft.

(b) Abfolge von initialem Haupt- oder Nebensatz
Für das SCI-Korpus wurde ebenfalls untersucht, ob komplexe Sätze am Satzbeginn einen Haupt- oder Nebensatz aufweisen. Von den insgesamt 931 Sätzen, die in SCI eine komplexe Struktur aufweisen, beginnen 776 mit einem Haupt-

satz. Dies entspricht einem Prozentsatz von 83,4. Demgegenüber stehen satzinitiale Nebensätze in 155 Fällen, die somit 16,4 % der komplexen Sätze im Korpus ausmachen. Während die Tendenz ähnlich deutlich ausfällt wie in den einzelnen Teilkorpora des Spanischen, lässt sich festhalten, dass CIE im Vergleich noch extremere Werte aufweist, nämlich 90,6 % für den satzinitialen Hauptsatz und 9,4 % für Nebensätze zu Satzbeginn. Abbildung 60 zeigt für den funktionalen wissenschaftlichen Stil des Französischen nochmals die genaue Verteilung für die einzelnen Texte.

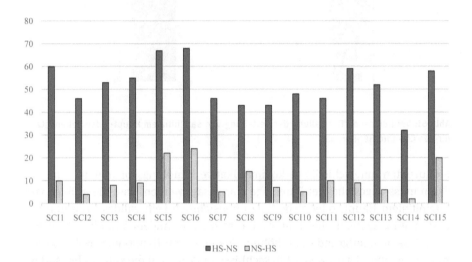

Abb. 60: Verteilung von satzinitialem Haupt- oder Nebensatz für das SCI-Korpus.

Die einzelnen Werte des SCI-Korpus können in Summe dem Verhältnis von satzinitialem Haupt- oder Nebensatz in CIE gegenübergestellt werden. Dabei zeigt sich eine ähnliche Tendenz in beiden Korpora, wobei CIE noch höhere Werte für den Satzbeginn mit Hauptsatz zeigt. Dies wird in Abbildung 61 auch visuell deutlich.

Zusammenfassend muss festgehalten werden, dass sowohl sprach- als auch stilübergreifend komplexe Sätze mit einer überwältigenden Mehrheit einen satzinitialen Hauptsatz aufweisen und dass Nebensätze zu Beginn einer komplexen Konstruktion nur in ca. zehn Prozent aller Fälle auftreten. Diese Verteilung, die sich *grosso modo* in allen analysierten Teilkorpora dieser Untersuchung wiederfinden lässt, macht mehreres deutlich: Zum einen vollzieht sich syntaktische Komplexität nicht an der linken Satzperipherie, sondern vielmehr im Zentrum und an der rechten Peripherie. Dies entspricht dem natürlichen Prozess der linearen Prozessierung von Syntagmen und ermöglicht dem Sprach-

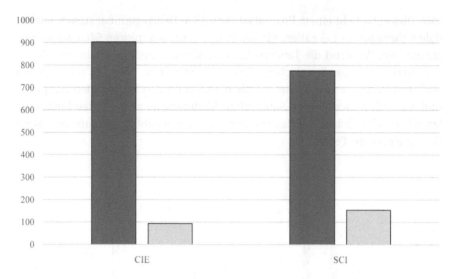

Abb. 61: Vergleichende Darstellung der Verteilung von satzinitialem Haupt- oder Nebensatz für das CIE- und SCI-Korpus.

produzenten unterschiedliche kommunikative Handlungsspielräume. Zum anderen muss angesichts der Datenlage klar gesagt werden, dass die Abfolge von satzinitialem Haupt- oder Nebensatz offensichtlich kein valides Kriterium zur Bestimmung syntaktischer Komplexität sein kann. Anders formuliert bedeutet dies, dass man aufgrund der erhöhten Frequenz von Haupt- oder Nebensätzen zu Beginn eines Satzes weder Rückschlüsse in Bezug auf die stilistische Markierung noch auf die Zugehörigkeit zu einer Sprache ziehen kann. Es ist zu vermuten, dass man für eine Untersuchung dieses Merkmals für das Deutsche, Englische oder Italienische etc. ähnliche Ergebnisse erhielte.

Ein Kriterium, in dem sich die verschiedenen stilistischen Varietäten des Spanischen unterschieden haben, stellte die Satzlänge dar. Im folgenden Abschnitt wird nun genauer analysiert, ob dieses Merkmal eine ähnliche Ausprägung aufweist, wie dies für das Spanische der Fall war.

(c) Satzlänge

Das SCI-Korpus weist eine Gesamtgröße von 45.416 Wörtern auf. Bei 1.500 analysierten Sätzen bedeutet dies, dass sich die mittlere Satzlänge für das Korpus zu den französischsprachigen wissenschaftlichen Texten mit 30,28 graphischen Wörtern bestimmen lässt.[168] In der folgenden Abbildung wird für die untersuch-

---

[168] Für die Analyse wurden kontrahierte Formen getrennt, so dass bspw. fr. *n'est pas* drei statt zwei Wörter aufweist.

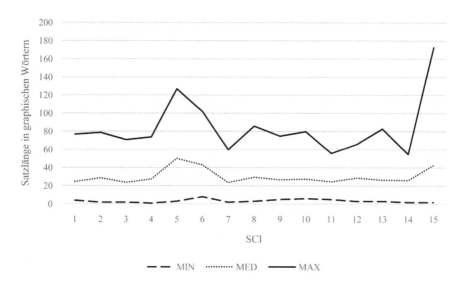

Abb. 62: Satzlängenverteilung im SCI-Korpus.

ten Sätze die Verteilung in Bezug auf die maximale, die minimale und mittlere Ausprägung der Länge veranschaulicht (Abb. 62).

Anhand der Darstellung ist gut zu erkennen, dass, abgesehen von einigen sehr hohen Maximalwerten, wie etwa in SCI5, SCI6 und SCI15, die Linie der maximalen Werte sich konstant zwischen 60 bis 80 Wörtern pro Satz verorten lässt. Ebenso verhält es sich mit dem Mittelwert, der bis auf die gerade genannten Abweichungen ebenfalls eine sehr regelmäßige Verteilung besitzt: Diese zeigt sich stabil zwischen 20 und 40 Wörtern. Die Darstellung im folgenden Boxplot zeigt die Verteilung der analysierten Daten für das SCI-Korpus an: Dabei wird deutlich, dass die Hälfte aller Sätze eine Länge zwischen ca. 20 und 40 graphischen Wörtern aufweist, und dass Sätze mit mehr als etwa 75 Wörtern auch für diesen distanzsprachlichen Stil des Französischen als außergewöhnlich lang zu betrachten sind. Diese statistischen Ausreißer werden als Kreise im Diagramm sichtbar (Abb. 63).

Nimmt man nun eine vergleichende Perspektive ein, so kann man feststellen, dass sich das spanischsprachige CIE- und das französischsprachige SCI-Korpus in Hinblick auf die Satzlänge in graphischen Wörtern kaum unterscheiden, wohingegen sich die Unterschiede von CIE zu den stilistisch heterogenen Teilkoprora des Spanischen deutlicher manifestieren. Während die mittlere Satzlänge für SCI mit 30,28 Wörtern bestimmt werden konnte, liegt sie für CIE im Durchschnitt um genau ein Wort höher, nämlich bei 31,28 Wörtern. Betrachtet man die maximalen Ausprägungen der beiden Korpora, so zeigt sich Folgen-

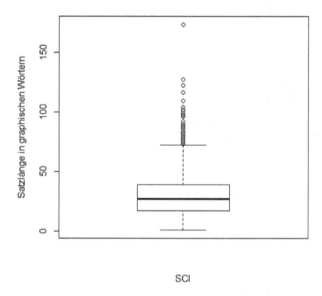

Abb. 63: Boxplot zur Satzlängenverteilung des SCI-Korpus.

des: Zum einen lässt sich die Schwelle, ab wann bestimmte Werte als statistische Ausreißer gelten können, für beide Korpora in einem ähnlichen Spektrum von ca. 70 bis 80 Wörtern pro Satz verorten. Zum anderen erkennt man, dass einzelne Sätze eine massive Komplexität in Bezug auf die Satzlänge aufweisen können: Während der längste Satz des CIE-Korpus 144 graphische Wörter beinhaltet, lässt sich im SCI-Korpus ein solcher mit 177 graphischen Wörtern finden, wie Bsp. (256) zeigt:

(256)   Ce qui *induit* pour tous les chercheurs au moins trois conséquences épistémologiques : la première (qui nous *déjante* de ces vérités bien trop assurées!) *est* que nous ne *pouvons* aucunement établir une définition du métissage (car définir toujours enclôt), si ce n'*est* éventuellement le prédéfinir très globalement – *soit* en tant qu'*ébauche* lexicale d'une première compréhension de la notion – tel un « mouvement de transformation né de la rencontre de l'autre » (Laplantine et Nouss, 2001, notice « Bricolage », p. 128), la deuxième *est* que le métissage nous *convoque* assurément à penser dans et par le métissage plutôt que d'établir une connaissance très improbable de la nature même du métissage (préface, p. 10) et la troisième *est* que le métissage nous *oblige* à trouver une forme de pensée « non saisissante » pour pouvoir malgré tout le penser, ce que la totalité des auteurs que nous *avons* étudiés *ont* résolu et appliqué en

privilégiant de façon systématique l'outil-clé majeur qu'*est* la métaphore – un outil sur lequel a particulièrement insisté Paul Ricoeur (1997). (SCI15, 16)

Die ähnliche Gesamtverteilung der Daten der beiden Korpora spiegelt sich ebenfalls in der Boxplot-Darstellung wider, die aus einer vergleichenden Perspektive die Daten beider Teilkorpora gegenüberstellt (Abb. 64).

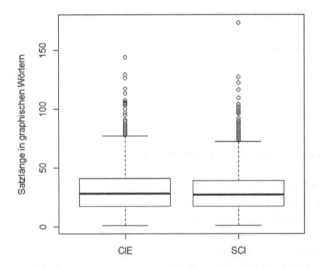

Abb. 64: Boxplot zur Satzlängenverteilung des CIE- und SCI-Korpus im Vergleich.

Zusammenfassend lässt sich demnach festhalten, dass für das Kriterium der Satzlänge eine größere Übereinstimmung zwischen den beiden Sprachen besteht als zwischen den einzelnen funktionalen Stilen des Spanischen und somit die These Forners (2006, 1914) stützt. Dies gilt es anhand weiterer Merkmale zu überprüfen. Im Folgenden wird daher nun auf eine weitere quantitative Komplexitätsausprägung, nämlich die Anzahl der finiten Verben, die eine Konstruktion aufweist, näher eingegangen.

(d) Anzahl der finiten Verben
Das SCI-Korpus umfasst eine Gesamtsumme von insgesamt 2.840 finiten Verben. Damit liegt diese Ausprägung deutlich unter dem Wert des CIE-Korpus, der sich mit 3.553 beziffern lässt. Bei einer gleichen Korpusgröße von 1.500 Sätzen fällt der Mittelwert für SCI mit 1,89 finiten Verben pro Satz entsprechend niederiger aus als in CIE (2,37). Die Hälfte aller Satzkonstruktionen weist demnach

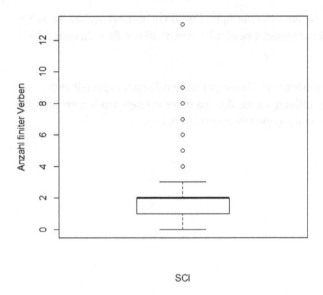

Abb. 65: Boxplot zur Verteilung der Anzahl finiter Verben im SCI-Korpus.

zwischen einem und zwei finiten Verben auf, wie in Abbildung 65 für die Verteilung der finiten Verben innerhalb des SCI-Korpus deutlich wird.

Betrachtet man die Abbildung genauer, so zeigt sich, dass Sätze, die mehr
als ca. 3,5 finite Verben aufweisen, bereits als statistische Ausreißer gelten können. Darüber hinaus sieht man, dass generell nur sehr wenige Datenpunkte,
nämlich genau sieben, diese Grenze überschreiten. In quantitativer Hinsicht
spricht dies für eine sehr robuste und regelmäßige Verwendung finiter Verben
für den funktionalen Wissenschaftsstil des Französischen. Vergleicht man im
Folgenden nämlich das SCI- mit dem CIE-Korpus, so treten hierbei deutliche
Unterschiede zu Tage, die im folgenden Boxplot, der beide Teilkorpora gegenüberstellt, sichtbar werden (Abb. 66).

Es wird deutlich, dass im Vergleich zum Französischen in den Sätzen des
spanischsprachigen Teilkorpus CIE eine stärkere Tendenz zur Verwendung finiter Verben beobachtet werden kann. Dies lässt sich daran ablesen, dass die maximale Ausdehnung der sog. *whiskers* für CIE bis zu sechs finite Verben beinhaltet, während diese für das SCI-Korpus mit ca. drei angegeben werden kann.
Anders formuliert bedeutet dies, dass erst Sätze, die mehr als sechs finite Verben aufweisen, für die untersuchten spanischen Texte statistisch als Ausreißer
gelten können, während dies für die französischen schon ab mehr als drei finiten Verben pro Satz der Fall ist. Für dieses Komplexitätsmerkmal lässt sich daher die bisher größte Divergenz zwischen den beiden Sprachen konstatieren.
Im Anschluss wird nun untersucht, ob sich dieser Unterschied ebenfalls beim
Grad der maximalen Einbettungstiefe manifestiert.

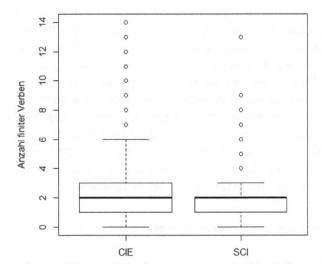

Abb. 66: Boxplot zur Verteilung der Anzahl finiter Verben im CIE- und SCI-Korpus im Vergleich.

(e) Grad der maximalen Einbettungstiefe

Hinsichtlich der maximalen Einbettungstiefe von komplexen Satzstrukturen im SCI-Korpus zeigt sich ebenfalls eine deutliche Abnahme der Okkurrenzen bei zunehmender Einbettungstiefe. Von insgesamt 845 Konstruktionen, die syntaktische Einbettung zeigen, weisen mehr als zwei Drittel eine maximale Tiefe von eins auf. Dies bedeutet, dass etwas mehr als zwei Drittel der komplexen Sätze des SCI-Korpus höchstens einen Nebensatz ersten Grades besitzen. Damit liegt der Wert für SCI auch deutlich höher als derjenige des CIE-Korpus. Mit 569 Beispielen kommen diese Konstruktionen mehr als 2,5 Mal so häufig vor wie komplexe Sätze, deren maximale Einbettungstiefe über einen Nebensatz zweiten Grades bestimmt werden kann. Die weiteren Stufen fallen schließlich entsprechend geringer aus, wie die Tabelle 33 für das SCI-Korpus zeigt.

Wie in allen untersuchten Teilkorpora dieser Studie fallen die ermittelten Werte durchgängig von der 1. bis zur 5. Ebene der Einbettungstiefe; Nebensätze

Tab. 33: Häufigkeitsverteilung des Grades der maximalen Einbettungstiefe für das SCI-Korpus.

	Grad der maximalen Einbettungstiefe						
	1.	**2.**	**3.**	**4.**	**5.**	**6.**	
SCI	569	212	50	13	1	0	Σ = 845
	(= 67,3 %)	(= 25,1 %)	(= 6,0 %)	(= 1,5 %)	(= 0,1 %)		

sechsten Grades kamen in keinem Text vor. Diese Befunde konnte man sowohl stil- als auch sprachübergreifend erwarten, wehalb sie somit keine Überraschung darstellen. Setzt man die Ergebnisse des SCI-Korpus nun jedoch in Vergleich zu den entsprechenden Resultaten des CIE-Korpus, so lassen sich im Sprachvergleich doch Unterschiede ausmachen: Ermittelt man nämlich den durchschnittlichen Wert der Einbettungstiefe für die 845 komplexen Konstruktionen des SCI-Korpus, so kann dieser mit 1,42 angegeben werden. Legt man alle 1.500 Sätze des Korpus zugrunde, so fällt der Wert auf 0,80. Diese Quotienten fallen somit deutlich geringer aus als die Entsprechungen des CIE-Korpus mit 1,66 bzw. 1,03. Die Unterschiede im Vergleich zeigen sich ebenfalls bei der Gegenüberstellung der relativen Werte für CIE und SCI in Tabelle 34.

Tab. 34: Häufigkeitsverteilung des Grades der maximalen Einbettungstiefe für das CIE- und SCI-Korpus.

	Grad der maximalen Einbettungstiefe					
	1.	2.	3.	4.	5.	6.
CIE	55,7 %	30,5 %	9,3 %	4,9 %	0,7 %	0
SCI	67,3 %	25,1 %	6,0 %	1,5 %	0,1 %	0

In den wissenschaftlichen Texten des Französischen lässt sich in sehr deutlichem Maße eine Präferenz für die erste Einbettungsebene erkennen: Mit 67,3 % liegt dieser Wert mit zehn Prozentpunkten über demjenigen des spanischsprachigen CIE-Korpus. Auf allen anderen Ebenen weisen hingegen die CIE-Texte beträchtliche Abstände zu SCI auf. So lassen sich Nebensätze zweiten Grades in CIE mit fast einem Drittel aller komplexen Konstruktionen nachweisen, während diese in SCI nur mit einem Viertel belegt sind. Während auf der 3. Einbettungsebene die unterschiedlichen Werte noch in Reichweite liegen (CIE: 9,3 %; SCI: 6,0 %), divergieren die Resultate bei den komplexeren, d. h. syntaktisch noch tieferliegenden Ebenen immer mehr: Konstruktionen, die Nebensätze vierten Grades als maximale Einbettung aufweisen, lassen sich in den spanischen Texten dreimal so häufig nachweisen wie im SCI-Korpus. Sätze, die einen maximalen Nebensatz fünften Grades beinhalten, kommen generell zwar selten vor, sie treten jedoch in CIE siebenmal so häufig auf wie in SCI.

Zusammenfassend ist festzuhalten, dass sich spanisch- und französischsprachige wissenschaftliche Texte in Bezug auf den Grad der maximalen Einbettungstiefe unterscheiden. Trotz ähnlicher Tendenzen hinsichtlich dieses Komplexitätsmerkmals lässt sich zeigen, dass im CIE-Korpus Komplexität stärker ausgeprägt ist als in SCI. Anders formuliert bedeutet dies, dass in dem Teilkorpus der spanischen Wissenschaftstexte syntaktische Einbettung als Komplexitätsmerkmal stärker ausgenutzt wird als in den entsprechenden Texten des SCI-Korpus. Diese Tatsache wirkt sich auf die vektorielle Darstellung der Ergebnisse für SCI aus, wie sie im Folgenden präsentiert wird.

(f) Vektordarstellung

Alle quantitativ ermittelteten Resultate der Wissenschaftstexte des Französischen lassen sich ebenfalls als Vektordarstellung zusammenfassen. Wie bereits gesehen wurde, zeichnen sich die untersuchten Sätze dadurch aus, dass sie eine relativ große Satzlänge besitzen. In Bezug auf die Anzahl der finiten Verben und den Grad der maximalen Einbettungstiefe präsentieren sie sich jedoch vergleichsweise unauffällig. Dies lässt sich in der dreidimensionalen Vektordarstellung daran erkennen, dass diejenigen Elemente, die Sätze mit geringer Ausprägung dieser Merkmale abbilden, dafür sorgen, dass bei einer vergleichsweise großen Satzlänge der Neigungswinkel aus der Nulllage heraus deutlich flacher ausfällt, als dies bei Datenpunkten mit höheren Werten und gleicher Satzlänge der Fall wäre. In Abbildung 67 sind die 1.500 Sätze des SCI-Korpus entsprechend dargestellt.

Berechnet man den durchschnittlichen vektoriellen Wert des SCI-Korpus, so lässt sich dieser mit $x_{SCI} = \begin{pmatrix} 30,28 \\ 1,89 \\ 0,80 \end{pmatrix}$ beschreiben. Der Vektor zeigt an, dass das untersuchte Korpus mit den wissenschaftlichen Texten sich durch eine sehr ausgeprägte syntaktische Komplexität kennzeichnen lässt. Interessant gestaltet sich die Gegenüberstellung mit dem CIE-Korpus, dessen mittlerer Vektor sich mit $x_{CIE} = \begin{pmatrix} 31,28 \\ 2,37 \\ 1,03 \end{pmatrix}$ beziffern lässt. Der numerische Vergleich zeigt bereits, dass in CIE eine stärkere syntaktische Komplexität vorherrscht. In der dreidimensionalen Darstellung der einzelnen Datenpunkte wird dies dadurch deutlich, dass trotz großer Übereinstimmungen die grün markierten Punkte (für CIE) den Komplexitätsraum intensiver ausnutzen als die magenta markierten (für SCI), d. h. dass sie tiefer in den Raum vordringen (Abb. 68).

Neben den bisher beschriebenen Gemeinsamkeiten und Unterschieden zwischen den beiden Korpora zeigt sich durch eine solche Darstellung Folgendes: Die analysierten wissenschaftlichen Texte des modernen europäischen Spanisch zeigen in Bezug auf syntaktische Komplexität zwar in vielen Bereichen eine Übereinstimmung mit den entsprechenden funktionalstilistischen Varianten des Französischen, sie nutzen Komplexität jedoch deutlich stärker aus. Gerade bei der Unterscheidung von qualitativen und quantitativen Merkmalen wird dies deutlich. Während sich in Bezug auf die Art der Konstruktionen noch

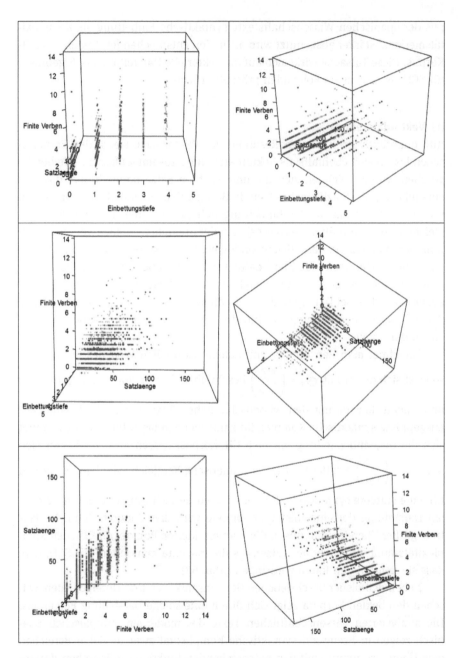

Abb. 67: Vektordarstellung syntaktischer Komplexität für das SCI-Korpus.

eine weitestgehende Übereinstimmung beobachten lässt, wird bei der Betrachtung der Ausprägung der einzelnen numerischen Merkmale deutlich, dass das Spanische innerhalb des untersuchten Korpus in Bezug auf die Ausdehnung syntaktischer Konstruktionen insgesamt als etwas komplexer beschrieben werden kann.

Ruft man sich an dieser Stelle nochmals Forners Aussage ins Gedächtnis, wonach der strukturelle Abstand zwischen den Stilen größer sein kann als der zwischen den Sprachen (cf. 2006, 1914), so kann man mit den hier vorliegenden empirischen Ergebnissen diese Aussage grundsätzlich stützen. CIE unterscheidet sich vergleichsweise nur geringfügig von SCI und in extremeren Maße von COL und POL, jedoch nicht allzu sehr von PAR. Weitere Forschungen zu den entsprechenden funktionalstilistischen Äquivalenten im Französischen könnten ein umfassenderes Bild der stilistischen Abstände in Bezug auf die syntaktische Komplexität sowohl einzelsprachlich als auch übereinzelsprachlich liefern. Abschließend soll nun ein Fazit gezogen und ein Ausblick gegeben werden, der die Anwendbarkeit der hier vorgestellten Methode für andere Wissenschaftsbereiche thematisiert.

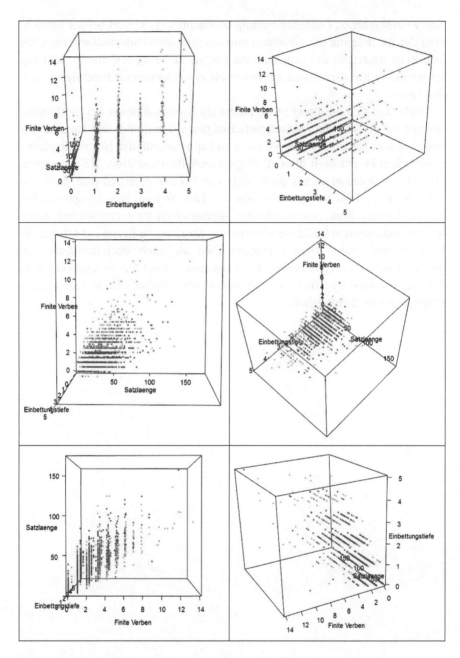

Abb. 68: Vektordarstellung syntaktischer Komplexität für das CIE- und SCI-Korpus.

6 Fazit und Ausblick

Das Ziel der hier vorliegenden Studie war es, eine möglichst umfassende Betrachtung syntaktischer Komplexität für verschiedene funktionale Stile des Spanischen zu liefern und dabei qualitative wie quantitative Aspekte zu berücksichtigen. Dadurch sollten bestimmte Positionen zum Thema, die in Forschung und Lehre vorliegen, empirisch überprüft werden. Hierfür wurde ein stilistisch heterogenes Korpus für das Spanische sowie für den Sprachvergleich ein Teilkorpus für das Französische erstellt und analysiert. Auf Grundlage der Auswertung der analysierten Daten konnten die in Kap. 1.2 aufgestellten Forschungsfragen zufriedenstellend beantwortet werden: Es hat sich gezeigt, dass einige Forschungspositionen zumindest hinterfragt bzw. ergänzt werden müssen. So konnte erstens zwar bestätigt werden, dass nähesperachliche Syntax durchaus als einfach zu charakterisieren ist. Dies bedeutet jedoch nicht, dass sie keine komplexen Satzstrukturen kennt. Insofern hatte beispielsweise Gadet Recht, wenn sie für den Bereich der komplexen Sätze von einem «mythe de la simplicité» (1992, 85) spricht. Es konnte nämlich gezeigt werden, dass in nähesprachlichen Kommunikationssituationen des Spanischen durchaus mehr Hypo- als Parataxe von den Sprechern verwendet wird. Dies widerspricht z. B. der Position Koch/Oesterreichers (2011, 99; 101). Gleichzeitig zeigt die nähesprachliche Syntax des Spanischen ebenfalls vergleichsweise große Einbettungstiefen auf. Zweitens konnte ermittelt werden, dass am anderen Ende des Nähe/Distanz-Kontinuums distanzsprachliche Syntax nicht zwingend Komplexität abbilden muss: So stehen ebenso in den extrem distanzsprachlich markierten Stilen einfache Satztypen an erster Stelle. Richtig ist aber auch, dass diese funktionalen Stile aufgrund des hohen Planungsgrades Komplexität stäker ausnutzen können, wie in der quantitativen Auswertung deutlich wurde. Der Vergleich mit dem Französischen hat drittens bewiesen, dass die Unterschiede zwischen den einzelnen Stilen des Spanischen als historischer Einzelsprache größer sind als die des untersuchten distanzsprachlichen Stils des Spanischen zum Französischen. Damit wird die These Forners (2006, 1914) empirisch grundsätzlich bestätigt.

Ein weiteres Ziel dieser Arbeit war es, ein quantitatives Verfahren zur Messung von syntaktischer Komplexität zu entwickeln, das als Vergleichsgrundlage zur Analyse herangezogen werden kann. Das hier vorschlagene Modell, das entsprechend einer umfassenden Ausrichtung der Arbeit verschiedene quantitative Merkmale, die in der Forschung bisher isoliert betrachtet wurden, integriert, und somit eine verlässliche Grundlage für den stilistischen wie übereinzelsprachlichen Vergleich darstellt, erfüllt diese Anforderungen. Mithilfe dieser Anwendung konnten die ermittelten Ergebnisse numerisch beschrieben und

https://doi.org/10.1515/9783110592290-006

durch die dreidimensionale Perspektivierung in den *R plots* visuell verdeutlicht werden. Die vergleichende, dreidimensionale Darstellung, wie sie in Kap. 4.4 geliefert wird, erlaubt es, auch visuell zu einem schnellen Überblick über die tatsächlich vorliegenden Verhältnisse im Bereich der Syntax zu gelangen.

Unter Berücksichtigung all dieser Faktoren hat sich gezeigt, dass syntaktische Komplexität in Bezug auf den Umfang und die Art der Konstruktion dort am stärksten ausgeprägt sein kann, wo ein natürliches Kommunikationskorrektiv fehlt. Dies ist beispielsweise bei der Beschreibung der Ergebnisse des funktionalen Stils der Parlamentsrede deutlich geworden. In dieser Hinsicht gilt es, diejenigen Kommunikationsbedingungen noch genauer zu beschreiben, die beim Zustandekommen der sprachlichen Äußerungen vorherrschen, und dabei auch diskurstraditionelle und pragmatische Einflussfaktoren genauer zu analysieren. Dies ist insbesondere von Belang, da dadurch möglicherweise spezifischere Wechselwirkungen zwischen einzelnen Kommunikationsbedingungen und dem Grad der syntaktischen Komplexität aufgezeigt werden können, die im Rahmen dieser Studie nur als Vermutung geäußert werden konnten.

Weitere Forschungsziele für die Zukunft wären darüber hinaus eine Zusammenführung qualitativer und quantitativer Daten, so dass man für jeden beschriebenen Satztyp beispielsweise durchschnittliche Satzlängen, Einbettungstiefen oder finite Verben bestimmen kann. Diese Zusammenführung könnte in Bezug auf stilistische Fragestellungen sehr gewinnbringend sein, da bspw. eine quantitative Unterscheidung (bei gleichem Satztyp) ein stilistischer Indikator sein kann. So könnte man sich beispielsweise der Frage nähern, ob der Einfache Satz oder Multiple Parataxen generell kürzer in nähesprachlichen Stilen ausfallen als in distanzsprachlichen.

Zukünftige Anwendungsfelder des hier präsentierten Vektormodells sind vielfältig: Zum einen ließe sich die diachrone Entwicklung von historischen Einzelsprachen anhand der syntaktischen Komplexität auf Grundlage von Texten verschiedener Sprachstufen modellieren und mit bereits bestehenden Ergebnissen vergleichen (cf. Kabatek et al. 2010). In Bezug auf den Grad des Sprachausbaus könnte man diese Methode beispielsweise in der kreolistischen Forschung einsetzen und sprachliche Zeugnisse z. B. des Papiamentus (cf. Lämmle 2014) genauer analysieren und beschreiben. Aus didaktischer Perspektive könnte ein solches Modell zur Kompetenzmessung von schulischen Leistungen (in Bezug auf die Syntax) für den Sprachunterricht der Muttersprache wie der Fremdsprachen herangezogen werden. In einem ähnlichen Kontext könnte ebenfalls die Sprachentwicklung von Kindern überprüft bzw. messbar gemacht werden. Schlussendlich kann man sich die Frage stellen, ob eine solche Betrachtung syntaktischer Komplexität nicht auch stilometrische Implikationen beinhaltet: In diesem Sinne könnte das vorliegende Modell möglicherweise einen Beitrag dazu liefern, die Autorenattribution unbekannter Texte abzusichern. Wie bei anderen Faktoren der sog. *authorship attribution* wäre hierzu die vorherige Analyse von Texten bereits bekannter Autoren notwendig.

Alle diese Punkte zeigen, dass eine weitere Beschäftigung auf theoretischer wie praktischer Ebene für die Forschung zur syntaktischen Komplexität und zu den verschiedenen Sprachstilen in vielen Anwendungsbereichen notwendig, wenn nicht sogar unabdingbar ist. Die Auseinandersetzung mit verschiedenen funktionalen Stilen einer Sprache, ihre Verwendung durch die Sprecher und die detaillierte Beschreibung in Bezug auf sprachliche bzw. im vorliegenden Fall syntaktische Eigenschaften hilft dabei, schlussendlich ein besseres Verständnis von Grammatik zu entwickeln, wie bereits Biber/Conrad festhalten: «Understanding register variation, therefore, is not a supplement of our understanding of grammar; it is central» (2004, 56).

7 Literaturverzeichnis

A Korpora

CIE

CIE1 = Rojo, Guillermo, *Sobre la construcción de diccionarios basados en corpus*, Revista Tradumàtica 7 (2009), 1–7.

CIE2 = Recalde, Montserrat/Vázquez Rozas, Victoria, *Problemas metodológicos en la formación de corpus orales*, in: Cantos Gómez, Pascual/Sánchez Pérez Aquilino (edd.), *A Survey on Corpus-based Research/Panorama de investigaciones basadas en corpus*, Murcia, AELINCO (Asociación Española de Lingüística de Corpus), 2009, 37–49.

CIE3 = Jiménez, Tomás, *La idiosincrasia asiática de la lengua española*, in: Maurya, Vibha/ Insúa, Mariela (edd.), *Actas del I Congreso Ibero-asiático de Hispanistas Siglo de Oro e Hispanismo general (Delhi, 9–12 de noviembre, 2010)*, Pamplona, Publicaciones digitales del GRISO/Servicio de Publicaciones de la Universidad de Navarra, 2011, 343–355.

CIE4 = Vázquez Rozas, Victoria, *Sobre seguro: del riesgo presupuesto a la certeza epistémica*, in: Rodríguez Espiñeira, María José (ed.), *Adjetivos en discurso: emociones, certezas, posibilidades y evidencias*, Santiago de Compostela, Universidad de Santiago de Compostela, 2010, 109–146.

CIE5 = Garrido Medina, Joaquín, *Unidades y relaciones en la construcción del discurso*, in: *Actas del IX Congreso de Lingüística General*, Valladolid, Universidad de Valladolid, 2011, 976–990.

CIE6 = Pérrez-Jara, Javier, *Cuestiones éticas en los pacientes mayores hospitalizados. Experiencia en el Reino Unido*, Cuadernos de bioética 22:3 (2011), 517–533.

CIE7 = Hernáez Laviña, Estibaliz/Sáez, Virgina/Sanz Angulo, Lucio, *Mecanismos de liberación de fármacos desde materiales polímeros*, Revista Iberoamericana de Polímeros 5:1 (2004), 55–70.

CIE8 = Sacristán Romero, Francisco, *La Teledetección satelital y los sistemas de protección ambiental*, Revista AquaTIC 24 (2006), 13–41.

CIE9 = Alburquerque-García, Luis, *El «relato de viajes»: hitos y formas en la evolución del género*, Revista de Literatura 73:145 (2011), 15–34.

CIE10 = Servera-Baño, José, *Los poemas de Valle-Inclán en El Cojo Ilustrado*, Revista de Literatura 72:144 (2010), 379–396.

CIE11 = García Calderón, Ángeles, *La poesía inglesa de la naturaleza en el XVIII y su influencia en Meléndez Valdés*, Revista de Literatura 69:138 (2007), 519–541.

CIE12 = Ángel Marquéz, Miguel, *Ritmo y tipología del endecasílabo garcilasiano*, Revista de Literatura 71:141 (2009), 11–38.

CIE13 = Seoane Pinilla, Julio, *Fougeret de Monbron: un cosmopolita cínico en mitad de la Ilustración*, Revista de Filosofía 36:2 (2011), 43–61.

CIE14 = Ordóñez Roig, Vicente, *La violencia y la palabra. Reflexiones en torno a la obra de Emanuele Severino*, Revista de Filosofía 36:1 (2011), 71–91.

CIE15 = Puigsech Farràs, Josep, *El peso de la hoz y el martillo: la internacional comunista y el PCE frente al PSUC, 1936–1943*, HISPANIA. Revista Española de Historia 69:232 (2009), 449–476.

https://doi.org/10.1515/9783110592290-007

COL

COL1 = Aufnahme 140A des Val.Es.Co-Korpus (unveröffentlicht)
COL2 = Aufnahme 146A des Val.Es.Co-Korpus (unveröffentlicht)
COL3 = Aufnahme 151B1 des Val.Es.Co-Korpus (unveröffentlicht)
COL4 = Aufnahme 153A1 des Val.Es.Co-Korpus (unveröffentlicht)
COL5 = Aufnahme 158A des Val.Es.Co-Korpus (unveröffentlicht)
COL6 = Aufnahme 162A1 des Val.Es.Co-Korpus (unveröffentlicht)
COL7 = Aufnahme 170A1 des Val.Es.Co-Korpus (unveröffentlicht)
COL8 = Aufnahme 171A1 des Val.Es.Co-Korpus (unveröffentlicht)
COL9 = Aufnahme 172A1 des Val.Es.Co-Korpus (unveröffentlicht)
COL10 = Aufnahme 173B1 des Val.Es.Co-Korpus (unveröffentlicht)
COL11 = Aufnahme 174A1 des Val.Es.Co-Korpus (unveröffentlicht)
COL12 = Aufnahme 180B des Val.Es.Co-Korpus (unveröffentlicht)
COL13 = Aufnahme 183A1 des Val.Es.Co-Korpus (unveröffentlicht)
COL14 = Aufnahme 193A1 des Val.Es.Co-Korpus (unveröffentlicht)
COL15 = Aufnahme 194A1 des Val.Es.Co-Korpus (unveröffentlicht)
COL16 = Aufnahme 217A1 des Val.Es.Co-Korpus (unveröffentlicht)
COL17 = Aufnahme 218A1 des Val.Es.Co-Korpus (unveröffentlicht)
COL18 = Aufnahme 219A1 des Val.Es.Co-Korpus (unveröffentlicht)
COL19 = Aufnahme 235B1 des Val.Es.Co-Korpus (unveröffentlicht)
COL20 = Aufnahme L10A des Val.Es.Co-Korpus (unveröffentlicht)
COL21 = Aufnahme 189A1 des Val.Es.Co-Korpus (unveröffentlicht)
COL22 = Aufnahme 129B1 des Val.Es.Co-Korpus (unveröffentlicht)
COL23 = Aufnahme 126A1 des Val.Es.Co-Korpus (unveröffentlicht)
COL24 = Aufnahme 139A1 des Val.Es.Co-Korpus (unveröffentlicht)
COL25 = Aufnahme 007A des Val.Es.Co-Korpus (unveröffentlicht)
COL26 = Aufnahme 130A1 des Val.Es.Co-Korpus (unveröffentlicht)
COL27 = Aufnahme RB.37.B.1 des Val.Es.Co-Korpus; publiziert in: Briz, Antonio/Grupo
Val.Es.Co (edd.), *Corpus de conversaciones coloquiales*, Madrid, Arcos, 2002, 224–227.
COL28 = Aufnahme PG.119.A.1. des Val.Es.Co-Korpus; publiziert in: Briz, Antonio/Grupo
Val.Es.Co (edd.), *Corpus de conversaciones coloquiales*, Madrid, Arcos, 2002, 276–278.
COL29 = Aufnahme AP.80.A.1. des Val.Es.Co-Korpus; publiziert in: Briz, Antonio/Grupo
Val.Es.Co (edd.), *Corpus de conversaciones coloquiales*, Madrid, Arcos, 2002, 143–145.
COL30 = Aufnahme VC.117.A.1. des Val.Es.Co-Korpus; publiziert in: Briz, Antonio/Grupo
Val.Es.Co (edd.), *Corpus de conversaciones coloquiales*, Madrid, Arcos, 2002, 322–324.

LEG

LEG1 = Real Decreto-ley 15/2012, de 20 de abril, de modificación del régimen de
administración de la Corporación RTVE, previsto en la Ley 17/2006, de 5 de junio.
(http://boe.es/buscar/doc.php?id=BOE-A-2012-5338; [letzter Zugriff: 18.10.2013])
LEG2 = Ley 39/2006, de 14 de diciembre, de Promoción de la Autonomía Personal y Atención
a las personas en situación de dependencia. (http://www.boe.es/buscar/doc.php?id=
BOE-A-2006-21990; [letzter Zugriff: 18.10.2013])
LEG3 = Real Decreto-ley 6/2011, de 13 de mayo, por el que se adoptan medidas urgentes
para reparar los daños causados por los movimientos sísmicos acaecidos el 11 de mayo

de 2011 en Lorca, Murcia. (http://www.boe.es/buscar/doc.php?id=BOE-A-2011-8400; [letzter Zugriff: 18.10.2013])

LEG4 = Real Decreto 613/2013, de 2 de agosto, por el que se establecen tres certificados de profesionalidad de la familia profesional Artes y artesanías que se incluyen en el Repertorio Nacional de certificados de profesionalidad y se actualizan los certificados de profesionalidad establecidos como anexos II y V del Real Decreto 1521/2011, de 31 de octubre. (http://www.boe.es/diario_boe/txt.php?id=BOE-A-2013-9462; [letzter Zugriff: 18.10.2013])

LEG5 = Ley 3/2006, de 12 de mayo, de creación del Consell Valencià de l'Esport. (http://www.boe.es/boe/dias/2006/06/29/pdfs/A24459-24463.pdf; [letzter Zugriff: 18.10.2013])

LEG6 = ORDEN JUS/2968/2002, de 18 de noviembre, por la que se dispone la creación del Instituto de Medicina Legal de Palencia, Salamanca y Valladolid. (http://boe.es/buscar/doc.php?id=BOE-A-2002-22916; [letzter Zugriff: 18.10.2013])

LEG7 = Ley Orgánica 5/2005, de 17 de noviembre, de la Defensa Nacional. (http://boe.es/buscar/doc.php?id=BOE-A-2005-18933; [letzter Zugriff: 18.10.2013])

LEG8 = Ley Orgánica 11/2007, de 22 de octubre, reguladora de los derechos y deberes de los miembros de la Guardia Civil. (http://boe.es/buscar/doc.php?id=BOE-A-2007-18391; [letzter Zugriff: 18.10.2013])

LEG9 = Ley Orgánica 14/2007, de 30 de noviembre, de reforma del Estatuto de Autonomía de Castilla y León. (http://boe.es/buscar/doc.php?id=BOE-A-2007-20635; [letzter Zugriff: 18.10.2013])

LEG10 = Ley Orgánica 11/2003, de 29 de septiembre, de medidas concretas en materia de seguridad ciudadana, violencia doméstica e integración social de los extranjeros. (http://boe.es/buscar/doc.php?id=BOE-A-2003-18088; [letzter Zugriff: 18.10.2013])

LEG11 = Ley Orgánica 7/2006, de 21 de noviembre, de protección de la salud y de lucha contra el dopaje en el deporte. (http://www.boe.es/buscar/doc.php?id=BOE-A-2006-20263; [letzter Zugriff: 18.10.2013])

LEG12 = Ley Orgánica 1/2009, de 3 de noviembre, complementaria de la Ley de reforma de la legislación procesal para la implantación de la nueva Oficina judicial, por la que se modifica la Ley Orgánica 6/1985, de 1 de julio, del Poder Judicial. (http://boe.es/buscar/doc.php?id=BOE-A-2009-17492; [letzter Zugriff: 18.10.2013])

LEG13 = Ley Orgánica 4/2010, de 20 de mayo, del Régimen disciplinario del Cuerpo Nacional de Policía. (http://boe.es/buscar/doc.php?id=BOE-A-2010-8115; [letzter Zugriff: 18.10.2013])

LEG14 = Ley Orgánica 1/2011, de 28 de enero, de reforma del Estatuto de Autonomía de la Comunidad Autónoma de Extremadura. (http://boe.es/buscar/doc.php?id=BOE-A-2011-1638; [letzter Zugriff: 18.10.2013])

LEG15 = Real Decreto Legislativo 1/2007, de 16 de noviembre, por el que se aprueba el texto refundido de la Ley General para la Defensa de los Consumidores y Usuarios y otras leyes complementarias. (http://boe.es/buscar/doc.php?id=BOE-A-2007-20555; [letzter Zugriff: 18.10.2013])

PAR

Die einzelnen Texte sind unter Angabe der Legislaturperiode über folgenden Link abrufbar:
http://www.congreso.es/portal/page/portal/Congreso/Congreso/Intervenciones.

PAR1 = DS. Congreso de los Diputados, Pleno y Dip. Perm., núm. 246, de 24/05/2011.
PAR2 = DS. Congreso de los Diputados, Pleno y Dip. Perm., núm. 199, de 26/10/2010.
PAR3 = DS. Congreso de los Diputados, Pleno y Dip. Perm., núm. 4, de 11/04/2008.
PAR4 = DS. Congreso de los Diputados, Comisiones, núm. 214, de 10/03/2009.
PAR5 = DS. Congreso de los Diputados, Comisiones, núm. 707, de 16/02/2011.
PAR6 = DS. Congreso de los Diputados, Pleno y Dip. Perm., núm. 141, de 18/02/2010.
PAR7 = DS. Congreso de los Diputados, Pleno y Dip. Perm., núm. 189, de 15/09/2010.
PAR8 = DS. Congreso de los Diputados, Comisiones, núm. 823, de 19/07/2011.
PAR9 = DS. Congreso de los Diputados, Pleno y Dip. Perm., núm. 266, de 21/07/2011.
PAR10 = DS. Congreso de los Diputados, Pleno y Dip. Perm., núm. 252, de 15/06/2011.
PAR11 = DS. Congreso de los Diputados, Pleno y Dip. Perm., núm. 118, de 29/10/2009.
PAR12 = DS. Congreso de los Diputados, Pleno y Dip. Perm., núm. 68, de 17/03/2009.
PAR13 = DS. Congreso de los Diputados, Comisiones, núm. 380, de 30/09/2009.
PAR14 = DS. Congreso de los Diputados, Pleno y Dip. Perm., núm. 139, de 16/02/2010.
PAR15 = DS. Congreso de los Diputados, Pleno y Dip. Perm., núm. 239, de 13/04/2011.
PAR16 = DS. Congreso de los Diputados, Pleno y Dip. Perm., núm. 57, de 14/01/2009.
PAR17 = DS. Congreso de los Diputados, Pleno y Dip. Perm., núm. 62, de 12/02/2009.
PAR18 = DS. Congreso de los Diputados, Pleno y Dip. Perm., núm. 72, de 26/03/2009.
PAR19 = DS. Congreso de los Diputados, Comisiones, núm. 567, de 15/06/2010.
PAR20 = DS. Congreso de los Diputados, Pleno y Dip. Perm., núm. 261, de 13/07/2011.
PAR21 = DS. Congreso de los Diputados, Pleno y Dip. Perm., núm. 8, de 09/02/2012.
PAR22 = DS. Congreso de los Diputados, Pleno y Dip. Perm., núm. 8, de 09/02/2012.
PAR23 = DS. Congreso de los Diputados, Pleno y Dip. Perm., núm. 273, de 15/09/2011.
PAR24 = DS. Congreso de los Diputados, Comisiones, núm. 819, de 12/07/2011.
PAR25 = DS. Congreso de los Diputados, Pleno y Dip. Perm., núm. 118, de 29/10/2009.
PAR26 = DS. Congreso de los Diputados, Pleno y Dip. Perm., núm. 242, de 05/05/2011.
PAR27 = DS. Congreso de los Diputados, Pleno y Dip. Perm., núm. 8, de 09/02/2012.
PAR28 = DS. Congreso de los Diputados, Pleno y Dip. Perm., núm. 30, de 16/05/2012.
PAR29 = DS. Congreso de los Diputados, Pleno y Dip. Perm., núm. 10, de 15/02/2012.
PAR30 = DS. Congreso de los Diputados, Comisiones, núm. 234, de 12/12/2012.

POL

POL1 = ENTREVISTA: AINTZANE EZENARRO Parlamentaria de Aralar: «Aralar le lleva 10 años de ventaja a Batasuna en cultura política» (http://www.elpais.com/articulo/pais/vasco/Aralar/le/lleva/anos/ventaja/Batasuna/cultura/politica/elpepiesppvs/20110220elpvas_2/Tes; [letzter Zugriff: 26.03.2011])
POL2 = ENTREVISTA: JORGE MORAGAS Secretario de Relaciones Internacionales del Partido Popular: «No me considero un pijo» (http://www.elpais.com/articulo/ultima/considero/pijo/elpepiult/20110320elpepelpe_2/Tes; [letzter Zugriff: 26.03.2011])
POL3 = ENTREVISTA: MONTSERRAT TURA Diputada: «Los socialistas están muy poco conectados con la sociedad» (http://www.elpais.com/articulo/cataluna/socialistas/

estan/poco/conectados/socsocie/elpepiespcat/20110221elpcat_4/Tes; [letzter Zugriff: 25.03.2011])

POL4 = ENTREVISTA: JOSÉ ANTONIO ARDANZA Expresidente del Gobierno vasco (1985–1998): «ETA y Batasuna han asumido que esta es la única salida que tienen» (http:// www.elpais.com/articulo/espana/ETA/Batasuna/han/asumido/unica/salisa/tienen/ elpepiesp/20110306elpepinac_15/Tes; [letzter Zugriff: 27.03.2011])

POL5 = ENTREVISTA: MIGUEL ÁNGEL MORATINOS Ex Ministro de Asuntos Ex-teriores y Cooperación: «La Administración Bush buscaba mantener la relación bajo presión» (http://www.elpais.com/articulo/espana/Administracion/Bush/buscaba/mantenem/ relacion/presion/elpepiesp/20110116elpepinac_5/Tes; [letzter Zugriff: 27.03.2011])

POL6 = «El político resistente» Entrevista a Manuel Fraga (http://politica.elpais.com/ politica/2012/01/09/actuali-dad/1326128233_727908.html; [letzter Zugriff: 30.01.2013])

POL7 = DOLORES DE COSPEDAL | SECRETARIA GENERAL DEL PP Y PRESIDENTA DE CASTILLA-LA MANCHA «En España hay que trabajar más horas» (http://politica.elpais.com/politica/ 2012/03/11/actualidad/1331498333_403110.html; [letzter Zugriff: 30.01.2013])

POL8 = FELIPE GONZÁLEZ | EXPRESIDENTE DEL GOBIERNO «Rajoy está obligado a convocar un gran acuerdo nacional para salir de la crisis» (http://politica.elpais.com/politica/2012/ 07/22/actualidad/1342983641_819624.html; [letzter Zugriff: 30.01.2013])

POL9 = ENTREVISTA: RODOLFO ARES Consejero de Interior del Gobierno vasco: «La visión socialista difiere en Madrid y Euskadi, pero la acción es unitaria» (http:// www.elpais.com/articulo/espana/vision/socialista/difiere/Madrid/EuskadE/accion/ unitaria/elpepiesp/20110320elpepinac_5/Tes; [letzter Zugriff: 27.03.2011])

POL10 = Entrevista íntegra a Rajoy (http://www.elpais.com/articulo/cataluna/mayoria/ suficiente/descarto/pacto/elpelpepiesp/20110410elpcat_10/Tes; [letzter Zugriff: 30.01.2013])

POL11 = ENTREVISTA: MIGUEL CORTIZO Delegado del Gobierno en Galicia «No me cansaré de denunciar a quien no le importe el interés general» (http://www.elpais.com/articulo/ Galicia/cansare/denunciar/quien/le/importe/intinte/general/elpepiautgal/ 20110411elpgal_9/Tes; [letzter Zugriff: 12.04.2011])

POL12 = ENTREVISTA: RAFAELA ROMERO Presidenta de las Juntas Generales de Guipúzcoa «Este Gobierno ha dado un paso de gigante para acercar a ETA a su final» (http:// www.elpais.com/articulo/pais/vasco/Gobierno/ha/dado/paso/gigante/aceacer/ETA/ final/elpepiesppvs/20110410elpvas_9/Tes; [letzter Zugriff: 12.04.2011])

POL13 = ALBERTO RUIZ-GALLARDON | MINISTRO DE JUSTICIA «No habrá indultos a presos de ETA» (http://politica.elpais.com/politica/2012/03/10/actualidad/1331409240_ 666356.html; [letzter Zugriff: 30.01.2013])

POL14 = JORGE FERNÁNDEZ DÍAZ | Ministro del Interior «No habrá acercamientos de presos hasta que ETA se haya disuelto» (http://politica.elpais.com/politica/2012/02/26/ actualidad/1330210900_218552.html; [letzter Zugriff: 13.04.2011])

POL15 = ENTREVISTA AL CANDIDATO POPULAR «Mi prioridad: las pensiones. A partir de ahí, habrá que recortar en todo» (http://politica.elpais.com/politica/2011/11/16/actualidad/ 1321476670_720434.html; [letzter Zugriff: 21.02.2013])

POL16 = ENTREVISTA: JOSÉ ANTONIO GRIÑÁN «No tengo conciencia de fin de ciclo» Entrevista a José Antonio Griñán, presidente de la Junta de Andalucía (http://www.elpais.com/ articulo/espana/tengo/conciencia/fin/ciclo/elpepiesp/20201104elpepinac_7/Tes; [letzter Zugriff: 13.04.2011])

POL17 = ENTREVISTA: ARANTZA QUIROGA | Presidenta del Parlamento vasco «Debemos repensar el modelo de país, pero nadie quiere dar el paso» (http://www.elpais.com/

articulo/pais/vasco/Debemos/repensar/modelo/pais/nadna/quiere/dar/paso/
elpepiesppvs/20111009elpvas_4/Tes; [letzter Zugriff: 10.10.2011])

POL18 = ALFREDO PÉREZ RUBALCABA | CANDIDATO SOCIALISTA A LA PRESIDENCIA «He podido
cometer errores, pero donde he estado, he hecho; y Rajoy, ha pasado» (http://
politica.elpais.com/politica/2011/09/10/actualidad/1315685887_396600.html; [letzter
Zugriff: 21.03.2013])

POL19 = ENTREVISTA: La conferencia política del PSOE PATXI LÓPEZ Presidente del Gobierno
vasco «La sentencia de Otegi no acompaña a estos tiempos» (http://elpais.com/diario/
2011/10/03/espana/1317592805_850215.html; [letzter Zugriff: 05.10.2011])

POL20 = JOAQUÍN ALMUNIA | Vicepresidente de la Comisión Europea «Se podía haber
logrado margen en el déficit sin tanto ruido, sin desafíos» (http://politica.elpais.com/
politica/2012/03/18/actualidad/1332088565_937378.html; [letzter Zugriff: 22.02.2013])

POL21 = ENTREVISTA: JESÚS VÁZQUEZ Conselleiro de Educación «Si no somos responsables,
están en riesgo el transporte y los comedores» (http://www.elpais.com/articulo/Galicia/
somos/responsables/estan/riesgo/transtrans/comedores/elpepiautgal/
20111002elpgal_5/Tes; [letzter Zugriff: 05.10.2011])

POL22 = ENTREVISTA: FRANCISCO ÁLVAREZ-CASCOS Presidente del Principado de Asturias
«Sigo el espíritu de don Pelayo» (http://www.elpais.com/articulo/ultima/Sigo/espiritu/
don/Pelayo/elpepiult/20112011elpepiult_2/Tes; [letzter Zugriff: 10.10.2011])

POL23 = ENTREVISTA: ALFONSO RUEDA Conselleiro de Presidencia y secretario general del PP
«No hemos podido bajar los impuestos pero la gente nos vota» (http://
www.elpais.com/articulo/Galicia/hemos/podido/bajar/impuestos/gente/nno/vota/
elpepiautgal/20120123elpgal_4/Tes; [letzter Zugriff: 01.02.2012])

POL24 = ENTREVISTA: JOSÉ MANUEL GARCÍA-MARGALLO Ministro de Asuntos Exteriores y
Cooperación «La única salida a la crisis del euro es dar un salto hacia la Europa
federal» (http://www.elpais.com/articulo/espana/unica/salida/crisis/euro/dar/salto/
EuropE/federal/elpepiesp/20120122elpepinac_4/Tes; [letzter Zugriff: 01.02.2012])

POL25 = Entrevista: RICARD RAMON I SUMOY | Experto en agricultura de la Comisión Europea
«Euskadi tiene que incentivar el producto propio» (http://elpais.com/diario/2012/02/
07/paisvasco/1328647208_850215.html; [letzter Zugriff: 13.02.2012)

POL26 = Entrevista: TONI CANTÓ | Diputado de UPYD y actor «Todo el mundo recuerda su
primera oveja» (http://elpais.com/diario/2012/02/05/ultima/1328396402_850215.html;
[letzter Zugriff: 13.02.2012])

POL27 = Entrevista: ALEIX VIDAL-QUADRAS | Vicepresidente del Parlamento Europeo «Es
grotesco que Alicia vaya a Madrid a pedir dinero para Mas» (http://elpais.com/diario/
2012/02/05/catalunya/1328407646_850215.html; [letzter Zugriff: 13.02.2012])

POL28 = Entrevista: LUIS DE GUINDOS | Ministro de Economía y Competitividad «Los que más
ganan deben dar ejemplo» (http://elpais.com/diario/2012/02/05/economia/
1328396401_850215.html; [letzter Zugriff: 14.02.2012])

POL29 = Entrevista: ABEL CABALLERO | Alcalde de Vigo «Soy antipático porque de-fiendo a
Vigo» (http://elpais.com/diario/2012/01/15/galicia/1326626292_850215.html; [letzter
Zugriff: 14.02.2012])

POL30 = «Me gustaría bajar muchos impuestos, pero me condiciona el déficit» (http://
politica.elpais.com/politica/2012/03/21/actualidad/1332356507_093866.html; [letzter
Zugriff: 22.02.2013])

B Sekundärliteratur

acc = Blanche-Benveniste, Claire/Rouget, Christine/Sabio, Frédéric (edd.), *Choix de textes de français parlé. 36 extraits*, Paris, Champion, 2002, 127–130.

Ágel, Vilmos/Hennig, Mathilde (edd.), *Nähe und Distanz im Kontext variationslinguistischer Forschung*, Berlin/Boston, de Gruyter, 2010.

Alarcos Llorach, Emilio, *Gramática de la lengua española*, Madrid, Espasa, 1994.

Alcina Franch, Juan, *Syntax/Sintaxis*, in: Holtus, Günter/Metzeltin, Michael/Schmitt, Christian (edd.), *Lexikon der Romanistischen Linguistik*, vol. 6,1, Tübingen, Niemeyer, 1992, 160–178.

Alexiadou, Artemis/Kiss, Tibor (edd.), *Syntax – Theory and Analysis. An International Handbook*, 3 vol., Berlin/Boston, de Gruyter, 2015 (= HSK 42:1–3).

ALG = Goscinny, René/Uderzo, Albert, *Astérix légionnaire, Texte de Goscinny, dessins de Uderzo*, Paris, Dargaud, [1967] 1989, 5–11.

Altmann, Gabriel, *Zur Verwendung der Quotiente in der Textanalyse*, in: Altmann, Gabriel (ed.), *Glottometrika*, vol. 1, Bochum, Brockmeyer, 1978, 91–106.

Altmann, Gabriel/Köhler, Reinhard, *Probability Distributions of Syntactic Units and Properties*, Journal of Quantitative Linguistics 7:3 (2000), 189–200.

Andersen, Hanne Leth, *Comment utiliser les connaissances sur le français parlé dans l'enseignement du français langue étrangère*, in: Andersen, Hanne Leth/Thomsen Christa (edd.), *Sept approches à un corpus: Analyses du français parlé*, Bern et al., Lang, 2004, 187–214.

Antas García, Delmiro, *El análisis gramatical*, Barcelona, Octaedro, 2007.

Atayan, Vahram, *Zirkumstanten und Modale Satzadverbiale*, in: Born, Joachim, et al. (edd.), *Handbuch Spanisch – Sprache, Literatur, Kultur, Geschichte in Spanien und Hispanoamerika: Für Studium, Lehre, Praxis*, Berlin, Schmidt, 2012, 286–292.

Auer, Peter, *Schreiben in der Hypotaxe – Sprechen in der Parataxe? Kritische Bemerkungen zu einem Gemeinplatz*, Deutsch als Fremdsprache 39:3 (2002), 131–138.

Beaman, Karen, *Coordination and Subordination Revisited: Syntactic Complexity in Spoken and Written Narrative Discourse*, in: Tannen, Deborah (ed.), *Coherence in Spoken and Written Discourse*, Norwood, Ablex Publ. Corp., 1984, 45–80.

Becker, Martin, *Einführung in die spanische Sprachwissenschaft*, Stuttgart, Metzler, 2013.

Bello, Andrés, *Gramática de la lengua castellana: destinada al uso de los americanos*, 2 vol., Madrid, Arco, 1988.

Beinhauer, Werner, *El español coloquial*, Madrid, Gredos, [dt. [1]1930; [2]1958] 1973.

Berruto, Gaetano, *Varietà diamesiche, diastratiche, diafasiche*, in: Sobrero, Alberto, et al. (edd.), *Introduzione all'italiano contemporaneo – La variazione e gli usi*, vol. 2, Roma, Laterza, 1993, 37–92.

Berruto, Gaetano, *Identifying dimensions of linguistic variation in a language space*, in: Auer, Peter/Schmidt, Jürgen Erich (edd.), *Language and Space – Theories and Methods: An International Handbook of Linguistic Variation*, Berlin/Boston, de Gruyter, 2010, 226–241 (= HSK 30:1).

Berschin, Helmut/Fernández-Sevilla, Julio/Felixberger Josef, *Die spanische Sprache. Verbreitung – Geschichte – Struktur*, Hildesheim et al., Olms, [[1]1987] [4]2012.

Best, Karl-Heinz, *Satzlänge*, in: Altmann, Gabriel/Köhler Reinhard/Piotrowski, Rajmund G. (edd.), *Quantitative Linguistik*, Berlin/Boston, de Gruyter, 2005, 298–304 (= HSK 27).

Best, Karl-Heinz, *Quantitative Linguistik – eine Annäherung*, Göttingen: Peust & Gutschmidt, [[1]2001] [3]2006.

Biber, Douglas, *Spoken and Written Textual Dimensions in English: Resolving the Contradictory Findings*, Language 62 (1986), 384–414.

Biber, Douglas, *Variation across Speech and Writing*, Cambridge, Cambridge University Press, 1988.

Biber, Douglas, *Using Register-diversified Corpora for General Language Studies*, Computational Linguistics 19 (1993), 219–241.

Biber, Douglas, *Dimensions of Register Variation: A Cross-linguistic Comparison*, Cambridge, Cambridge University Press, 1995.

Biber, Douglas, et al., *Longman grammar of spoken and written English*, Harlow, Longman, 1999.

Biber, Douglas/Conrad, Susan, *Corpus-based comparisons of registers*, in: Coffin, Caroline (ed.), *Applying English Grammar – Functional and Corpus Approaches*, vol. 1, London, Arnold, 2004, 40–56.

Biber, Douglas, et al., *Spoken and written register variation in Spanish: A multi-dimensional analysis*, Corpora 1 (2006), 1–37.

Biber, Douglas/Tracy-Ventura, Nicole, *Dimensions of register variation in Spanish*, in: Parodi, Giovanni (ed.), *Working with Spanish Corpora*, London, Continuum, 2007, 54–89.

Biber, Douglas, *Multi-dimensional approaches*, in: Lüdeling, Anja/Kytö, Merja (edd.), *Corpus linguistics: An International Handbook*, vol. 2, Berlin/Boston, de Gruyter, 2009, 822–855 (= HSK 29:2).

Biber, Douglas, *Corpus-based and coprus-driven analyses of language variation and use*, in: Heine, Bernd/Narrog, Heiko (edd.), *The Oxford Handbook of Linguistic Analysis*, Oxford, Oxford University Press, 2010, 159–191.

Blanche-Benveniste, Claire, *Approches de la langue parlée en français*, Paris, Ophrys, [¹1997] ²2010 (= 2010a).

Blanche-Benveniste, Claire, *Le français – usages de la langue parlée*, Leuven/Paris, Peters, 2010 (= 2010b).

Bloomfield, Leonard, *Language*, New York, Henry Holt, 1933.

Blumenthal, Peter. *Komplexe Sätze*, in: Kolboom, Ingo/Kotschi, Thomas/Reichel, Edward (edd.), *Handbuch Französisch – Sprache, Literatur, Kultur, Gesellschaft: Für Studium, Lehre, Praxis*, Berlin, Schmidt, [¹2003] ²2008, 277–285.

Bossong, Georg, *Typologie der Hypotaxe*, Folia Linguistica 13 (1979), 33–54 (= 1979a).

Bossong, Georg, *Probleme der Übersetzung wissenschaftlicher Werke aus dem Arabischen in das Altspanische zur Zeit Alfons des Weisen*, Tübingen, Niemeyer, 1979 (= 1979b).

Braue, Alice, *Beiträge zur Satzgestaltung der spanischen Umgangssprache*, Hamburg, Seminar für romanische Sprachen und Kultur, 1931.

Brinker, Klaus, *Konstituentenstrukturgrammatik und operationale Satzgliedanalyse. Methodenkritische Untersuchungen zur Syntax des einfachen Satzes im Deutschen*, Frankfurt a. M., Athenäum, 1972.

Briz, Antonio, *El español coloquial: Situación y uso*, Madrid, Arcos, [¹1996] ²1998 (= 1998a).

Briz, Antonio, *El español coloquial en la conversación*, Barcelona, Ariel, 1998 (= 1998b).

Briz, Antonio, *La subordinación sintáctica desde una teoría de unidades del discurso: El caso de las llamadas «causales de le enunciación»*, in: Bustos Tovar, José Jesús de (ed.), *Sintaxis y análisis del discurso hablado en español: homenaje a Antonio Narbona*, 2 vol., Sevilla, Ed. Univ., 2011, 137–154.

Briz, Antonio/Grupo Val.Es.Co (edd.), *Corpus de conversaciones coloquiales*, Madrid, Arcos, 2002.

Brucart, José, *La elipsis*, in: Bosque, Ignacio/Delmonte, Violeta (edd.), *Gramática descriptiva de la lengua española*, vol. 2, Madrid, Espasa, 1999, 2787–2863.

Bußmann, Hadumod, *Lexikon der Sprachwissenschaft*, Stuttgart, Kröner, [¹1983] ³2002.

Cantarero, Margarita/Esgueva Martínez, Manuel, *El habla de la ciudad de Madrid: materiales para su estudio*, Madrid, Consejo Superior de Investigaciones Científicas, 1981.

Chomsky, Noam, *On Phases*, Ms., MIT, 2005.

Contreras, Lidia/Rabanales, Ambrosio, *El habla culta de Santiago de Chile: materiales para su estudio*, Santiago de Chile, Editorial Universitaria de la Universidad de Chile, 1979.

Corriente, Frederico, *Diccionario de arabismos y voces afines en iberorromance*, Madrid, Gredos, 1999.

Cortés Rodríguez, Luis, *Sintaxis del coloquio: Aproximación sociolingüística*, Salamanca, Ediciones Universidad de Salamanca, 1986.

Coseriu, Eugenio, *Die Lage in der Linguistik*, Innsbruck, Innsbrucker Beiträge zur Sprachwissenschaft, 1973.

Coseriu, Eugenio, *«Historische Sprache» und «Dialekt»*, in: Gröschel, Joachim/Ivić, Pavle/Kehr, Kurt (edd.), *Dialekt und Dialektologie – Ergebnisse des internationalen Symposions «Zur Theorie des Dialekts», Marburg/Lahn, 5.–10. September 1977*, Wiesbaden, Franz Steiner, 1980, 106–115.

Coseriu, Eugenio, *Die Begriffe «Dialekt», «Niveau» und «Sprachstil» und der eigentliche Sinn der Dialektologie*, in: Albrecht, Jörn (ed.), *Energeia und Ergon. Sprachliche Variation – Sprachgeschichte – Sprachtypologie*, vol. 1: *Schriften von Eugenio Coseriu (1965–1987)*, Tübingen, Narr, 1988, 15–43 (= 1988a).

Coseriu, Eugenio, *Einführung in die allgemeine Sprachwissenschaft*, Tübingen, Francke, 1988 (= 1988b).

Coseriu, Eugenio, *El problema de la corrección idiomática*, edd. Johannes Kabatek/Reinhard Meisterfeld, unveröffentliches Manuskript, Tübingen, 1998.

Coseriu, Eugenio, *Sprachkompetenz – Grundzüge der Theorie des Sprechens*, Tübingen, Narr, [¹1988] ²2007.

cours = Ludwig, Ralph, *Korpus: Texte des gesprochenen Französisch. Materialien I.*, Tübingen, Narr, 1988, 154–166.

Criado de Val, Manuel, *Estructura general del coloquio*, Madrid, Consejo Superior de Investigaciones Científicas, 1980.

DAR = Dardel, Robert de, *Une mise au point et une autocritique relatives au protoroman*, Revue de Linguistique Romane 71 (2007), 329–357.

de Bruyne, Jacques, *Spanische Grammatik*, Tübingen, Niemeyer, [¹1993] ²2002.

de Saussure, Ferdinand, *Cours de linguistique générale. Zweisprachige Ausgabe französisch-deutsch mit Einleitung, Anmerkungen und Kommentar*, ed. Peter Wunderli, Tübingen, Narr, 2013.

DLE = Real Academia Española, *Diccionario de la lengua española*, Madrid, Espasa, ²³2014. (aufgerufen unter: http://dle.rae.es/; [letzter Zugriff: 22. 11. 2018]).

DLM = Alcaraz Varó, Enrique/ Martínez Linares, Antonia, *Diccionario de lingüística moderna*, Barcelona, Ariel, [¹1997] ²2004.

DUE = Moliner, María, *Diccionario del uso del español*, Madrid, Gredos, ³2008.

Dürscheid, Christa, *Medienkommunikation im Kontinuum von Mündlichkeit und Schriftlichkeit. Theoretische und empirische Probleme*, Zeitschrift für Angewandte Linguistik 38 (2003), 37–56.

Dürscheid, Christa, *Nähe, Distanz und neue Medien*, in: Feilke, Helmut/Hennig, Mathilde (edd.), *Zur Karriere von «Nähe und Distanz»: Rezeption und Diskussion des Koch-Oesterreicher-Modells*, Berlin/Boston, de Gruyter, 2016, 357–385.

Dufter, Andreas, *Phonetik und Phonologie des Spanischen*, in: Born, Joachim, et al. (edd.), *Handbuch Spanisch – Sprache, Literatur, Kultur, Geschichte in Spanien und Hispanoamerika: Für Studium, Lehre, Praxis*, Berlin, Schmidt, 2012, 173–178.

Dufter, Andreas/Stark, Elisabeth (edd.), *Manual of Romance Morphosyntax and Syntax*, Berlin/Boston, de Gruyter, 2017 (= MRL 17).

Eguren Gutiérrez, Luis Javier/Fernández Soriano, Olga, *La terminología gramatical*, Madrid, Gredos, 2006.

Eroms, Hans-Werner, *Stil und Stilistik: eine Einführung*, Berlin, Schmidt, 2008.

esch = Eschmann, Jürgen, *Texte aus dem «français parlé»*, Tübingen, Narr, 1984, 36–39.

Felixberger, Josef, *Untersuchungen zur Sprache des spanischen Sprichwortes*, München, Fink, 1974.

Ferreira, Fernanda, *Effects of Length and Syntactic Complexity on Initiation Times for Prepared Utterances*, Journal of Memory and Language 30 (1991), 210–233.

fleur = Blanche-Benveniste, Claire/Rouget, Christine/Sabio, Frédéric (edd.), *Choix de textes de français parlé. 36 extraits*, Paris, Champion, 2002, 80–84.

Flydal, Leiv, *Remarques sur certains rapports entre le style et l'état de langue*, Norsk Tidsskrift for Sprogvidenskap 16 (1951), 240–258.

Forner, Werner, *Syntaktische Variation und Variationssyntax*, in: Dahmen, Wolfgang, et al. (edd.), *Neuere Beschreibungsmethoden der Syntax romanischer Sprachen. Romanistisches Kolloquium XI*, Tübingen, Narr, 1998, 447–466.

Forner, Werner, *Prinzipien der Funktionalstilistik*, in: Ernst, Gerhard, et al. (edd.), *Romanische Sprachgeschichte: Ein internationales Handbuch zur Geschichte der romanischen Sprachen*, vol. 2, Berlin/Boston, de Gruyter, 2006, 1907–1923 (= HSK 23.2).

Fucks, Wilhelm, *Nach allen Regeln der Kunst: Diagnosen über Literatur, Musik, bildende Kunst – die Werke, ihre Autoren und Schöpfer*, Stuttgart, Deutsche Verlags-Anstalt, 1968.

Gadet, Françoise, *Le français populaire*, Paris, Presses Universitaires de France, 1992.

Gadet, Françoise, *Le style comme perspective sur la dynamique de des langues*, Langage et société 109 (2004), 1–8.

Gadet, Françoise, *France/Frankreich*, in: Ammon, Ulrich, et al. (edd.), *Sociolinguistics/ Soziolinguistik: An International Handbook of the Science of Language and Society/Ein internationales Handbuch zur Wissenschaft von Sprache und Gesellschaft*, vol. 3, Berlin/ Boston, de Gruyter, 2008, 1787–1792 (= HSK 3.3).

Gärtner, Eberhard, *Probleme der valenztheoretischen Beschreibung propositionaler Argumente und ihrer syntaktischen Ausdrucksmöglichkeiten im Portugiesischen*, in: Koch, Peter/Krefeld, Thomas (edd.), *Connexiones Romanicae: Dependenz und Valenz in romanischen Sprachen*, Tübingen, Niemeyer, 1991, 237–252.

Garrido Medina, Joaquín, *Unidades y relaciones en la construcción del discurso*, in: *Actas del IX Congreso de Lingüística General*, Valladolid, Universidad de Valladolid, 2011, 976–990.

Gaudino-Fallegger, Livia, *Hypotaktische Konstrukte im gesprochenen Spanisch: Theorie und Empirie*, Wilhelmsfeld, Eggert, 2010.

GCE = Matte Bon, Francisco, *Gramática comunicativa del español – de la lengua a la idea*, vol. 1, Madrid, Edelsa, [¹1992] ²1995.

Gili Gaya, Samuel, *Curso superior de sintaxis española*, Barcelona, Biblograf, [¹1943] ¹⁵2000.

Givón, Talmy, *Markedness in grammar: distributional, communicative and cognitive correlates of syntactic structure*, Studies in Language 15:2 (1991), 335–370.

Givón, Talmy, *The Genesis of Syntactic Complexity – Diachrony, ontogeny, neuro-cognition, evolution*, Amsterdam et al., Benjamins, 2009 (=2009a).

Givón, Talmy, *Multiple routes to clause union: The diachrony of complex verb phrases*, in: Givón, Talmy/Shibatani, Masayoshi (edd.), *Syntactic Complexity – Diachrony, acquisition, neuro-cognition, evolution*, Amsterdam et al., Benjamins, 2009, 81–118 (= 2009b).

Givón, Talmy/Shibatani, Masayoshi (edd.), *Syntactic Complexity – Diachrony, acquisition, neuro-cognition, evolution*, Amsterdam et al., Benjamins, 2009.

Gläser, Rosemarie, *Fachtextsorten der Wissenschaftssprachen I: der wissenschaftliche Zeitschriftenaufsatz*, in: Hoffmann, Lothar, et al. (edd.), *Fachsprachen. Ein internationales Handbuch zur Fachsprachenforschung und Terminologiewissenschaft*, vol. 1, Berlin/Boston, de Gruyter, 1998, 482–488 (= HSK 14.1).

Glück, Helmut (ed.), *Metzler Lexikon Sprache*, Stuttgart, Metzler, [¹1993] ⁴2010.

Grevisse, Maurice/Goosse, André, *Le bon usage – Grammaire française*, Bruxelles, De Boeck, [¹1936] ¹⁴2008.

Gries, Stefan Th., *Statistik für Sprachwissenschaftler*, Göttingen, Vandenhoeck & Ruprecht, 2008.

Hansen, Anita Berit, *Approche tridimensionelle de la variation diaphasique en français – étude pilote*, in: Leth Andersen, Hanne/Thomsen, Christa (edd.), *Sept approches à un corpus – Analyses du français parlé*, Bern et al., Peter Lang, 2004, 107–137.

Herman, Jószef, *El latín vulgar*, Barcelona, Ariel, 1997.

Herrero Moreno, Gemma, *Yuxtaposición, coordinación y subordinación en el registro coloquial*, Anuario de Lingüística Hispánica IV (1988), 193–220 (= 1988a).

Herrero Moreno, Gemma, *La dislocación sintáctica en el coloquial*, Español Actual 50 (1988), 73–88 (= 1988b).

Herrero Morreno, Gemma, *La lengua coloquial: concepto y factores que la caracterizan*, Anuario de Lingüística Hispánica VI (1990), 255–278.

Hesselbach, Robert, *«Maman est morte» vs. «Maman est crevée» – theoretische Überlegungen zur Abgrenzung stilistischer Ebenen in den romanischen Sprachen*, in: Albizu, Cristina, et al. (edd.), *Variante et variété – Variante e varietà – Variante y variedad – Variante und Varietät. Actes du VIᵉ Dies Romanicus Turicensis, Zurich, 24–25 juin 2011*, Pisa, Edizioni ETS, 2013, 37–50.

Hesselbach, Robert, *Sobre la complejidad sintáctica del español coloquial: teoría y empirismo*, Vox Romanica 73 (2014), 83–100.

Hoffmann, Lothar, *Syntaktische und morphologische Eigenschaften von Fachsprachen*, in: Hoffmann, Lothar, et al. (edd.), *Fachsprachen. Ein internationales Handbuch zur Fachsprachenforschung und Terminologiewissenschaft*, vol.1, Berlin/Boston, de Gruyter, 1998, 416–427 (= HSK 14.1).

Holtus, Günter/Radtke, Edgar, *Der Begriff «Umgangssprache» in der Romania und sein Stellenwert für die Iberoromania*, in: Holtus, Günter/Radtke, Edgar (edd.), *Umgangssprache in der Iberoromania: Festschrift für Heinz Kröll*, Tübingen, Narr, 1984, 1–22.

Ingram, John C.L., *Neurolinguistics – An Introduction to Spoken Language and Processing and its Disorders*, Cambridge, Cambridge University Press.

Jing, Zhuo, *Satzlängenhäufigkeiten in chinesischen Texten*, in: Best, Karl-Heinz (ed.), *Häufigkeitsverteilungen in Texten*, Göttingen, Peust & Gutschmidt, 2001, 202–210.

Kabatek, Johannes, *México frente a Madrid: Aspectos fonéticos del habla de los taxistas en dos capitales hispanas*, Iberoamericana 2:54 (1994), 5–15.

Kabatek, Johannes, *Oralität, Prozess und Struktur*, in: Hentschel, Elke (ed.), *particulae collectae – Festschrift für Harald Weydt zum 65. Geburtstag*, Sonderheft *Linguistik online* 13:1, 2003, 193–213. (= dt. Übersetzung von: Kabatek, Johannes, *Oralidad, proceso y estructura*, Pandora 2:2 (2002), 37–54).

Kabatek, Johannes, *Wie kann man Diskurstraditionen kategorisieren?*, in: López Serena, Araceli/Octavio de Toledo y Huerta, Álvaro/Winter-Froemel, Esme (edd.), *Diskurstraditionelles und Einzelsprachliches im Sprachwandel/Tradicionalidad discursiva e idiomaticidad en los procesos de cambio lingüístico*, Tübingen, Narr, 2015, 51–65.

Kabatek, Johannes, *Lingüística coseriana, lingüística histórica, tradiciones discursivas*, Frankfurt/Madrid, Iberoamericana Vervuert, 2018.

Kabatek, Johannes/Obrist, Philipp/Vincis, Valentina, *Clause-linkage techniques as a symptom of discourse traditions: methodological issues and evidence from Romance languages*, in: Dorgeloh, Heidrun/Wanner, Anja (edd.), *Syntactic Variation and Genre*, Berlin/Boston, de Gruyter, 2010, 247–275.

Kabatek, Johannes/Pusch, Claus D., *Spanische Sprachwissenschaft: eine Einführung*, Tübingen, Narr, [¹2009] ²2011.

Karlsson, Fred, *Origin and maintenance of clausal embedding complexity*, in: Sampson, Geoffrey, et al. (edd.), *Language complexity as an evolving variable*, Oxford, Oxford University Press, 2009, 192–202.

Karlsson, Fred, *Working Memory Constraints on Multiple Center-Embedding*, Proceedings of the Annual Meeting of the Cognitive Science Society 32 (2010), 2045–2050.

Kiesler, Reinhard, *Sprachliche Mittel der Hervorhebung in der modernen portugiesischen Umgangssprache*, Heidelberg, Winter, 1989.

Kiesler, Reinhard, *Français parlé = französische Umgangssprache?*, Zeitschrift für romanische Philologie 111 (1995), 375–406.

Kiesler, Reinhard, *Einführung in die Problematik des Vulgärlateins*, ed. Volker Noll, Tübingen, Niemeyer, [¹2006] ²2018.

Kiesler, Reinhard, *Pour une typologie des phrases complexes*, Zeitschrift für romanische Philologie 129 (2013), 608–628 (= 2013a).

Kiesler, Reinhard, *Zur Syntax der Umgangssprache: vergleichende Untersuchungen zum Französischen, Italienischen und Spanischen*, Darmstadt, Wissenschaftliche Buchgesellschaft, 2013 (= 2013b).

Kiesler, Reinhard, *Sprachsystemtechnik – Einführung in die Satzanalyse für Romanisten*, Heidelberg, Winter, 2015.

Klein, Hans-Wilhelm/Kleineidam, Hartmut, *Grammatik des heutigen Französisch*, Stuttgart, Klett, 2004.

Knopp, Matthias, *Zur empirischen Spezifizierung des Nähe-Distanz-Kontinuums*, in: Feilke, Helmut/Hennig, Mathilde (edd.), *Zur Karriere von «Nähe und Distanz»: Rezeption und Diskussion des Koch-Oesterreicher-Modells*, Berlin/Boston, de Gruyter, 2016, 387–415.

Koch, Peter, *Distanz im Dictamen – Zur Schriftlichkeit und Pragmatik mittelalterlicher Brief- und Redemodelle in Italien*, Freiburg, unveröffentlichte Habilitationsschrift, 1987.

Koch, Peter, *Subordination, intégration syntaxique et «oralité»*, in: Leth Andersen, Hanne/ Skytte, Gunver (edd.), *La subordination dans les langues romanes. Actes du colloque international, Copenhague 5.5.–7. 5. 1994*, Copenhagen, Munksgaard, 1995, 13–42.

Koch, Peter/Oesterreicher Wulf, *Sprache der Nähe – Sprache der Distanz. Mündlichkeit und Schriftlichkeit im Spannungsfeld von Sprachtheorie und Sprachgeschichte*, Romanistisches Jahrbuch 36 (1985), 15–43.

Koch, Peter/Oesterreicher Wulf, *Gesprochene Sprache in der Romania – Französisch, Italienisch, Spanisch*, Berlin/Boston, de Gruyter, [1990] 22011. (sp. Übersetzung: *Lengua hablada en la Romania: francés, italiano, francés*, Madrid, Gredos, 2007)

Kotschi, Thomas, *Grundbegriffe der Beschreibung des Französischen auf Satzebene*, in: Kolboom, Ingo/Kotschi, Thomas/Reichel, Edward (edd.), *Handbuch Französisch – Sprache, Literatur, Kultur, Gesellschaft: Für Studium, Lehre, Praxis*, Berlin, Schmidt, [12003] 22008, 249–261.

Kramer, Johannes [Rez.], *Reinhard Kiesler*, Einführung in die Problematik des Vulgärlateins *(Romanistische Arbeitshefte, vol. 48)*, Tübingen, Niemeyer, 2006, Zeitschrift für romanische Philologie 124 (2008), 126–134.

Kröll, Heinz, *Die Ortsadverbien im Portugiesischen: unter besonderer Berücksichtigung ihrer Verwendung in der modernen Umgangssprache*, Wiesbaden, Steiner, 1968.

Labov, William, *Methodology*, in: Dingwall, W.O. (ed.), *A survey of linguistic science*, College Park/Maryland, Linguistics Programm/University of Maryland, 1971, 412–497.

Lämmle, Bettina, *Mi ta bisa – mi ta skirbi? Komplexe Satzstrukturen einer Kreolsprache im Ausbau. Satzverknüpfungstechniken des Papiamentu auf Curaçao*, Frankfurt a. M., Peter Lang, 2014.

Lewandowski, Theodor, *Linguistisches Wörterbuch*, 3 vol., Heidelberg, Quelle & Meyer, [11973–1975] 31979.

Lope Blanch, Juan, *Sobre la oración gramatical (en torno al «Curso de Sintaxis» de Gili Gaya)*, Nueva Revista de Filología Hispánica XVI (1962), 416–422.

Luhmann, Niklas, *Komplexität*, in: Gründer, Karlfried/Ritter, Joachim (edd.), *Historisches Wörterbuch der Philosophie*, vol. 4, Darmstadt, Wissenschaftliche Buchgesellschaft, 1976, 939–941.

Lyons, John, *Language and Linguistics: An Introduction*, Cambridge, Cambridge University Press, 1981.

Martínez Oronich, Olalla, *La influencia de las ideas lingüísticas de Samuel Gili Gaya en obras gramaticales españolas*, Universitat de Leida, Departamento de Filología Clásica, Francesa i Hispánica, 2007. (aufgerufen unter: http://www.tdx.cat/handle/10803/8178; [letzter Zugriff: 09.11.2015])

Mayerthaler, Willi/Fliedl, Günther/Winkler, Christian, *Lexikon der Natürlichkeitstheoretischen Syntax und Morphosyntax*, Tübingen, Stauffenburg, 1998.

Meier, Helmut, *Deutsche Sprachstatistik*, vol. 1, Hildesheim, Olms, 1967.

Mensching, Guido, *Nähesprache versus Distanzsprache: Überlegungen im Rahmen der generativen Grammatik*, in: Stark, Elisabeth/Schmidt-Riese, Roland/Stoll, Eva (edd.), *Romanische Syntax im Wandel*, Tübingen, Narr, 2008, 1–29.

Mensching, Guido, *Grundbegriffe der Beschreibung des Spanischen auf Satzebene*, in: Born, Joachim, et al. (edd.), *Handbuch Spanisch – Sprache, Literatur, Kultur, Geschichte in Spanien und Hispanoamerika: Für Studium, Lehre, Praxis*, Berlin, Schmidt, 2012, 263–276.

Mioni, Alberto, *Italiano tendenziale: osservazioni su alcuni aspetti della standardizzazione*, in: Benincà, Paola, et al. (edd.), *Scritti linguistici in onore di Giovan Battista Pellegrini*, vol. 1, Pisa, Pacini, 1983, 495–517.

MJF = Beauvoir, Simone de, *Mémoires d'une jeune fille rangée*, Paris, Gallimard, [1958] 1995.

Moreno, Antonio, et al., *The Spanish corpus*, in: Cresti, Emanuela/Moneglia, Massimo (edd.), *C-ORAL-ROM: Integrated reference corpus for spoken Romance languages*, Amsterdam et al., Benjamins, 2005, 135–161.

Müller, Beat Luis, *Der Satz: Definition und sprachtheoretischer Status*, Tübingen, Niemeyer, 1985.

Narbona Jiménez, Antonio, *Sintaxis española: nuevos y viejos enfoques*, Barcelona, Ariel, 1989.

Narbona Jiménez, Antonio, *Breve panorama de los estudios de sintaxis del español coloquial en España*, in: Calvi, Maria Vittoria (ed.), *La lingua spagnola dalla transizione a oggi (1975–1995)*, Viareggio/Luca, Mauro Baroni editore, 1997, 91–104.

Narbona Jiménez, Antonio, *La problemática descripción del español coloquial*, in: Schmidt-Riese, Roland/Stark, Elisabeth/Stoll, Eva (edd.), *Romanische Syntax im Wandel*, Tübingen, Narr, 2008, 549–565.

Narbona Jiménez, Antonio, *Sintaxis del español coloquial*, Sevilla, Editorial Universitad de Sevilla, 2015 (= 2015a).

Narbona Jiménez, Antonio, *Los datos orales y las gramáticas*, in: Narbona Jiménez, Antonio, *Sintaxis del español coloquial*, Sevilla, Editorial Universitad de Sevilla, 2015, 105–116 (= 2015b). (zuerst abgedruckt: *Oralidad: los datos y las gramáticas*, in: de Bustos Tovar, Jesús (ed.), *Textualización y oralidad*, Madrid, Visor, 2003, 13–25)

Narbona Jiménez, Antonio, *Para una sintaxis del español coloquial*, in: Narbona Jiménez, Antonio, *Sintaxis del español coloquial*, Sevilla, Editorial Universitad de Sevilla, 2015, 117–134 (= 2015c). (zuerst abgedruckt: *Sintaxis coloquial*, in: Alvar, Manuel (ed.), *Introducción a la Lingüística española*, Barcelona, Ariel, 2000, 463–476)

Narbona Jiménez, Antonio, *¿Es sistematizable la sintaxis coloquial?*, in: Narbona Jiménez, Antonio, *Sintaxis del español coloquial*, Sevilla, Editorial Universitad de Sevilla, 2015, 135–146 (= 2015d). (zuerst abgedruckt in: Álvarez Martínez, María (ed.), *Actas del Congreso de la Sociedad Española de Lingüística. XX Aniversario*, vol. 2, Madrid, Gredos, 1990, 1030–1043)

Narbona Jiménez, Antonio, *La andadura sintáctica en «El Jarama»*, in: Narbona Jiménez, Antonio, *Sintaxis del español coloquial*, Sevilla, Editorial Universitad de Sevilla, 2015, 299–329 (= 2015e). (zuerst abgedruckt in: Ariza, Manuel (ed.), *Problemas y métodos en el análisis de textos. In memoriam A. Aranda*. Sevilla, Universidad de Sevilla, 1992, 227–260)

NGLE = Real Academia Española, *Nueva gramática de la lengua española*, 2 vol., Madrid, Espasa, 2009.

NIC = Sempé, Jean-Jacques/Goscinny, René, *Le petit Nicolas*, Paris, Denoël, [1960] 1992, 5–18.

Obrist, Phillip, *Einzelaspekt: Parataxe, Hypotaxe und Konnexion*, in: Born, Joachim, et al. (edd.), *Handbuch Spanisch – Sprache, Literatur, Kultur, Geschichte in Spanien und Hispanoamerika: Für Studium, Lehre, Praxis*, Berlin, Schmidt, 2012, 334–339.

Oesterreicher, Wulf, *Gemeinromanische Tendenzen VI. Syntax*, in: Holtus, Günter/Metzeltin, Michael/Schmitt, Christian (edd.), *Lexikon der Romanistischen Linguistik*, vol. 2,1, Tübingen, Niemeyer, 1996, 309–355.

Oesterreicher, Wulf, *Sprachliche Daten und linguistische Fakten – Variation und Varietäten. Bemerkungen zu Status und Konstruktion von Varietäten, Varietätenräumen und Varietätendimensionen*, in: Ágel, Vilmos/Hennig, Mathilde (edd.), *Nähe und Distanz im Kontext variationslinguistischer Forschung*, Berlin/Boston, de Gruyter, 2010, 23–62.

Oesterreicher, Wulf, *Gesprochenes und geschriebenes Spanisch*, in: Born, Joachim, et al. (edd.), *Handbuch Spanisch – Sprache, Literatur, Kultur, Geschichte in Spanien und Hispanoamerika: Für Studium, Lehre, Praxis*, Berlin, Schmidt, 2012, 137–146.

Perebijnis, Valentina, *Statistični parametri stiliv*, Kiiv, Vid. Naukova Dumka, 1967.

Pons Bordería, Salvador, *Models of disourse segmentation in Romance languages – An overview*, in: Pons Bordería, Salvador (ed.), *Discourse Segmentation in Romance Languages*, Amsterdam et al., Benjamins, 2014, 1–21.

Prov = *Proverbes français. Französische Sprichwörter, éd. et trad. Ferdinand Möller*, München, dtv, 1979, 8–21.

Radtke, Edgar, *Gesprochenes Französisch*, in: Kolboom, Ingo/Kotschi, Thomas/Reichel, Edward (edd.), *Handbuch Französisch – Sprache, Literatur, Kultur, Gesellschaft: Für Studium, Lehre, Praxis*, Berlin, Schmidt, [¹2003] ²2008, 97–103.

RAE = Real Academia Española, *Esbozo de una nueva gramática de la lengua española*, Madrid, Espasa, 1982.

Raible, Wolfgang, *Junktion: eine Dimension der Sprache und ihre Realisierungsformen zwischen Aggregation und Integration*, Heidelberg, Winter, 1992.

Riesel, Elise, *Grundsatzfragen der Funktionalstilistik*, in: Moser, Hugo (ed.), *Linguistische Probleme der Textlinguistik*, Düsseldorf, Schwann, 1975, 36–53.

Sanders, Willy, *Linguistische Stilistik – Grundzüge der Stilanalyse sprachlicher Kommunikation*, Göttingen, Vandenhoeck & Ruprecht, 1977.

Sayce, Richard A., *Die Definition des Begriffs «Stil»*, in: Hatzfeld, Hugo (ed.), *Romanistische Stilforschung*, Darmstadt, Wissenschaftliche Buchgesellschaft, 1975, 296–308 [zuerst abgedruckt in: *Actes du IIIe Congrès de l'Association Internationale de Littérature 21–26. VIII. 1961*, 's-Gravenhage, Mouton u. Co., 1962, 156–166]

Sinnemäki, Kaius [Rez.], *T. Givón, The Genesis of Syntactic Complexity: Diachrony, Ontogeny, Neuro-Cognition, Evolution, Amsterdam 2009*, Anthropological Linguistics 54 (2012), 187–194.

Sinner, Carsten, *Varietätenlinguistik – Eine Einführung*, Tübingen, Narr, 2014.

Söll, Ludwig, *Gesprochenes und geschriebenes Französisch*, Berlin, Schmidt, [¹1974] ²1985.

Sowinski, Bernhard, *Stilistik: Stiltheorien und Stilanalysen*, Stuttgart, Metzler [¹1991] ²1999.

Stammerjohann, Harro, *Handbuch der Linguistik: allgemeine und angewandte Sprachwissenschaften*, München, Nymphenburger Verlag, 1975.

Steel, Brian, *A manual of colloquial Spanish*, Madrid, SGEL, 1976.

Steger, Hugo, *Bilden «gesprochene Sprache» und «geschriebene Sprache» eigene Sprachvarietäten?*, in: Aust, Hugo (ed.), *Wörter: Schätze, Fugen und Fächer des Wissens; Festgabe für Theodor Lewandowski zum 60. Geburtstag*, Tübingen, Narr, 1987, 35–58.

Szmrecsányi, Benedikt, *On Operationalizing Syntactic Complexity*, in: Purnelle, Gérard, et al. (edd.), *Le poids des mots. Proceedings of the 7th International Conference on Textual Data Statistical Analysis. Louvain-la-Neuve, March 10–12, 2004*, vol. 2, Louvain-la-Neuve, Presses universitaires de Louvain, 2004, 1031–1039.

Tagliavini, Carlo, *Einführung in die romanische Philologie*, Tübingen/Basel, Francke, ²1998. (it. Orig. *Le origine delle lingue neolatine. Introduzione alla filologia romanza*, Bologna, Pâtron, ¹1969)

Tesnière, Lucien, *Éléments de syntaxe structurale*, Paris, Klincksieck, [¹1959] ²1969.

Timm, Christian, *Europäischer Strukturalismus in der spanischen Grammatikographie*, Tübingen, Narr, 2010.

Trabant, Jürgen, *Wissenschaftsgeschichtliche Bemerkungen zur Textlinguistik*, in: Kotschi, Thomas (ed.), *Beiträge zur Linguistik des Französischen*, Tübingen, Narr, 1981, 1–20.

Väänänen, Veikko, *Introduction au latin vulgaire*, Paris, Klincksieck, [¹1963] ³2012.

Vera Morales, José, *Spanische Grammatik*, München, Oldenbourg, [¹1995] ⁵2008.

WAL = Walter, Henriette, *L'aventure des langues en Occident*, Paris, Laffont, 1994, 11–27.

Weidenbusch, Waltraud, *Das Italienische in der Lombardei in der ersten Hälfte des 19. Jahr-hunderts – Schriftliche und mündliche Varietäten im Alltag*, Tübingen, Narr, 2002.

Wunderli, Peter, *Satz, Paragraph, Text – und die Intonation*, in: Petöfi, Sándor Janos (ed.), *Text vs. Sentence: basic questions of text linguistics*, 2 vol., Hamburg, Buske, 1979, 319–341.

Zimmermann, Klaus, *Non-Standard-Varietäten, Jugendsprache und Verwandtes*, in: Born, Joachim, et al. (edd.), *Handbuch Spanisch – Sprache, Literatur, Kultur, Geschichte in Spanien und Hispanoamerika: Für Studium, Lehre, Praxis*, Berlin, Schmidt, 2012, 226–236.

C Internetquellen

https://www.boe.es/
http://www.congreso.es/portal/page/portal/Congreso/Congreso/Intervenciones
http://dle.rae.es/
http://ironcreek.net/phpsyntaxtree/?
http://politica.elpais.com/
http://www.tdx.cat/handle/10803/8178
http://www.valesco.es/

Register

https://doi.org/10.1515/9783110592290-008